“十二五”职业教育国家规划教材
经全国职业教育教材审定委员会审定

市场营销项目教程

SHICHANG YINGXIAO XIANGMU JIAOCHENG

（第2版）

王宏伟 主编

河南科学技术出版社
·郑州·

内 容 提 要

本书根据市场营销学的教学目标和课程设计思路，以营销工作流程为主线，将教学内容分为市场营销基本知识、寻找市场机会、目标市场营销、营销策略组合、营销组织等五大部分，相应地将课程内容分解为培养营销观念、市场调查、营销环境分析、市场分析、市场竞争分析、目标市场营销、产品策略、价格策略、渠道策略、促销策略、建立营销组织等十一个项目。同时，把整个营销工作流程分解成一个个典型的工作任务，根据典型的营销工作任务设计教学内容和教学活动，以实现营销理论学习与营销工作实践有机结合，达到“在学习中实践，在实践中学习，在学习实践中提高”之目的。

本教材适用于高职高专及成人高等院校的市场营销、工商管理等相关专业学生，并可作为企业管理人员和营销人员培训学习之用。

图书在版编目(CIP)数据

市场营销项目教程/王宏伟主编. —2 版. —郑州:河南科学技术出版社,2014.8 (2015.9 重印)

“十二五”职业教育国家规划教材

ISBN 978-7-5349-6968-3

Ⅰ.①市… Ⅱ.①王… Ⅲ.①市场营销学-高等职业教育-教材 Ⅳ.①F713.50

中国版本图书馆 CIP 数据核字(2014)第 169470 号

出版发行:河南科学技术出版社

地址:郑州市经五路 66 号　　邮编:450002

电话:(0371)65788001/65788622

策划编辑:马国宝

责任编辑:马国宝

责任校对:柯　姣

封面设计:张　伟

版式设计:栾亚平

责任印制:张艳芳

印　　刷:河南新华印刷集团有限公司

经　　销:全国新华书店

幅面尺寸:185 mm×260 mm　　印张:19　　字数:439 千字

版　　次:2014 年 8 月第 2 版　2015 年 9 月第 5 次印刷

定　　价:38.00 元

高职高专“十二五”财经类专业规划教材
编审委员会

“十二五”职业教育国家规划教材
《市场营销项目教程》编写人员名单

主　编　王宏伟

副主编　刘永焕　张梦冰

编　委　（按姓氏笔画排序）

王　芳　王宏伟　王晓娜　刘永焕

张梦冰　姜培培　崔小俊

前 言

市场营销是现代市场经济中一项极为普及的活动。通过市场营销活动所产生的经济效益和社会效益，不仅是企业生存必不可少的，也是整个社会经济健康运行与发展不可或缺的。营销大师菲利普·科特勒曾说过：“营销学不仅适用于产品和服务，也适用于组织与个人，所有的组织无论是否进行货币交易，事实上都需要营销。”营销实践的发展激发了社会对营销专业人才的需求，营销类岗位已经成为我国就业市场的重要组成部分。

在培养营销人才的过程中，我们积极探索以工学结合为突破口、以就业（完成营销工作）为导向、以培养营销观念为基础、以提高营销技能为核心的教学模式，设计了以开展营销工作流程为主线的课程内容。根据市场营销的教学目标和课程设计思路，将教学内容分为市场营销基本知识、寻找市场机会、目标市场营销、营销策略组合、营销组织等五大模块，每一模块都有特定的教学目标和技能培养要求。根据五大模块将课程内容分解为十一个项目，即培养营销观念、市场调查、营销环境分析、市场分析、市场竞争分析、目标市场营销、产品策略、价格策略、渠道策略、促销策略、建立营销组织。同时，把整个营销工作流程分解成一个个典型工作任务，根据典型的营销工作任务设计教学内容和教学活动，以实现营销理论学习与营销工作实践有机结合，达到“在学习中实践，在实践中学习，在学习实践中提高”之目的。

本项目教程体例新颖，以理论为实践服务为基础，根据“工学结合”的要求，突出实践教学，通过任务导入和分析，学习完成典型工作任务所必需的知识和技能，实现“学、做、练”一体化。每部分内容设计完善，包括学习目标（知识目标和技能目标）、完成任务所必备的知识基础、实训活动、工作任务、课程小结和课后练习，在基础知识中穿插有情景案例、应用实例、阅读资料、知识库、动手动脑等栏目，既能提高学生的综合素质，又能增强学生实际职业技能的综合应用能力，极大地提升了学生的就业竞争力与岗位适应能力。

本书由王宏伟教授担任主编，刘永焕、张梦冰任副主编。具体编写分工为：项目一由王宏伟编写；项目二、项目三由王晓娜编写；项目四、项目五由刘永焕编写；项目六由王芳编写；项目七由崔小俊编写；项目八、项目九由姜培培编写；项目十、项目十一由张梦冰编写。全书由王宏伟总纂定稿。

在本书编写过程中，借鉴了大量文献资料，得到了郑州金升广告有限公司、郑州百事达餐饮管理咨询有限公司、河南钜城营销策划有限公司等的大力支持，在此对相关作者表示感谢。由于编者水平有限，书中不妥之处敬请广大读者批评指正。

编　者

2014 年 4 月

目　录

营销学不仅适用于产品和服务，也适用于组织与个人，所有的组织无论是否进行货币交易，事实上都需要营销。

——菲利普·科特勒

项目一　培养营销观念

知识目标

◆了解市场营销的发展过程。
◆掌握市场营销的核心概念。
◆理解企业道德与责任。

技能目标

◆能以现代营销观念看待营销现象。
◆崇尚道德，勇于承担责任。

导入案例

把梳子卖给和尚

某知名大公司拟招聘营销策划人员，应聘题目是“把梳子卖给和尚”，要求应聘者在10日内完成。几乎所有应聘者都对能否“把梳子卖给和尚”表示怀疑，愤愤离去，最后有三名应聘者小张、小李和小王留下。

小张、小李和小王三人接受任务后便开始寻找和尚，向和尚推销梳子。10日后，三人回公司汇报各自的销售业绩。

招聘者问小张：“卖了几把梳子？”

“1把。”小张答道。

“怎么卖的？”招聘者问他。

小张讲述了他的推销经历和艰辛。小张跑遍了附近的寺院，向和尚推销梳子，遭到了众和尚的责骂和追打，就在下山打道回府、准备以失败告终时，猛然看到山坡上坐着一个小和尚，一边晒太阳，一边挠着又脏又厚的头皮。小张灵机一动就把梳子递给小和尚，说道：用梳子挠痒会更舒服的！小和尚用后满心欢喜，就买了一把！

招聘者问小李：“你卖了几把梳子？”

“10把。”小李答道。

“怎么卖的?”招聘者问。

小李讲述了他与小张一样的经历和艰辛。后来就在将要对完成任务失去信心时，小李来到一座香火很旺的寺院，由于山高风大，小李的头发被吹乱了，为表示对佛的敬仰，他拿出梳子梳理一下凌乱的头发。这时，他突然意识到梳子对寺院的价值，便找到寺院的住持，说道:“宝寺香火很旺，前来拜佛的人很多，但由于山高风大，香客的头发多被风吹乱。香客们蓬头垢面是对佛的不敬，建议您买一些梳子放在佛堂门口，供香客们梳理头发。我刚好带有几把梳子。”住持接受了他的建议，就买了10把。

招聘者问小王:“你卖了几把梳子?”

“1000把!”小王答道。

“怎么卖的?”招聘者惊讶地问。

小王讲述了他刚开始时与小张、小李一样的经历和艰辛。在确认直接向和尚推销梳子非常困难时，小王决定换个思路:研究名山古寺附近的旅游纪念品市场。他来到一座香火极旺的寺院，找到寺院住持，说道:“凡来进香者，多有一颗向佛的心。宝刹销售的纪念品很多，但真正能让香客长期保存并使用的不多，我有一批梳子，做工精良，听说您的书法超群，可在梳子上刻上您写的‘积善梳’三个字，作为纪念品销售。善男信女拿到梳子后不仅可以观赏、梳头，而且每当看到‘积善梳’时，心情就会更好，向佛之心更强。”

住持听了他的建议后，非常高兴，订购了1000把，并希望与他长期合作，共同开发寺院旅游纪念品市场。

招聘者听完三人的汇报后，决定录用三人，并根据三人的能力给予不同的职务和待遇。

问题:

1. 作为应聘者，你会坚持“把梳子卖给和尚”吗?
2. 你有“把梳子卖给和尚”的勇气吗?你具备“把梳子卖给和尚”的能力吗?
3. 作为招聘者，你会向公司人事部门经理就三人的工作安排提出什么建议?

分析点评:

本案例诠释了市场营销的真正内涵。作为营销者不仅要有勇气面对困难，有毅力坚持不懈，更要具备营销能力，即以发现顾客的需求为出发点，综合运用各种营销策略和手段，通过引导、刺激，满足顾客需求，创造价值，实现个人、企业和社会财富增长。

任务一　理解市场营销产生和发展的动因

知识基础

完成本任务所需要的知识基础包括市场营销的概念、市场营销产生的条件、市场营销的客体和营销管理的演变。

知识基础一　市场营销的概念

“市场营销”译自英文“Marketing”一词，有两种中文译法：一是作为企业的经济

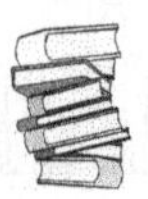

活动，译为“市场营销”，即企业的市场营销活动；二是作为一种学科名称，是指以市场营销活动为研究对象的学科，译为“市场营销学”或“市场学”。本书使用“市场营销”这一译法。“市场”指企业现实和潜在的消费者；“营”指经营、营运，包括计划、组织、协调、控制、决策等活动；“销”指销售，包括上市、发售、推广等活动。市场营销即企业针对目标市场需求，制订缜密细致的销售计划，通过组织、协调、控制，采取有效的发售、推广等手段，实现产品或服务的上市销售。

不同的学者从不同的角度出发，对市场营销的解释也不同。从社会角度来看，市场营销是个人和集体通过创造、提供并同别人自由交换产品和价值，以获得其所需所欲之物的一种社会过程。从管理的角度定位，营销经常被描述为“推销产品的技术”。但人们现在已得知，营销最重要的内容并非推销，推销只不过是营销冰山上的一角。

著名的管理学家彼得·德鲁克曾经说过：营销的目的在于深刻地认识和了解顾客，从而使产品或服务完全适合他的需要而形成产品自我销售，理想的营销会产生一个已经准备来购买的顾客，剩下的事就是如何便于顾客得到这些产品或服务。

> 市场营销是个人和集体通过创造、出售、同别人自由交换产品和服务的方式，获得自己所需产品和服务的社会过程和管理过程。

著名市场营销学家菲利普·科特勒认为，市场营销是指企业认识目前未满足的需要和欲望，估量和确定需求量的大小，选择和确定企业能更好地为其服务的目标市场，并确定适当的产品、劳务和计划（或方案），以便为目标市场服务。

本书借鉴菲利普·科特勒在《营销管理》一书所下的定义。从这个定义中可以归纳出市场营销概念的三个要点：

第一，市场营销的最终目标是“使个人和集体的需求得到满足”。

第二，市场营销的核心是交换，交换过程是一个主动、积极寻找机会，满足双方需求和欲望的社会过程和管理过程。

第三，交换过程能否顺利进行，取决于营销者创造的产品和价值满足顾客需求的程度和交换过程管理的水平。

阅读资料

市场营销的几个定义

◇市场营销是引导产品及服务由生产者流向消费者或使用者的企业活动。（1948 年由美国市场学会定义委员会主席拉尔夫·亚历山大提出，1960 年该委员会重作正规定义公布）

◇市场营销是组织的一种功能和一系列创造、交流，并将价值观传递给顾客的过程。被用于管理顾客关系，以让组织及其股东获利。（美国营销学会于 2005 年对市场营销的概念进行的进一步完善）

◇市场营销是消费者群体和供应者群体之间进行的交换。（1957 年由美国人罗伊·奥尔德森提出）

◇市场营销包括公司创造性地、有效益地使自己适应所处环境的一切活动。（雷·科利）

现代企业的市场营销活动涵盖了企业的全部业务，包括市场调研、市场分析、目

标市场选择、产品开发、定价、分销、促销和售后服务等。管理大师彼得·德鲁克曾说过，市场营销是如此基本，以至于不能把它看成是一个单独的功能……从它的最终结果来看，也就是从顾客的观点来看，市场营销是整个企业活动。市场营销与一般的销售不同，销售是企业市场营销的职能之一，二者的区别在于销售以卖方为主，重视的是卖方的需要，考虑的是如何将产品卖出去，从而获取利润。市场营销主要考虑如何更好地满足顾客的需要，根据顾客的需要来设计产品，确定产品质量标准，增加花色品种；根据顾客的需要来定价，使顾客愿意接受；根据顾客的需要来选择销售渠道，方便顾客购买；根据顾客的需要进行促销，及时传播受顾客欢迎的市场信息。因此，彼得·德鲁克提出：营销的目的就是要使推销成为多余。

动手动脑

市场营销、销售及推销三者的本质区别是什么？

应用实例

一个小鱼钩“钓”出一条大“鱼”

一个乡下来的小伙子应聘城里一家百货公司的销售员。老板问小伙子：“你以前做过销售员吗？”小伙子说道：“我以前是村里挨家挨户推销的小贩子。”老板喜欢他的机灵，说：“你明天可以来上班了。”

一天的光阴对这个习惯走街串巷的小伙子来说太漫长了，而且还有些难熬。但是小伙子还是熬到了下午5时。快下班时，老板来了，问小伙子：“你今天做了几单买卖？”

“1单。”小伙子回答说。

“只有1单？”老板很吃惊地说，“我们这儿的售货员一天基本上可以完成20到30单生意！你卖了多少钱？”

“300 000美元。”小伙子回答道。

“你怎么卖到那么多钱的？”半晌才回过神来的老板问道。

“是这样的。”小伙子说，“一个男士进来买东西，我先卖给他一个小号的鱼钩，然后是中号的鱼钩，最后是大号的鱼钩。接着，我卖给他小号的鱼线、中号的鱼线，最后是大号的鱼线。我问他上哪儿钓鱼，他说海边。我建议他买条船，这样可以在海上钓到更多的鱼。他接受了我的建议，就买了一条长20英尺（约6米）有两个发动机的纵帆船。然后他说他的大众牌汽车可能拖不动这么大的船，我就向他推荐我们新进的丰田新款豪华型‘巡洋舰’汽车，他就又买了辆汽车。”

老板后退两步，难以置信地问道：“一个顾客仅仅来买个鱼钩，你就能卖给他这么多东西？”

“不是的。”小伙子回答道，“他是来给他妻子买发卡的。我就告诉他：‘你的周末算是毁了，干吗不去钓鱼呢？’”

问题：

小伙子为什么能够取得如此好的销售业绩？

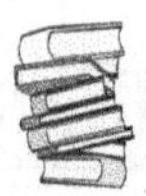

知识基础二 市场营销产生的条件

情景案例

把鞋子卖到非洲

一个美国鞋业公司的财务主管到非洲A国处理公司财务问题，顺便到相邻的B国了解公司的鞋在那里能否找到销路。一星期后，这位主管发电报说："这里的人不穿鞋，因而这里没有鞋子市场。"

为弄清情况，公司委派在A国的总代理去B国，认真研究鞋子的市场情况。一星期后，这位总代理发电报给公司说："这里的人不穿鞋，因而这里有一个巨大的鞋子市场。"

鞋业公司总经理为弄清情况，确定能否在这个国家实现鞋子销售，派公司市场营销副总经理前去考察。两星期后，这位副总经理发电报说："这里的人不穿鞋，然而他们有脚疾，穿鞋对脚有好处。要在这个国家销售鞋子，我们必须重新设计鞋子，因为这里的人脚比较小；我们必须在教育他们懂得穿鞋有益方面花一笔钱；在开始之前，我们必须得到这里首领的合作，以开拓鞋子市场；这里的人很穷，但这里出产世界上最甜的菠萝。我估计开发这里的鞋子市场需要3年时间，我们的一切费用包括把这里的菠萝推销到欧洲的费用都将得到补偿。总算起来，我们可以赚得垫付款的30%的利润。我认为，我们应该毫不迟疑地去干。"

问题：

1. 为什么这个公司财务主管说"这里没有鞋子市场"，而总代理则说"这里有一个巨大的鞋子市场"？
2. 要实现鞋子在这个国家的销售，需要哪些条件？

市场营销的产生，需要四个方面的条件：

第一，存在两个或多个未被满足需求的个人或组织。例如，母亲节来临之际，小张打算送给母亲一束康乃馨，即存在未被满足需求的买方；而小李在小张工作的公司旁开了一家花店，并在母亲节前夕采购了一大批康乃馨准备销售，即存在未被满足需求的卖方。

第二，未被满足需求的个人或组织有满足需求的愿望和能力。小张和小李都希望满足各自未被满足的需求。小张有购买鲜花的欲望和能力，并能够在下班后抽出时间去花店购买鲜花；小李有销售鲜花的意愿，并将待售的康乃馨包装好摆在花店中，等待顾客挑选。

第三，各方有沟通的途径。除非小张知道小李的花店有康乃馨销售，否则就可能选择去其他花店购买；小李作为花店的老板，除非得知小张存在购买康乃馨的愿望，否则就可能会选择向其他顾客推销。为此，小李会在花店或附近开展鲜花促销活动，以吸引需求者访问；而小张则通过各种渠道，寻找鲜花促销信息，以便确定购买条件，选择店家。

第四，存在能够满足其需求的可交换的商品或服务。交易双方不仅要有沟通的渠道和达成交易的意愿，更要有完成交易的能力，即卖方有可供交易的商品或劳务，买方有实现交易的货币资金或其他物品。小张用100元现金交换了小李的一束康乃馨，双方都满足了各自未被满足的需求，分别获得了自己所需的物品或资金，同时也放弃了自己所拥有的资金或物品。小张为表示对母亲的爱和祝福，支付了一定的资金；小李的苦心经营也获得了报酬。

知识基础三　市场营销的几组核心概念

市场营销以发现未被满足的需求为起点，以满足需求为终点，通过提供产品或服务，完成价值交换，实现企业的价值性成长、个人和社会财富的增长。要准确把握市场营销的含义，还须掌握市场营销的五组核心概念，即需要、欲求和需求，产品或供应，价值与满足，交换、交易与关系营销，市场。这五组概念间的关系如图1－1所示。

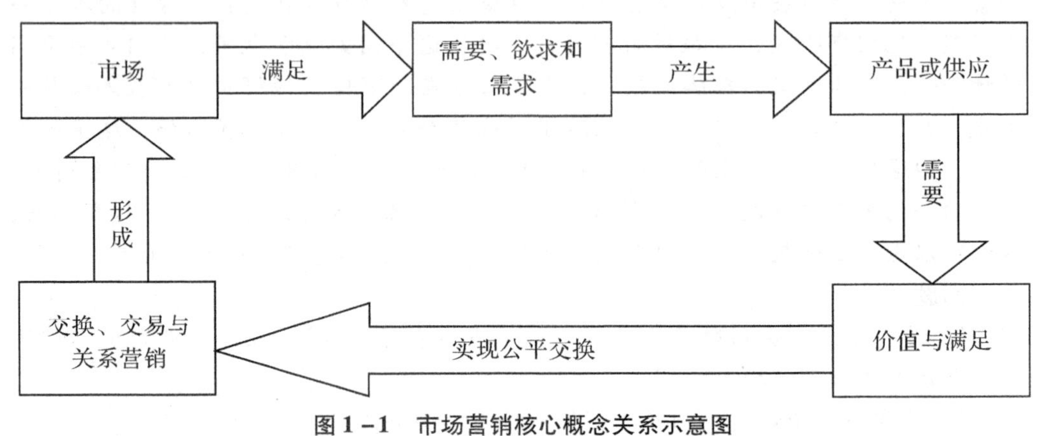

图1－1　市场营销核心概念关系示意图

1. 需要、欲求和需求

> 需要是指没有得到某些基本满足的状态；欲求是指想得到能满足其基本需要的具体物品或服务的欲望；需求则是有支付能力的需要。

需要、欲求和需求是市场营销活动的起点。需要（Needs）是人类最基本、与生俱来的要求，存在于人类自身生理和社会之中。如人们需要空气、食物、水、衣服和住所才能生存，需要创新、接受教育和娱乐才能保证生活的质量。当这些需要存在具体的商品来满足时，需要就转变成欲求（Wants）。

欲求是需要的具体化，受个人文化及社会环境等因素的影响，表现为对某种基本需要的特定要求。如为了满足“吃”的生理需要，中国人可能选择吃米饭、面条、饺子等食品，美国人则可能选择吃牛排、汉堡包等食品。为满足同样的需要，不同的人需要不同的产品或服务。

需求（Demands）是有支付能力购买具体的商品，来满足未被满足的欲求。如许多人都想要豪华汽车，但是只有少数人有支付能力并愿意购买。

作为营销者，不仅要关注需要和欲求，更要关注需求；需求是无法创造的，企业只能通过发现需求，激发和创造欲求并满足它，实现企业的价值性成长。

动手动脑

以面包为例，分析营销者应如何正确地认识顾客的需求。

思考：

我们真的需要面包吗？没有面包怎么办？

2. 产品或供应

> 产品是指能满足人们需求的任何东西，包括有形的物品和无形的服务。

市场营销学中所讲的产品，一般是指广义的产品，即供应，包括有形的物品和无形的服务，如商品、服务、人物、地点、组织、事件或活动及观念等。产品的重要性不在于其价值的高低，而在于其对人们需求的满足程度。如面包的价值很低，能满足人们的生理需求，对人来讲很重要；豪华汽车的价值很高，能够显示所有者的财富、权力和地位，但并不重要。消费者不是为拥有产品而购买产品，而是为通过对产品的拥有和消费来满足其未被满足的需求。因此，营销者应将重点放在顾客的需求上，提供产品或服务只是营销的手段，不是营销的目的和关注重点。

3. 价值与满足

> 市场营销中的价值是指消费者为获得产品所付出的代价与从产品中获得的利益之间的对比，即所得与所付出的对比。

在日益丰富的市场上，能够满足消费者同一需求的产品有很多。在消费者选择产品或服务时，首先会根据其自身需求，对备选产品进行价值评价，并以价值高者为首选。

市场营销中的价值是消费者对产品的价值评价，包括从产品消费中所获得的利益和为获得产品所付出的代价。消费者所得的利益包括官能利益和情感利益；消费者所付出的代价（或成本）包括金钱成本、时间成本、精力成本和精神成本。价值可通过以下公式表示：

$$价值=\frac{利益}{成本}=\frac{官能利益+情感利益}{金钱成本+时间成本+精力成本+精神成本}$$

对营销者来讲，提高产品的价值是获得消费者认同、满足消费者需求、增强市场竞争力的关键。提高产品价值的主要途径包括：增加产品利益，降低产品成本；增加利益并降低成本；利益增加幅度大于成本增加幅度；利益降低幅度小于成本降低幅度。

4. 交换、交易与关系营销

> 交换是双方或多方，以向对方提供其所需的某种物品为条件，从对方获取所需等价物品的行为；交易是交换的度量单位。

在公平、自愿和平等条件下进行等价交换，是市场经济的基础。等价交换的主要形式有两种：一是货币与商品的交换；二是商品与商品的交换，包括商品与商品的交换、商品与服务的交换、服务与服务的交换。交换的产生必须具备五个条件：一是至少有交换双方或多方；二是每一方都有对方需要的有价值的东西；三是每一方都有沟通和运送物品的能力；四是每一方都可以自由地接受或拒绝对方的产品；五是每一方都相信与对方交易是合适或称心的。

交换是市场营销的核心概念。交易是交换双方之间的价值交换，是交换的度量单位。一项交易包括三个可以度量的实质内容：至少两件有价值的物品；双方同意的交易条件，包括交易时间、地点、交割方式、结算货币等；有法律制度来维护和迫使交易双方履行合约。

关系营销是市场营销者与顾客、分销商、供应商等建立、保持并加强合作关系，通过互利交换及共同履行诺言，使各方实现各自目的的营销方式。关系营销的核心内容是与顾客建立长期合作关系，实现共赢。关系营销要求交易各方保持良好的合作伙伴关系，信守承诺，提供优质产品、良好服务和公平价格，加强经济、技术合作，密切关注各方利益及变化。良好的关系营销不仅有利于各方之间建立稳定的经济技术合作关系，也会大大降低交易成本，缩短交易时间。

关系营销的最高境界是使通过谈判达成的交易变成履行公事。关系营销的最终目的是把追求每一笔交易的利润最大化变成追求交易各方长期价值的最大化。

5. 市场与市场营销者

> 市场是指产品现实的或潜在的购买者。

市场的概念有狭义和广义之分。狭义的市场是指产品或服务交换的场所，如农贸市场、批发市场等。广义的市场是指有能力并愿意购买有关产品的人。现代市场营销所讲的市场是指广义的市场，即人的概念。

按照不同的划分标准，可以把市场分为不同类型。按照市场范围，可把市场分为国际市场与国内市场、全国市场与地区市场、城市市场与农村市场；按照市场交易产品的类型，可以分为不同的产品市场，如商品市场与劳务市场、花卉市场与蔬菜市场等；按照市场购买者特征，市场可分为婴幼服装市场、青年服装市场和老年服装市场、男装市场与女装市场等。此外，还可以按市场的存在形式、交易时间、交割方式等标准划分。

市场是市场经济的基本要素，无论什么样的市场，都必须具有三个基本要素：商品、购买力和愿意购买商品的人。商品是形成市场的基础和市场交易的对象；购买力是实现市场交换的条件；愿意购买商品的人是市场交换的一方，是市场的核心要素。三个要素缺一不可。

市场营销者是指希望从对方取得资源并愿意以某种有价值的东西作为交换的人。市场营销者通常是主动、积极寻找交换者的一方，而另一方被称为潜在顾客。市场营销者可以是卖方，也可以是买方。当买卖双方都表现积极时，双方都可以被称为市场营销者，这种情况被称为相互市场营销（或双边营销）。

本书所讲的市场营销者是企业，市场营销活动以企业为主体。

阅读资料

市场营销系统

从市场营销的角度看，从事交易活动的买方组成了市场，卖方组成了行业，卖方向市场提供商品和服务，传播商品服务信息，买方为获得的商品和劳务支付货币，向卖方提出需求要项，从而构成市场营销系统，如图1－2所示。

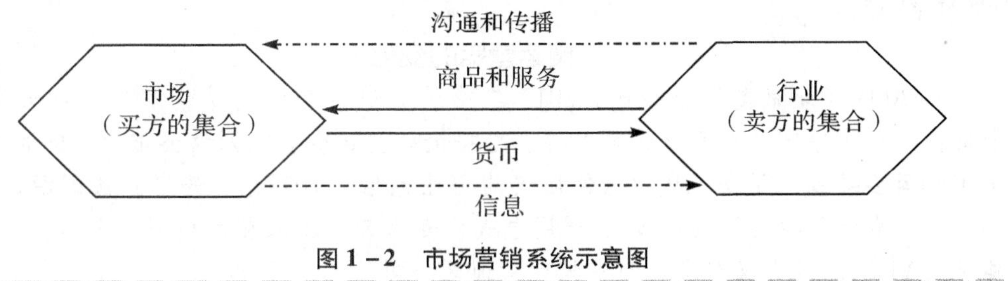

图1－2　市场营销系统示意图

知识基础四　市场营销的客体

市场营销的客体是市场营销活动中用来交换和交易的产品。在现代市场营销中，能作为营销对象的主要包括十类产品和服务，即有形的商品、服务、事件、体验、人物、地点、产权、组织、信息和观念。

1．商品

这里的商品是指有形的产品。商品构成了大多数国家国内生产和销售的主要部分，包括消费品和非消费品。据国家统计局公布的数据：2014年我国社会消费品零售总额达到237810亿元，其中商品零售额212241亿元，金银珠宝类、家具类、汽车类、家用电器和音像器材类等商品成为消费热点。

2．服务

随着社会经济的发展，服务逐渐构成了经济活动中的主导力量，而人们也越来越关注服务的生产和销售。服务业包括交通运输、维修、餐饮、美容美发、酒店、旅游、会计咨询、律师、医疗卫生、电脑软件程序设计和维护、企业管理顾问等。

应用实例

推销“水声”

费涅克是一名美国商人，他了解到许多城市居民饱受各种噪声干扰之苦，却又无法摆脱。在一次休假旅游中，小瀑布的水声激发了他的灵感。他带上立体声录音机，专门到一些人烟稀少的地方游览，录下了小溪、小瀑布、小河流水、鸟鸣等声音，然后回到城里复制出录音带高价出售。想不到他的生意十分兴隆，买“水声”的顾客络绎不绝。这种奇妙的商品，能把人带入大自然的美妙境界，使那些久居闹市的人暂时忘却尘世的烦恼，还可以使许多失眠者在“水声”的陪伴下安然进入梦乡。

问题：

“水声”是如何成为市场营销客体的？请列举出类似的产品。

3. 事件

基于某些重要事件的影响力，一些企业或组织把事件作为营销对象，以此帮助企业或组织树立良好的品牌形象，或促进产品销售。可用于营销的事件包括大型体育赛事、各种博览会、商展会、欢乐节、专题社会公益活动等。这些事件的发起者或者主办者，可就事件的赞助权、参展权、专用产品冠名权、特殊标志使用权等，向社会招标拍卖。

阅读资料

奥运营销的变化

与2008年北京奥运会相比，2012年伦敦奥运会赞助商结构发生了巨大变化，赞助商名单中中国企业几乎销声匿迹。根据伦敦奥运会官方网站公布的赞助商名单，与国际奥委会签下了全球奥运伙伴协议的企业包括可口可乐、宏碁、法国源讯公司（Atos）、陶氏化学公司（Dow）、通用电气、麦当劳、欧米茄、松下、宝洁、三星和维萨（Visa），其中仅有宏碁为中国台湾地区公司。

伦敦奥运会的7家合作伙伴包括阿迪达斯、宝马、英国石油、英国航空、英国电信、法国电力集团（EDF）、英国劳埃德银行集团；在伦敦奥运会7个赞助商和28个供应商中，只有北京水晶石数字科技股份有限公司，作为官方数字图像服务供应商出现在供应商名单中。

2012年伦敦奥运会营销，注定是世界营销史的一个分水岭。社会化媒体时代改变了奥运营销是巨人游戏的格局，社会化营销为中小企业搭上了奥运营销之梯。

在2008年北京奥运会时，全球最大的社交媒体Facebook也只有1.7亿用户，各种云技术还在争执之中，移动互联网没有出现、智能手机仅有一款iPhoneGS……到2012年，Facebook已拥有8亿用户，云平台、移动互联网、智能手机、iOS与Andriod的应用程序已达百万种，47亿个电视屏之外，还有85亿只屏的其他终端（包括手机、平板电脑、电脑等）。“自媒体”异军突起，全球观众将第一次可以与现场运动员、媒体记者及社会化媒体平台上的网友进行“实时互动”，在全球是Facebook和Twitter，在中国是新浪、腾讯微博等社会化媒体。2012年伦敦奥运会将是“社交化媒体”成为主流媒体、“社会化营销”成为主流营销模式的分水岭。

4. 体验

营销者通过把不同的商品和服务有效地组合起来，创造和展示各种营销体验，以吸引目标顾客参与。如迪士尼乐园将产品定位为让每位顾客享受欢乐，通过满足人们体验童话作品的心理需求，取悦顾客。此时，具有特殊价值的快乐体验成为现实中的真正产品。

5. 人物

人物主要是指名人营销。名人在人们的心里占有重要的位置，企业通过将其产品或服务与名人建立联系，利用顾客爱屋及乌的心理，促进产品销售。明星代言人是名人营销的重要形式，一些组织或企业通过购买明星肖像权或冠名权，推销其产品或服务。

6. 地点

地点营销的主要表现形式是城市、省区、地方乃至国家采取各种宣传促销活动，

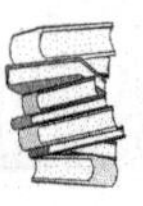

吸引国内外旅游者来本地或观光旅游，或移民定居，或开办企业等。如国内各地方政府设立的开发区、旅游局、招商局等机构，就是负责某一方面地点营销的机构。

应用实例

诸葛亮躬耕地之争

关于诸葛亮躬耕地，襄阳与南阳已经争了上千年。

明嘉靖年间，当时卧龙岗上香火旺盛，也正是诸葛亮躬耕地争论激烈之际。襄阳说和南阳说两派各执己见，互不相让，官司打到翰林院，甚至惊动了明世宗。

清道光年间，籍属湖北宜昌的顾嘉蘅到南阳就任知府。襄阳人和南阳人打官司争抢诸葛亮，顾知府情急之下写了一副对联——“心在朝廷，原无论先主后主；名高天下，何必辨襄阳南阳”，置于武侯祠。

1990 年，中国邮政发行《三国演义》特种邮票第二组，其中有一张是“三顾茅庐”，又触动了襄樊和南阳两地的神经。最终，国家邮票发行部门不得不让两地各自举办首发式。

2003 年，人教版初中语文教材重新收录《隆中对》，其中加注称：“隆中，山名，在现在的湖北襄樊。”在《出师表》中把“南阳”注解为：“南阳，郡名，在现在的湖北襄阳一带。”“教材门”爆发。结果，人教社向南阳人民道歉，修改了教科书的错误。

2008 年 6 月 8 日，央视某栏目插播了一则湖北襄樊的城市广告——“诸葛亮躬耕地，山水襄樊城”，又激起了南阳人的抗议。广告为此改为“诸葛故居地，山水襄樊城”。

问题：

诸葛亮躬耕地之争，究竟在争什么？

7．产权

产权是所有者的无形权利，包括不动产（房地产）产权和金融资产（股票或债券）产权。产权通过与实体的分离实现自由转让。房地产代理商为产权拥有者或出售者工作，或者是自己购买并销售住房或商业房产；投资公司和银行则面向商业机构或个人投资者营销各类投资或理财产品。

8．组织

组织作为营销对象，主要是指组织通过致力于在目标顾客心中建立起强势的、宜人的、独特的品牌形象，获得公众的认同和支持。如各种基金会、医疗机构、红十字会等非营利社会组织，为塑造和树立良好的组织形象，开展社会宣传活动。

9．信息

信息作为一种特殊的无形产品，也被信息咨询服务企业作为营销对象。如各类研究机构的研究报告、市场调查公司的市场调查报告、房产中介的房屋租赁信息等。百科全书、非小说类文学作品、各种专业杂志都是销售信息的。目前信息的生产、包装和分销已成为一种重要的社会行业。

10．观念

每种市场供应物都包括基本的观念或创意。一段时期以来，观念或者点子营销已

悄然兴起。一些个人和组织以付费的方式通过传媒或广告推广自己的观念、信仰、见解和主张，或者通过某种观念的传播而获得社会公众的认同和资金支持。市场上也出现了专门从事观念营销的个人和组织，如咨询顾问、市场研究公司等，直接向社会机构、工商企业甚至政府部门出售各种观念或创意。

知识库

观　念

观念的佛教语解释为对特定对象或义理的观察思维和记忆。魏静（唐朝）《〈禅宗永嘉集〉序》："物物斯安，观念相续；心心靡间，始终抗节。"

"观念"一词源自古希腊的"永恒不变的真实存在"，原意是"看得见"的"形象。它同物质和意识、存在和思维的关系密切。观念是在意识中反映、掌握外部现实和在意识中创造对象的形式化结果，属于精神层面的东西。

观念是人们在实践当中形成的各种认识的集合体。人们根据自身形成的观念进行各种活动，利用观念系统对事物进行决策、计划、实践、总结等。观念具有主观性、实践性、历史性等特点。

应用实例

观念营销：中国老太太与美国老太太的故事

上世纪90年代，国内的房地产商和银行家们为了自身的利益，编造了一个让中国人非常熟悉的故事，以培养中国人的消费观念。

一个中国老太太和一个美国老太太过世后，在天堂相遇，无事闲聊，中国老太太很郁闷地说：我攒了一辈子的钱，临死前才买了一套新房，可还没住上多久，就来天堂了。美国老太太带着嘲笑的目光兴奋地对中国老太太说：年轻时，我的收入不高，但我用银行贷款买了房子、车子，成为有产阶级，在来天堂前把银行贷款还完了，活着就要享受，我活得很幸福。中国老太太哭了，美国老太太笑了！

2007年下半年爆发的金融危机，让美国房价大跌，资产大幅缩水，失业率迅速上升。中国老太太闲来散步，忽然在天堂养老院看见那个曾经嘲笑她的美国老太太，便上前问道：你怎么在这住？美国老太太哭道：金融危机导致我的资产大幅缩水，我也失业了，无法继续归还银行贷款，被银行逐出家门，只能靠政府401（K）计划的养老金支付这养老院的费用了！中国老太太笑了，美国老太太哭了！

又过了两年多，美国老太太正在天堂养老院里闲坐，突然看到门口路过的一个乞丐非常眼熟，仔细一看原来是那个中国老太太，两人就聊了起来。美国老太太诧异地问：你不是攒了一辈子钱买了一套房，怎么现在讨饭了？中国老太太叹声道："唉，别提了。我儿子打算结婚，可未来的儿媳妇说不买房就别想结婚。为了传宗接代，我就把原来的那套房子卖了，但是中国的房价这几年涨得太快了，卖房的钱不够在大城市买一套新房的首付！无奈之下只好又借了一大笔钱。同时，儿子和儿媳工作的企业因拿不到国外订单倒闭了，全家都失业了，房子也因还不

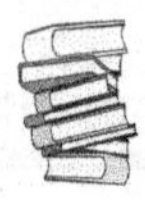

起房贷被银行收回了，没办法，债还得还，人还得活！我只好出来乞讨还债！”

问题：

观念营销改变了什么？

知识基础五 营销管理

营销管理是指为了实现企业或组织目标，建立和保持与目标市场之间的互利的交换关系，而对设计项目的分析、规划、实施和控制。营销管理的实质是需求管理，即对需求的水平、时机和性质进行有效的调解。

在营销管理实践中，营销者通常需要预设一个预期的市场需求水平，这个预设需求水平可能与实际市场需求水平不一致。这就要求营销管理者针对不同的需求情况，采取不同的管理策略，进而有效地组织产品和服务，满足市场需求，实现营销目标。

1．营销管理的具体过程

营销管理的具体过程一般分为以下四个阶段：

第一阶段：分析市场机会。

①发掘市场机会。②评估市场机会。

第二阶段：选择目标市场。

①市场需要衡量与预测。②市场细分。③选择目标市场。④市场定位。

第三阶段：制定市场营销策略组合。

①产品。代表企业提供给目标市场的货物或服务的组合，包括产品的品牌、包装、品质、服务以及产品组合等内容。②价格。代表顾客为获得该产品所付出的货币金额，包括制定零售价、批发价、折扣和信用条件等。③渠道。代表企业为使产品送达目标顾客手中所采取的各种活动，包括发挥批发商和零售商的作用等。④促销。代表企业为宣传其产品优点及说服目标顾客购买所采取的各种活动，包括广告、人员推销、营业推广及公共关系等。

第四阶段：组织、执行和控制市场营销。

2．需求管理的八种类型

营销管理的实质是需求管理。根据需求的变化和市场特征，需求管理可分为以下八大类型：

（1）第一类：扭转性市场营销。

需求状况：负需求，即全部或大部分潜在购买者对某种产品或服务不仅没有需求，甚至厌恶。

营销任务：扭转需求。

（2）第二类：刺激性市场营销。

需求状况：无需求，即因对新产品或服务不了解而没有产生需求，或是非生活必需的奢侈品、赏玩品等，不是大众需求者的选择。

营销任务：激发需求，激发新的目标顾客的兴趣。

（3）第三类：开发性市场营销。

需求状况：潜在需求，即顾客对现实市场上还不存在的某种产品或服务具有强烈需求。

营销任务：开发新产品以满足潜在需求。

应用实例

雀巢进入日本市场的策略

受中国文化的影响，日本的饮品文化以茶文化为主。20世纪60年代，在雀巢咖啡进入日本市场之前，雀巢公司曾委托当地的市场调查机构就咖啡问题进行调查。结果显示：第二次世界大战以后出生的年轻人对咖啡的排斥性低于第二次世界大战前出生的，男性较女性更愿意接受咖啡。根据市场调查结果，雀巢公司针对不同的对象，制定了不同的营销策略。

——针对以茶为主的老年人，雀巢公司极力塑造日本风味的印象，以日本的传统文化来表现咖啡的味道，说明雀巢咖啡是具有思想深度、对日本文化有深刻认识的人的饮品。其目的不是劝说老年人饮用咖啡，而是消除老年人对咖啡的排斥。

——针对年轻人，雀巢公司则刻意塑造欢乐的气氛，以新潮、时髦、情感为表现主题，让年轻人感受到雀巢咖啡具有很强的时代感，是年轻一代生活中不可缺少的饮品。其目的是让年轻人认同和接受雀巢咖啡。

——针对成熟稳重、事业有成、有一定社会地位和经济实力的中年人，雀巢公司则着力推销金牌咖啡，暗示成功人士与金牌咖啡同在。

雀巢公司虽然针对不同的消费者，制定了不同的营销策略，但在产品诉求上，却保持一致，即“高品位的格调，现代人的饮料”，以维护统一的产品定位。

问题：

雀巢公司是如何进行需求管理的?

（4）第四类：平衡性市场营销。

需求状况：不规则需求，即需求量随时间或季节变化存在较大的波动。

营销任务：调节需求、生产或库存量，努力实现供求平衡。

（5）第五类：恢复性市场营销。

需求状况：衰减需求，即消费者对产品的需求和兴趣从高潮走向衰退。

营销任务：寻找产品新的卖点，进行产品改进、市场改进或渠道改进，以延长产品生命周期；或重新定位，吸引新的顾客购买。

（6）第六类：维护性市场营销。

需求状况：饱和需求，即当前的需求在数量上和时间上与预期需求一致。

营销任务：维护现有需求水平，防止需求下降。

注意两点：一是消费者的偏好和兴趣会随时间的推移而改变；二是竞争结构发生变化，新的竞争者加入或出现替代品。

（7）第七类：限制性市场营销。

需求状况：过度需求，即需求量超过了企业或市场供给水平。

营销任务：增加供应或提高价格、减少服务项目和供应网点、劝导节约等。

（8）第八类：抑制性市场营销。

需求状况：有害需求。

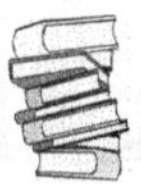

营销任务：消除需求，强调产品或服务的有害性，抑制产品或服务的生产和经营。

应用实例

抑制香烟的需求

据日本《读卖新闻》2011 年 10 月 10 日报道：日本政府为抑制香烟消费，提高了烟草税，并促使日本香烟销售在 2011 年 9 月减少 54.9%（与 2010 年 9 月相比）。

2010 年 12 月，美国马萨诸塞州一家法庭判处美国第三大香烟生产商罗瑞拉德公司须向一个家庭赔偿 8100 万美元，此前，该公司已被判向该家庭赔偿 7100 万美元。原因是该家庭成员玛丽因吸烟患上肺癌死亡，享年 54 岁。

萨福克高级法院认定：香烟生产商罗瑞拉德公司曾用免费分发香烟的方式，诱惑黑人小孩抽烟。原告威利·埃文斯称，罗瑞拉德公司曾于 20 世纪 50 年代末至 60 年代初，在波士顿附近的奥查德帕克向儿童免费发放香烟，这些孩子当中就包括他的母亲玛丽·埃文斯。

埃文斯指责罗瑞拉德公司不应该向当时年仅 9 岁的母亲发放香烟。埃文斯的母亲曾在 2002 年去世前 3 周做了一段录音，讲述了她在 9 岁时，罗瑞拉德公司向其发放香烟的经过。

问题：

吸烟有害健康，如何才能有效抑制香烟需求？

表 1－1　市场营销管理任务汇总表

市场营销管理类型	市场需求状态	市场营销管理的任务
扭转性市场营销	负需求	扭转需求
刺激性市场营销	无需求	激发需求，激发新的目标顾客的兴趣
开发性市场营销	潜在需求	开发新产品以满足潜在需求
平衡性市场营销	不规则需求	调节需求、生产或库存量，努力实现供求平衡
恢复性市场营销	衰减需求	产品改进、市场改进或渠道改进，重新定位
维护性市场营销	饱和需求	维护现有需求水平，防止需求下降
限制性市场营销	过度需求	增加供应，或提高价格，减少服务项目等
抑制性市场营销	有害需求	消除需求

■工作任务 1－1　组建营销团队

工作任务提示：

本工作任务要求学生自由组合，建立营销团队，制定营销团队激励约束机制，通过团队的分工与协作，完成本课程的其他工作任务。

工作任务情景：

If you want to go fast，walk alone；if you want to go far，walk together。

应用实例

景阳冈的故事

一天傍晚，某大公司 CEO、投资总监、营销总监三人来到景阳冈下的三碗不过冈酒店，准备第二天通过景阳冈去考察一个非常具有吸引力的投资项目，如果该项目可行，将为公司带来非常丰厚的回报。

晚饭间，三人听到邻桌客人说到前两天景阳冈上有老虎出没，好像还吃掉一个人！为谨慎起见，CEO 当即决定饭后开会研究明天过冈问题。

会议开始。营销总监首先发言："景阳冈上有老虎出没，我建议我们取消过冈考察计划，再寻找其他投资项目。"

投资总监不等营销总监讲完，就急不可待地说道："有老虎我们也得过！景阳冈那边的项目太诱人，机会难得，项目不仅回报高，更重要的是如果被竞争对手拿到，我们就会永远失去行业龙头地位！凡是投资都有风险，说不定我们运气好，遇不到老虎！"

接着，两人就要不要冒险过冈争执起来。

听了一会儿，CEO 抬起头看着两人认真地说道："景阳冈有老虎，老虎会吃人，你们看到过没有?"

两人摇头，说道："没有。"

接着 CEO 又问道："你们吃过老虎肉没有?"

两人又摇头，说道："没有。"

"虎骨很值钱，有很高的药用价值，你们知道吗?"CEO 问。

"知道。"两人回答道。

"好了，我决定我们明天按原计划过冈，不过为确保安全，我们还是要做些准备工作。"CEO 对两人说道。

"你去制订一个过冈计划，要确保我们三人安全。听说这里附近有猎户，去请10 个；再花钱到县衙去请 10 个捕快和 10 个当地武林高手护送我们，这样即使遇到老虎，我们也不怕。让猎手负责打虎，捕快和武林高手负责我们的安全！"CEO对投资总监说道。接着又对营销总监说道："你马上制订一个营销计划，有三方面内容：一是调查一下景阳冈有老虎出没的消息来源，准确掌握老虎出没路线、时间和吸引老虎的办法，确保我们能够遇见老虎或把老虎引出来；二是拟定好对外宣传稿，就我们打老虎事件，让公众知道我们打虎属正当防卫，是无奈之举，博得公众的理解和支持，塑造我们保护野生动物的良好社会形象，同时要让大家知道我们这儿有真老虎肉和虎骨销售；三是制订虎骨和虎肉营销计划，要和我们现在经营的产品有机融合，实现社会效益和经济效益最大化！"

"会议到此为止，大家分头准备吧！"CEO 说道。

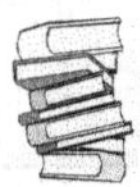

问题：

团队需要什么样的成员构成？

工作任务内容：

第一，组建团队。

团队成员通过自愿组合，建立团队，团队人数为4～6人，男、女生合理搭配；团队成员能力要协调互补，特别是沟通能力、协调能力、文字处理能力和组织能力；团队成员通过自荐或推荐的方式选出队长，负责团队所有活动的组织、安排、协调工作，带头完成分配给自己的任务，监督、帮助其他成员完成相应的工作。

第二，确定团队的营销目标，设计标志。

团队的营销目标是团队通过营销实践要达到的目的或要实现的营销业绩。

团队标志主要包括队名、队徽、口号等。

团队的重要决策要实行民主集中制。

第三，团队的构成。

团队的目标决定团队成员的构成。

注意几点：一是营销团队成员应符合基本的营销道德规范要求；二是营销团队成员必须相互信任，每个成员都有足够的意愿来达成团队的使命；三是要注重成员之间能力和优势的互补，各成员必须不断强化和调整自己在团队中的角色意识，以使自己的能力得到充分的发挥；四是营销团队的领导者要明确各成员的优缺点，充分考量他们的能力及完成团队赋予任务所需要的协助，保证每个成员的信心。

第四，团队的协作与分工。

营销团队组建完成后，由队长根据成员能力和工作意愿协调分工，让合适的人做适合的事情。

第五，团队内部的激励与约束机制。

营销团队成员应当互相信任、互相谅解、互相帮助。每个团队应根据本团队的情况，制定团队激励与约束制度，督促成员完成所确定的工作任务。

第六，团队工作绩效考评。

制定团队成员绩效考评表。在每项工作任务完成后，由队长负责主持召开会议讨论工作目标的实现程度、工作的得失，总结经验，汲取教训；根据各成员的表现，通过民主评议为个人进行考评。考评标准可设为优秀、良好、称职和不称职四个等级。

工作任务要求：

第一，以书面报告的形式提交营销团队资料，包括团队名称、团队简介、团队目标和口号、队长及成员的姓名、团队成员的特长等。

第二，以书面形式制定出营销团队成员绩效考评表，如表1－2所示，由队长保存，并在每次工作任务完成之后进行填写。

第三，召开一次营销团队会，帮助团队成员互相了解，并进行会议记录。

表 1－2　××营销团队成员绩效考评表（样表）

	工作任务 1－1		工作任务 1－2		工作任务 1－3		工作任务 2－1		……	
姓名	分工	得分	分工	得分	分工	得分	分工	得分	分工	得分

任务二　掌握市场营销是干什么的

知识基础

完成本任务所需的知识基础包括市场营销观念及其发展，营销组合理论。

知识基础一　市场营销观念及其发展

市场营销观念是在一定时期、一定生产经营技术和市场环境条件下，企业在营销活动中处理企业、顾客和社会三者利益方面所持的态度、思想和观念，即企业进行营销管理的指导思想，其核心是企业如何处理企业、顾客和社会三者之间的利益关系。随着社会经济的发展、科技的进步和市场环境的变化，企业的市场营销观念也在不断地变化，由企业利益导向转变为顾客利益导向，进而发展到社会利益导向，兼顾企业、顾客、社会三者的利益关系，如图 1－3 所示。

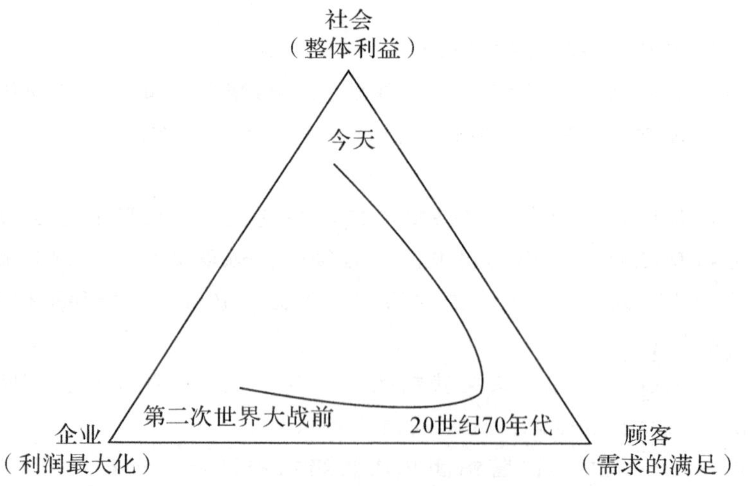

图 1－3　市场营销观念趋势示意图

从西方市场营销发展的历程来看，市场营销观念变化经历了生产观念、产品观念、推销观念、市场营销观念和社会市场营销观念五个阶段。

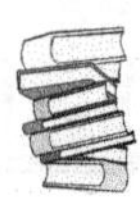

1. 生产观念

生产观念认为：消费者总是喜欢那些随处可以买到、价格低廉的产品，企业应当集中精力来提高生产、销售效率，增加产量，扩大分销范围，降低成本。

产生条件：社会劳动生产率较低，产品供不应求；消费者喜欢廉价商品。

企业行为：努力提高劳动效率，扩大生产规模，降低成本，增加供给。

生产观念是指导企业营销行为的最古老的观念之一，产生于20世纪初产品供不应求的卖方市场时期。随着社会劳动生产率的不断提高和产品的不断丰富，产品的质量、形式越来越为消费者所关注，并开始影响消费者购买选择，营销观念也由生产观念发展到产品观念。

应用实例

20 世纪初的福特

20 世纪初，亨利·福特去参观屠宰场，看见生猪屠宰的流水线作业过程，受此启发，福特产生了按照流水线的方式组织生产汽车的想法。福特将他的想法付诸实践，使汽车生产由原来的单件小批量生产转变成大批量生产，生产效率大幅度提高，产量大大增加。到 1921 年，福特“T 型车”在美国汽车市场上的占有率达到 56%。亨利·福特骄傲地说，不管顾客需要什么类型的车，我们只提供黑色“T 型车”。

图 1－4　福特公司的 T 型车

随着经济的发展和人们生活水平的提高，交通状况不断改善，简陋的“T 型车”虽然价格低廉，但是已经很难继续获得消费者的青睐。1922 年，亨利·福特在推销员全国年会上听到“T 型车”需要全面改进的呼吁时，他仍然坚持：“依我看，福特车的唯一缺点，就是我们生产的速度还不够快。”此时，雪佛兰“A 型车”问世，虽然价格高于“T 型车”，但其整体性能和外观均优于“T 型车”，因而受到了消费者的关注。1926 年，“T 型车”销量迅速下降。1927 年，福特公司不得不将“T 型车”停产，转而生产“A 型车”。但是此时，市场机会已经错失，通用公司凭借自己的“A 型车”迅速占领了大部分汽车市场份额。

问题：

结合当时的社会经济、技术环境，评价亨利·福特的营销观念。

2. 产品观念

产品观念认为：消费者喜欢高质量、多功能和具有某些特色的产品。

产生条件：市场供不应求，消费者愿意为高质量、多功能产品支付高价格。

企业行为：努力提高产品质量，增加产品功能，提高产品价格，采用质量优势竞争策略。

产品观念是与生产观念并存的一种市场营销观念，都以生产者为中心，重生产、轻营销。在产品观念指导下，企业过度关注产品的质量和功能，忽视消费者的需求，产生“营销近视症”。

知识库

营销近视症

营销近视症是企业不适当地把主要精力放在产品或技术上，忽视市场需求的变化，导致企业丧失市场，失去竞争力。营销近视症由美国市场营销专家、哈佛大学管理学院西奥多·莱维特教授在1960年提出。

营销近视症的具体表现是：自认为只要生产出最好的产品，不怕顾客不上门；只注重技术的开发，而忽略消费需求的变化；只注重内部经营管理水平，不注重外部市场环境和竞争等。

营销近视症产生的根本原因是企业高层管理者对产业环境和产业发展规律的错误估计和判断。

随着产品的不断丰富、消费者需求的变化和需求差异性的不断扩大，再好的产品也会被淘汰。因此，企业不仅要关注产品本身，更要关注消费者需求的变化。产品是满足消费者需求的手段，而不是目的。

应用实例

张瑞敏砸冰箱

1985年12月的一天，张瑞敏的一位朋友要买一台冰箱，挑了很多台都有毛病，最后勉强拉走一台。朋友走后，张瑞敏派人把库房里的400多台冰箱全部检查了一遍，结果发现有76台冰箱存在质量问题。

张瑞敏把全厂职工召集到一起，问大家怎么办。多数人建议把有质量问题的冰箱便宜处理。当时一台冰箱的价格是800多元，相当于一名职工两年的收入。张瑞敏说：“我要是允许把这76台冰箱卖了，就等于允许你们明天再生产760台这样的冰箱。”他宣布，将这76台冰箱全部砸掉，并亲自抡起大锤砸向不合格的冰箱！见此情景，很多职工流下了眼泪。

张瑞敏砸冰箱砸出了海尔人的质量意识，砸出了海尔“要么不干，要干就要争第一”的精神，质量也成了海尔品牌的根本！

问题：

张瑞敏砸冰箱这一事件说明了什么？

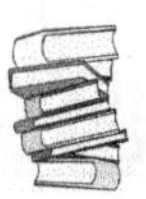

3. 推销观念

推销观念认为：顾客通常有一种购买惰性或抗衡心理，若听其自然，顾客就不会自觉地购买本企业的产品。企业需要大力开展宣传推广活动，以诱导顾客购买产品。

产生条件：产品日益丰富，市场竞争日渐激烈，产品过剩，市场由卖方市场向买方市场过渡。

企业行为：积极开展各种推销活动，努力把产品推销给顾客。

推销观念盛行于20世纪30～40年代。在推销观念指导下，企业相信产品是“卖出去的”，而不是“被买去的”。在现代市场经济环境中，推销观念仍为许多企业持有，特别是非渴求品经营者。

以上三种市场营销观念，都是以企业为中心的市场营销观念，是以企业利益为根本取向和最高目标来处理营销问题的观念，属于传统的市场营销观念。

应用实例

有奖销售：沼泽地里的狂欢

有奖销售是指商业企业根据自身的现状、经营商品的种类、商品的特征及消费者的需求，通过给予奖励来刺激和诱导消费者参与购买商品的活动。

一方面，有奖销售是商家短期内提高销售业绩的灵丹妙药；另一方面，有奖销售又让他们患上了“促销依赖症”，走入恶性竞争的沼泽地。

商家借助巧妙的奖品设置，给消费者造成一种“客观性”的错觉，点燃了他们强烈的购物热情。获得梦寐以求的商品、体验购物带来的乐趣以及企盼意外的好运气，正是消费者的这种不理性的购物心理，使得有奖销售策略被许多商家反复使用；大行其道。炫目的小汽车、锃亮的iPad、时尚新潮的iPhone等，明知道这只是商家的一个噱头，许多消费者还是被商家宏大的活动场面和美丽的说辞俘虏了。

有奖销售是一柄双刃剑，在为企业带来销量增长、业绩提升的同时，如果操作不当，也会对企业造成伤害。有奖销售中的“忽悠”和“噱头”不仅伤害消费者，也必将损害企业的品牌形象。

从本质上说，有奖销售是企业与消费者之间的情感互动，它需要企业付出情感和智慧，通过价值主张的传递，建立消费者对商品本身的信任和对品牌的认同，从而为他们提供能满足需求的产品或服务。同时，在进行有奖销售的设计时，企业要避免把精力放在奖品上，而忽视自身产品的核心利益和消费者的真正需求；要把有奖销售活动作为企业的品牌塑造和品牌管理的组成部分，避免相互抵触。

动手动脑

请说明以下观念分别属于哪种市场营销观念：

（1）酒香不怕巷子深。

（2）我们生产什么，就卖什么。

（3）我们卖什么，人们就买什么。

4．市场营销观念

市场营销观念认为：实现企业经营目标关键在于正确确定目标市场的需要和欲望，一切以顾客为中心，比竞争对手更有效地传送目标市场所期望满足的东西。其核心是顾客需要什么，企业就生产什么、供应什么。

产生条件：市场供应丰富，市场竞争异常激烈，消费者需求得到充分满足，购买选择也更为主动和理智，硬性推销遭到消费者拒绝。

企业行为：通过大量的市场调查和研究，发现未被满足的需求，结合企业自身情况，选择目标市场，并针对目标市场需求组织生产经营，最大限度地满足目标市场需求，提高顾客满意程度。

市场营销观念形成于20世纪50年代。市场营销观念的产生是市场营销哲学的质的飞跃和革命，它改变了营销者的经营观念和思维方式，将经营出发点由企业或产品转向市场，把“以顾客为中心”的观念贯彻于企业的每项工作之中，通过满足目标顾客需求实现企业经营目标。

市场营销观念指导下的企业营销活动具有以下四个方面的基本特征：

一是市场中心，即以目标市场需求为中心，集中企业的一切资源满足市场需求，占领目标市场。

二是顾客导向，即企业活动必须以顾客需求为导向。

三是营销协调，即要满足顾客的需求，实现企业的营销目标，就必须综合运用各种营销手段，使企业的各种营销活动成为有机整体。

四是赢利能力，即通过满足顾客需求，实现企业赢利性成长。

应用实例

先有鸡还是先有蛋

一家经营状况相当好的餐厅的老板想招聘一位经理，三个年轻人前来应聘。

老板问第一位应聘者：“先有鸡还是先有蛋?”

第一位应聘者想了想，答道：“先有鸡。”

老板接着问第二位应聘者：“先有鸡还是先有蛋?”

第二位应聘者胸有成竹地回答：“先有蛋。”

老板又问第三位应聘者：“先有鸡还是先有蛋?”

第三位应聘者镇定地说：“客人先点鸡，就先有鸡；客人先点蛋，就先有蛋。”

老板笑了，第三位应聘者成了经理。

问题：

“先有鸡还是先有蛋”这一哲学命题的营销学答案是什么?

5．社会市场营销观念

社会市场营销观念认为：企业不仅要满足消费者需求，获得利润，而且其经营也要符合社会利益，正确处理消费者需求、企业利益和社会利益之间的关系，统筹兼顾。

产生条件：全球性资源短缺、通货膨胀、人口激增、失业增加、环境污染等问题

日益严重，消费者利益与社会利益并不总是一致的。

企业行为：确定企业各利害关系人的需求和利益，比竞争者更有效地满足目标市场需求，维护或增进消费者利益和社会利益。

社会市场营销观念产生于20世纪70年代。社会市场营销观念要求企业顾及消费者整体与长远利益，即社会利益，正确处理消费者需求、消费者利益和长期社会利益之间隐含着的冲突。

市场营销观念和社会市场营销观念不是从企业或产品出发，而是从消费者的需求或社会整体利益出发组织营销活动，被称为现代市场营销观念。

五种营销观念的比较如表1－3所示。

表1－3　五种营销观念的比较

营销观念		出发点	手　段	目　标
传统营销观念	生产观念	企业生产	增加产量	通过大量生产获利
	产品观念	企业产品	改进质量	通过改进产品获利
	推销观念	企业产品	推销和促销	通过扩大销售获取利润
现代营销观念	市场营销观念	消费者需求	整合营销	通过顾客满意获取利润
	社会市场营销观念	社会整体利益	综合运用多种营销手段	促使消费者需求、企业利益和社会整体利益的平衡与协调发展

应用实例

皮尔斯堡面粉公司经营宗旨的演变

美国皮尔斯堡面粉公司成立于1869年。从成立至20世纪20年代，该公司一直秉承“本公司旨在制造面粉”的经营宗旨。20世纪30年代初，皮尔斯堡面粉公司发现公司的一些经销商开始经销竞争对手的面粉，公司的面粉销量开始下降。为扭转局面，公司成立商情调研部门，并选派了大量的推销人员，采用各种推销手段，甚至向经销商硬性兜售。公司的经营宗旨也改为“本公司旨在推销面粉”。

随着人们生活水平的不断提高和消费者需求的不断变化，皮尔斯堡面粉公司的各种强力推销手段日渐乏力。1950年，公司经过市场调查发现：第二次世界大战后美国人的生活方式已经发生了很大的变化，妇女在采购食品时，越来越多地选择各种成品或半成品，以取代面粉。针对这种情况，公司开始生产和销售各种成品或半成品食品，销售业绩迅速上升。1958年，公司成立了皮尔斯堡销售公司，并着眼于企业长远利益，重点研究之后3～30年的消费趋势，以开发新产品。公司也由“旨在推销面粉”转变为经营食品。

问题：

1．分析皮尔斯堡面粉公司的经营思路，指出其营销观念的变化。

2．如何理解有什么样的市场就有什么样的营销观念，有什么样的营销观念就有什么样的营销策略？

知识基础二　营销组合理论

20 世纪 50 年代，随着市场由卖方市场转向买方市场，市场交易的主动权也由卖方转向买方。为了能够更好地满足消费者的需求，企业开始寻求综合性的营销策略和手段，营销组合理论应运而生。1953 年，尼尔·博登在美国市场营销学会的就职演说中创造了“市场营销组合”（Marketing Mix）这一术语。所谓营销组合，是指企业对其可以控制的各种市场营销手段的综合利用。由于市场需求或多或少地在某种程度上受到“营销变量”或“营销要素”的影响，企业要对这些要素进行有效的组合，以更好地满足市场需求，实现企业营销目标。

营销组合不是一成不变的，企业根据自己的营销目标与市场的特点进行有效的组合搭配，建立适合于本企业的最佳营销策略组合。随着营销环境的不断变化，营销组合理论也在不断发展，由 4Ps 营销组合理论到 6Ps 营销组合理论，进而到 4Cs 营销组合理论，每一次演变，都是营销理论的重要发展。

1．4Ps 营销组合理论

4Ps 营销组合理论是最早成型的营销组合理论，由密西根州立大学教授麦卡锡于 1960 年在其出版的《基础营销》（Basic Marketing）一书中提出。他将营销要素总结为 4 类：产品（Product）、价格（Price）、渠道（Place）、促销（Promotion），即 4Ps。

4Ps 营销组合理论认为影响企业营销活动效果的因素有两类：一类是企业不能够控制的外部环境因素，如政治法律环境、社会文化环境、经济环境、技术环境、地理环境、竞争环境等因素，称之为不可控因素；另一类是企业可以控制的内在因素，如产品、定价、分销、促销等，称之为企业可控因素。企业营销活动的实质是让企业内部可控因素更好地适应外部环境的过程，即通过对产品、价格、渠道、促销的策划和实施，对外部不可控因素的变化做出积极动态的反应，促成交易达成，满足消费者需求，并实现企业营销目标。

在 4Ps 营销组合中，产品是企业根据目标市场的需求开发生产的有形产品和无形服务的集合体，包括产品的品质、品牌、功效、形式、包装、服务等；价格是企业出售给消费者的经济回报，包括产品和服务的价格、各种折扣、支付期限、付款方式和信用条件等；渠道是企业向目标市场提供产品或服务时所需的中间环节和各种活动，包括销售渠道、环节、场所、仓储和运输等；促销是企业利用各种媒介与目标市场进行有关产品信息沟通的各种活动，包括广告、人员推销、公共关系和营业推广。4Ps 营销策略组合是产品策略、价格策略、渠道策略、促销策略的有机结合，是现代营销理论的核心。

应用实例

“李锦记”蒸鱼豆豉油的营销策划

1994 年，李锦记刚推出豆豉油时，尽管做了各种营销努力，但销售业绩并不理想。

1996 年，李锦记在香港市场上又推出新产品——蒸鱼豆豉油，并获得极大成

功。究其原因，首先是李锦记通过有效的市场分析，找准了市场的切入点，并及时推出新产品；其次是在新产品的推广过程中，李锦记有效整合了各种营销要素和促销手段，实现了产品策略、价格策略、渠道策略和促销策略的有机融合。

在产品方面，李锦记通过深入的市场调查分析，发现香港人上酒楼爱吃蒸鱼，而酒楼使用的特制豆豉油在市场上买不到。家庭主妇们希望有一种专用于蒸鱼的豆豉油，使她们在家里就能做出和酒楼一样的美味可口的蒸鱼来。李锦记根据家庭主妇的需求，及时研制并在香港市场推出了蒸鱼豆豉油，为销售成功奠定了基础。

在价格方面，针对家庭主妇对价格的高度敏感性，制定了具有吸引力的价格，并推出试用装、优惠价，适时采用减价措施，有效刺激了家庭主妇的购买欲望。

在渠道方面，李锦记建立了完善的分销网络，提高铺货率，使消费者在超市和杂货店都能买到产品，方便了消费者购买。

在促销方面，李锦记有效整合了各种促销手段，开展了包括电视广告、印刷广告、公关活动、消费者教育、赠送样品以及一系列有效的促销活动，特别是创造性地开展了超市示范推广、电视节目烹调技艺演示、厨艺大赛、美食博览会等营销活动，迅速打开产品销路，提高了产品知名度。

问题：

李锦记为推出新产品所做的营销策划活动是如何体现4Ps营销组合理论的内涵的？

2. 6Ps营销组合理论

进入20世纪80年代，随着市场竞争的加剧和国际市场营销的发展，营销理论界认识到原有的4Ps组合理论忽视了政府和各种社会集团对企业经营活动的影响。1986年，营销大师菲利普·科特勒在《哈佛商业评论》上发表了《论大市场营销》，提出了“大市场营销”的概念，即在产品、价格、渠道、促销四个营销要素的基础上，增加了“政治力量”（Political Power）、“公共关系”（Public Relations）两个要素。政治力量是指企业在国际市场营销中必须了解的其他国家的政治制度、政府政策和国家法律等政治因素；公共关系是指企业为改善与社会公众的关系，促进公众对企业的认识、理解及支持，达到树立良好企业形象、促进商品销售等目的的一系列公共活动。

在传统的4Ps营销策略组合的基础上，增加政治力量策略和公共关系策略，形成6Ps理论。4Ps理论被称为传统的市场营销组合理论，6Ps理论被称为现代市场营销组合理论，又称大市场营销。

6Ps营销组合理论否定了环境因素的不可控性，强调在一定条件下，企业可以通过自己的努力使环境因素向着有利于企业营销的方向转变；强化了市场营销的功能和影响力，扩大了市场营销活动的范围，开阔了营销人员的视野和思路。

1986年，科特勒从营销战略的高度，对营销组合做了新的补充，提出了营销战略层次的新4Ps营销组合，即探查（Probing）、细分（Partitioning）、优先（Prioritizing）、定位（Positioning）。探查，即市场调研；细分，就是指针对不同的需求，对消费者加以区分；优先，即首先选择能发挥企业优势的目标细分市场；定位，即确定企业的产品和服务应在顾客心目中具有的形象。企业在这四个战略层次的营销组合因素指导下，实施战术层面的4Ps。后来，科特勒又认识到人在营销活动中的重要性，又加入了另一个P，即人（People），这里的人主要是指企业的员工，强调认识、理解员工，激发员工的积极性对市场营销的重要性。至此，科特勒把原来的4Ps营销组合发展成11Ps营销组合，以迎合、满足在所有领域、行业开展营销活动的需要。

3．4Cs营销组合理论

进入20世纪90年代，社会经济的快速发展和产品的极大丰富，导致市场竞争空前激烈，获得顾客、保持顾客成为营销的重要目标。以4Ps为代表的营销组合理论因其过分关注生产者自身利益，忽视消费者的权利而受到营销理论界的批评。在这种背景下，美国学者劳特邦于1990年提出了与传统的4Ps营销组合理论相对应的4Cs营销组合理论，即顾客（Customer）、成本（Cost）、便利（Convenience）和沟通（Communication）。

4Cs是强化了以顾客需求为中心的营销组合。顾客是指顾客需求，即企业应把顾客需求放在第一位，强调创造顾客需求比开发产品更重要，满足顾客需求比增加产品功能更重要；成本是指顾客获得需求满足的成本或付出的代价，包括顾客购买所需之物的货币支出、时间耗费、体力和精力耗费以及风险承担等；便利是指购买的方便性，即为顾客提供最为便利的购买渠道；沟通是指与顾客有效交流，企业应通过与顾客进行积极有效的双向沟通，找到能同时实现各自目标的通途，建立基于共同利益的新型企业/顾客关系。

简单来讲，4Cs就是要求营销者在开展市场营销活动时，忘掉产品，专注需求，忘掉价格，专注支付成本，忘掉渠道，专注便利，忘掉促销，专注沟通。

4Cs营销组合理论是完全站在顾客的角度思考和认识问题的，具有典型的顾客导向性特征，顺应了时代发展对营销理论发展的要求，是现代营销组合理论的新发展。4Ps与4Cs之间的关系如表1-4所示。

表1-4　4Ps与4Cs比较分析表

项目	4Ps		4Cs	
含义和内容	产品（Product）	品质、品牌、功效、形式、包装、服务等	顾客（Customer）	研究顾客需求，为之提供相应的产品和服务
	价格（Price）	产品和服务的价格、各种折扣、支付期限、付款方式和信用条件等	成本（Cost）	顾客为满足自己的需求所愿意付出的成本
	渠道（Place）	销售渠道、环节、场所、仓储和运输等	便利（Convenience）	为顾客提供最为便利的购买渠道
	促销（Promotion）	广告、人员推销、公共关系和营业推广	沟通（Communication）	双向沟通，建立基于共同利益的新型企业/顾客关系
时间及提出者	1960年，麦卡锡		1990年，劳特邦	

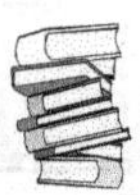

■工作任务 1-2　拓展视野，关注需求

工作任务提示：

帮助你的营销团队了解校园市场的状况，为下一步开展具体的营销活动奠定基础。

工作任务情景：

比如我们真的需要面包吗？——面包是食物，可以满足人们的生理需求。我们很喜欢吃面包，但是如果没有面包，我们会选择其他食物吗？作为面包生产企业，把面包做好是应该的，但是，如果仅仅把目光停留在面包上，忽视消费者对食物需求的变化和不断涌现出的替代品，面包即使做得再好，总有一天也会卖不掉！

不要让面包遮挡住我们的视线，否则会得“营销近视症”！

工作任务内容：

第一，了解校园市场环境。

校园市场环境包括校园所在的地理位置、自然环境、附近商业环境、市场管理情况、交通状况、人口统计特征等。

第二，关注校园市场需求。

调查大学生市场需求结构、购买力状况和需求满足程度。

第三，关注满足需求的渠道。

调查大学生的购买渠道。

工作任务要求：

第一，团队分工协作完成。

第二，以书面报告的形式提交《校园市场需求分析报告》。

第三，重点分析团队感兴趣的产品需求状况和满足程度。

任务三　遵守营销道德，关注企业责任

知识基础

完成本任务所需的知识基础包括营销道德和企业责任的演变。

知识基础一 营销道德

知识库

道 德

在中国最伟大的思想家老子的《道德经》一书中，对道德的阐述是："道生之，德畜之，物形之，势成之。是以万物莫不尊道而贵德。道之尊，德之贵，夫莫之命而常自然。""道"是指自然运行与人世共通的规律和真理；"德"是指人世的德性、品行、王道。

道德是人类社会特有的现象，是指正确处理人与人之间关系的行为规范或规则。道德用善恶荣辱等观念，调整人与人之间的关系，评价人们的行为和人们对社会、对国家、对阶级、对民族以及对婚姻家庭的态度。只涉及个人、家庭等私人关系的道德，称为私德；涉及社会公共部分的道德，称为社会公德。一个社会一般都有社会公认的道德规范。

20 世纪 80 年代以来，社会市场营销观念开始为越来越多的企业所认可。社会营销观念要求企业的营销活动在满足顾客利益、实现企业利益的同时，维护社会的长远利益，增进社会福利，使企业的营销活动符合营销道德标准。

营销道德是调整企业与相关群体利益之间关系的行为规范总和，是客观经济规律及法制以外制约企业行为的又一重要因素。遵循营销道德的营销行为，使营销人员个人、企业和顾客利益保持一致，有利于实现企业的经济目标，维护社会的长远利益；违背营销道德的营销行为，使企业的利益与顾客利益和社会利益相悖，虽然会实现企业的经济目标，但损害了顾客利益和社会长远利益，影响企业的社会形象和长期发展。

1．营销活动中违反营销道德带来的问题

现代市场营销中，一些企业违反营销道德的活动，给社会、企业和消费者带来了不利的影响，主要表现在以下三个方面：

一是对社会造成的不良影响。如环境污染，不符合社会价值观和道德观的产品或服务销售活动、信息传播活动和消费观念传播活动。

二是对消费者利益造成损害。如产品质量不合格，销售有损消费者身心健康的产品或服务，强买强卖、误导消费者的促销活动和欺诈消费者等行为。

三是对企业带来的不利影响。如营销人员超越权限的承诺或不守信用，恶意窜货，在营销中使用不当的语言或存在不当的行为等。

营销者遵循道德准则，讲求营销道德，诚恳待客，高度重视与顾客之间建立长期的、友好的关系，关注社会长远利益，有助于提升企业在顾客心目中的形象和美誉度，获得顾客的信任，实现企业价值性成长。

2．现代营销中企业必须遵守的基本营销道德

现代企业必须遵循的基本营销道德是：诚信、负责、公平。

在现代社会中，诚信不仅是做人的基础，也是企业经营的基本准则。诚信要求营

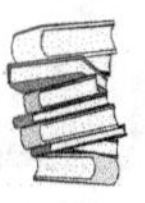

销者在营销活动中要诚实守信。只有守信，才能为营销者赢得良好的信誉，获得顾客的青睐。诚信就要信守承诺，包括书面承诺和口头承诺，明确承诺和隐含承诺。在企业不能信守承诺时，就要为未能履行承诺承担责任，付出代价。

负责，即要求营销者对自己的一切经济行为及其后果承担政治、法律、经济和道义上的责任，对自己独立自主的营销活动及其可能带来的短期和长期影响承担责任。坚持负责原则，要求营销者具有高度的自觉性和承担责任的勇气，明确地向消费者介绍产品或服务的优点和不足。

公平是社会生活中一种普遍的道德要求。在营销过程中，坚持公平的原则主要有两方面的含义：一是营销者公平对待不同顾客，使其有充分的权利享有他们应得的利益；二是与对手开展公平竞争，以合法手段获得竞争优势。

诚信、负责、公平是现代营销最主要的、最基本的道德准则。从长远来看，遵守营销道德，坚守道德原则，不仅有利于营销者与顾客和社会建立良好的利益关系，塑造企业诚实守信的良好社会形象，也有利于企业的长期稳定发展。

应用实例

沃尔玛在中国

2011 年 10 月 9 日，重庆市工商局通报，因沃尔玛重庆门店以普通猪肉冒充“绿色猪肉”销售，以虚假商品说明欺诈消费者等违法行为，依法没收其违法所得，并处违法所得 5 倍（269 万元）的罚款。沃尔玛重庆门店被责令停业整顿 15 天，有关门店负责人已经被刑拘。

据重庆市工商局通报，沃尔玛在渝 10 家分店及 2 家“好又多”分店以普通猪肉冒充“绿色猪肉”销售 63 574 千克，时间跨度长达 20 个月，牟取非法利益 73 万余元。

据媒体报道，沃尔玛自 2006 年进入重庆以来，因销售过期食品、不合格食品、虚假宣传等行为，被工商部门处罚了 21 次。

问题：

在中国，沃尔玛为什么如此放肆，仅仅是诚信问题吗？

知识基础二　企业的社会责任

关于企业责任主要有以下三种观点：一是利润责任，即公司必须为它的业主或股东赚取最大限度的利润。诺贝尔奖获得者米尔顿·弗里德曼指出：企业的一个或唯一的社会责任就是用自身的资源从事旨在增加自身利润的活动，只要这种活动不超出游戏规则所允许的范围，即这些活动只要是在没有瞒骗和欺诈的公开、自由竞争中进行的。二是利害关系人责任，即企业不仅要对股东负责，还必须对那些影响并参与其经营活动的各利益主体负责。企业的利害关系人包括顾客、职工、供应商和分销商。三是社会责任，即企业必须对生态环境和社会大众负责。受工业经济发展的影响，人类的居住和生活环境日益恶化，环境污染严重，追求无毒、无公害、无污染的产品和良好的生存环境已成为社会主流，这就要求企业必须关注社会公共利益。

企业的社会责任要求企业必须超越把利润作为唯一目标的传统理念，强调在经营过程中对人的价值的关注，强调对消费者、对环境、对社会的贡献。

知识库

企业社会责任

企业社会责任思想的起点是亚当·斯密的“看不见的手”。古典经济学理论认为，一个社会通过市场能够最好地确定其需要，如果企业能高效率地使用资源，向社会提供社会需要的产品和服务，并以消费者愿意支付的价格销售它们，企业就尽到了自己的社会责任。

西方经济学家米尔顿·弗里德曼在《纽约时报》刊登题为《企业的社会责任是增加利润》的文章，指出：“企业的一项、也是唯一的社会责任是在比赛规则范围内增加利润。”这里的比赛规则是指国家的有关法律和政策、社会道德规范和行为准则、职业操守等企业游戏规则。

20世纪80年代，企业社会责任运动开始在欧美发达国家逐渐兴起，企业的社会责任包括环保、劳工和人权等方面的内容，并导致消费者的关注点由单一的产品质量，转向关心产品质量、环境、职工健康和劳动保障等多个方面。

20世纪90年代初期，美国劳工及人权组织针对成衣业和制鞋业发动“反血汗工厂运动”。在劳工和人权组织以及消费者的压力下，许多知名企业相继制定了自己的生产守则，促使企业履行自己的社会责任。

到2000年，全球共有246个生产守则，其中除118个是由跨国公司自己制定的外，其余皆是由商贸协会或多边组织或国际机构制定的“社会约束”性的生产守则。

2002年2月在纽约召开的世界经济峰会上，36位知名企业首席执行官呼吁公司履行其社会责任，并把公司的社会责任作为公司核心业务运作至关重要的一部分。

2002年，联合国正式推出《联合国全球协约》(UN Global Compact)。协约共有9条原则，联合国恳请公司对待其员工和供货商时都要尊重其规定的9条原则。

至此，企业的社会责任正式成型，并为越来越多的国家、企业和社会公众所关注，责任范围不仅包括企业的股东、职工，还包括供货商、分销商和社会公共利益。

企业责任涉及4个方面，有10个原则：

人权：企业应在其所能影响的范围内支持并尊重国际社会做出的维护人权的宣言；
不袒护侵犯人权的行为。

劳动：有效保证组建工会的自由与团体交涉的权利；
消除任何形式的强制劳动；
切实有效地废除童工；
杜绝在用工与职业方面的差别歧视。

环保：企业应对环保问题未雨绸缪；
主动承担环境保护责任；
推进环保技术的开发与普及。

反腐败：积极采取措施反对强取和贿赂等任何形式的腐败行为。

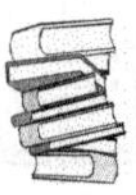

现代企业责任包括五个方面内容，即股东责任、职工责任、消费者责任、商业合作伙伴责任和社会责任。

股东责任。股东是企业的投资人，没有股东就没有企业，因此，企业首先要对股东负责，为股东创造利润和价值。对股东负责是企业的首要责任和基本责任。

职工责任。职工是企业的劳动者和价值创造者，没有职工的劳动，任何产品和服务都无法生产。对职工负责，要求企业重视职工利益，为职工提供良好的、健康的工作环境。

消费者责任。消费者是企业满足的对象，也被企业尊称为“上帝”、“衣食父母”等。对消费者负责要求企业为消费者提供优质的产品和服务，以满足其不同的需求。为此，企业应根据市场需求的变化不断调整市场营销策略，以满足消费者不断变化的需求。

商业合作伙伴责任。合作伙伴包括企业的供应商和分销商。对商业合作伙伴负责要求在企业的经营过程中关注合作者的利益和要求，建立与伙伴合作共赢的长期合作关系。

社会责任。社会责任是现代企业义不容辞的责任。企业从事生产经营活动，一方面为社会发展提供物质财富；另一方面，企业上缴的税收，是从价值形态上做贡献，增加国家的公共资源，促进社会发展。同时，企业还应关注和支持社会公益事业，资助教育、娱乐活动和社区建设等；保护环境，坚决杜绝污染环境、破坏自然生态平衡的行为，积极治理环境污染，促进社会和环境的可持续发展。

履行企业责任，关注社会责任，可以促使企业的营销策略不仅以顾客的需求为出发点，而且以社会责任为出发点，使企业的经营目标能够将企业利益同消费者利益和社会利益有机结合起来，使短期利益与长期利益结合起来。企业承担社会责任，有利于赢得声誉，获得消费者和社会的认同，更好地体现自身的价值取向，为企业的生产经营营造良好的社会氛围，实现企业长期可持续发展。

阅读资料

中国社会科学院发布《2013 年企业社会责任蓝皮书》

2013 年 11 月 14 日，由中国社会科学院经济学部、中国社会科学院社会发展研究所和社会科学文献出版社共同举办的“《2013 年企业社会责任蓝皮书》发布会”在京举行，推出了中国社会科学院经济学部企业社会责任研究中心编著、社会科学文献出版社出版的《中国企业社会责任研究报告（2013）》，对中国国有企业 100 强、民营企业 100 强和外资企业 100 强的社会责任发展水平进行了评价。

《2013 年企业社会责任蓝皮书》指出：2013 年中国企业社会责任整体水平较低，超过一半企业仍在旁观，中远集团、中国移动、国家电网等企业位居社会责任发展指数排名前十；中央企业和外资企业的社会责任工作整体推进更为积极，明显高于民营企业。在国企百强企业中，中央企业和国有金融企业社会责任发展水平远远领先于其他国有企业，但是，其责任管理落后于责任实践，责任实践中市场责任领先于社会责任和环境责任。在民营百强企业中，近八成的民营企业的社会责任发展处于旁观阶段。在外资百强企业中，外资企业的社会责任整体水平较低，仍在旁观，其在华的环境信息披露相对较好，社会捐助、社区服务等方面信息滞后，披露较少。

■工作任务 1－3　崇尚道德，承担责任

工作任务提示：

帮助你更好地理解营销道德和企业责任的重要性，并使你和你的团队在今后的营销活动中形成正确的营销道德，树立企业责任意识。

工作任务情景：

企业如何才能获得消费者的信任呢？——除了品牌、产品质量之外，企业获得消费者信任的最重要的砝码就是社会责任。一个有强烈社会责任感的企业，一定能够本着对消费者负责、为社会谋福利的态度开展经营活动，其产品和服务质量必然值得信赖，也必然能够获得消费者持久的信任。

但是，并非所有的企业都具有强烈的社会责任感，违反营销道德、损害消费者利益和社会利益的营销活动屡屡出现，我们应当引以为戒。

工作任务内容：

第一，搜集一个你认为最能体现企业具有良好的营销道德和强烈的社会责任感的案例资料，分析其营销活动如何体现了营销道德和社会责任意识。

第二，搜集或记录一次你认为违反营销道德或缺乏社会责任感的校园营销活动，分析其如何违反了营销道德和社会责任，造成了哪些不良影响。

工作任务要求：

第一，团队分工协作完成。

第二，根据所搜集的案例和资料制作 PPT 进行展示，在课堂上交流讨论。

课程小结

任务一　理解市场营销产生和发展的动因

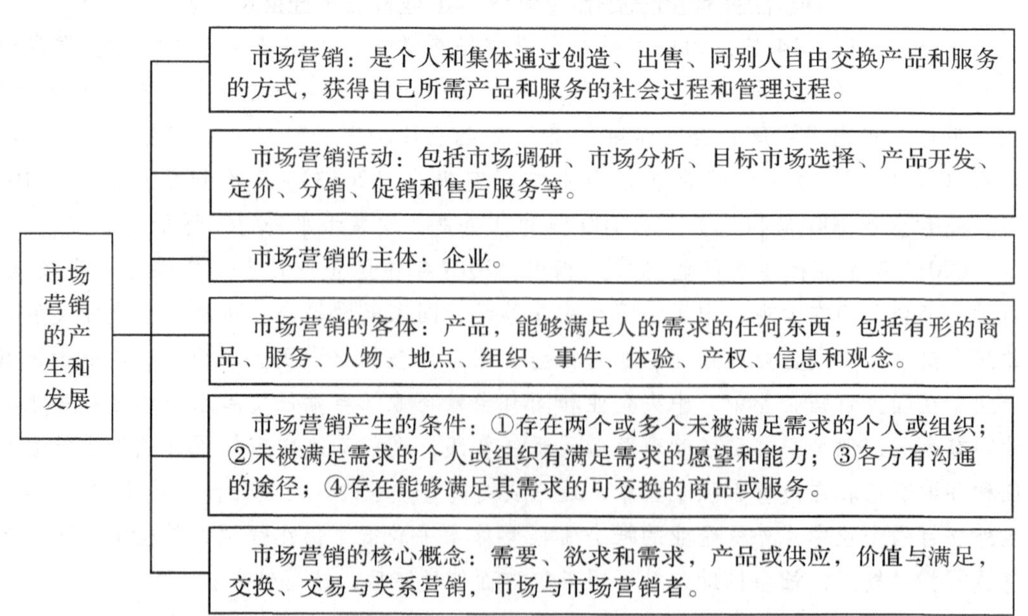

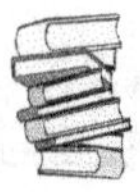

任务二　掌握市场营销是干什么的

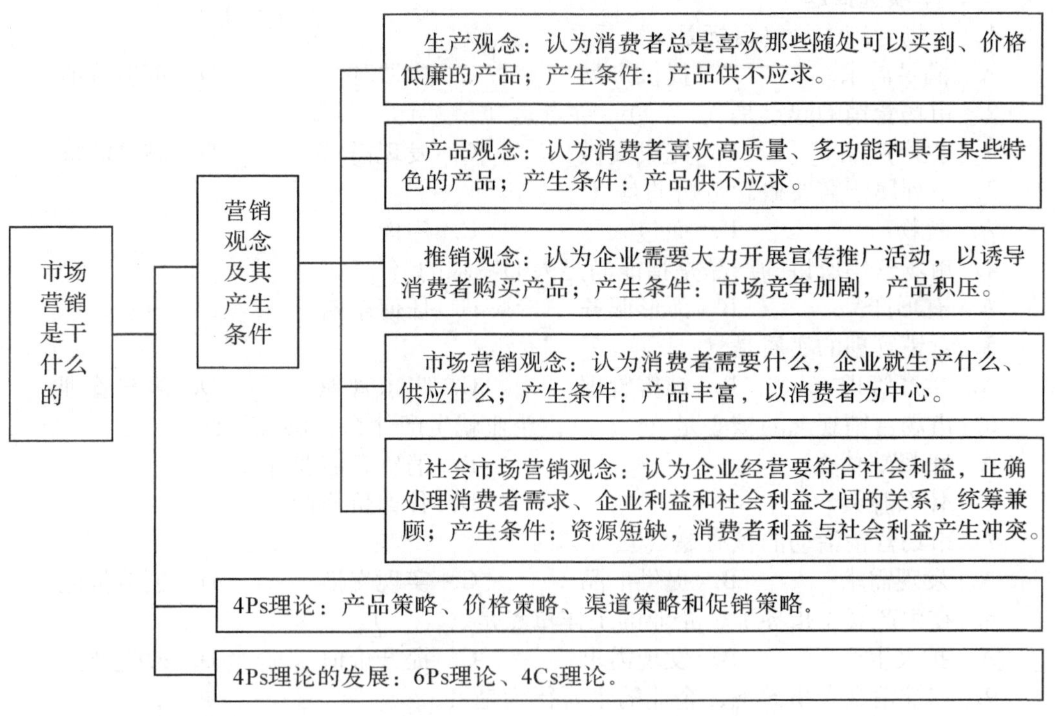

任务三　遵守营销道德，关注企业责任

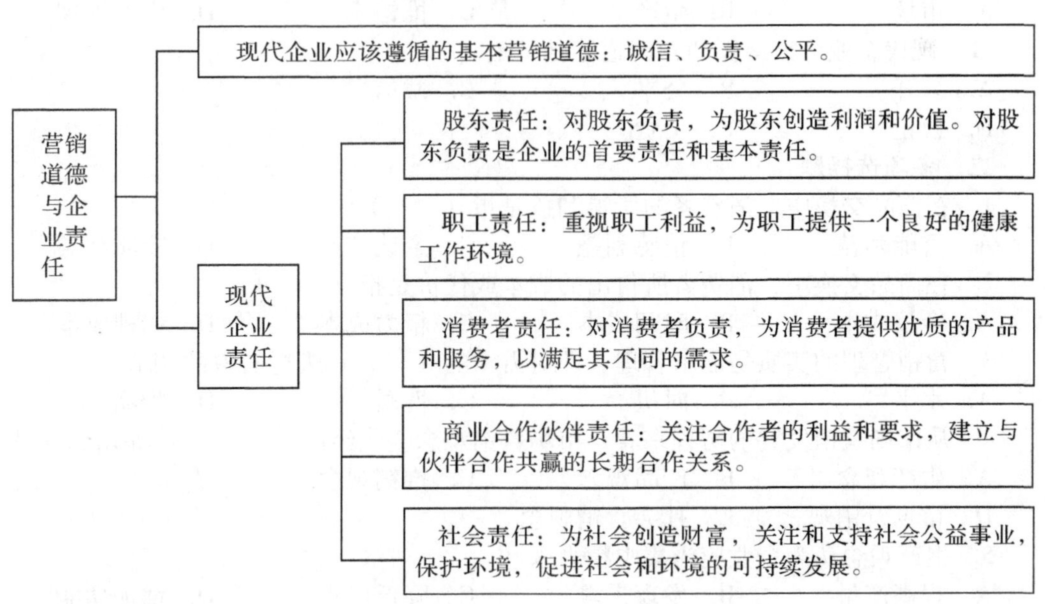

课后练习

一、单项选择题

1. 市场营销的最终目标是（　　）。
A. 满足需求　　B. 提供产品　　C. 赚取利润　　D. 创造价值
2. 市场营销的起点是（　　），终点是（　　）。
A. 生产产品　　B. 完成交换　　C. 发现需求　　D. 满足需求
3. 下列属于需要概念范畴的是（　　）。
A. 食物　　B. 面包　　C. 牛肉
4. 市场营销所讲的产品是指能满足人们需求的（　　）。
A. 有形产品　　B. 无形服务　　C. 任何东西
5. 营销管理的实质是（　　）。
A. 生产管理　　B. 销售管理　　C. 需求管理　　D. 客户管理
6. 市场营销观念的核心是（　　），企业就生产什么、供应什么。
A. 市场缺什么　　B. 消费者需要什么
C. 什么赚钱　　D. 什么价格高
7. 市场营销活动的核心是（　　）。
A. 发现需求　　B. 提供产品　　C. 实现交换　　D. 创造价值
8. 在生产观念指导下，企业的工作重点是（　　）。
A. 扩大生产　　B. 发现需求　　C. 提升价值　　D. 改进产品
9. 在推销观念指导下，企业的主要行为是（　　）。
A. 扩大生产　　B. 推销产品　　C. 产品开发　　D. 降低成本
10. 在市场营销观念指导下，企业营销活动的中心是（　　）。
A. 市场　　B. 生产　　C. 推销　　D. 内部管理
11. 现代企业应该遵循的营销道德基础是（　　）。
A. 公开　　B. 公平　　C. 诚信
D. 公正　　E. 负责

二、多项选择题

1. 在商品交换中，消费者的所得利益是指（　　）。
A. 官能利益　　B. 情感利益　　C. 金钱利益　　D. 物质利益
2. 在商品交换中，消费者所付出的成本或代价是指（　　）。
A. 金钱成本　　B. 时间成本　　C. 精力成本　　D. 精神成本
3. 营销管理的实质是需求管理，即对需求的（　　）进行有效的调节。
A. 水平　　B. 时机　　C. 性质　　D. 物品
4. 从市场营销发展的历程来看，市场营销观念变化经历了（　　）等几个阶段。
A. 生产观念　　B. 产品观念　　C. 推销观念
D. 市场营销观念　　E. 社会营销观念
5. 生产观念认为企业应当集中精力来（　　）。
A. 提高产量　　B. 发现需求　　C. 降低成本　　D. 增加功能
6. 产品观念认为消费者喜欢（　　）的产品。
A. 高质量　　B. 多功能　　C. 有特色　　D. 低价格

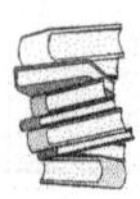

7. 推销观念认为消费者通常有一种购买（ ）心理，为促进销售，企业需要诱导消费者购买产品。

A. 惰性　B. 激情　C. 抗衡心里　D. 贪图便宜

8. 市场营销观念指导下的企业营销活动的基本特征包括（ ）。

A. 市场中心　B. 顾客导向　C. 营销协调　D. 赢利能力

9. 社会市场营销观念要求企业正确处理企业与（ ）之间的关系，统筹兼顾。

A. 消费者　B. 企业　C. 社会　D. 竞争者

10. 4Ps 营销组合理论是最早成型的营销组合理论，4P 是指（ ）。

A. 产品　B. 价格　C. 渠道

D. 促销　E. 公共关系

11. 现代企业应该遵循的基本营销道德是（ ）。

A. 公开　B. 公平　C. 诚信

D. 公正　E. 负责

12. 现代企业责任包括（ ）。

A. 股东责任　B. 职工责任　C. 消费者责任

D. 合作伙伴责任　E. 社会责任

三、判断题

1. 市场营销的最终目标是使个人和集体的需求得到满足。（ ）

2. 现代市场营销所讲的市场是指狭义的市场概念，即商品交换场所。（ ）

3. 市场营销是企业通过提供产品或服务，完成价值交换，实现企业的价值性成长、个人和社会财富的增长。（ ）

4. 营销管理的实质是生产管理。（ ）

5. 生产观念认为消费者喜欢高质量、多功能和具有某些特色的产品。（ ）

6. 产品观念认为消费者喜欢高质量、价格低的产品。（ ）

7. 推销观念认为消费者通常有一种购买惰性或抗衡心理，为促进销售，企业需要大力开展宣传推广活动，以诱导消费者购买产品。（ ）

8. 市场营销观念的核心是消费者需要什么，企业就生产什么、供应什么。（ ）

9. 社会市场营销观念认为企业不仅要满足消费者需求，获得利润，而且其经营也要符合政府利益，正确处理消费者需求、企业利益和社会利益之间的关系。（ ）

10. 公平是现代企业应该遵循的基本营销道德。（ ）

四、简答题

1. 简述市场营销的五个核心概念。

2. 举例说明需要、欲求和需求之间的关系。

3. 简述市场的概念和三要素。

4. 简述市场营销产生的四个条件。

5. 简述需求管理的八种类型。

6. 简述市场营销观念及其产生条件。

7. 简述市场营销观念指导下的企业营销活动的四个基本特征。

8. 简述社会营销观念及其产生条件。

9. 简述现代企业应该遵循的基本营销道德。

10. 简述现代企业责任的五个方面内容。

五、案例分析题

居高不下的消费者投诉

中国消费者协会2014年3月15日发布2103年消费者投诉情况：2013年共受理消费者投诉702，484件，解决635，748件，投诉解决率90.5%，为消费者挽回经济损失117，157万元。

统计数据显示：在2013年投诉中，质量问题占42.9%（其中通讯类产品、食品、服装、汽车及其零部件质量问题位居前列）；合同问题占16.8%；售后服务问题占15.1%；价格问题占3.7%；虚假宣传占1.7%；安全问题占1.3%；假冒问题占1.1%；计量问题占1.0%；人格尊严占0.4%；其他类投诉占16%。

2013年，商品大类投诉中，家用电子电器类、服装鞋帽类、日用商品类、食品类和交通工具类投诉量居前列。服务投诉中，投诉量居前十位的是移动电话服务、网络接入服务、媒体购物、店面销售、保养和修理服务等。值得关注的是，快递服务投诉量同比增长77.6%，保养和修理服务增长61.3%。

从统计数据看，销售服务类投诉共计49，914件，其中媒体购物20，361件，在服务类投诉中位列第三，占销售服务类投诉40.8%，媒体购物投诉中，网络购物12，950件，占63.6%。

资料来源：http：//www.cca.org.cn/web/xfxx/picShow.jsp？id＝66799

问题：

结合营销道德和企业责任，谈谈你对消费者投诉的认识。

经典人物

菲利普·科特勒

菲利普·科特勒博士生于1931年，美国人，是现代营销集大成者，被誉为"现代营销学之父"，现任西北大学凯洛格管理学院终身教授，具有麻省理工大学博士、哈佛大学博士后及苏黎世大学等8所大学的荣誉博士学位，现任美国管理科学联合市场营销学会主席、美国市场营销协会理事、营销科学学会托管人、管理分析中心主任、杨克罗维奇咨询委员会成员、哥白尼咨询委员会成员、中国GMC制造商联盟国际营销专家顾问。

科特勒博士一直致力于营销战略与规划、营销组织、国际市场营销及社会营销的研究，他创造的一些概念，如"反向营销"、"社会营销"等，被人们广泛应用和实践。科特勒博士将市场营销重要性提升到史无前例的地步，并把企业关注的重点从价格和分销转移到满足顾客需求上来，他拓宽了市场营销的概念，从过去仅仅限于销售工作，扩大到更加全面的沟通和交换流程。科特勒博士著作丰富，其中，《营销管理》（Marketing Management：Application，Planning，Implementation and Control，1967年第1版，与凯文·凯勒合著）一书已经是第13次再版，是世界范围内使用最广泛的营销学教科书，该书成为现代营销学的奠基之作，它被选为全球最佳的50本商业书籍之一，许多海外学者把该书誉为市场营销学的《圣经》。

与其费尽心思琢磨如何击倒对手，不如站在客户的立场上为对方着想，不能成为第一，就要寻找可以成为第一的战场。

——奥格·曼狄诺

项目二　市场调查

知识目标

◆了解市场调查的作用及内容。

◆掌握市场调查的方法。

◆掌握市场调查报告的撰写方法与技巧。

技能目标

◆能以科学的方法组织实施市场调查。

◆能分析调查资料，撰写调查报告。

导入案例

点纱成金的奥秘

李维公司的创始人李维·施特劳斯是德国人。19 世纪 40 年代后期，美国加利福尼亚发现了金矿，掀起了淘金热。他放弃了国内的工作，追随哥哥到美国做杂货商。一次，他乘船到旧金山开展业务，带了一些线团和一批帆布供淘金者搭帐篷。下船后巧遇一个淘金的工人，李维·施特劳斯忙迎上去问："你要帆布搭帐篷吗?" 那工人却回答说："我们这儿需要的不是帐篷，而是淘金时穿的耐磨、耐穿的帆布裤子。" 李维深受启发，当即请裁缝给那位淘金者做了一条帆布裤子。这就是世界上第一条工装裤。

时至今日，李维公司已有 150 多年的历史了。如今，李维牛仔已由最初的工装服装发展成为一种时尚服装，行销世界。

在李维公司的发展历程中，始终坚持市场调查，树立牢固的市场观念，按用户需要组织生产。根据市场调查和长期积累的经验，李维公司认为，应该把青年人作为新的主要目标市场。为满足青年人的需要，李维公司坚持把耐穿、时髦、合体作为开发新产品的主攻方向，力争使自己的产品长期占领青年人市场。

为了满足市场需要，李维公司十分重视对消费者心理的分析。1974 年，为了拓展欧洲市场，研究市场变化趋势，了解消费者爱好，李维公司向德国顾客提出了"你们穿李维的牛仔裤，是要价钱低、样式好，还是合身”的问题。调查结果表明，多数人的首要选择是“合身”。于是，公司派专人在德国各大学和工厂进行“全身”实验，生产出不同型号的裤子，大大拓展了销路。

问题：

1. 李维公司点纱成金的奥秘是什么？
2. 市场调查在李维公司成为跨国企业的发展中起到了怎样的作用？

分析点评：

本案例诠释了市场调查在企业发展中的重要作用。李维公司借助市场调查选择目标顾客，按照顾客需要组织生产，拓展了市场空间。李维公司把市场调查作为企业决策的依据，使公司成为有影响力的跨国企业。

任务一　理解市场调查的作用和内容

知识基础

完成本任务所需要的知识基础包括市场调查的概念、市场调查的作用、市场调查的内容。

知识基础一　市场调查的概念

> 市场调查是企业根据市场营销的需要，运用科学的方法，有目的地搜集与企业营销活动的有关信息资料，并对资料进行整理与分析，形成调查报告，为企业营销决策提供科学依据的活动。

市场调查是市场营销的起点，是企业了解市场需求历史、现状的显微镜，也是企业把握市场需求发展趋势的望远镜。在现代市场经济活动中，市场调查在市场营销活动中占有重要地位，发挥着重要作用。

美国市场营销学权威专家菲利普·科特勒把市场调查定义为：市场调查是系统地设计、搜集、分析数据资料，以及提出与公司所面临的特定的营销状况有关的调查结果。

阅读资料

市场调查的含义

◇市场调查的主体是企业，即企业围绕具体营销活动，通过自身的调查机构与专业人员或请专业的市场调查咨询公司，对相关的信息资料进行市场调查。

◇市场调查的客体主要是消费者。市场调查是以消费者为中心进行的调查，即了解和研究消费者的购买欲望与购买动机，把握消费者对产品的意见和要求。

◇市场调查的目的是为企业营销决策提供依据。

◇市场调查是企业开展经营活动的前提，是企业有效获得和利用市场信息资料的主要手段。

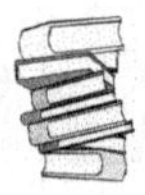

在现代市场经济活动中，市场调查已经成为企业进行市场经营活动的前提和基础，成为企业获取市场信息、开展营销策划活动的有效工具。在市场开发前，市场调查能帮助企业决策者识别、评估和选择目标市场；进入市场之后，市场调查是企业获得市场信息的重要手段；在产品售出后，市场调查是企业了解消费者评价的依据。

动手动脑

市场调查与市场营销的本质联系是什么？

应用实例

孩子宝公司的变形金刚成功打入中国市场

美国的孩子宝公司为了在中国市场上推销“孩子宝”变形金刚，在中国进行了长达一年的市场调查，然后得出结论：变形金刚虽然价格高，但中国的独生子女父母舍得投资，这种玩具在中国会有广阔的市场空间。于是孩子宝公司先将一套《变形金刚》动画片无偿地送给广州、上海、北京等大城市的电视台播放。动画片便成了不花钱的广告片。一集、两集……《变形金刚》充满工业社会的智慧、热情、幻想，给孩子们带来了乐趣，在众多孩子的脑海里打下了深深的烙印。之后，变形金刚从银幕上“下来了”。孩子宝公司将变形金刚投入中国市场，孩子们简直像着了魔一样扑向商场和摊点。

问题：

孩子宝公司是如何让变形金刚快速占领中国市场的？

知识基础二　市场调查的作用

情景案例

缜密调查，准确定位，成就“统一”高端品牌

在人们的印象中，一句“多一些润滑，少一些摩擦”的经典广告语成就了今天的“统一”。实际上，早在2003年年初，统一企业集团已经将自己定位于“中国高端润滑油最大的专业制造商”。

通过市场调查，统一企业集团发现：2002年，中国汽车保有量超过2100万辆，而在未来5年内，中国汽车保有量将达到5000万辆，车用润滑油品的需求量剧增。在需求量逐年上升的同时，用油档次也将实现跨越式发展。到2005年，高端用油占整个车用油比重将上升到48%左右。当时中国的4500家润滑油工厂的产品级别非常低，这些企业所生产的高端用油总销量只占高端市场的20%，其他80%高端市场都被美孚、壳牌等国外品牌所占据。突破高端，成为国产润滑油能否在未来立足的关键。

统一企业集团正是抓住这一机遇，迅速完成了品牌提升，成为润滑油的强势品牌。2003 年 1 月至 6 月，统一 SG 以上级别的润滑油销售量占企业全部产品的 40%。

问题：

统一企业集团是如何成就自己的高端品牌的？

市场调查是市场营销活动的基础，并贯穿于企业整个营销过程中。菲利普·科特勒曾经说过：真正的市场营销人员所采取的第一个步骤，总是要进行市场调查。市场调查的作用主要有以下几个方面：

第一，通过市场调查，可以发现新的需求和市场机会。

第二，通过市场调查，可以发现现有产品和营销策略的不足，有利于企业及时改进产品，调整策略。

第三，通过市场调查，可以及时掌握市场竞争情况，做到知己知彼。

第四，通过市场调查，可以了解经济环境和政策对企业发展的影响，预测市场变化趋势，应对市场竞争。

进入 21 世纪以来，经济全球化和知识经济的发展，导致市场竞争日渐激烈，市场调查的作用日益重要。

知识基础三　市场调查的内容

凡是直接或间接影响企业营销活动、与企业营销决策有关的因素都可能成为市场调查的内容。影响市场调查内容选择的因素包括调查目的、企业情况、经济环境等。市场调查的内容包括宏观经济环境、市场需求状况、产品销售状况、竞争状况等。

1．宏观经济环境

企业是社会经济的细胞，是整个国民经济有机整体的组成部分。社会对产品品种、规格、质量和数量等各方面的需求，受社会总需求、政府政策和国家法令等因素的影响。

宏观环境因素的调查因素包括经济环境、自然环境、人口环境、政治法律环境、技术环境、社会文化环境等。

2．市场需求状况

产品的市场需求是指在特定的地理区域、时间和营销环境中，特定的顾客群体愿意购买的总量，包括现实的需求量和潜在的需求量。市场需求调查包括顾客特征调查、顾客购买力和购买动机调查等。

市场需求调查是市场营销调查的重要内容。确定顾客需求，是企业制定营销策略组合、满足顾客的需求、最终实现企业营销目标的保证。

3．产品销售状况

产品销售状况是市场调查的重要内容。了解产品销售状况是企业判断产品需求要项、产品所处生命周期阶段和市场占有率的重要手段。产品销售状况调查包括以下四

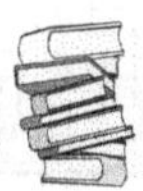

个方面。

一是企业现有产品所处的生命周期阶段及产品策略、新产品开发情况、产品成本、售后服务情况等。

二是企业定价策略，顾客对产品价格及其变动的反应。

三是企业现有的销售能力，包括渠道策略、产品销售情况等。

四是促销策略，包括广告策略、人员销售、营业推广和公共关系。

4. 竞争状况

竞争状况调查包括行业竞争结构、主要竞争者情况（包括竞争者数量、经济实力、生产能力、产品特点、市场分布、销售策略、市场占有率等）。

应用实例

日清——智取美国快餐食品市场

日本日清食品公司从人们的口感差异性出发，不惜人力、物力、财力，在食品的口味上下工夫，终于改变了美国人“不吃汤面”的饮食习惯，使日清公司的方便面成为美国人的首选快餐食品。

日本派出专家组到美国进行实地考察，通过发放调查问卷和进行家庭访问，专家组得出以下结论：美国人的饮食习惯虽呈现出“汤面分食，绝不混用”的特点，但随着世界各地不同种族移民的大量增加，这种饮食习惯正在悄悄发生变化；美国人在饮食中越来越注重口感和营养，只要在口味和营养上投其所好，方便面就有可能迅速占领美国快餐食品市场。

基于这样的市场调查结论，日清公司从美国食品市场动态和消费者饮食需求出发，确定了“系列组合拳”的营销策略。“第一拳”——针对美国人热衷于减肥运动的生理需求与心理需求，巧妙地把自己生产的方便面定位于“最佳减肥食品”，配以适当的广告宣传，激起美国人的购买欲望；“第二拳”——针对美国人习惯用叉子用餐，果断推出短面条，生产适合美国人的又硬又筋道的美式方便面；“第三拳”——基于美国人“爱用杯子不爱用碗”的习惯，日清公司别出心裁地把方便面命名为“杯面”，并给它起了一个地地道道的美国式副名——装在杯子里的热“牛奶”。

问题：

日清公司打入美国快餐食品市场的奥秘是什么？

■工作任务2-1　确定市场调查目标

工作任务提示：

本工作任务要求学生以营销小组为单位，根据营销实践任务，确定市场调查目标和内容，完成市场调查工作。

工作任务情景：

根据情景案例，设计市场调查目标。

情景案例

海蓝色鞋的命运

某制鞋厂生产了一种海蓝色的涤纶坡跟鞋，在本地很受欢迎。鞋厂根据市场反应给外地一家大型鞋帽商场发货5000双。时隔不久，商场来电要求退货。厂家很快派人赶赴该城市。经过初步调查发现，产地与销售地的风俗习惯不同，海蓝色在销售地被认为不太吉祥。

于是，制鞋厂决定召回海蓝色的鞋，并委托调查公司对该市的鞋类消费市场进行调查。

工作任务内容：

第一，结合情景案例，确定本次的调查目标。

第二，合理分工，协作完成调查任务。

第三，汇报本小组的调查情况。

第四，团队工作绩效考评。

工作任务要求：

小组成员分工合作，根据工作任务所提供的情景案例，设计合理的市场调查目标。

任务二　选择市场调查的方法

知识基础

完成本任务所需的知识基础包括第二手资料的来源、第一手资料的搜集方法和调查问卷的设计等内容。

知识基础一　第二手资料的来源

市场调查是一个搜集、整理、分析、加工和处理信息的系统性工作，调查方法直接影响调查结果的质量。

市场调查资料的来源有两种，即第一手资料和第二手资料。第一手资料是指调查人员针对当前的问题，直接从目标顾客那里搜集有关信息资料；第二手资料是指调查人员借助其他资料进行调查。相对来讲，第二手资料的搜集简便易行，常为调查人员所采用；搜集第一手资料工作量大，任务烦琐，且需加工处理，信息资料的可靠性较高。

第二手资料包括企业内部资料和外部资料。内部资料是企业内部的各种记录、统计表、报告、用户来函、订货单等，包括产量、销量、利润、成本、库存、工资、运

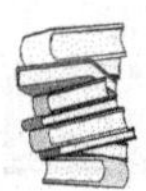

费、财务报告、广告、产品设计及技术资料等信息。

企业外部资料的来源主要有五个方面：一是政府部门的定期出版物，如各种统计年鉴、统计报告、调查报告等；二是各类报纸和专业刊物；三是行业协会的报告和定期出版物；四是专业的市场咨询公司的研究报告；五是互联网。

相对内部资料来说，外部资料一般比较容易取得，搜集的方法包括检索、直接查阅、索取、交换、购买、咨询该领域的专家以及通过情报网搜集等。

知识基础二 第一手资料的搜集方法

搜集第一手资料又称现场调查。调查方法包括询问法、观察法、实验法。

1. 询问法

询问法是调查人员向调查对象询问，根据调查对象的回答来搜集信息资料的方法。具体可分为口头询问和书面询问两种做法。

（1）口头询问法。

口头询问法是由调查人员亲自向调查对象询问，根据其口头回答取得所需资料的方法。询问可采取自由式交谈，或按事先拟订好的提纲提问，可个别询问或多人座谈，也可采用面对面询问、电话询问、网络交流等形式。

口头询问法的优点：双方直接的口头交流，便于沟通思想，信息反馈快，搜集的资料比较全面深入，真实性较高。

口头询问法的缺点：调查代价高，包括人力、物力、财力耗费；对调查人员的素质要求高；调查结果的质量易受调查人员的技术熟练程度、工作态度和心理情绪的影响。

（2）书面询问法。

书面询问法是调查人员事先设计好调查表，然后分发给调查对象，根据调查对象的书面回答来搜集所需资料的方法。具体方式有邮寄、当面填写和网上调查。

书面询问法的优点：调查对象有较多的时间思考问题，避免受调查人员态度的影响；邮寄调查范围广，费用低。

书面询问法的缺点：调查表的回收时间长，回收率低。

2. 观察法

观察法是调查人员通过直接到调查现场观察和记录调查对象的言行取得第一手资料的方法，记录方式包括用照相机、摄影机、录音机等进行拍摄和录音。

观察法调查的关键在于观察，调查者与调查对象不发生直接对话，甚至调查对象在不知情的情况下参与调查活动。

观察法的优点：调查资料客观、真实、可靠。

观察法的缺点：可以观察表面现象，无法了解调查对象的内心活动，局限性强。如果要调查消费心理、购买动机、收入情况等，观察法显然是无效的。

应用实例

灯光观察法

潘石屹，SOHO 中国有限公司董事长。在 SOHO 现代城项目选址上，潘石屹可谓费尽心思。一次，潘石屹坐飞机回北京。在北京上空时，临窗而坐的潘石屹俯视夜空下的北京，突然灵机一动，利用夜晚灯光的密集度对项目进行选址，这正好符合 SOHO 现代城的定位。利用这种直接便利的"灯光观察法"，在原北京红星酒厂，其出酒糟的臭味连斜对面的国贸大厦都能闻到，没有一个同行看好的地方，建造了 SOHO 现代城。SOHO 现代城在开盘后的三个月便销售一空，创造了 5.43 亿的销售额，成为房地产界的神话。

问题：

SOHO 现代城是如何成功选址的？

3. 实验法

实验法是指从影响调查的众多因素中选出一个或两个因素，将它们置于一定的条件下，进行小规模的实验，通过对实验结果进行分析判断为决策提供依据。

实验法是目前消费品经营企业普遍采用的一种调查方法，适用范围广，常用于新产品上市前的试销活动。

例如：某公司为确定改变产品包装对销售的影响，采用实验法。在第一、第二周把改变包装后的产品给甲、乙两商店销售，把未改变包装的产品给丙、丁两商店销售，第三、第四周调换，以此确定包装对销售的影响。

实验法的优点：调查所取得的资料、数据较为客观、可靠。

实验法的缺点：影响销售的因素很多，一次简单的实验结果容易出现误差；实验所需时间长，费用开支大。

动手动脑

比较询问法、观察法、实验法的优缺点，填写表 2－2。

表 2－2　直接调查方法比较汇总表

方　法	优　点	缺　点
询问法		
观察法		
实验法		

知识基础三　调查问卷的设计

调查问卷是市场调查中最常用的一种调查工具，其主要功能是全面记录和反映调查对象的回答，获得较为真实的信息资料。统一的调查问卷便于调查资料的统计和

整理。

调查问卷设计是市场调查的重要环节，它直接影响到调查目标的实现。调查人员应事先做一些访问，拟订初稿，经过事先调查试验修改成正式调查问卷。

1．调查问卷的结构

调查问卷一般由问卷标题、问卷说明、问卷题目及备选项、结束语四个部分组成。问卷标题概括地说明调查主题，使调查对象对所要回答的问题有一个大致的了解。问卷标题要简明扼要，明确调查对象或调查主题。问卷说明一般在卷首，主要说明调查的意义、内容和答题方法等，以消除调查对象的紧张和顾虑。问卷说明要言简意赅，亲切又不随便。问卷题目及备选项是按照调查设计逐步逐项列出调查的问题，是调查问卷的主体部分。结束语要对调查对象表示感谢，或给予调查对象奖励等。

2．调查问卷设计的要求

一份设计良好的问卷，应具备三项条件：

一是能正确反映调查目的，问题具体，重点突出。即调查目的能够具体化，有重点地反映在问卷上。

二是促使调查对象主动合作，提供正确信息，达到调查目的。

三是便于事后的统计和处理，问卷的形式应有利于电脑读入和进行数据处理。

3．调查问卷内容的设计

（1）确定问题内容。问题的设计要符合调查目的，与调查对象情况协调一致。

问题设计应注意四个方面：一是问题应简明扼要，准确无误，浅显易懂，有利于调查者与调查对象之间的对话；二是应避免暗示某种特定答案的问题、调查对象不了解或难以回答的问题；三是问题的数量不宜过多、过于分散；四是回答问题所用时间最好不超过 15 分钟，以免令人生厌，影响调查质量。

（2）确定问题的形式。调查问卷问题的设计形式可分为两种：开放式问题和封闭式问题。

开放式问题是调查对象可自由回答的、没有任何限制的问题。其优点是可以真实了解调查对象的态度和实际情况。缺点是答案多种多样，难以归类统计。

封闭式问题指在问题后已给出几种可能的答案，由调查对象选出最合适的答案。其优点是资料归集便捷，便于统计分析。缺点是无法获知同一问题的其他信息，信息量有限。

一般情况下，调查问卷多以封闭式问题为主，适当辅之以开放式问题。

（3）问题排列合理有序。一般来说，一份调查问卷的问题分为两大部分，即调查对象的个人资料和调查问题，这两部分的问题按一定的逻辑顺序排列，且不能相互交叉。调查对象的个人资料应包括调查对象的基本信息，如性别、年龄、职业、收入等，有助于调查者准确锁定目标市场。调查问题应当按由易到难、由浅入深的顺序设计，较简单的问题在前，思考性的问题放在中间，敏感性的问题放在最后。

知识库

开放式问题与封闭式问题的形式

1. 常见的开放式问题的形式

常见的开放式问题的形式有两种，即完全自由式和字词联想式。

(1) 完全自由式。完全自由式是调查对象可以用不受限制的方法来回答问题。例如：您对本企业彩电的售后服务有什么意见？这种问题可以搜集到调查者所不了解或忽视的信息资料。

(2) 字词联想式。字词联想式是调查者列出一些字词，每次一个，由调查对象提出他脑海中涌现的第一个词。例如：当您听到下列词组时，您最先想到的是什么？

彩电——

开放式问题还可以采取完成句子、完成情节、主题联想等形式进行。

2. 常见的封闭式问题的形式

常见的封闭式问题的形式有四种，即单项选择题、多项选择题、是非题和分等量表。

(1) 单项选择题。单项选择题是在一个问题后，提供两个以上的备选答案，由调查对象选择其中一个作为回答。例如：您家购买彩电最重要的原因是什么？

A. 消磨时间　　B. 促进沟通　　C. 了解信息　　D. 无替代品

这类问题的答案是唯一的、排他的。优点是答案明确，易于概括；缺点是排斥了其他可能存在的答案。

(2) 多项选择题。多项选择题是在一个问题后，提供多个备选答案，调查对象可以选择两个或两个以上的答案作为回答。

例如：您家购买彩电的主要原因有哪些？

A. 消磨时间　　B. 促进沟通　　C. 了解信息　　D. 无替代品

这类问题的答案有多个。优点是能较全面地了解调查对象的态度；缺点是统计复杂。

(3) 是非题。是非题是问题只提供正反两个答案，进行二选一。

例如：您家是否购买了彩电？

A. 已购　　B. 未购

答案清晰明了，只适用于不需反映态度或程度的问题。

(4) 分等量表。分等量表是对事物的某些属性从优到劣排列，调查对象从中进行选择。

例如：您认为A品牌的彩电质量如何？

A. 极好　B. 很好　C. 好　D. 尚可　E. 差　F. 极差

■工作任务2-2　调查问卷的设计

工作任务提示：

帮助调查小组掌握调查问卷的设计，为下一步开展市场调查工作奠定基础。

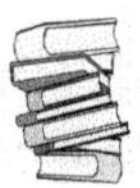

工作任务情景：

以小组为单位，以“大学生消费情况”为主题进行问卷设计

工作任务内容：

第一，以小组为单位，讨论以“大学生消费情况”为主题的调查问卷题目的设置。

第二，以“大学生消费情况”为主题，各组分别设计调查问卷，并进行修改，了解调查问卷的设计方法和技巧。

工作任务要求：

第一，确定调查主题、调查目标、调查内容和对象。

第二，小组成员应分工参与调查问卷的设计、修改等活动。

任务三 组织实施市场调查

知识基础

完成本任务所需的知识基础包括市场调查准备阶段、正式调查阶段和市场调查结果处理阶段的相关知识和技能。

市场调查是一项复杂而艰巨的工作，严密的调查程序可以帮助调查人员提高工作效率，完成调查任务。市场调查的过程可分为三个阶段：市场调查准备阶段、正式调查阶段和市场调查结果处理阶段。

知识基础一 市场调查准备阶段

市场调查的目的是通过搜集与分析有关信息资料，研究企业在市场营销中存在的问题，并提出相应的解决措施。开展市场调查首先必须确定所需调查的问题，做好调查准备工作。具体工作包括初步情况分析和确定调查主题。

1. 初步情况分析

调查人员首先应搜集企业内部和外部的有关资料，进行初步分析，探索问题之所在，发现和了解各影响因素之间的相互联系。通过初步情况分析，明确有待进一步解决的问题，确定调查主题。

初步情况分析时，重点搜集对所要分析研究的问题有参考价值的资料。

2. 确定调查主题

经过初步情况分析明确问题后，调查人员通过与企业有关人员座谈、向用户征求意见等方式，了解他们对所调查问题的态度和看法，明确调查主题，确定调查范围。

在调查准备阶段，如果能够找到问题及其产生的原因，提出改进措施，调查工作就基本完成了。

阅读资料

安徽特酒集团的网络营销市场调查

安徽特酒集团的主要产品是伏特加酒及分析级无水乙醇。其中，伏特加酒主要向俄罗斯等国家出口，是安徽特酒集团利润的主要来源。为开拓欧美市场，公司决定利用互联网进行市场调查。

集团确定了营销调查的三个方向：一是价格信息，包括生产商报价、批发商报价、零售商报价、进口商报价；二是关税、贸易政策及国际贸易数据，包括关税、进口配额、许可证等相关政策，进出口贸易数据，市场容量数据；三是交易对象，即潜在客户的详细信息，包括交易对象的历史、规模、实力、经营范围及品种、联系方法等。

价格信息搜集途径，主要有两种：一是生产商报价，包括生产商站点、生产商协会站点、讨论组和 Trade – Lead；二是销售商报价，包括销售商站点、政府酒类专卖机构和商务谈判信息。

关税、贸易政策和数据信息搜集途径，主要是检索大型数据库，向已经建立联系的各国进口商发 e-mail，向相关政府机构站点和新闻机构站点查询。

交易对象的详细信息搜集途径，包括目录型、数量型、地域型搜索引擎，黄页，专业的管理机构及行业协会站点和各国酒类专卖机构站点。

安徽特酒集团利用半年左右的时间，搜集了以上三个方面的情报，对世界伏特加酒的贸易状况有了基本的了解，掌握了国际市场伏特加酒的价格走势，认清了安特牌伏特加酒所处的档次水平，也联系了上百家进口商、经销商，基本上把握了国际伏特加酒市场的脉搏，圆满地完成了市场营销调查工作。

知识基础二　正式调查阶段

正式调查阶段的工作主要有两个方面，即制订调查计划和实地调查。

1. 制订调查计划

调查计划中除有明确的调查目的以外，主要包括以下一些内容：

（1）确定搜集资料的来源和方法。在明确调查主题后，就要确定搜集资料的来源和方法。包括搜集什么资料、采取什么方式搜集、调查时间的确定、调查地点的确定、调查对象的确定。

调查人员在搜集资料时应做到有的放矢，根据具体的需要有目的、有计划、有针对性地进行搜集；对问题要有预见性，注意搜集有关调查问题发展趋势的资料，保证资料充分、有效、可靠。

（2）设计调查问卷。在需要采用问卷调查法时，应当设计一份合理、科学的调查问卷。

（3）拟定调查方式。市场调查的方式分为普查、重点调查、典型调查和抽样调查，其中抽样调查是运用最广的调查方法。

普查，即对调查对象总体中的所有单位进行的全面调查。普查的优点是可以取得

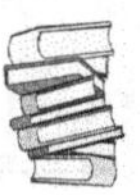

总体全面的原始资料和可靠数据；缺点是工作量大，时间长，费用高。普查一般适用于调查对象总体中单位较少、项目比较简单的小范围调查。

重点调查，即对调查对象中具有举足轻重的单位进行调查，以获得总体基本情况资料的一种非全面调查方式。重点单位是指在所有调查对象中处于十分重要地位的单位，或者在某项标志性总量中所占比重较大的一些单位。重点调查的优点是调查单位数量少，调查费用低，时间短；缺点是调查资料不够全面。

典型调查，即对调查对象中具有代表性的个别单位进行的专门调查，目的是以典型样本的指标推断总体的指标。典型调查的优点是调查对象少，可对被调查单位进行细致透彻的调查，获取详尽资料；缺点是调查面窄，难以反映事物的全貌。

典型调查适用于调查总体同质性较大的情况；要求调查者有丰富的经验。做好典型调查，一是要选好典型，典型要有代表性，不能以偏概全；二是要具体分析典型经验产生的环境和客观条件；三是要充分搜集信息资料，反映典型的本来面目，揭示事物的本质和发展变化规律；四是要根据事物发展的需要、组织管理目标和实际工作，注意典型的推广和借鉴价值；五是为重大决策服务的典型调查，要尽量搜集详细、全面的资料。

抽样调查，即在调查对象中抽取一定数量的单位作为样本，根据对样本观察的结果，推算总体情况的一种调查方式。抽样调查是非全面调查中应用最广的一种。抽样调查的优点是调查单位少，代表性强，所需调查人员少，经济性好，实效性强，适应面广，准确性高；缺点是调查的误差难以避免。在调查单位较多的情况下，抽样调查的结果具有很高的可靠性。

2．实地调查

实地调查是调查人员按调查计划中所确定的调查目的、调查对象、调查内容、调查方法等开展工作，搜集调查资料。

实地调查的工作效果直接影响调查结果的可靠性和完整性。应选择具有良好的职业道德和专业知识的调查人员，重视对调查人员的培训。

知识基础三　市场调查结果处理阶段

市场调查结果处理阶段的主要工作包括资料整理分析、撰写调查报告。

1．资料整理分析

调查搜集到的信息资料必须经过整理分析才能有效使用。资料的整理分析主要包括三个方面：一是检查资料是否齐全，并对资料进行编辑整理，去粗取精，找出错误，剔除前后矛盾的资料，保证资料的系统性、完整性和真实性；二是对资料进行分类、列表、编号，以便归档、查找、使用；三是运用统计模型和其他数学模型，对数据进行处理，获得有价值的信息，提出改进建议和措施。

2．撰写调查报告

撰写调查报告是市场调查的最后一项工作。调查报告是对调查成果的总结和调查结论的说明。调查报告提交后，调查人员应追踪了解报告是否被采用、采纳的程度和实际效果，以便总结调查工作的经验教训，进一步提高市场调查水平。

■工作任务2－3　市场调查过程管理

工作任务提示：

帮助学生了解市场调查的操作过程，掌握市场调查组织过程的控制。

工作任务内容：

为分析大学生消费需求状况，各营销实践小组拟对在校大学生进行抽样调查。调查活动形式主要是街头拦截和上门调查，请设计调查问卷，实施调查活动。

第一，了解大学生消费水平。

第二，掌握大学生消费需求的特征。

工作任务要求：

第一，小组分工合作。

第二，以调查问卷的形式开展校园调查。

第三，以调查报告的形式提交最终的调查结果。

任务四　撰写市场调查报告

知识基础

完成本任务所需的知识基础包括市场调查报告的撰写与制作。

知识基础　市场调查报告的格式

1．设计市场调查报告封面

封面包括调查报告的题目、报告的使用者、报告的编写者及提交报告的日期等内容。

作为一种习惯做法，调查报告题目的下方应注明报告人或单位、通信地址、电话、报告日期，然后另起一行注明报告呈交的对象。

2．确定市场调查报告标题

标题是画龙点睛之笔。标题必须准确揭示报告的主题思想，做到题文相符，让报告的使用者通过题目就能对报告想要表达的内容一目了然。

标题要简单、明了，高度概括，具有强烈的吸引力。

3．编写调查报告目录

目录是整个报告的检索部分，便于读者了解报告结构，有利于读者阅读某一部分内容。

目录应当尽量详细，可将文字、表格和图形分别编写在调查报告目录内，以方便报告使用者检索和使用。

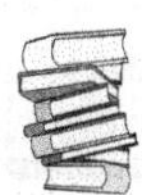

4. 撰写调查报告摘要

调查报告摘要包括四个方面的内容：简要阐述调查目的；介绍调查对象和调查内容，包括调查时间、地点、对象、范围、要点及所要解答的问题；简要介绍调查方法；简要说明调查结论与建议。

撰写调查报告摘要时，在内容上，要做到清楚、简洁和高度概括，使读者通过阅读摘要能够了解报告全貌，了解调查结论；在语言文字上，要通俗、精练，尽量避免使用生僻的字句或过于专业性、技术性的术语。

5. 撰写引言

引言是调查报告的开头，好的开头，既可使分析报告顺利展开，又能吸引读者。

引言的撰写方式有很多，应根据实际情况来选择。引言内容包括三个方面，即为什么调查，怎样调查，调查的结论是什么。

引言的作用是向报告使用者提供进行市场研究的背景资料及其相关信息，使使用者了解市场调查的原因和需要解决的问题，以及调查的必要性和重要性。

6. 撰写正文

正文一般由开头、主体、结束语三部分组成。正文是整个市场调查的详细内容，包括调查方法、调查程序和调查结果。对调查方法的描述要尽量详述，并给出选择此方法的理由。在正文中，调查者要对调查中出现的问题和存在的不足之处进行说明，包括分析出现的问题和存在的不足之处对调查报告准确性的影响程度，以提高整个市场调查活动的可信度。

数字、表格是正文的重要组成部分。对数字和表格的解释和分析要准确，语言使用要恰当，结构要严谨，推理要有逻辑性。

正文的主体决定着整个调查报告的质量和作用，一般包括三部分内容：一是通过调查了解到的事实，分析说明调查对象的产生、发展和变化过程；二是调查的结果及存在的问题；三是提出具体的意见和建议。

正文主要包括基本情况和分析两部分。基本情况要真实地反映客观事实，对调查资料和背景资料进行客观的介绍说明，提出问题。分析部分是调查报告的主要部分，通过对调查资料进行质和量的分析，了解情况，说明问题和解决问题。分析包括成因分析、利弊分析和发展规律或趋势分析。

正文涉及的内容很多，为便于阅读和使用，可以用概括性或提示性的小标题突出其中心思想。

结束语一般是调查结果。结束语要简短、切中要害。使使用者能够从中了解调查的结果，获取更多的信息。

7. 结论与建议

结论与建议是使用者最为关注的部分，应结合企业或客户情况提出其所面临的优势与困难，给出解决方法和建议。

8. 附件

附件是与调查过程有关的各种资料的总和，这些内容不便在正文中涉及，但在阅读正文时或者检验调查结果的有效性时需要参考。

附件的主要内容包括项目策划书，抽样方案（包括样本点的分布和样本量的分配情况等），调查问卷，主要质量控制数据。

阅读资料

调查报告撰写的基本技巧

1. 叙述技巧

（1）概括叙述。概括叙述是将调查过程和情况概略地陈述，不需要对细节详加铺陈。

（2）按时间顺序叙述。按时间顺序叙述是按时间顺序交代调查的目的、对象和经过，前后连贯。

（3）叙述主体的省略。叙述主体的省略是叙述主体在市场调查报告的开头部分出现后，在后面即可省略。市场调查分析报告的主体通常是报告编写者，叙述中用第一人称即可。

2. 说明技巧

（1）数字说明。使用数字、图表表示调查报告的主要特征。在进行数字说明时，要注意以下两点：一是使用汉字和阿拉伯数字应统一，凡是可以用阿拉伯数字的地方均使用阿拉伯数字；二是运用数字的技巧，使统计数字更加鲜明生动，通俗易懂。

（2）分类说明。即根据主题的要求，将资料按一定的标准分为若干类，分别说明。如将调查搜集到的资料按地理位置和经济水平进行分类，每类设一个小标题，并作进一步说明。

（3）举例说明。举出具体的、典型的事例来说明市场发展变化的情况。在市场调查中会遇到大量的事例，可从中选择具有代表性的例子。

3. 语言运用技巧

（1）用词技巧。一要严谨，即选词造句要精确。二要简明，在叙述事实情况时，力争以较少的文字清楚地表达较多的内容。三要通俗，调查报告的语言应力求通俗易懂。

（2）句式技巧。市场调查分析报告以陈述句为主，陈述调查的过程和市场情况，表示肯定或否定的判断。在建议部分可以使用祈使句表示某种期望。

■工作任务 2-4　市场调查报告的编写

工作任务提示：

帮助学生更好地了解市场调查报告编写的步骤、编写的内容和方法，增强团队意识和合作能力。

工作任务情景：

结合本项目的内容，每个小组撰写一份关于大学生消费状况和需求结构的调查报告，供小组营销实践使用。

工作任务内容：

根据工作任务 2-1、2-2 和 2-3 所完成的调查工作，撰写一份题为《大学生消

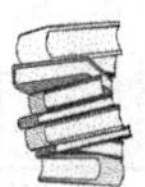

费状况》的调查报告。

工作任务要求：

第一，团队分工协作完成。

第二，调查报告格式要规范，材料真实，有必要的附录材料。

第三，以书面报告的形式提交。

课程小结

任务一　理解市场调查的作用和内容

- 市场调查的作用和内容
  - 市场调查的作用
    - 发现新的需求和市场机会。
    - 发现现有产品的不足和营销策略的不足。
    - 掌握市场竞争情况，做到知己知彼。
    - 了解经济环境和政策对企业发展的影响，预测市场变化趋势，应对市场竞争。
  - 市场调查的内容
    - 宏观经济环境。
    - 市场需求状况。
    - 产品销售状况。
    - 竞争状况。

任务二　选择市场调查的方法

- 市场调查方法
  - 第一手资料调查：搜集方法有询问法、观察法和实验法。
  - 第二手资料调查
    - 内部资料：企业内部的各种记录、统计表、报告、用户来函、订货单等。
    - 外部资料：政府部门的定期出版物，各类报纸和专业刊物，行业协会的报告和定期出版物，专业的市场咨询公司的研究报告以及网络。
  - 调查问卷：调查问卷的结构、调查问卷设计的要求、调查问卷内容的设计。

任务三　组织实施市场调查

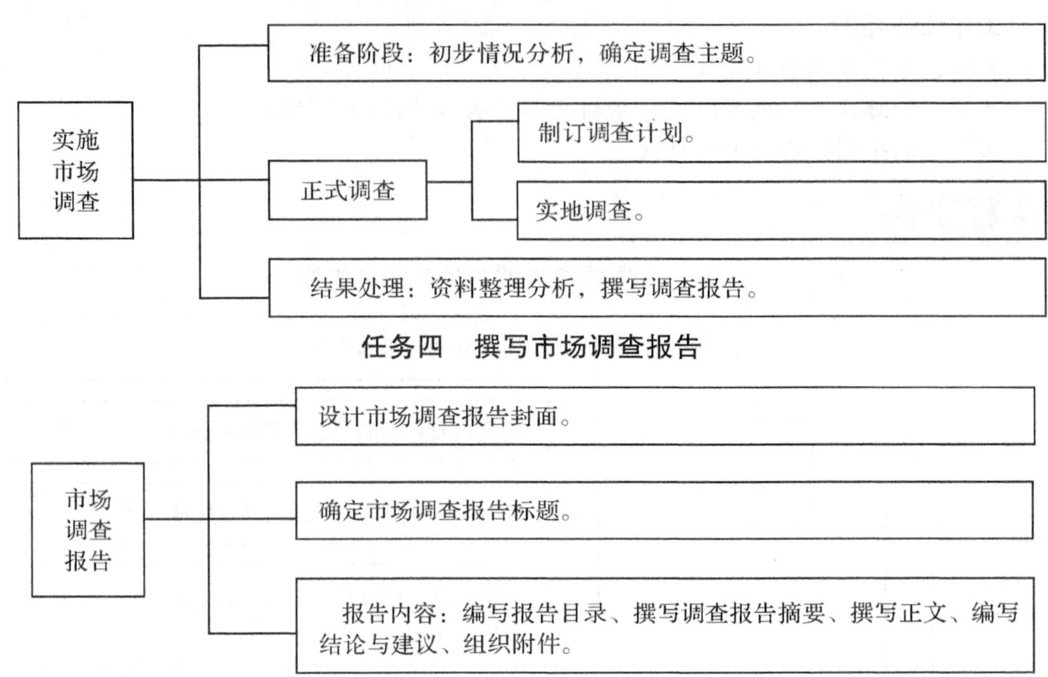

任务四　撰写市场调查报告

课后练习

一、多项选择题

1．市场调查的内容包括（　　）。

A．宏观经济环境　　B．市场需求状况　　C．产品销售状况　　D．市场竞争情况

2．宏观环境因素的调查内容包括（　　）等。

A．经济环境　　B．自然环境　　C．人口环境

D．技术环境　　E．政治法律环境　　F．社会文化环境

3．市场需求调查包括顾客的（　　）。

A．特征调查　　B．购买力调查　　C．购买动机调查　　D．家庭情况

4．市场调查资料来源包括（　　）。

A．第一手资料　　B．第二手资料　　C．第三手资料

5．搜集第一手资料又称现场调查，调查方法包括（　　）。

A．询问法　　B．观察法　　C．实验法　　D．分组法

6．询问法是调查人员向调查对象询问，具体包括（　　）。

A．口头询问　　B．书面询问　　C．电话询问

7．正式调查阶段的工作主要有两个方面，即（　　）。

A．制订调查计划　　B．做好调查准备

C．明确调查问题　　D．现场实地调查。

二、判断题

1．只要按照市场调查程序和调查方法进行市场营销调查，就一定能够得出正确的

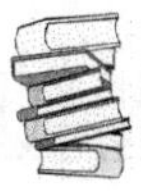

调查结果。 ( )

2. 市场调查能为企业决策提供科学依据。 ( )

3. 市场调查的主体是企业。 ( )

4. 市场调查的客体是产品。 ( )

5. 市场调查是企业开展经营活动的前提，是企业有效获得和利用市场信息资料的主要手段。 ( )

三、简答题

1. 简述市场调查在企业生产经营活动中的作用。

2. 市场调查包括哪些内容？

3. 二手资料搜集法和一手资料搜集法的主要优缺点有哪些？

4. 简述调查问卷设计的要求。

5. 简述调查报告的写作步骤。

四、案例分析题

“肯氏鸡”飞进北京城

——游客亲历记

1986 年暑假，我们旅游来到北京城。一天，在北海公园的树荫下，我们准备休息片刻。一位文静、清秀的小姐微笑着朝我们走来，说：“今天好热，女士们想喝点、吃点什么？我是北京商学院的学生，暑假里被美国肯德基炸鸡公司聘为临时职员，公司为征求中国顾客对肯德基炸鸡的意见，在此设置了免费品尝点，还准备了一些免费饮料。”那小姐指着公园东南边的小餐厅，又说：“各位能否帮助我的工作？谢谢！”

我们随着这位小姐走进了餐厅。餐厅内，大理石地面，奶白色的墙纸，粉红色的窗帘，两边墙上各有一排古铜色的方形鸿运扇，正面墙上挂着巨大的迎客松图，20 多张大圆桌上铺着洁白的桌布，宽大明亮的窗户外是翠绿婆娑的修竹，这儿的一切使人感到仿佛身处春天。

待我们洗漱完毕，一位男士在每个人面前摆好用塑料袋盛装的白毛巾，随之送上苏打饼干和白开水，以清除口中异味，片刻又送上油亮嫩黄的鸡块。

品尝后，一位女士开始发问：“您觉得这块鸡做得老了还是嫩了？”“鸡块外表是否酥软？”“胡椒味重了还是轻了？”“味精用量如何？”“鸡块大小是否合适？”待我们一一作答，她迅速地记录下来。随后她拿出一大本彩色画册，显示了各种风格、色调和座位布置的店堂设计。她一边翻着画册一边比画着餐厅设计询问我们室内设计问题。

为了使气氛更加轻松愉快，她随便地聊起北京的天气和名胜古迹，而后，谈话很自然地引入她的需要。“您认为快餐店设在北京哪儿最好？”“像您这样经济状况的人每周可能光顾几次？”……最后，她询问了我们的住址、职业、收入、婚姻状况等。

整个询问过程不到 20 分钟，那位女士搜集到了我们能够给予的全部信息。1987 年，我们听说美国肯德基炸鸡公司在北京前门开业，他们靠着鲜嫩酥软的炸鸡、纤尘不染的餐具、淳朴洁雅的美国乡村风格的店容，加上悦耳动听的钢琴曲，赢得了来往客人的赞许。这时我们才意识到当初肯德基公司设置免费品尝点的良苦用心及其价值。我想，我们的企业也应向肯德基公司那样，以深入细致的调查去开拓市场。

问题：

1. 案例中，肯德基炸鸡公司运用了哪些市场调查方法？效果如何？
2. 对该公司代价巨大的市场调研，你认为是否值得？说明理由。

经典人物

“苹果教父”乔布斯

1955 年，乔布斯在美国加州的硅谷出生。1976 年，他竭尽全力说服沃兹辞职与他合开一家科技公司，名字就叫“苹果”。乔布斯注重细节，追求完美。他费尽千辛万苦研发出掌上电脑 Palm Pilot，然而，当他意识到手机将取代掌上电脑后，他毫不留情地将其抛弃。这一决定促使苹果工程师设计出 iPod。首款 iPod 上市前夜，苹果公司员工通宵加班，更换耳机插口，原因是乔布斯认为它们不够酷。乔布斯曾说过：“在你展示给他们看之前，人们根本不知道他们想要什么。”因此，乔布斯经常一个人变成苹果的焦点用户小组，独自带着新产品样品回家试用几个月。最初在设计苹果的产品手册时，乔布斯曾认真研究索尼公司的产品手册使用的字体、布局甚至纸张重量。在设计 Mac 电脑的基座时，乔布斯跑到公司停车场，研究德系车和意大利车的外观。乔布斯在多方调查的基础上推出让外界“惊喜”的新产品，并让有关苹果公司的消息始终位于媒体头条，也因此被称为“苹果教父”。

营销并不是以精明的方式兜售自己的产品或服务，而是一门真正创造顾客价值的艺术。

——菲利普·科特勒

项目三　营销环境分析

知识目标

◆了解营销环境的构成及对企业营销活动的影响。

◆掌握营销环境分析的主要内容。

◆掌握营销环境分析的基本方法和应对环境变化应采取的策略。

技能目标

◆能分析营销环境。

◆具备分析、把握市场机会的能力。

导入案例

可口可乐公司对环境变化高度机敏

作为世界软饮料行业的“首席”品牌，可口可乐对政治、经济、体育等领域的重大事件已经形成了高度敏锐的触觉和独到而丰富的运作经验。把握先机不一定带来立竿见影的市场效果，但会强化品牌形象和地位。

1979 年，邓小平在北京签署《中美联合公报》后的第三天，第一批 3000 箱可口可乐产品从香港运抵广州。可口可乐也因此成为中国对外开放大门打开后第一个进入中国内地的外国消费品。

2000 年 6 月，在美国宣布部分解除对朝鲜持续了 50 年的制裁的第三天，中朝边境的丹东传出一条颇令世界媒体感兴趣的消息：一整车的可口可乐越过中朝边界，销往朝鲜。

2001 年 7 月 13 日，北京申奥成功纪念罐的生产进一步显示出这家全球性企业敏锐的市场意识和远见。为了让纪念罐行动迅速有效，可口可乐公司从各个部门抽调出精英进行纪念罐的讨论、策划。在经过长时间的准备工作后，7 月 13 日，萨马兰奇宣布北京为 2008 年奥运会主办国的话音刚落，可口可乐北京装瓶厂申奥成功纪念罐的生产线便全面启动，4 万箱纪念金罐便带着刚从生产线上退下的余温，连夜送往各大超市和零售摊点。

2003 年 8 月 3 日，北京天坛在这个盛夏之夜再次吸引了全球无数目光的关注。北京奥组委为举世瞩目的2008 年北京奥运会会徽举行了一场由张艺谋执导的盛大的揭标仪式。就在同一天，100 万只印有奥运会会徽的可口可乐限量精美纪念罐也正式上市。可口可乐公司成为北京奥运会顶级赞助商中第一家有幸被授权使用奥运会会徽的公司。可口可乐奥运会会徽纪念罐顷刻间成为市民热情追捧的最新收藏品。

问题：

1. 可口可乐是如何强化它作为领先品牌的地位的？
2. 可口可乐是如何把握市场先机的？

分析点评：

本案例诠释了市场环境变化对企业营销活动的影响。作为营销者不仅要有对市场环境敏锐的洞察力和对环境变化的分析力，更要具备变化中捕捉商机的能力，即以环境分析为出发点，综合运用各种营销策略和手段，引导、刺激、满足客户的需求，最大限度地提高市场份额。

任务一　理解市场营销环境的内涵

知识基础

完成本任务所需要的知识基础，包括营销环境的含义、营销环境对企业经营的影响。

知识基础一　市场营销环境的含义

> 市场营销环境是指影响企业与其目标市场进行有效交易能力的所有行为者和力量。

环境泛指影响某一事物生存与发展的力量总和。查理·达尔文指出，生物进化与环境变化的关系是“适者生存，不适者淘汰”。

1．市场营销环境的含义

市场营销环境是指存在于企业营销系统外部的不可控制或难以控制的因素和力量。这些因素和力量是影响企业营销活动及其目标实现的外部条件。

2．市场营销环境的特点

市场营销环境的特点概括起来有以下五个方面：

客观性。环境是客观存在的，不以人的意志为转移，如自然、人口统计、经济水平等。

差异性。不同地区、不同国家有不同环境。

关联性。各个环境因素不是独立的，环境之间存在着一定的关联，如气候与购买习惯、消费习惯等。

复杂性。环境是非常复杂的，特别是文化环境、社会环境等。

动态性。环境是变化的和发展的，包括自然因素和文化经济因素，如气候变暖等。

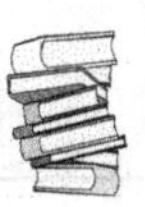

3. 市场营销环境的分类

市场营销环境按不同的标准，有不同的分类。

（1）按影响范围大小，分为微观环境和宏观环境。市场营销的微观环境，是指与企业紧密相连，直接影响企业为目标市场服务的能力和效率的各种参与者，包括企业内部营销部门以外的企业因素、供应商、中间商、辅助商、目标市场、竞争者和公众。

市场营销的宏观环境，是指那些作用于各项微观环境因素，影响企业营销活动的不可控制的主要社会力量，包括人口、经济、自然、社会文化、科学技术、政治法律等因素。

（2）按控制的难易程度，分为可控因素和不可控因素。可控因素是指可由企业最高管理部门和营销部门控制和支配的因素。最高管理部门控制因素包括企业发展方向、企业总目标、营销部门作用和其他职能部门作用；营销部门控制因素包括目标市场选择、市场营销目标、营销机构类型和市场营销计划控制。

不可控因素是指影响企业的工作和完成情况，而且是市场营销人员不能控制的因素。不可控制因素主要包括：①消费者，包括消费者的人口特点、社会文化影响、决策过程、消费群体和机构；②市场竞争，包括竞争结构、营销策略、渠道关系、所属类型；③政府，包括国家法律法规、国家政策；④经济，包括通胀率、失业率、经济增长率、汇率；⑤技术，包括技术进步、专利保护、资源短缺；⑥独立媒体，包括印刷品、电视、电台、新闻机构等。

（3）按环境的性质，分为自然环境和文化环境。自然环境包括矿产、动物种群等自然资源及其他自然因素。

文化环境包括社会价值观和信念、人口统计变量、经济和竞争力量、科学技术、政治法律等。

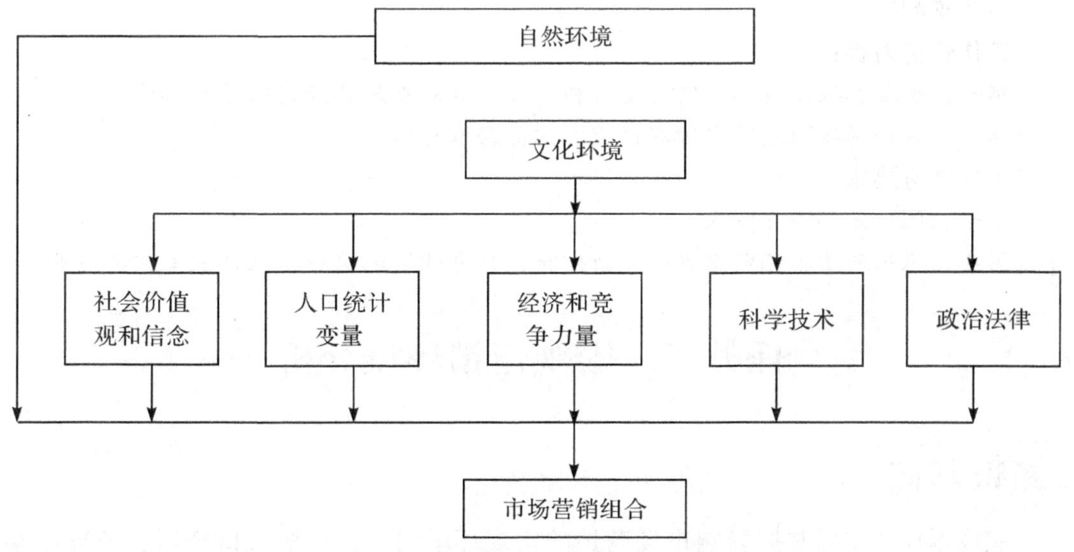

图3－1　营销环境因素对营销组合的影响示意图

知识基础二　市场营销环境对企业经营的影响

市场营销环境作为一种客观存在的、不以企业的意志为转移的因素，有自己的运行规律和发展趋势，对企业经营有着重要影响。

1. 营销环境是企业赖以生存的条件

企业营销活动所需的各种资源，如资金、信息、人才等，都需要在环境的许可下取得，企业生产经营的产品或服务也需要环境的接纳。分析研究营销环境因素，是企业制定营销战略和策略的前提和基础。

2. 环境变化可能给企业带来威胁或机会

营销环境的变化会影响企业生存和发展，对企业的现实生产经营提出挑战，或提供新的市场机会。

市场机会是指环境变化给企业带来新的发展机遇或机会。企业要善于把握环境机会，将环境机会转变成企业的赢利机会，为企业创造新的生存和发展空间。

营销环境对企业的生存和发展至关重要。企业的经营和发展必须与环境协调，适应环境的变化。

■工作任务 3－1　正确认识和分析市场营销环境

工作任务提示：

帮助学生更好地理解营销环境对企业经营活动的影响，并使营销团队在今后的营销活动中更好地把握环境因素的影响与作用。

工作任务情景：

请根据学校周边环境，讨论营销团队的经营思路，包括产品、经营范围、营业面积、投资规划等。

工作任务内容：

第一，搜集学校周边的环境信息资料，分析其对在周边开店经营的影响。

第二，分析学校附近现有摊点情况，提出经营思路。

工作任务要求：

第一，团队分工协作完成。

第二，根据所搜集的环境资料进行分析，找到投资的机会，在课堂上交流讨论。

任务二　宏观营销环境分析

知识基础

完成本任务需要掌握影响市场营销的宏观环境因素，包括人口环境、经济环境、政治法律环境、社会文化环境、自然环境和科技环境等基础知识。

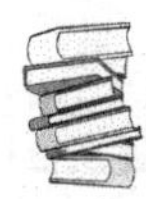

表 3－1　市场宏观营销环境

宏观营销环境	人口环境	人口规模、人口增长、人口结构、人口的地理分布等
	经济环境	消费者收入、消费者支出、消费者储蓄和消费信贷、社会经济发展水平等
	政治法律环境	政治环境、法律环境等
	社会文化环境	教育程度和职业、消费习俗、语言文字、宗教信仰、价值观念、审美观等
	自然环境	地理环境、气候条件、资源条件等
	科技环境	行业技术进步、新技术、新工艺、新材料等

知识基础一　人口环境

现代市场营销学认为，市场由具有购买欲望和购买能力的消费群体组成，人口是市场的第一要素。人口状况是企业营销人员最为关注的首要环境因素。人口对营销的影响主要表现在以下几个方面：

1. 人口规模

人口规模是市场规模的基础。在收入水平相同的情况下，人口规模越大，市场规模就越大。人口规模成为企业营销活动应考虑的首要因素。

2. 人口增长

对企业来讲，人口规模影响现实的市场规模，人口增长趋势则对未来市场需求产生重要影响。人口增长与否或速度快慢，直接影响未来市场需求增长与否或变化方向。

目前，许多发展中国家人口呈持续增长趋势，而西方发达国家人口则呈负增长。这意味着发展中国家或地区的消费需求会不断增长，市场潜力很大。人口增长的变化将改变需求结构，进而影响企业营销活动和产品结构，这对一些企业来讲是机会，而对另一些企业来讲则是威胁。

动手动脑

简述中国人口结构变化趋势。

3. 人口结构

企业营销者除了要了解和掌握人口规模和增长率外，还应分析人口的结构及其变化。不同的人口结构对商品有着不同的需求，分析人口结构，可为企业寻找目标市场提供依据。人口结构主要包括人口的年龄结构、性别结构、学历结构、家庭结构、社会结构以及民族结构。

（1）年龄结构。人口年龄通常分为六个阶段：学龄前儿童、学龄儿童、青少年、25～40 岁青年人、40～60 岁中年人和 60 岁以上的老年人。不同年龄的人有着不同的需求，如老年人对保健用品、营养品、医疗卫生服务需求较多。

（2）性别结构。性别是影响市场需求差异的重要因素之一。许多产品的消费都存在着性别差异，如日用品、化妆品、服装等。企业营销者需要把握人口性别差异给企业产品营销带来的需求差异，确保营销目标的实现。

（3）学历结构。学历结构反映人口受教育程度的高低。不同学历的人，有不同的价值评价、消费观念、消费偏好和消费结构。一般来讲，高学历的人倾向于购买有知识品位的商品；低学历的人则注重商品价廉、实用。

（4）家庭结构。家庭是市场需求的基本单位。不同的家庭结构和家庭规模有不同的需求结构和购买行为。家庭规模小型化趋势导致家庭数量的增加，社会对住房、家具、家用电器等需求增长明显。

（5）社会结构。在我国，居民按户籍分为农村户口和城镇户口。随着新农村建设的不断推进和农村人口的大规模转移，农村居住人口越来越少，城乡结构也在不断变化。

（6）民族结构。我国是一个多民族国家，除占人口大多数的汉族以外，还有55个少数民族。不同民族在饮食、服饰、居住、婚丧、节日等物质和文化生活方面有不同的风俗习惯和需求特征，民族特征会影响各民族消费者的需求结构和购买行为。

4. 人口的地理分布

人口的地理分布是指人口在不同地区的密集程度受自然地理条件和经济发展程度等多方面因素的影响。在我国，人口主要集中在东南沿海一带，西北地区人口稀少；城市人口密集，农村人口相对分散。人口的这种地理分布表现在市场上，就是城市市场集中程度高，销售周转快；农村市场广阔，运输成本高。

改革开放以来，人口的区域流动性也越来越大。人口的区域流动表现为农村人口向城市集中，内地人口向沿海经济开放地区流动，进而导致城市和东南沿海地区成为许多企业的主要市场。

动手动脑

人口的流动性会对企业的市场营销造成什么影响？

知识基础二　经济环境

经济环境是企业营销活动所面临的外部经济因素，其运行状况及发展趋势会直接或间接地影响企业的营销活动。

1. 消费者收入

购买力是市场形成并影响其规模大小的决定因素，直接影响企业的经营成果。消费者的购买力来自消费者的收入，与消费者收入有关的、影响购买力的指标主要有以下四个：

（1）国民生产总值。国民生产总值是衡量一个国家经济实力与购买力的重要指标。国民生产总值的增长幅度是一个国家经济发展的状况和速度的反映。国民生产总值增长越快，社会对商品的需求和购买力就越大。

（2）人均国民收入。人均国民收入是国民收入总量与总人口的比值。人均国民收入反映了一个国家人民生活水平的高低。一般来说，人均国民收入与需求规模和购买力成正比。

（3）个人可支配收入。个人可支配收入是在个人收入中扣除税款和非税收负担后的实际收入，是个人收入中可用于消费支出或储蓄的部分，形成购买力。

（4）个人可任意支配收入。个人可任意支配收入是在个人可支配收入中减去用于

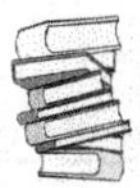

维持个人与家庭生存不可缺少的开支（如吃、穿、住等）后的余额。

个人可任意支配收入是消费需求变化中最活跃的因素。个人可任意支配收入主要用于满足人们基本生活需要之外的开支，一般用于购买高档耐用消费品、旅游、储蓄等，是影响非生活必需品和服务销售的主要因素。

动手动脑

在消费者收入中，哪一种是影响市场消费需求变化最活跃的因素？

2. 消费者支出

随着社会经济的发展和消费观念的变化，消费者支出模式和消费结构也发生了相应的变化，经济学家常用恩格尔系数来反映这种变化。

阅读资料

恩格尔定律与恩格尔系数

19 世纪，德国统计学家恩格尔根据统计资料，得出消费结构的变化规律，即恩格尔定律：一个家庭收入越少，家庭收入中（或总支出中）用来购买食物的支出所占的比例就越大；随着家庭收入的增加，家庭收入中（或总支出中）用来购买食物的支出则会下降。推而广之，一个国家越穷，每个国民的平均收入中（或平均支出中）用于购买食物的支出所占比例就越大；随着国家的富裕，这个比例呈下降趋势。

恩格尔定律的公式：

食物支出对总支出的比率（R_1）＝食物支出变动百分比/总支出变动百分比。

或：

食物支出对收入的比率（R_2）＝食物支出变动百分比/收入变动百分比。

R_2 又称为食物支出的收入弹性。

恩格尔定律是根据经验数据提出的，它是在假定其他一切变量都是常数的前提下才适用的，因此在考察食物支出在收入中所占比例的变动问题时，还应当考虑城市化程度、食品加工、饮食业和食物本身结构变化等因素对家庭的食物支出的影响。只有达到相当高的平均食物消费水平时，收入的进一步增加才不对食物支出产生重要的影响。

恩格尔系数是根据恩格尔定律得出的比例数，是反映生活水平高低的一个指标。其计算公式如下：

恩格尔系数＝食物支出金额/总支出金额。

除食物支出外，衣着、住房、日用必需品等支出在经历一段时间上升后，呈递减趋势。

联合国定义的恩格尔系数与富裕程度关系的标准如下：恩格尔系数达 59% 以上为绝对贫困，50% ～59% 为温饱，40% ～50% 为小康水平，20% ～40% 为富裕，20% 以下为非常富裕。

恩格尔系数是衡量一个国家、地区、城市、家庭生活水平高低的重要参数。食物开支占总消费量的比重越大，恩格尔系数越大，生活水平越低；反之，食物开支所占比重越小，恩格尔系数越小，生活水平越高。

消费结构是指消费过程中人们所消耗的各种消费品及服务的构成，即各种消费支出占总支出的比例关系。优化消费结构是优化产业结构和产品结构的依据，是企业开展营销活动的基本立足点。

随着我国市场经济的发展，居民的消费模式和消费结构正在发生变化。把握和应对这种变化，是企业应对市场竞争、把握发展机遇的关键。

动手动脑

大学生现阶段消费支出模式和消费结构有何特点？

3. 消费者储蓄和消费信贷

消费者的购买力还受储蓄和信贷的直接影响。当收入一定时，储蓄越多，现实消费就越少，而潜在的消费量就越大；反之，储蓄越少，现实消费量就越大，而潜在消费量越小。储蓄的目的影响潜在的社会购买力、消费模式、消费结构。

消费信贷也是影响现实购买力的重要因素。消费信贷是消费者利用信贷融资方式获得商品，并在约定的时间内归还贷款和利息。目前，我国消费信贷以住房、汽车等大件消费品为主。

阅读资料

消费信贷

消费信贷是指银行或其他金融机构采取信用、抵押、质押担保或保证方式，以商品型货币形式向个人消费者提供的信用贷款。

按接受贷款对象的不同，消费信贷分为买方信贷和卖方信贷。买方信贷是对购买消费品的消费者发放的贷款，如个人旅游贷款、个人综合消费贷款、个人短期信用贷款等；卖方信贷是以分期付款单证作抵押，对销售消费品的企业发放的贷款，如个人小额贷款、个人住房贷款、个人汽车贷款等。

按担保的不同，消费信贷可分为抵押贷款、质押贷款、保证贷款和信用贷款等。

4. 社会经济发展水平

社会经济发展水平是影响企业营销活动的重要环境因素。经济发展水平不同，居民收入不同，需求也不同。在经济发展水平较高的地区，消费者更注重产品品质，品质竞争多于价格竞争；在经济发展水平低的地区，消费者往往更注重产品的功能和利益，价格高低对消费者购买选择影响更大。

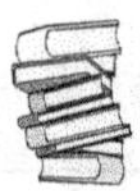

应用实例

后来居上的日本汽车工业

20世纪60年代以前，美国的汽车制造业一度在世界上占据霸主地位。当时有两个因素影响汽车工业：一是石油。石油生产被发达国家所控制，石油价格低廉；二是轿车制造业发展很快，多座位的豪华车、大型车盛极一时。擅长于市场调查和预测的日本汽车制造商，透过表面的经济繁荣，看到产油国与跨国公司之间的明争暗斗，预测世界性能源危机即将发生，油耗将成为影响汽车消费的重要因素；而随着汽车数量的增多，马路上车流量增加，停车场的收费会提高，小型车的适应性更强；同时，通过对家庭用车状况分析发现，一个家庭只有一部汽车已经不能满足家庭需要，小巧的轿车更能得到消费者的宠爱。

于是，日本物美价廉的小型节油轿车在20世纪70年代的世界性石油危机中横扫欧美市场，而欧美各国生产的传统豪华型轿车，却因耗油大、成本高，销路大受影响。

问题：

日本汽车为何能异军突起？

知识基础三　政治法律环境

政治与法律是影响企业营销的重要的宏观环境因素。政治像一只“有形之手”，调节着企业营销活动的方向；法律则为企业制定了游戏规则和行为规范。政治与法律相互联系，共同对企业的市场营销活动发挥影响。

1. 政治环境

政治环境指企业市场营销活动的外部政治形势、国家方针政策及其变化。政治环境包括国内政治环境和国际政治环境。稳定的政治环境是社会经济发展的基础，也是企业持续经营的条件。

政治权力与政治冲突对企业市场营销活动有着重要影响。政治权力和国家政策影响企业生产、贸易、劳工关系等；政治冲突则影响需求结构。

政治是为经济服务的。

2. 法律环境

法律环境是指国家或地方政府颁布的各项法规、法令、条例等。法律环境不仅影响企业营销活动，也对市场消费需求的形成和实现具有一定的调节作用。企业研究并熟悉法律环境，不仅可以守法经营，运用法律手段保障自身权益，还可以通过法律条文的变化对市场需求及其走势进行预测。

不同的国家有不同的政治制度和法律。开展国际市场营销，必须熟悉相关国家的政治制度和法律，遵守相关国家的法律及有关的国际法规、惯例和准则。

应用实例

成功合资，化解危机

近几年，具有规模和制造成本优势的国内彩电业，在进军国际市场时，面临研发力量薄弱、贸易壁垒、在目标市场的品牌知名度低、营销渠道不健全等问题，特别是研发力量薄弱和贸易壁垒两大问题，让国内彩电企业在彩电技术升级浪潮和国际市场中遭遇了重大挫折。

2003 年 11 月，TCL 集团与汤姆逊集团签署合作备忘录，拟由双方共同投入电视机和 DVD 资产，设立一合资公司，TCL 集团持有 67% 的股份。该合资公司将被打造成为全球最大的彩电厂商。TCL 集团将会把其在中国大陆、越南及德国的所有彩电及 DVD 生产厂房、研发机构、销售网络等业务投入新公司；而汤姆逊集团则会将所有位于墨西哥、波兰及泰国的彩电生产厂房、所有 DVD 的销售业务以及所有彩电及 DVD 的研发中心投入新公司。

TCL－汤姆逊公司成立后，其全球彩电销量可达 1800 万台，而 2002 年全球彩电冠军三星的业绩是 1300 万台。2003 年 11 月 4 日，TCL 集团与汤姆逊集团签订彩电业务合并重组协议。而美国当地时间 11 月 24 日，美国商务部初步裁定中国一些电视机生产厂商向美国市场倾销产品，已圈定的长虹、TCL、康佳、厦华 4 家强制调查对象都被认定存在倾销，倾销价差为 27.94% ～45.87%。这个裁定，给其他几家彩电生产企业致命的打击，特别是长虹，它占据了国内出口到美国份额的半数以上。但 TCL 却因为属于兼并，不仅不会受损，反而成为最大的受益者，它填补了其他企业留下的市场空白。通过合资，在技术上，为 TCL 带来了世界上最先进的“第五代背投”；在国际市场上，TCL 成功化解了美国、欧盟的反倾销危机和专利危机。可以说，TCL 集团与汤姆逊集团的合资是一次中国企业应对国际市场政治、法律环境的成功范例，对国内企业具有借鉴意义。

问题：

TCL 是如何把握契机为自己创造机会的？

知识基础四　社会文化环境

社会文化是在一种社会形态下长期形成的价值观念、宗教信仰、道德规范以及世代相传的风俗习惯，是被社会所公认的各种行为规范，包括受教育程度和职业、消费习俗、语言文字、宗教信仰、价值观念、风俗习惯和审美观等。主体文化占据主体地位，发挥着凝聚整个国家和民族的作用，是千百年的历史沉淀，包括价值观、道德观等；亚文化则是在主体文化支配下形成的文化分支，包括宗教、种族、地域习惯等。文化对企业营销的影响是多层次、全方位、渗透性的。企业的市场营销人员应分析、研究和了解社会文化环境，针对不同的文化环境制定不同的营销策略。

1．教育程度和职业

教育是按照一定的目的和要求，对受教育者施以影响的一种有计划的活动，是传

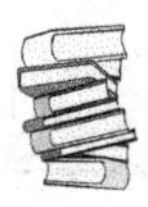

授生产经验和生活经验的必要手段，反映并影响着一定的社会生产力、生产关系和经济状况，是影响企业市场营销的重要因素。

受教育程度上的差异，是导致消费者在生活方式、消费行为与消费需求上产生差异的主要因素之一。受教育程度不仅影响工作和职业，也对消费观念、价值评价、收入水平等产生重要影响，从而影响人们的消费需求和偏好。

2. 消费习俗

消费习俗是人类各种习俗中的重要习俗之一，是人们在长期经济与社会活动中所形成的一种消费风俗习惯。不同国家、民族在居住、饮食、服饰、礼仪、婚丧等物质文化生活方面各有特点，形成风俗习惯的差别。

不同的消费习俗有不同的需求，研究消费习俗，有利于制定营销策略，正确、主动地引导健康的消费。了解目标市场消费者的禁忌、习俗、避讳、信仰、伦理等是企业进行市场营销的重要前提。

3. 语言文字

不同国家和民族多有自己独特的语言文字，营销者应注意语言文字因翻译出现的沟通问题。语言文字是文化的核心，不同文化的消费者对语言文字有不同的理解。

阅读资料

语言与市场营销

福特汽车公司（Ford）的“Fiera”牌的汽车在美国非常畅销，而在西班牙却不受欢迎。在西班牙语中“Fiera”是“丑妇”的意思。

有一位美国学者乘船从大连到上海，他在船上看到了一副马戏扑克，上面有中文的拼音字母“MAXIPUKE”。在英语中，“PUKE”的意思是“呕吐”，“MAXI”的意思是“最大限度的”，把这两个字放在一起就是“最大限度的呕吐”。

中国以“白象”为品牌的产品很多，出口到西方国家却无人问津。“白象”一词在英语中有“废物”的含义。

4. 宗教信仰

宗教信仰是影响人们消费行为的重要因素之一。一种新产品出现，宗教组织有时会提出限制，禁止使用，认为该产品与宗教信仰相冲突。在营销活动中，营销者可以针对宗教组织设计适当的营销方案，以避免由于宗教信仰给企业营销活动带来不利影响。

应用实例

宗教信仰对市场营销的影响

比利时一个地毯商把脑筋动到了穆斯林身上。这个名叫范德维格的商人，聪明地将扁平的指南针嵌入祈祷地毯。这种特殊的指南针，不是指南或指北，而是直指圣城麦加。这样，伊斯兰教徒不管走到哪里，只要把地毯往地上一铺，麦加方向顷刻之间就能准确找到。这种地毯一经推出，在穆斯林居住区立即成了抢手货，几个月内，范德维格在中东和非洲就赚了一大笔钱。

同样，国内一家公司向阿拉伯国家出口一批毛毯。毛毯出口到阿拉伯地区后，销售情况却很差，公司对此感到疑惑。经调查发现问题出在毛毯的图案——一条金黄色龙的龙爪上。阿拉伯人认为：龙爪为偶数，是吉龙；若为奇数，是凶龙。而该公司毛毯上龙的爪子数是奇数。

问题：

你了解世界上几种主要宗教的习俗和生活习惯吗？

5．价值观念

价值观念是人们对社会生活中各种事物的态度和看法。不同的文化背景下，人们的价值观念相差很大，消费者对产品的需求和购买行为深受价值观念的影响。

对于不同的价值观念，企业的市场营销人员应该采取不同的策略。一种新产品的消费，会引起社会观念的变革。而对于一些注重传统、喜欢沿袭传统消费方式的消费者，企业在制定促销策略时应把产品与目标市场的文化传统联系起来。

6．审美观

审美观通常指人们对事物的好坏、美丑、善恶的评价。不同的审美观会引起不同的消费需求。随着社会的发展，人们的审美观也在不断发生变化。

追求健康的美：体育用品和运动服装的需求量呈上升趋势。

追求形式的美：服装市场的异军突起，不仅美化了人们的生活，更重要的是迎合了消费者的求美心愿。在服装样式上，青年人一扫过去那种多层次、多线条、重叠反复的造型艺术，追求强烈的时代感和不断更新的美感，由对称转为不对称，由灰暗色转为鲜艳、明快、富有活力的色调。

追求环境美：消费者对环境的美感体验，在购买活动中表现得最为明显。

企业营销人员应注意审美观的变化，把消费者对产品的评价作为重要的反馈信息，使产品的艺术性与经营场所的美化效果融合为一体，以更好地满足消费者的审美要求。

在研究社会文化环境时，还要重视亚文化群对消费需求的影响。每一种社会文化的内部都包含若干亚文化群。市场营销人员在进行社会文化环境分析时，可以把每一个亚文化群视为一个细分市场，生产经营适销对路的产品，满足顾客需求。

知识基础五　自然环境

自然环境是人类最基本的活动空间和物质来源。企业生产经营活动和消费者生活活动都与自然环境息息相关。

自然环境包括地理环境、气候条件、资源条件等。人类正在经受自然因素的巨大变化，表现在两个方面，自然资源不断枯竭和自然环境不断恶化。

1．自然资源逐渐枯竭

自然资源可分为三类：

一是不可再生资源，如石油、矿产等。

二是可再生资源，如森林等。

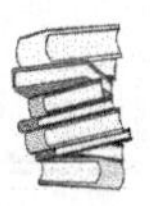

三是其他自然资源，如水、空气等。

现代工业文明发展对自然资源无限度地索取和利用，导致矿产、森林、能源、耕地和水资源等日益枯竭。自然资源的短缺已经成为制约社会经济发展的重要因素。

2. 自然环境不断恶化

世界经济是物质经济，经济发展以消耗自然资源、破坏自然环境为代价。土壤沙化、温室效应、物种灭绝、臭氧层破坏等自然环境的不断恶化，正在影响人类社会的健康发展。

应用实例

气象是商机，冷暖能赚钱

德尔菲气象定律指出，气象投入与产出比为1∶98，即企业在气象预测上每投资1元，可以得到98元的经济回报。气象资料的搜集和利用已成为世界上许多企业不可或缺的经营依据。精明的日本人做过天气对超市客流量影响的统计后，总是将内部调整工作安排在阴雨天，并提前做好换季商品的抛售。而在我国，气象信息蕴涵的商业价值尚未引起企业足够的重视。

1997年，全球发生百年来最强的“厄尔尼诺”现象。当年夏天，我国北方遭遇了几十年来不遇的高温，市场出现空调供不应求甚至告急的局面。在其他公司措手不及的情况下，海尔却提前开足马力生产空调，一举拿下我国北方的空调市场。此后，海尔一直购买专业气象信息，利用气象把握市场脉搏。

2002年1月，南京的最高温度持续接近20℃，卖羽绒服、保暖内衣及取暖器的商家按捺不住了，纷纷降价促销。当出货差不多时，天却突降大雪。面对如潮涌的顾客，多数商家已来不及调货，致使众多商家既悔恨又着急。

问题：

企业应如何利用气象信息开展市场营销？

知识基础六　科技环境

“科学技术是第一生产力”。科学技术的发展对社会经济发展的影响越来越大。科技环境是指与企业生产经营活动相关的科学技术因素的总和，它既包括导致社会重大发展的、革命性的行业技术进步，也包括与企业生产直接相关的新技术、新工艺、新材料的发明情况、应用程度和发展趋势。

科技环境不仅直接影响企业内部的生产和经营，同时还与其他环境因素相互依赖、相互作用。每一种新技术的应用，都会给一些行业或企业带来新的市场机会，同时也会给另一些行业或企业带来威胁。因此，企业应密切关注科技环境的变化，及时应用新技术，不断更新原有产品，满足消费者需求。此外，新技术的发展也会引起人们的消费观、价值观及企业营销策略的变化。

应用实例

海尔环保双动力，真正不用洗衣粉

由海尔集团自主研发的首台真正不用洗衣粉的“环保双动力”洗衣机，以其高质量、优越性能和低污染排放、保护生态环境、不损害人体健康，通过中国环境保护产业协会“绿色之星”产品验证，获得了中国环境保护专用标志使用权，并被授予了“绿色之星”产品称号。

该款洗衣机洗净比达到0.875，比普通使用洗衣粉的洗衣机还高25%。同时，它具有杀菌的作用，对细菌、病毒杀灭率达99.9%以上，不仅可以杀灭衣物上的细菌，更重要的是对洗衣机内由于潮湿而滋生的细菌也具有杀灭作用，使洗涤桶内外自动清洁，这是普通洗衣机无法比拟的。因为不用洗衣粉，海尔“环保双动力”洗衣机使洗完后的衣物无洗衣粉残留，健康护肤。由于集合了不污染水体、健康、环保、经济等众多优点于一身，海尔“环保双动力”洗衣机上市后，受到了消费者的青睐。

问题：

海尔“环保双动力”洗衣机的哪些特点征服了消费者？

■工作任务3－2　分析环境，把握机会

工作任务提示：

帮助营销团队了解市场环境状况，为下一步开展具体的营销活动奠定基础。

工作任务情景：

面对日益激烈的市场竞争，作为大学城附近的经营者，分析营销环境因素，把握市场营销机会。

工作任务内容：

面对日益激烈的市场竞争，作为大学城附近的经营者，应做好以下工作：

第一，了解大学城的环境状况。

第二，了解大学生的消费结构。

第三，了解大学生的需求变化。

工作任务要求：

第一，团队分工协作完成。

第二，以书面报告的形式提交《大学城营销环境分析报告》。

第三，重点分析大学生需求，为营销实战奠定基础。

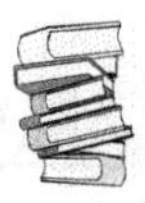

任务三　微观营销环境分析

知识基础

完成本任务所需的微观营销环境因素包括企业内部条件、供应商、营销中介、顾客、公众和竞争者，如图 3－2 所示。

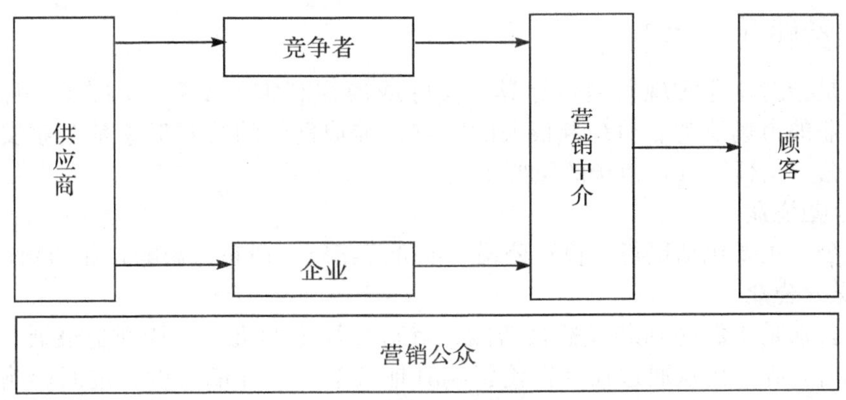

图 3－2　企业微观营销环境因素示意图

知识基础一　企业内部条件

企业为开展营销活动，必须设立某种形式的营销部门，协调与财务、采购、制造、研究与开发等一系列职能部门的关系。

分析企业内部条件主要考虑的因素包括企业发展战略对营销的重视程度、营销所需资源的保障能力、企业其他部门的配合程度和企业文化等内容。

知识基础二　供应商

供应商是指向企业及竞争者提供生产经营所需资源的企业或个人。供应商对企业营销活动有重要影响，供应商所提供的原材料数量和质量直接影响企业产品的生产数量和质量，原材料的价格直接影响产品的成本、利润和价格。

企业与供应商的关系，既是一种合作关系，也是一种竞争关系。合作体现在互惠互利，相互依赖；竞争体现在交易条件和交易过程两个方面。

知识基础三　营销中介

营销中介是协助企业促销和分销其产品给最终购买者的个人或组织。包括中间商（批发商、代理商、零售商）、物流配送公司（运输公司、仓储公司）、市场营销服务机构（广告公司、咨询公司、调研公司）以及财务中介机构（银行、信托公司、保险公司）等。

营销中介是市场营销活动过程中不可缺少的参与者，大多数企业的产品销售都要借助于

营销中介的参与才能完成。市场经济愈发达，社会分工愈细，营销中介的作用就愈大。

知识基础四　顾客

顾客是企业服务的对象和产品购买者。顾客需求的变化直接影响企业产品的销售。

根据购买者购买的目的和动机，市场可划分为消费者市场、企业市场、经销商市场、政府市场、国际市场。每种市场都有各自的特点，营销人员必须仔细研究市场需求及其变化，应对市场竞争。

知识基础五　公众

公众是指对企业实现营销目标具有实际或潜在利害关系和影响力的团体或个人。公众对企业的市场营销活动有着很大的影响，维护良好的公共形象是企业实现营销目标、获得公众信任、开发市场的重要手段。

1. 金融公众

金融公众主要包括银行、投资公司、证券经纪行、股东，影响企业的融资能力。

2. 媒介公众

媒介公众是指那些刊载或播报新闻、特写和社论的机构，特别是报纸、杂志、电台、电视台。媒介公众通过社会舆论影响其他公众对企业的态度，进而影响企业营销活动。特别是主流媒体的报道对企业影响非常大，“一条好的报道可以救活一个企业，一条负面的报道可以使一个企业破产”。同时，媒介公众也是企业产品、品牌和促销信息的传播者。

3. 政府公众

政府是经济政策的制定者，通过政策调整表达政府意图，引导市场需求和供应，进而影响企业营销活动。营销者在制订营销计划时，必须认真研究和分析政府政策及其变化。

4. 社团公众

影响企业营销活动的社会团体包括消费者组织、环境保护组织、少数民族团体等。

5. 一般公众

一般公众是指个人公众，即除自己及与自己有一定关系或一定交往的人（或团体）以外的人群，包括当前消费者、潜在消费者及其影响者。

应用实例

老总喝涂料

北京有一家涂料公司为推广涂料，证明涂料的无毒无害，策划了“小猫小狗喝涂料”的活动。

活动吸引了许多记者和公众，公司老总亲自主持。正当准备让猫、狗喝涂料的时候，绿色和平组织成员来到现场，谴责了企业的做法，阻止活动的进行。情急之下，公司老总自己把涂料喝了下去，取得了良好的宣传效果。

问题：

通过本案，说明公众对企业营销活动的影响。

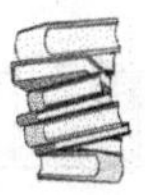

知识基础六　竞争者

竞争者是指那些与本企业提供相同或相似产品、目标市场相同的其他营销者。竞争者的营销活动及策略，直接影响企业的经营和效益。密切关注竞争者的营销策略及其变化，是实现营销目标的基础。

“知己知彼”是市场竞争的基本原则，企业必须确定它的市场竞争者是谁。企业的竞争者按竞争的激烈程度可分为四个层次，即品牌竞争者、行业竞争者、一般竞争者和广义竞争者。

识别竞争者、判断竞争者的目标、评估竞争者的优势和劣势、估计竞争者的反应模式是企业制定营销策略、应对市场竞争的基础。

阅读资料

2011 年苏宁电器的企业社会责任书（节选）

企业的发展是追求自身经济价值增长的过程，也是不断满足社会公众期望的过程。苏宁电器始终认为，承担和履行社会责任是苏宁不断发展的生命线，与公司的发展战略和日常运营相融合。苏宁电器将创造更多的社会价值作为公司发展的原动力，推动企业可持续发展，向着中国乃至全球最优秀的连锁品牌目标迈进。

（一）社会责任观

1. 苏宁电器基本法

以市场为导向，持续增强企业赢利能力，多元化、连锁化、信息化，追求更高的企业价值。

以顾客为导向，持续增强企业控制能力，重目标、重执行、重结果，追求更高的顾客满意度。

矢志不移，持之以恒，打造中国最优秀的连锁服务品牌。

2. 苏宁电器价值观

做百年苏宁，国家企业员工，利益共享；

树家庭氛围，沟通指导协助，责任共当。

（二）社会责任模型

苏宁电器分析可持续发展过程中面临的主要机遇和挑战，根据企业的发展战略、品牌、声誉、行业影响、人才建设以及各利益相关方的期望，确定了公司基于“阳光使命”下的价值使命、共赢使命、服务使命、员工使命、环境使命与和谐使命。

价值使命：持续增强赢利能力，对股东和投资者负责。

共赢使命：积极带动产业发展，对家电产业发展负责。

服务使命：不断完善服务体系，对广大客户权益负责。

员工使命：提供才华施展平台，对全体员工发展负责。

环境使命：携手供应链上下游，对生态环境建设负责。

和谐使命：竭尽全力奉献爱心，对和谐社会发展负责。

（三）社会责任管理机构

苏宁电器重视社会责任管理的机构和制度建设。公司管理层定期讨论并部署公司社会责任战略及规划，并为社会责任项目实施统一预算管理；公司总裁办、集团办、工会、品牌部组成四位一体的社会责任执行机构，负责推进战略及规划落实，制订年度社会责任工作计划，发布社会责任工作指导书；各大区总经理办公室协调相关部门，推动社会责任工作计划实施；公司依托成熟的“1+1 阳光行”社工志愿者行动，充分发挥员工的热情和智慧，积极投身各项社会责任工作。

■工作任务 3-3　微观营销环境分析

工作任务提示：

帮助学生更好地理解微观营销环境对经营决策的影响，并使营销团队在营销实践中关注微观环境，分析营销环境对企业营销活动的影响。

工作任务情景：

营销团队按要求在学校附近开展营销实战，分析附近微观营销环境因素。

工作任务内容：

第一，搜集营销团队本身、顾客、公众、主要竞争者等微观环境因素，分析这些因素对营销活动的影响。

第二，根据这些周边环境、营销实战目标和要求，拟定简单的应对策略。

工作任务要求：

第一，团队分工协作完成。

第二，分析所搜集的环境资料，形成分析报告，在课堂上进行交流。

任务四　营销环境的总体分析

知识基础

完成本任务所需的知识基础包括判断外部环境变化带来的机会和威胁，分析企业内部优势和劣势，制定相应的营销策略等内容。

SWOT 分析法是营销环境分析的主要方法。SWOT 是 Strengths（优势）、Weakness（劣势）、Opportunities（机会）、Threats（威胁）的组合。SWOT 分析法就是将企业面临的外部机会与威胁、自身的优势与劣势等各方面因素结合起来，综合分析营销环境及其变化。

运用 SWOT 分析法首先要进行市场调查，分析企业所面临的各种环境，即外部环境因素和内部能力因素。其次，将调查得出的各种因素根据轻重缓急或影响程度等排序方式，对 SWOT 分析中的四个因素综合考虑，构建 SWOT 矩阵。

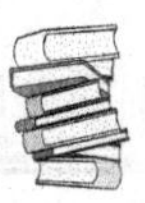

知识基础一　判断外部环境变化带来的机会和威胁

机会，即环境变化给企业带来的新的发展机会或有利形势，如市场的较快增长、竞争对手出现重大决策失误、与供应商关系改善等；威胁，则是指环境变化给企业带来的不利影响或给企业造成新的发展障碍。

环境因素的变化对不同的企业产生不同的影响。同一个环境因素的变化对某些企业可能是机会，而对另外一些企业则可能是威胁。在进行环境分析时，应具体问题具体分析，判断机会和威胁产生的可能性和对企业的影响程度，从而找出那些对本企业影响最大的环境机会和威胁，并按轻重缓急或影响程度排序。

营销者所面临的机会和威胁是影响企业战略的重要因素。企业必须精心策划，抓住最佳的成长机会，特别是那种能够建立竞争优势、提高企业赢利能力的机会。同样，对于那些影响企业安全和未来业绩的不利因素，企业必须采取必要的防卫措施。

知识基础二　分析企业优势和劣势

机会和威胁是环境变化带来的，能不能抓住机会，规避威胁，要看企业能不能利用优势，规避劣势，有效整合企业资源。

营销者是否拥有或能否获得所需的资源和竞争能力，是影响企业战略的最核心的因素。企业应扬长避短，发挥优势，淡化和规避其资源劣势和技能差距。

企业的优势和劣势具体体现在产品质量、可靠性、适用性、风格、形象、价格的竞争性、渠道便利性以及服务水平等方面。而影响企业优势和劣势的因素包括生产成本、设备状况、产品的竞争地位、员工素质、研发能力、财务状况、营销能力、组织管理能力等方面。

需要特别注意的是，衡量一个企业是否具有竞争优势，必须站在现有潜在用户的角度上来判断。

知识基础三　SWOT 分析要点

SWOT 分析要点包括企业竞争的优势和劣势，面临的机会和威胁。

1．竞争优势

竞争优势是指一个企业超越其竞争对手的能力，或企业所特有的、能提高企业竞争力的东西。

（1）技术技能优势。技术技能优势包括独特的生产技术，低成本生产方法，领先的革新能力，雄厚的技术实力，完善的质量控制体系，丰富的营销经验，上乘的客户服务，卓越的大规模采购技能。

（2）有形资产优势。有形资产优势包括先进的生产流水线，现代化车间和设备，丰富的自然资源储存，吸引人的不动产地点，充足的资金，完备的资料信息。

（3）无形资产优势。无形资产优势包括优秀的品牌形象，良好的商业信誉，积极进取的企业文化。

（4）人力资源优势。人力资源优势包括关键领域拥有专长的职员，积极上进的职员，很强的组织学习能力，丰富的经验。

（5）组织体系优势。组织体系优势包括高质量的控制体系，完善的信息管理系统，忠诚的客户群，强大的融资能力。

（6）竞争能力优势。竞争能力优势包括产品开发周期短，强大的经销商网络，与供应商有良好的伙伴关系，对市场环境变化的灵敏反应，市场份额的优势。

2．竞争劣势

竞争劣势是指一个企业缺少的或做得不好的东西，或某种会使企业处于劣势的条件。导致企业处于劣势的因素有三个：缺乏具有竞争力的技术技能；缺乏有竞争力的有形资产、无形资产、人力资源、组织资产；关键领域里的竞争能力正在丧失。

3．机会

市场机会是影响公司发展的重要因素。企业管理者应分析每个机会，评价每个机会对企业的影响，选择与企业财务和组织资源相匹配、能发挥企业优势的市场机会。潜在的市场机会包括：①客户群的扩大趋势或产品细分市场；②技术技能向新产品、新业务转移，为更大的客户群服务；③前向或后向整合；④市场进入壁垒降低；⑤存在购并竞争对手的可能；⑥市场需求增长强劲；⑦产生向其他地理区域扩张的机会。

4．威胁

在企业的外部环境中，总是存在某些对企业的赢利能力和市场地位构成威胁的因素。企业管理者应当分析可能对企业造成威胁的每个因素，评价其对企业的影响程度。给企业带来威胁的因素包括：①新竞争对手介入；②替代品的出现；③主要产品市场增长率下降；④汇率和外贸政策的不利变动；⑤人口特征、社会消费方式的不利变动；⑥客户或供应商的谈判能力提高；⑦市场需求减少；⑧经济萧条。

知识基础四　制定营销战略

在对企业内外部环境因素进行全面分析和评价的基础上，就可以进一步运用系统分析和综合分析的方法，制定企业的营销战略。制定企业营销战略的基本思路是：发挥优势，克服劣势；利用机会，化解威胁；考虑过去，立足当前，着眼未来。

SWOT 分析有四种不同类型的组合：优势—机会（SO）战略、劣势—机会（WO）战略、优势—威胁（ST）战略和劣势—威胁（WT）战略。

1．优势—机会（SO）战略

优势—机会（SO）战略是发挥企业内部优势、利用外部机会的战略，是一种理想的战略模式。当企业具有某一方面的优势，而外部环境又为发挥这种优势提供有利机会时，可以采取该战略。

2．劣势—机会（WO）战略

劣势—机会（WO）战略是利用外部机会、规避劣势的战略。当市场存在某种机

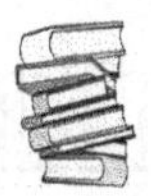

会，而企业在这方面又不具备优势时，就应考虑如何有效利用机会，规避劣势。

3．优势—威胁（ST）战略

优势—威胁（ST）战略是指企业利用自身优势，回避或减轻外部威胁所造成的影响。

4．劣势—威胁（WT）战略

劣势—威胁（WT）战略是一种旨在规避企业劣势、减少环境威胁的防御性战略。当企业存在内忧外患时，往往面临生存危机，降低成本也许成为改变劣势的主要措施。当企业成本状况恶化，原材料供应不足，生产能力不够，无法实现规模效益，且设备老化，在成本方面难以大有作为时，企业将被迫采取目标聚集战略或差异化战略，以回避成本方面的劣势，并回避成本原因带来的威胁。

阅读资料

提前一步抓机会

威勒在一个亲戚的店铺里帮忙，因为勤快肯干，深受亲戚信任，被安排负责跑银行的业务。因为经常到银行去，同银行里的人就熟悉了。银行老板看他机灵诚实，决定聘请他做银行职员。在银行里，威勒的才华逐渐显露了出来，很快升为主管，负责对房地产方面的投资。

18世纪正是美国历史上大规模开发建设时期，房地产开发方兴未艾。华盛顿的近郊有一块房产，银行里的同事认为那里偏僻荒凉，不会有开发的前景，投进去很可能就烂在那里。但是威勒认为，美国的经济正在进入大发展的时期，无数的农民来到城市，华盛顿用不了几年就人满为患，就必须扩大城市规模，而那块地方无论从哪个方面说都是开发建设的首选。

老板也拿不准，但是凭着他对威勒的信任，决定让威勒放手去买那块地皮，并负责那里的开发。就在威勒买下地皮，办完有关的法律程序，刚刚开始开发的时候，华盛顿政府做出了一个决定：要在那里兴建新的商业中心，发展成华盛顿的新城。威勒一年前买下的地在一夜之间飞涨了10倍。所有的同事都对威勒佩服得五体投地。

威勒的这一决定让银行老板一夜之间挣了数百万美元。老板为了表彰威勒，特别奖励了威勒10万美元。在那个时期的美国，拥有10万美元是件了不起的事情。威勒决定以这些资金为资本，自己干一番事业。他从自己熟悉的房地产开始，逐步扩大到许多行业，后来成为美国著名的房地产开发商和银行家。

当一个机会还没有显示出它的价值的时候，当别人都不以为然的时候，你能凭借自己的能力和智慧，提前一步发现它潜在的趋势——这就是你的本事。

■工作任务3－4 分析优势和劣势，判断机会和威胁

工作任务提示：

要求学生通过进行相关营销环境分析，了解本团队面临的优势和劣势、机会和威

胁，为制定营销战略奠定基础。

工作任务情景：

在学校附近，针对大学生需求，分析营销环境的变化，分析营销团队开展营销的优势和劣势。

工作任务内容：

第一，分析在学校附近开展营销实战的机会和威胁。

第二，分析营销团队的优势和劣势。

第三，确定SWOT战略组合。

工作任务要求：

第一，通过讨论分析营销环境，为营销团队的营销决策提供依据。

第二，以书面报告的形式提交分析结果。

课程小结

任务一　理解市场营销环境的内涵

- 市场营销环境
  - 营销环境：影响企业营销活动及其目标实现的各种因素及其推动力量。
  - 市场营销环境对企业的影响
    - 营销环境是企业赖以生存的条件。
    - 环境变化可能给企业带来威胁或机会。
  - 关注营销环境的意义在于提高企业对环境的适应性。

任务二　宏观营销环境分析

- 宏观营销环境
  - 人口环境：人口规模、人口增长、人口结构、人口的地理分布。
  - 经济环境：消费者收入、消费者支出、消费者储蓄和消费信贷、社会经济发展水平。
  - 政治法律环境：政治环境、法律环境。
  - 社会文化环境：受教育程度和职业、消费习俗、语言文字、宗教信仰、价值观念、审美观。
  - 自然环境：自然资源逐渐枯竭，自然环境不断恶化。
  - 科技环境：新技术、新工艺、新材料的发明。

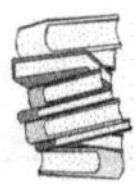

任务三　微观营销环境分析

微观营销环境

- 企业内部条件：企业发展战略对营销的重视程度、营销所需资源的保障能力、企业其他部门的配合能力和企业文化等。
- 供应商：提供的原材料数量、质量和价格。
- 营销中介：中间商、物流配送公司、市场营销服务机构及财务中介机构。
- 顾客：消费者、企业、经销商、政府。
- 公众：金融公众、媒介公众、政府公众、社团公众、一般公众。
- 竞争者：主要是品牌竞争者。

任务四　营销环境的总体分析

SWOT分析

- 优势：技术技能优势、资产优势、人力资源优势、组织体系优势、竞争能力优势。
- 劣势：技术技能劣势、资产劣势、人力资源劣势、组织体系劣势、竞争能力劣势。
- 机会：客户群的扩大趋势或新的细分市场产生，前向或后向整合，市场进入壁垒降低，存在购并竞争对手的可能，市场需求增长强劲，市场份额可能提高。
- 威胁：新竞争对手介入，替代品出现，市场增长率下降，汇率和外贸政策的不利变动，人口特征、社会消费方式的不利变动，客户或供应商的谈判能力提高，市场需求减少，经济萧条。

课后练习

一、单项选择题

1．下列因素中，属于企业宏观环境因素的是（　　）。

A．竞争者　　B．供应商　　C．社会文化　　D．目标市场

2．下列因素中，属于企业微观环境因素的是（　　）。

A．竞争者　　B．政治法律　　C．社会文化　　D．人口

3. 下列（　　）不属于社会文化环境。

A. 宗教信仰　　B. 消费习俗

C. 教育状况　　D. 法律法规

4. 老年公寓、保健品市场的繁荣，是（　　）环境变化给企业带来的机会。

A. 人口环境　　B. 经济环境

C. 文化环境　　D. 科学技术环境

5. 国家为了鼓励农民种粮食，实行粮食补贴，这属于（　　）环境因素的影响。

A. 法律力量　　B. 政策环境

C. 经济因素　　D. 社会因素

6. 下列因素中属于企业可控制因素的是（　　）。

A. 消费者　　B. 市场竞争　　C. 政府

D. 技术　　E. 营销目标

7. 对大多数企业来讲，人口数量的减少被视为（　　）。

A. 机会　　B. 威胁

C. 优势　　D. 不确定

8. 空气质量下降，环境污染日趋严重，对（　　）行业是机会。

A. 冶炼　　B. 采掘业

C. 污水处理　　D. 餐饮

二、多项选择题

1. 下列因素中，属于企业宏观环境因素的是（　　）。

A. 人口　　B. 供应商　　C. 社会文化

D. 自然　　E. 技术进步

2. 下列因素中，属于企业微观环境因素的是（　　）。

A. 竞争者　　B. 供应商　　C. 目标市场

D. 人口　　E. 公众

3. 下列属于社会文化环境因素的是（　　）。

A. 宗教信仰　　B. 消费习俗　　C. 教育状况　　D. 法律法规

4. 市场营销环境的特点包括（　　）。

A. 客观性　　B. 差异性　　C. 关联性

D. 复杂性　　E. 动态性

5. 下列因素中，属于企业可控的因素包括（　　）。

A. 企业发展方向　　B. 企业总目标

C. 目标市场选择　　D. 营销目标

6. 企业不可控制因素主要包括（　　）。

A. 消费者　　B. 市场竞争　　C. 政府

D. 技术　　E. 独立媒体

7. 自然环境包括（　　）。

A. 动物种群　　B. 自然资源　　C. 政府　　D. 矿产

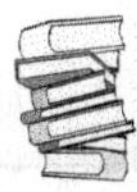

8. 市场营销研究的人口结构包括（　　）。

A. 年龄结构　　B. 性别结构

C. 家庭结构　　D. 民族结构

9. 市场营销研究的公众包括（　　）。

A. 金融公众　　B. 媒介公众

C. 社会公众　　D. 一般公众

10. 给企业带来威胁的因素包括（　　）。

A. 新竞争对手介入　　B. 替代品的出现

C. 市场需求减少　　D. 经济萧条

三、判断题

1. 环境是客观存在的，不以人的意志为转移。（　　）
2. 企业不能控制政府，但可以影响政府政策。（　　）
3. 人口增长与否，增长速度快慢，直接影响未来市场需求的变化。（　　）
4. 消费者有了“个人收入”，就意味着他想怎么花钱就怎么花钱。（　　）
5. 恩格尔系数越高，人们的生活水平就越高。（　　）
6. 教育程度上的差异，是导致消费者在生活方式、消费行为与消费需求上产生差异的主要因素之一。（　　）
7. 企业与供应商的关系，既是一种合作关系，也是一种竞争关系。（　　）
8. 劣势—机会战略是利用外部机会，规避劣势的组合。（　　）

四、简答题

1. 市场营销环境有何特征？为什么要分析市场营销环境？
2. 宏观营销环境包括的主要因素有哪些？
3. 微观营销环境包括的主要因素有哪些？
4. 当今经济全球化的发展给我国企业带来了哪些机会和威胁？
5. 简述企业 SWOT 环境分析法。

四、案例分析题

“裸人国”推销

兄弟两人准备来到一个偏远蛮荒的地方做生意，据说这个地方的人都不穿衣服，故称作“裸人国”。

哥哥听到这些，皱起了眉头。

弟弟却不以为然，率先进入了裸人国。哥哥也跟着去了。

过了十来天，弟弟派人告诉哥哥，一定得按当地的风俗习惯，才能做成生意。

哥哥一听十分生气：“要照着畜生的样子行事，这难道是君子作为吗？”

裸人国的风俗是，每逢初一、十五的晚上，大家用白土在身上画上各种图案，戴上各种装饰品敲击着石头，男女手拉着手，唱歌跳舞。弟弟学着他们的样子，与他们一起欢歌曼舞。结果，裸人国的人，上至国王，下至普通老百姓，都十分喜欢他。国王把他带去的货物全都买下来，付给他 10 倍的价钱。

而他哥哥则满口仁义道德，指责裸人国这也不对，那也不好，被狠揍了一顿，差点丢了命。

问题：

弟弟成功的原因是什么？哥哥的道德与营销有关系吗？

经典人物

迈克尔·波特

迈克尔·波特1947年出生于美国，是哈佛大学商学研究院著名教授，当今世界上少数最有影响的管理学家之一。迈克尔·波特在世界管理思想界可谓是“活着的传奇”，他是当今全球第一战略权威，是商业管理界公认的“竞争战略之父”，在2005年世界管理思想家50强排行榜上，位居第一。

1983年，迈克尔·波特被任命为美国总统里根的产业竞争委员会主席，提出了企业竞争战略理论并引发了美国乃至全世界的竞争力讨论。他先后获得过大卫·威尔兹经济学奖、亚当·斯密奖，并五次获得麦肯锡奖，最有影响的著作是《品牌间选择、战略及双边市场力量》、《竞争战略》。

迈克尔·波特对竞争战略理论做出了非常重要的贡献，“五种竞争力量”——分析产业的结构化方法就是他的杰出思想；他更具影响的贡献是在《竞争战略》一书中明确地提出了三种通用战略。波特的竞争思想中渗透着浓厚的环境分析元素。

不要把消费者当傻瓜愚弄，她应是你心目中的妻子，不要蔑视她的才智。

——戴维·奥格尔维

项目四　市场分析

知识目标

◆了解消费者市场和产业市场的属性。

◆明确不同市场购买者的购买目的和动机。

◆掌握不同市场购买行为的影响因素及决策过程。

技能目标

◆能够有效分析市场特征和需求要项。

◆针对不同的购买市场，能制定有针对性的营销策略。

导入案例

“聚件成套”显奇功

日本日绵公司主要经营陶瓷器生意。在日本，他们经营的高级陶瓷器非常畅销，于是公司董事土桥久男准备把业务拓展到美国去。

刚进入美国市场时，陶瓷器的销售并不理想。土桥久男经过仔细的调查研究发现：美国专门销售陶瓷器的百货公司工作效率很低，运转速度慢。土桥久男决定把陶瓷器摆到纽约的超市，占据橱窗的醒目位置。结果，陶瓷器销量迅速上升。土桥久男又通过对美国消费者的消费心理和消费行为的分析，制订了一套完整的销售计划，即以超级市场为中心，开拓市场，扩大销量的“聚件成套”的计划。

“聚件成套”的核心是产品组合销售，具体做法是：第一步，在超级市场推出四个一组的陶瓷咖啡杯，同时赠送购买者四个咖啡碟。第二步，当咖啡杯卖出相当数量的时候，以较高的价格开始出售糖罐，因为喝咖啡要加糖，所以买了咖啡杯，就要买糖罐。第三步，当糖罐卖出相当数量的时候，再以更高的价格开始出售陶瓷调羹、托盘和碟子。前后推出的这几种产品在花样、色泽、质地等方面完全一致，风格也完全一样，购置齐全即可配成一套喝咖啡的用具。

土桥久男又凭借着卓越的经商才干和口才，说服了超级市场的经营者，使自己的“聚件成套”的计划得以实施，最终为日绵公司赚得了丰厚的利润。

问题：

1. 土桥久男利用美国人的消费心理取得销售的成功，我们从中可以得到什么启示？

2. 如果你是日绵公司的老板，你将采取何种营销策略销售这些高级陶瓷器？

分析点评：

本案例诠释了研究市场、了解消费者心理对企业市场营销的重要性。产品进入一个新的市场，营销人员的首要任务就是研究目标市场的消费需求和消费心理，为消费者的心理需求和企业产品找出一个契合点，引起消费者的心理共鸣，再采取相应的营销策略和技巧，为企业赢得市场。

任务一　理解消费者购买行为特点及购买影响因素

知识基础

完成本任务所需要的知识基础包括消费者市场的含义特点及分类、影响消费者购买行为的因素、消费者购买行为模式和购买决策过程。

知识基础一　消费者市场的含义、特点及分类

根据顾客购买产品或者服务的目的和动机不同，市场营销学将市场分为两大类：消费者市场和产业市场。消费者市场是整个社会经济活动的最终市场。一般认为，消费者市场是营销学研究的重点，满足最终消费者的需求，是市场营销活动的出发点和归宿点。

1．消费者市场的含义

> 消费者市场是指为了满足个人或家庭生活需要而购买商品和服务的市场。

生活消费是产品和服务流通的终点，消费者市场也被称为最终产品市场。消费者市场是一切市场的基础，是最终起决定性作用的市场。

2．消费者市场的特点

消费者市场的特点概括起来有以下七个方面：

（1）普遍性与多样性。普遍性是指人人都是消费者，消费者市场人数众多，消费者购买频繁、购买数量少；消费者需求是多种多样的，包括吃穿用住行，且受到年龄、职业、受教育程度、经济收入、性格及所处的市场环境不同的影响，消费者的需求和购买行为也千差万别。

（2）层次性与发展性。消费需求的层次性是指消费者对同一类产品，在质量、价格、款式、规格、性能等方面具有明显的差异性，呈现多层次性。如按产品价格高低，可以把产品分为高、中、低三个档次。消费需求是变化的和发展的，随着社会经济的发展、科技的进步和消费者经济收入的不断提高，消费者的需求经历了由低到高、由粗到精的变化过程。需求的多样性和层次性是细分市场的基础。

（3）情感性。消费需求的情感性是指消费者在购物时带有明显的感情色彩。在许

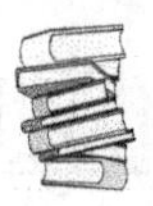

多产品的选择和购买行为上，消费者表现出明显的个人偏好和情感特色。如在情人节，恋爱中的男女通过送玫瑰花、巧克力来表达自己的爱恋之情。

（4）可诱导性。消费需求的可诱导性是指受消费者收入及嗜好、商品价格、税收、储蓄利率、心理预期、经济发展趋势的影响，消费者的需求容易受外界因素的诱导和刺激。一般来讲，消费者对商品的偏好程度决定了其购买意愿，消费者偏好取决于个人的生理和心理需求。企业可以通过示范和广告宣传来激发消费者的购买欲望，引导其购买选择。

（5）互补性和替代性。消费需求的互补性是指消费者为了满足个人的某种需求，需要同时购买两种或两种以上的商品，这几种商品构成互补品。如要打印文件，消费者需要同时购买打印机、墨盒和打印纸。由于某些产品具有相同的核心利益和功效，为满足消费者同一需求可以相互替代，成为替代品。互补品和替代品之间在需求上和价格上存在明显的相关性。

（6）地区性。消费需求的地区性是指同一地区的消费者在生活习惯、收入水平、消费需求等方面具有很大的相似性，在消费行为上表现出明显的地区性特点。

（7）季节性和流动性。消费需求的季节性是指由于气候条件的变化，引起的季节性消费需求。许多产品的供应与消费都有显著的淡、旺季之分，如食品、酒类、服装、旅游等。消费需求的流动性是指消费品的需求变化具有明显的地区间流动的特性。如服装的流动趋势是从欧美流动到日本、韩国、中国香港，然后流动到中国的东南沿海，再流动到中国北方地区和西部地区。

动手动脑

分析自己的家人与同学的日常购买行为的特点差异。

3. 消费品分类

消费品是消费者用于家庭或个人消费的产品或服务。按照不同的标准，消费品的分类也不同。

第一，按消费品的消耗特点和产品形态，可以把消费品划分为易耗品、耐用消费品和服务三种类型。

易耗消费品也称非耐用消费品，是指只能使用一次或几次的容易消耗的有形物品，如食物、水果、洗涤用品等。

耐用消费品是指可以多次使用、单价较高的有形物品，如服装、家用电器等。

服务是用于出售或者是同产品连在一起进行出售的活动、利益或满足感。服务是无形产品。

第二，按消费者的购买习惯，可把消费品分为日用品、选购品、特殊品和非渴求品。

日用品是供消费者日常使用和消费的产品，消费者在购买时不愿花时间和精力去比较和选择，多为习惯性购买。日用品分为常用品、冲动购买品和应急物品三种。

阅读资料

日用品的分类

常用品是价值低、经常使用和购买的产品和服务，如食盐、洗涤用品等。消费者会就近购买自己熟悉或经常购买的品牌。消费者通常在便利店、超市购买常用品。

冲动购买品是指消费者在视觉、嗅觉、听觉等感觉器官受到刺激的情况下，临时决定购买的产品或服务，如玩具、风味小吃、CD 唱片等。经营冲动购买品的商家要在人口稠密、流动量大的地方广设网点，利用表演示范、广告条幅等刺激感觉器官的促销手段展示产品或服务，以吸引消费者购买。

应急物品是指消费者在紧急需要的情况下所购买的产品或服务，如急诊、雨伞等。应急物品也应多设网点，让消费者熟知，以便于消费者购买。

选购品是指消费者对产品或服务的价格、质量、款式、耐用性等进行比较之后，才会做出购买决策，即选择性购买的产品或服务，如家用电器、服装、美容美发等。选购品又可分为同质品和异质品。同质品是指质量相似、价格差异小的选购品。这类产品促销的重点是在保证产品质量的前提下采取低价策略。异质品是指产品特色比价格重要的选购品，如服装、电脑等。为便于消费者比较选择，选购品通常会形成专业市场，或在商业中心销售。

特殊品是指有特殊利益或功效的产品。对这类产品，消费者认品牌购买，如名牌服装、汽车等。专卖店、专业市场多是特殊品的渠道选择。

非渴求品是指消费者不了解或即使了解也没有兴趣购买的产品或服务，如保险、百科全书、墓地等。针对非渴求品的特性，企业要加大广告宣传力度，开展人员推销，尤其是价格昂贵的消费品，更需要推销人员与消费者进行面对面的沟通。

阅读资料

奢侈品

奢侈品（Luxury）在国际上被定义为“一种超出人们生存与发展需要范围的，具有独特、稀缺、珍奇等特点的消费品”，又称为非生活必需品。从经济学上讲，奢侈品指的是价值/品质关系比值最高的产品。从另外一个角度上看，奢侈品又是指无形价值/有形价值关系比值最高的产品。

中国是全球奢侈品消费的大市场之一，2013 年，中国成为全球最大侈奢品消费国。在中国人的概念里，奢侈品几乎等同于贪欲、挥霍、浪费。其实，从经济意义上看，奢侈品消费实质是一种高档消费行为，本身并无褒贬之分。从社会意义上看，是一种个人品位和生活品质的提升。

人类追求奢侈品的主要动机如下：

第一，奢侈品的价值比较持久，可以作为贮藏财富的有效工具。如珠宝和黄金都具有保值的特点。

第二，奢侈品可以显示一个人的社会地位。这是人类区别于其他动物的一个特征。对于大多数物种来说，它们通过体型的大小来决定其地位。在人类社会中，地位不仅仅取决于体力，人与人之间竞争是多方面的。

第三，人类对美的追求是产生奢侈品需求的重要因素。

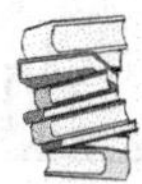

动手动脑

请列举自己日常生活中的消费品类别。

知识基础二　影响消费者购买行为的因素

情景案例

老大娘买李子

有位老大娘到小区门口的水果摊买李子。她走到第一个卖李子的摊位前，小贩说："大娘，买李子呀？我的李子又大又甜，这次吃了保你下次还买！"老太太听了，摇了摇头，走了。

老大娘走到第二个卖李子的摊位前，问："李子怎么卖？"小贩说："我这儿有两种李子，一种是甜的，一种是酸的，您要哪一种？"老太太说："给我一斤（500克）酸的吧。"于是小贩给老大娘称了一斤酸李子。

老大娘又随便看了看，见还有一家摊位卖李子，于是走上去说："你这个李子多少钱一斤？"第三个小贩说："我的李子有很多种，不知道您想要哪一种？"老大娘说："酸的。"小贩奇怪，问："您为什么要酸的呢？一般人都爱吃甜的。"老大娘说："我儿媳妇怀孕了，喜欢吃酸的李子。"小贩说："大娘，您对您儿媳妇真好，做您的儿媳妇真是福气啊。我这里还有一些猕猴桃，我听说吃猕猴桃对孕妇特别好，您这么疼爱儿媳妇，不如买一些给您儿媳妇尝尝。"于是老大娘又买了一斤猕猴桃。小贩还不甘心，继续说："大娘，孕妇多吃水果对胎儿有好处，我天天都在这里做生意，您有机会多来光顾。如果您觉得好的话，我给您更多的优惠。"老大娘高兴地答应了。

问题：

1. 老大娘为什么没买第一家的李子而买第二家的？
2. 为什么老大娘对第三家满意？

消费者购买行为是指消费者在寻找、购买、使用、评估和处理满足其需要的产品或服务过程中所表现出来的反应或行动。研究消费者需求及其购买行为是企业制定市场营销战略的出发点。

消费者购买行为主要涉及以下内容：购买对象（Objects）、购买者（Occupants）、购买目的（Objectives）、购买组织（Organizations）、购买方式（Operations）、购买时间（Occasions）、购买地点（Outlets）。简称"7O’s"架构。

影响消费者购买行为的因素主要有文化因素、社会因素、个人因素和心理因素，如表4－1所示。

表 4－1　影响消费者购买行为的因素

文化因素	社会因素	个人因素	心理因素
文化 亚文化 社会阶层	相关群体 家庭 社会角色 社会地位	家庭生命周期 职业 经济收入 受教育水平 个性 生活方式 自我观念	动机 知觉 学习 信念 态度

1．文化因素

文化、亚文化和社会阶层等文化因素对消费者的购买行为具有最广泛和最深远的影响。

（1）文化。广义的文化是指人类社会发展过程中所创造的物质和精神财富之和；狭义的文化则是指社会的意识形态。这里讲的文化因素主要指的是狭义的文化，包括风俗、习惯、礼仪、思想、道德、宗教、语言、文字、艺术和制度等。文化是决定人类欲望和行为的最基本因素。

每个人都生活在一定的社会文化环境中，并形成一定的文化观念。文化具有个性，不同的国家、地区、民族的文化是不同的，文化的差异会引起消费的差异；同时，文化又具有共性，各种不同的文化都会有一些共同的特征，这种共性反映了人类共同的生物本能和物质社会环境的共同需要。

文化差异引起消费者购买行为的不同，主要表现在婚丧嫁娶、服饰、饮食、建筑风格、传统节日、礼仪等方面，如东方文化强调集体精神、孝道等。

阅读资料

营销交往中一些国家的礼仪文化

法国：穿着保守，不直呼人名，对陌生人规矩。

德国：特别准时。在介绍时，首先问候女士，并等待。女士先伸出手后，男士才能与她握手。

意大利：不介意来访者的衣着是保守还是民族化。进行商业会晤要提前安排，但不一定准时。

美国：在正式的晚餐上经常干杯，如主人敬你一杯，你一定要回敬。业务款待午宴比晚宴多。

沙特阿拉伯：虽然在私人会面时男女之间经常接吻，但在公共场合千万不能与妇女接吻。当沙特人请你喝饮料时，拒绝是不礼貌的。

日本：不要学日本人鞠躬，除非你全面了解它——谁向谁鞠躬、鞠几次躬、什么时候鞠躬，是复杂的礼节。递送名片时双手奉上，以便让对方看清你的姓名；按对方身份高低依次递上名片。日本商人在没有花费时间详细阅读资料和做决策之前，是不会许诺什么的。

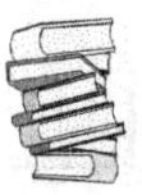

（2）亚文化。亚文化亦称“副文化”、“小群体文化”，是因社会或自然因素而形成的，在某些方面有别于整体文化的地区性文化或群体文化。社会越复杂，亚文化群体越多。常见的亚文化包括以下几个方面：

一是民族亚文化。不同民族在个性、宗教信仰、节日、爱好、图腾禁忌和生活习惯等方面有着自身独特之处，形成不同的亚文化群体，进而影响消费者的消费行为。我国少数民族众多，许多民族都有自己的文化特点与风俗习惯。

二是宗教亚文化。许多国家都存在着多种宗教信仰，我国就有佛教、伊斯兰教、道教、基督教等宗教信仰者。不同宗教的教规、戒律不同，对商品的偏好和禁忌也不同。

三是种族亚文化。每个种族都有自己独特的生活习惯和文化传统。美国沃顿商学院的金融学教授尼克莱·罗萨诺夫和同事研究1986～2002年美国劳动统计局采集的消费者花费调查数据时发现，黑人和西班牙裔人在时装、汽车和珠宝等方面的消费比白人高30%。

四是地理亚文化。处于不同地理位置的国家或地区，消费者有着不同的习俗和消费习惯。我国幅员辽阔，南北差异非常明显，在饮食方面就有“南甜、北咸、东辣、西酸”之说。

（3）社会阶层。社会阶层是根据职业、收入来源、受教育水平、价值观和居住区域对人们进行的一种社会分类，是按层次排列的，是影响消费者购买行为的又一个重要因素。一个人所处的社会阶层受多种因素的影响，主要因素包括职业、收入来源和受教育程度等。在某些领域，社会阶层表现出明显的产品和品牌的偏好。同一阶层的消费者的购买行为有很大的相似性。

不同社会阶层的消费者行为差异主要表现在支出模式、休闲活动、信息接收和处理以及购物方式等方面。人们的购物行为因社会阶层而异，并选择到与自己社会地位相一致的商店购物。

2．社会因素

影响消费者购买行为的社会因素包括相关群体、家庭、社会角色和社会地位等。

（1）相关群体。相关群体是对个人的信念、态度和价值观产生影响，并作为其评价事物尺度的群体。相关群体包括直接相关群体和间接相关群体。

直接相关群体是消费者所属的群体或与其有直接关系的群体，分为主要群体和次要群体两种。主要群体（也称基本群体）是消费者经常面对面直接交往的群体，如家庭、邻里、同学、同事等；次要群体是消费者不经常面对面直接交往的社会组织，如机关、企业、学校、消费者协会等。

间接相关群体是指消费者的非成员群体，即此人虽不属于这个群体，但又受其影响的一群人，可分为向往群体和逃避群体。向往群体是指消费者渴望成为其群体中的一员，模仿其群体成员的消费模式与购买行为，如影视明星、体育明星；逃避群体是指消费者厌恶、回避、远离的群体，消费者希望在各方面与其保持距离，甚至反其道

而行之。

相关群体对消费者购买行为的影响主要表现在以下三个方面：一是相关群体为消费者展示出新的行为模式和生活方式；二是相关群体影响消费者对某些事物和产品的看法和态度；三是相关群体促使群体成员的行为趋于某种一致化，进而影响消费者对产品和品牌的选择。

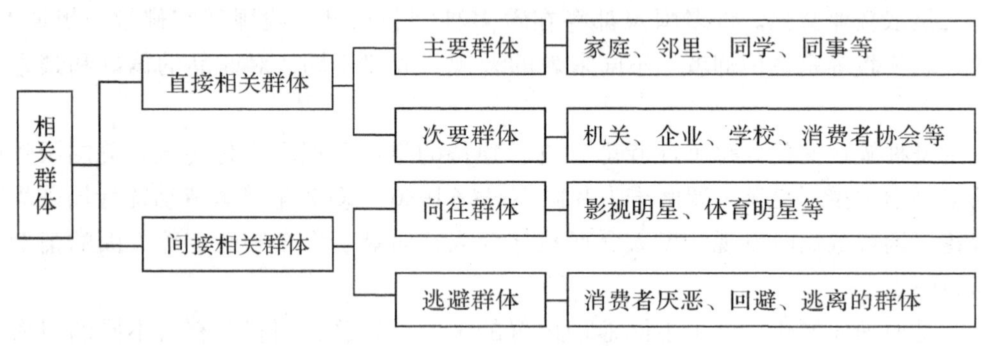

图4－1　相关群体的构成

（2）家庭。家庭是由婚姻、血缘或收养而产生的亲属间的共同生活组织。家庭是社会组织中的基本单位，是消费者最基本的直接群体，对消费者的购买行为有重要影响。

人的一生一般要经历两个家庭，一是父母的家庭，二是自己组成的家庭。消费者购买决策受父母家庭的影响是间接的，受自己现有家庭的影响是直接的。根据家庭权力中心点不同，家庭购买决策分为以下四种类型：

独裁型，指家庭购买决策权掌握在丈夫、妻子或子女手中，如购买家庭日常用品往往由妻子决定。

协商型，指家庭购买决策由家庭成员协商决定，如购买住房、汽车等昂贵消费品往往是全家协商后决定。

民主集中制型，指在参考全家人意见的基础上，由某个家庭成员做出最后的购买决策。一个人独自做主，全家参与意见，如购买家用电器。

自治型，指家庭成员各自对自己所需的产品做出购买决策，如服装等。

家庭购买决策权主要掌握在夫妻手中。夫妻决策权的大小取决于购买商品的种类、双方工资收入、生活习惯、家庭内部劳动分工等各种因素。由于我国独生子女家庭多，子女在家庭购买决策中所起的作用也不容忽视。

（3）社会角色。社会角色是与人的社会地位相联系并按规范执行的行为模式。社会角色是人的各种社会属性和社会关系的反映，是社会地位的外在表现。每个人在不同场合具有不同的社会角色，表现出不同的购买行为。

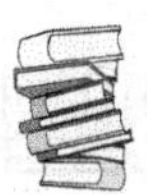

动手动脑

作为老师面前的学生，作为父母面前的子女，作为弟弟妹妹面前的哥哥或姐姐，作为朋友面前的成人，你与这些人一同购物时，你们的购买行为相同吗？

（4）社会地位。社会地位是人们在各种社会关系网中所处的位置，是对决定人们身份和地位的各种因素综合考察的结果。影响一个人社会地位的因素包括个人的政治倾向、经济状况、家庭背景、文化程度、生活方式、价值取向、审美观及其所担任的角色和所拥有的权利等。消费者的购买行为会随着社会地位的变化而发生显著的变更。

3. 个人因素

消费者年龄、性别、所处的家庭生命周期阶段、个性、职业、经济状况、生活方式以及自我观念等因素是影响消费者购买行为的主要因素。

（1）家庭生命周期。家庭生命周期是指以家长为代表的家庭生活的全过程。按年龄、婚姻、子女等状况，家庭生命周期可分为八个阶段：单身阶段、新婚阶段、满巢阶段Ⅰ、满巢阶段Ⅱ、满巢阶段Ⅲ、空巢阶段Ⅰ、空巢阶段Ⅱ和鳏寡阶段，如表4－2所示。

表4－2　家庭生命周期阶段的购买特征

生命周期阶段	特　征	购买特征
单身阶段	年轻，不住在家里	服装、娱乐为主，追逐时尚
新婚阶段	年轻，无子女	消费高峰期，购买产品种类多
满巢阶段Ⅰ	最年幼的子女不到6岁	孩子的启蒙教育、营养开支较大
满巢阶段Ⅱ	最年幼的子女6岁或6岁以上	孩子的教育支出逐渐增多，购买大规格包装的产品，有自己喜爱的品牌产品
满巢阶段Ⅲ	年长的夫妇和尚未独立的子女同住	消费升级，开始为子女成家立业考虑支出
空巢阶段Ⅰ	年长的夫妇，无子女同住，户主仍在工作	旅游产品、保健品的主要购买者
空巢阶段Ⅱ	年老的夫妇，无子女同住，户主已退休	医疗保健、健身器材
鳏寡阶段	独居老人，已退休养老	医疗保健品、健身器材、养老护理

阅读资料

我国家庭生命周期阶段的房地产消费形态

1. 年轻单身阶段

按目前的社会状况，年轻人的婚姻年龄一般在24～30岁。年轻人由于刚刚进入社会，收入水平较低，在住房需求上一般是选择和父母一起住或者自己租房居住。

2. 新婚阶段

此阶段由于经济能力尚不稳定，在购房需求上，主要受房价、交通、生活便利的影响；而在房屋的选择上，受经济条件的制约，一般选择小户型居多。经济实力较差的消费者，也会选择租房来满足居住需求。

3. 满巢阶段Ⅰ

此阶段夫妻开始养育子女，由于工作因素，一般会选择让父母照看孩子。因此，在此阶段，三代同堂的现象很多，许多家庭开始觉得在经济上有压力。

4. 满巢阶段Ⅱ

此阶段由于子女渐渐长大，或由于三代同堂的原因，小户型住房已不能满足居住要求，夫妻考虑购买较大的房子；工作地点的变换也是房屋置换的原因。本阶段购房的因素包括学区、交通便利、购物方便。家庭也有一定经济实力。

5. 满巢阶段Ⅲ

此阶段子女已长大，需要单独的生活空间，同时家庭也有一定经济实力，购置大房子成为家庭考虑的重要方面。

6. 空巢阶段Ⅰ

此阶段子女长大成人，不与父母同住，或上大学，或外出工作，经济上也不需要父母的支持。此阶段经济能力强，但没有购房的需求。相反，较大的居住空间给夫妻二人带来孤单寂寞的心理影响。

7. 空巢阶段Ⅱ

此阶段夫妻已经退休，经济来源有限，可能会选择卖掉大房子而去换小的房子或到养老院。

8. 鳏寡阶段

此阶段子女已另组小家庭，原来的房子可能太过于空荡，为了能和熟识的老朋友或亲人住得较近，从而产生购房需求或房屋置换需求。此外，也会为儿女成婚而产生购房需求。此时期购房的因素包括居住环境佳、离医院近及离亲友近等。

（2）个性。个性，也称人格，是指个人稳定的心理品质，包括人格倾向性和人格心理特征。人格倾向性包括人的需要、动机、兴趣和信念等，决定人对现实生活的态度、取向和选择；人格心理特征包括人的能力、气质和性格，决定人的行为方式上的个人特征。

遗传因素、社会生活、家庭环境等方面的差异，导致每个人在人格倾向性和人格心理特征方面产生明显的差异，形成人格差异和购买行为差异。如在选择服装方面，性格外向的人喜欢色彩明亮、款式新颖的服装；性格内向的人喜欢简洁、色彩深沉的

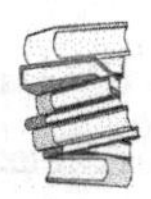

服装。性格外向的人活泼多言，容易受推销人员、广告等外界因素影响；性格内向的人沉默寡言，在购物时往往犹豫不决。

（3）生活方式。生活方式是在一定的社会制度下，社会群体及个人在物质和文化生活中的各种活动形式和行为特征的总和，是由个人情趣、爱好和价值取向决定的生活行为的独特表现形式，包括劳动方式、消费方式、社会交往方式及道德价值观念等。生活方式具有社会性、民族性、时代性、类似性、多样性、差异性等特点。生活水平、生活质量是生活方式在量和质两个方面的反映。

生活方式不同，消费重点也不同。如“娱乐型”消费者生活丰富多彩，紧跟时尚；“生活型”消费者购物以满足家庭舒适生活为主。

阅读资料

生活方式的分类

20世纪80年代以来，人们更强调生活方式的重要性，把生活方式置于与世界观和价值观同等的地位，生活方式对人们的消费观念和消费行为的影响也越来越大。按不同的标准，对生活方式可以进行不同的分类。

按主体的层面不同，生活方式可划分为社会、群体和个人三大类型的生活方式。社会生活方式是该社会全体成员生活模式的总体特征。如人类历史上出现的原始社会生活方式、奴隶社会生活方式、封建社会生活方式、资本主义社会生活方式和社会主义社会生活方式等。群体生活方式包括各阶级、各阶层、各民族、各职业集团以及家庭生活方式等。个人生活方式从心理特征、价值取向、交往关系以及个人与社会的关系等角度可分为内向型生活方式和外向型生活方式，奋发型生活方式和颓废型生活方式，自立型生活方式和依附型生活方式，进步的生活方式和守旧的生活方式等。

按生活方式的不同领域，可划分为劳动生活方式、消费生活方式、闲暇生活方式、交往生活方式、政治生活方式、宗教生活方式等。

按不同的社区，可分为城市生活方式和农村生活方式两大类。

按时代特征，可分为现代社会生活方式、传统社会生活方式。

按主要经济形式，可分为自然经济生活方式、商品经济生活方式。

（4）自我观念。自我观念即自我概念，是指个人关于自己的观念体系，即消费者想使自己成为一种什么样的人。自我观念包括三个方面：一是认知，是对自己的品质、能力、外表、社会意义等方面的认识；二是情感，包括自尊、自爱和自卑等；三是评价意志，是指自我评价。自我观念可分为现实的我、理想的我、动力的我和幻想的我。

由于自我观念不同，消费者的购买行为也存在很大的差异性。如在服饰选择方面，如果消费者想把自己塑造成风度翩翩的绅士，其购买偏重名牌西装、领带、皮鞋等；如果想把自己塑造成自然潇洒悠闲自在的人，则购物以休闲服饰为主。

4. 心理因素

消费者的动机、知觉、学习、信念和态度是影响消费者购买行为的主要心理因素。

（1）动机。动机是一种被刺激的需求。任何人在任何时候总会有很多的需求，有

些是生理所造成的，有些则是心理所造成的。当需求达到一定的强烈程度才能成为动机。动机迫使人们采取相应的行动来满足未被满足的需求。

心理学家提出了各种人类动机理论，以说明为什么在某一特定时间人们会受到特定需求的驱使，其中最知名的是亚伯拉罕·哈罗德·马斯洛的需求层次理论。马斯洛需求理论认为：人类的需求是按层次排列的，从最迫切的需求到最不迫切的需求，并随个人收入等因素的变化不断变化；按需求对人的重要性分为生理需求、安全需求、社会需求、尊重需求和自我实现需求。需求层次理论有两个基本出发点：一是人人都有需求，某层次的需求得到一定满足后，会产生更高层次的需求；二是在多种需求未获满足前，首先满足最迫切的需求。一般来说，某一层次的需求相对满足，就会向高一层次发展，追求更高层次的需求就成为驱使行为的动力。同时，获得基本满足的需求就不再是激励力量。在同一时期，一个人可能有几种需求，但每一时期总有一种需求占支配地位，对行为起决定作用。任何一种需求都不会因为更高层次需求的发展而消失；各层次的需求相互依赖和重叠。

知识库

马斯洛需求理论

马斯洛需求理论把需求分为生理需求、安全需求、社会需求、尊重需求和自我实现需求五大类，依次由低层次到高层次排列。

生理需求是人类维持自身生存的最基本要求，包括对呼吸、水、食物、睡眠、生理平衡等方面的需求。这些需求的任何一项得不到满足，人类个人的生理机能就无法正常运转，人类的生命就会因此受到威胁。

安全需求是人们对安全的一种追求，包括人身安全、健康保障、资源所有性、财产所有性、道德保障、工作职位保障和家庭安全。

社会需求主要是情感和归属需求，包括友情、信任、爱情和亲情等。每个人都希望得到家庭、团体、朋友和同事的关爱和理解。感情需求比生理需求更加细致，它与个人的生理特性、经历、教育、宗教信仰有关。

尊重需求包括自我尊重、信心、成就、受尊重。人们都希望有稳定的社会地位，希望个人的能力和成就得到社会的承认。尊重需求又可分为内部尊重需求和外部尊重需求。内部尊重是指一个人希望在各种不同的情境中有实力、能胜任、充满信心、能独立自主，即自尊。外部尊重是指一个人希望有地位、有威信，受到别人的尊重、信赖和高度评价。尊重需求得到满足，能使人对自己充满信心，对社会满腔热情，体验到自身的价值。

自我实现需求包括道德、创造力、自觉性、能力、公正度等。自我实现需求是最高层次的需求，是实现个人理想、抱负，发挥个人的能力到最大程度。自我实现需求是努力实现自己的潜力，使自己越来越成为自己所期望的人。

五种需求像阶梯一样从低到高，按层次逐级递升，但这样的次序不是完全固定的，可以变化。五种需求可以分为两级，即低级需求和高级需求。低级需求包括生理需求、安全需求和社会需求，这些需求通过外部条件就可以满足；高级需求包括尊重需求和自我实现需求，只能通过内部因素才能满足，而且一个人对尊重和自我实现的需求是无止境的。

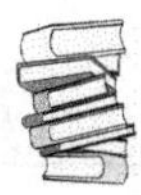

（2）知觉。知觉是人对客观事物各个部分或属性的整体反映。它同感觉一样，由客观事物直接作用于感官而引起，但比感觉更完整、更复杂。人们常常根据需要和心理倾向主动搜集信息，辨认物体及其属性。

知觉的选择性是人对同时作用于感觉器官的各种刺激有选择地做出反应的倾向。它使人的注意力指向少数重要的刺激或刺激的重要方面，从而能更有效地认识外界事物。它包括选择性注意、选择性曲解和选择性记忆。

选择性注意是人在注意时，从许多刺激对象或活动中选择一种或几种刺激，使自己产生高度的兴奋、感知和清晰的意识。引起选择性注意的因素有两个：一是客观因素，如天气变化、广告传播等；二是主观因素，如个人需要、世界观、价值观等。

选择性曲解是指人们有选择地将某些信息加以歪曲，使其符合自己的想象。由于选择性曲解的作用，人们容易忽视自己所喜爱的品牌的缺点和其他品牌的优点。

选择性记忆是指人们由于观点、兴趣、生活经验的不同，对所经历过的事物有选择地识记、保持、再现或再认。

（3）学习。学习是由后天经验引起的个人知识、结构和行为的改变。人类的行为大都来源于学习，人们的学习过程就是驱使力（动机）、刺激物、提示物、反应和强化的结果。

（4）态度。态度是人们在自身道德观和价值观基础上对事物的评价和行为倾向性。态度有以下三种成分：

一是认知成分。认知成分是指个人对有关事物的信念。消费者对产品的认知决定其对产品或服务的品牌信念。消费者的品牌信念一旦形成，就会对品牌产品产生偏好，因此，把握住消费者的品牌偏好进行产品市场定位，是企业获取竞争优势的有效手段之一。

二是情感成分。情感成分是消费者对产品或服务的情感反应。它是消费者对品牌的评估，是决定消费者购买行为的因素，如喜欢或厌恶等情绪反应。

三是行为成分。行为成分是指消费者是否购买消费品的行为倾向。

在现实生活中，可以根据态度的三种成分，通过促销手段改变消费者的品牌信念，使消费者形成新的品牌偏好；通过舆论领袖的示范效用，改变消费者对产品属性理想标准的认识，形成一套全新的产品理想标准，使消费者喜欢本企业的产品。

知识基础三　消费者购买行为模式和购买决策过程

由于购买动机、消费方式与购买习惯的差异，消费者的消费行为表现各不相同。在千差万别的消费者行为中，存在着共同的带有规律性的东西，从而形成不同的行为模式。

1．消费者购买行为模式

心理学家在深入研究的基础上，揭示了消费者行为中的共性或规律性，并以模式的方式加以总结描述，这就是消费者购买行为的一般模式。

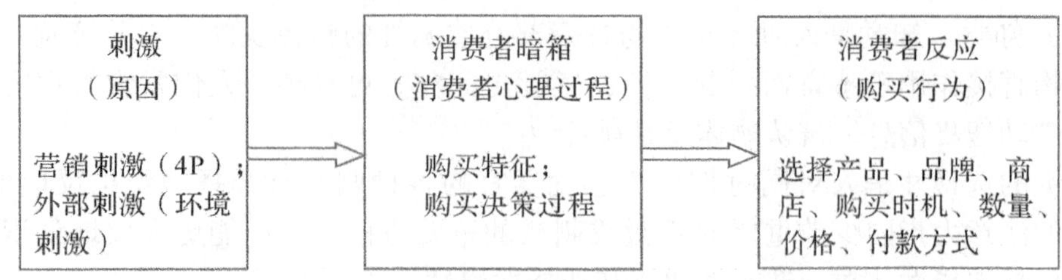

图4－2　消费者购买行为模式（刺激－反应模式）

（1）消费者购买行为分析。消费者购买行为指消费者购买商品的活动和与这种活动有关的决策过程。消费者行为是消费者在寻求、购买、使用、评估和处理产品和服务时所表现出来的行为。

研究消费者行为，就是研究消费者如何做出花费时间、金钱、精力用于有关消费品上的决策。这种决策包括七个方面，即消费者市场的“7O's”架构。

①购买对象：能满足其需求的任何东西——产品或服务。

②购买者：目标市场——通过市场细分确定。

③购买目的：别无选择？这个更好或更合适？

④购买组织：自己？相关群体？谁是决定者？

⑤购买方式：购买行为模式。

⑥购买时间：根据消费品属性确定。

⑦购买地点：超市？便民店？专业市场？专卖店？

消费者购买什么产品，如何购买，在什么时候购买，在什么地方购买，是购买者行为的外显现象，可以通过直接观察或访问去了解；至于人们为何购买，则是一个非常复杂的问题。

（2）消费者购买行为类型。消费者购买行为与消费者行为略有差别。消费者行为包括购买行为、使用行为和处理行为。根据消费者的购买动机和个性特点，可以把消费者购买行为分为四种类型。

第一类，理智型购买。理智型购买是指经过冷静思考，而非凭感情采取的购买行动。购买者在做出购买决策时，通常考虑是否质价相当（重视价格）、使用开支（购买商品本身所花的代价及使用过程中的开支）、产品的可靠性（市场销售时间、质量评价等）、损坏或发生故障的频率及维修服务的价格、产品的使用寿命等。

第二类，感情型购买。感情型购买是出于感情上的理由和动机而产生的购买。引起感情购买动机的主要因素：一是感觉上的感染力，某些商品能在人们的感官上产生作用，激发购买欲望。二是企求安全长寿，避免痛苦和危险。人们的自卫本能和爱护家庭、亲友的情感，常驱使人们购买维生素、参茸丸、安全装置以及投买各种保险。三是显示地位和威望。在现代社会中，有些产品正成为地位和成就的象征，即所谓地位标志的产品。

第三类，习惯型购买。消费者对某些商品往往只偏爱其中一种或数种品牌，购买时，多数习惯于选取自己熟知的品牌，如日用品的购买多表现为习惯型购买。企业要通过提高产品质量、品牌知名度和广告宣传，在消费者心中树立良好的产品形象，使其成为消费者偏爱的品牌，成为习惯购买的选择。

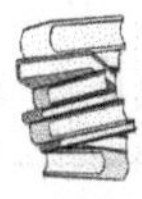

第四类，经济型购买。经济型购买行为是指消费者对商品价格非常敏感，在选购时多从经济角度考虑，寻求最经济合算的一种购买行为模式。在经济型购买中价格起主导作用。经济型购买行为又有两种截然相反的表现形式：一种是注重产品质量，但对商品缺乏了解，只根据商品的价格高低判断质量的好坏，偏好购买高价商品；另一种是只注重商品价格，根据价格的高低选择商品，偏好购买廉价商品。

2. 消费者购买决策过程及营销任务

复杂型购买决策一般分为五个阶段，即确认需要、搜集信息、产品评估、购买决策和购后行为，如图 4－3 所示。

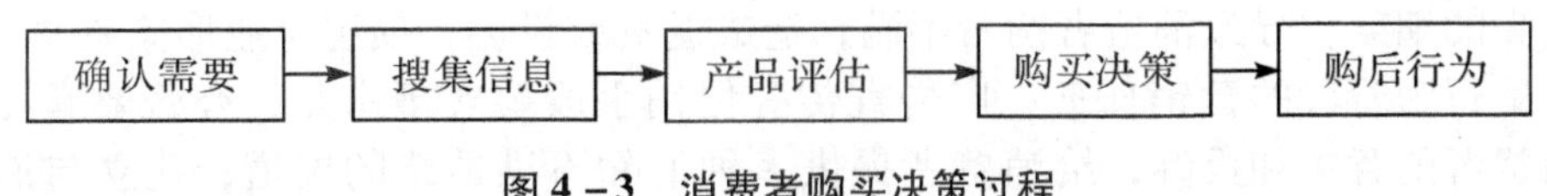

图 4－3 消费者购买决策过程

（1）确认需要。确认需要是消费者要确认自己需要什么，用什么产品或服务来满足自己的需求。消费者的需要一般由两种刺激引起：一是内部刺激，如饥饿感；二是外部刺激，如广告宣传等。

确认需要阶段的营销任务：了解引起与本企业产品有关的现实需求和潜在需求的驱使力，即是什么原因引起消费者购买本企业产品的；设计引起需求的诱因，促使消费者增强刺激，唤起需要，引发购买行为。如“脑白金”一到节日前夕就加大广告播放的频率，让消费者牢牢记住“送礼就送脑白金”。

（2）搜集信息。确认需要后，消费者就会主动搜集信息。消费者的信息来源主要有个人来源、经验来源、公共来源和商业来源四个方面。个人来源是指来自亲朋好友的信息；经验来源是指从使用产品中获得的信息；公共来源是指从网络、电视等大众传播媒体、社会组织中获取的信息；商业来源是指从企业营销中获取的信息，如从广告、推销员、展览会等方面获得的信息。

个人来源和经验来源的信息对消费者购买行为有直接影响，公共来源和商业来源的影响比较间接，但诱导性强。

搜集信息阶段的营销任务：了解不同信息来源对消费者购买行为的影响程度；注意不同文化背景下搜集信息的差异性；有针对性地拟定信息传播策略。

（3）产品评估。消费者搜集到所需的信息后，就要对信息进行分析、对比、评价，为购买决策提供依据。在进行评估时，消费者首先考虑产品属性，特别是消费者感兴趣的属性；其次是确定产品属性的重要程度（属性权重）；最后是对备选产品进行综合评分。

不同消费者对产品属性的重要程度判断不同，产品评估结果也不同。如消费者购买手机时，其感兴趣的属性包括手机的款式、待机时间、像素、铃声效果、操作难易程度、价格等，有些消费者把款式放在第一位，有些把功能放在第一位，还有人把价格放在第一位。

产品评估阶段的营销任务：增加产品功能，改变消费者对产品属性的认识；重新进行定位，树立新的品牌信念。

（4）购买决策。购买决策是指通过产品评估，使消费者对备选品牌产品产生购买意向和购买行为。消费者的购买决策主要有产品种类决策、产品属性决策、品牌决策、

购买时间及地点决策等。

消费者的购买意向能否转化为购买行动，受多种因素的影响，包括支付能力、相关群体、产品价格、质量、功能及品牌影响力等。

购买决策阶段的营销任务：确定合理的价格，突出产品利益和功能；向消费者提供真实可靠的产品信息，增强其购买自信心。

（5）购后行为。购后行为是指消费者在购买产品以后产生的某种程度的满意或不满意所带来的一系列行为表现。消费者对产品的期望值越高，不满意的可能性越大。企业在促销产品时，不要盲目夸大产品的功能和利益，避免消费者对产品功能和利益产生过高的期望，导致消费者购后不满，造成退货或投诉，损害企业形象。

购后行为阶段的营销任务：广告宣传等促销手段要实事求是，夸张要有度；及时处理消费者的意见和投诉，给消费者提供多种消除不满情绪的渠道；建立与消费者长期沟通的机制，在有条件的情况下进行回访。

■工作任务 4－1　消费者行为调查分析

工作任务提示：

通过学生对某一产品或某一行业的消费者行为的分析，加深学生对消费者需求、消费者行为的认识，培养学生对消费者行为的分析能力和判断能力，提升学生的综合素质。

工作任务情景：

结合本团队的营销实战，分析大学生的消费行为，培养学生对消费者行为的分析能力和判断能力。

工作任务内容：

观察大学生消费者行为，进行大学生消费行为调查，撰写调查报告。

工作任务要求：

第一，各团队分工完成工作任务。

第二，根据所分析的内容撰写总结报告，在课堂上进行交流讨论。

任务二　掌握分析组织市场购买行为的能力

知识基础

完成本任务所需的知识基础包括组织市场的含义和构成，组织市场购买行为的特点，组织市场购买的决策方式和决策过程。

知识基础一　组织市场的含义与特点

> 组织市场是指企业或社会团体用于再生产、再销售和维持机构运作而进行的购买。

与消费者市场不同，组织市场的购买者主要是政府、企业和社会团体，购买目的是维持机构运作和再销售。与消费者市场相比，组织市场的规模要大得多。

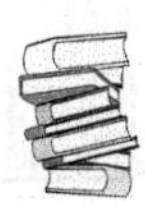

1．组织市场的构成

组织市场购买者包括制造者、中间商、非营利性组织和政府，组织市场也分为生产者市场、中间商市场、非营利性组织市场和政府采购市场。如图4－4所示。

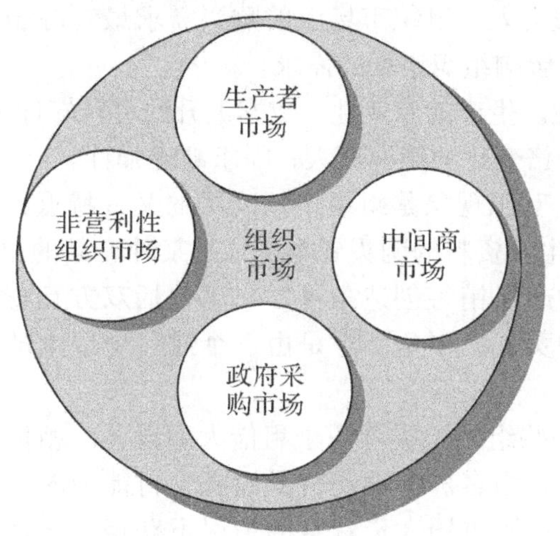

图4－4　组织市场的构成

（1）生产者市场。生产者市场主要由以下产业构成：①农、林、牧、渔业；②采矿业；③制造业；④建筑业；⑤运输业；⑥通信业；⑦公用事业；⑧金融业；⑨社会服务业。

（2）中间商市场。中间商市场是由所有以赢利为目的，从事转卖或租赁业务的个体和组织构成，包括批发和零售两大部分。

（3）非营利性组织市场。非营利性组织市场（又称机构市场）是指一些由学校、医院、疗养院和其他为公众提供产品和服务的部门所组成的市场，这些组织不以赢利为目的。

（4）政府采购市场。在大多数国家里，政府也是产品和劳务的主要购买者。

2．组织市场的特点

（1）购买者少，购买规模大。组织市场上的购买者比消费者市场上的购买者数量少，单个购买者购买的规模大，购买频次低。在生产比较集中的行业里，通常少数几家大企业的采购量就占该产品总采购量的大部分。

（2）购买者在地域上相对集中。由于资源和区位条件等原因，各种产业在地理位置的分布上具有相对的集聚性，组织市场的购买者往往在地域上比较集中。

（3）以人员销售为主。由于客户数量少，企业营销部门往往倾向于通过人员销售宣传其优惠政策。好的销售人员不仅可以演示并说明产品的特性、用途，获得客户的信任，同时也可以及时得到反馈信息，调整营销策略。

（4）以直接销售为主。产业购买者大多直接向生产者购买。直接销售不仅可以降低销售费用，也便于向购买者提供技术支持和服务，建立良好的客户关系。

（5）购买专业性强。组织机构通常比个人消费者更加系统地购买所需要的商品，

采购多由具有专门知识的专业人员负责。组织市场的购买者具有很强的专业能力和对技术信息的评估能力，其购买决策建立在对商品价格质量比、售后服务及交货期限等分析基础之上。

（6）衍生需求，波动大。组织市场上的购买需求最终源于对消费品的需求，消费者市场需求的变化直接影响组织市场的需求。

（7）需求缺乏弹性。生产的专业性、成本上升的可转嫁性和生产资料的低替代性，使组织市场的需求受价格变化的影响不大，需求缺乏弹性。

（8）互惠购买多。互惠现象是组织市场购买的又一特点，即“你买我的产品，我也买你的产品”。由于生产资料的购买者本身总是某种产品的出售者，因此，企业在采购时就会考虑为自己的产品销售创造条件。互惠包括双方互惠和多角互惠。双方互惠是买方同时也是对方的卖方；多角互惠是由三个或三个以上的企业参与，形成相互连接的购销链。

（9）租售现象。一些组织购买者乐于租借大型设备。租借对于承租方和出租方都非常有利。对于出租方，当客户不能支付或没有支付能力时，出租为其产品找到了市场；对于承租方，租借在不占用大量资金的情况下获得了设备使用权。租售方式在发达国家较为普遍。

（10）谈判和投标。组织机构在购买或出售产品时常选择谈判或投标方式。谈判不仅涉及供货条款，还需要很高的谈判艺术；而招投标主要适用于大型建设项目和政府采购项目。

知识库

工业品营销的技巧

◇了解你的顾客如何经营他们的业务。

◇展示你的物品和服务如何适合顾客的业务。

◇确认你的销售眼前会获益。

◇了解顾客如何采购，使你的销售适合他们的采购过程。

◇在销售过程中，应同顾客一方中参与采购决策的每个人进行接触。

◇与每个决策者就其最关心的信息进行交流。

◇成为你的顾客愿意与你建立关系的人或公司。

◇确保你所做的每件事情都与你的产品质量、服务、价格和性能相一致。

◇了解竞争对手的优势和劣势。

◇努力发挥你的优势。

◇训练你的工作人员，使他们了解你公司以及你的客户各方面的业务情况。

◇掌握一个既符合你又符合顾客要求的分销系统。

◇用客户服务强化你的产品。

◇心中明确牢记你的目标。

知识基础二 组织市场购买决策

1. 组织市场购买行为类型

组织市场购买行为的复杂程度和采购决策项目的多少，取决于采购业务的类型，即是直接重购、修正重购，还是新购。

（1）直接重购。直接重购指采购方按既定方案，不做任何修订直接进行的采购业务，是一种重复性的采购活动。在购买时，直接重购对原购销合同基本不做修改，按一定程序办理即可。

在这种情况下，入选的供应商应该尽最大的努力，保持产品和服务的质量，以巩固和老客户的关系；落选的供应商则应努力开展一些新的工作，消除买方的不满，设法争取新的订单。

（2）修正重购。修正重购指组织市场购买者对以前已采购过的产品，修订其规格、价格、交货条件或其他事项之后的购买。与直接重购相比，修正重购需要通过谈判修订合同条款，谈判有时可能会有新的参与者加入。

（3）新购。新购指组织市场购买者第一次购买货品的购买行为。新购的成本费用较高，购买风险较大，需要参与者搜集大量信息，做好购买的准备工作。

2. 组织市场购买决策者

组织市场购买决策单位称为“采购中心”（Buying Center），由所有参与购买决策过程的个人和集体组成。在直接重购时，采购代理人发挥较大的作用；而在新购时，组织内其他人员所起的作用较大。采购中心组成人员在购买决策过程中会形成五种不同的角色，如图4－5所示。

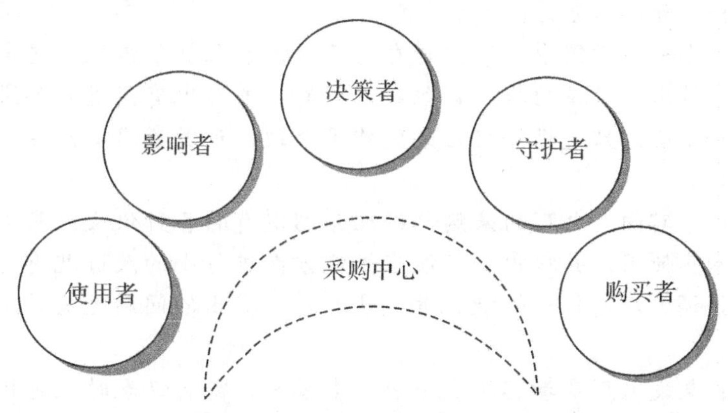

图4－5 组织市场购买决策的主要参与者

（1）使用者（Users）。使用者是指组织市场中将使用产品或服务的成员。在许多情况下，使用者首先提出购买建议，并协助确定产品规格。

（2）影响者（Influencers）。影响者是指影响购买决策的人。影响者协助确定产品规格，提供方案评价的情报信息，以专业技术人员为主。

（3）决策者（Deciders）。决策者是指一些有权决定产品需求要项和选择供应商的人。在重要的采购活动中，有时还涉及主管部门或上级部门的批准，构成多层决策的状况。

（4）购买者（Buyers）。购买者是指正式有权选择供应商并确定购买条件的人。购买者的主要任务是选择卖主和谈判。在较复杂的购买过程中，购买者还包括企业高层管理人员。

（5）守护者（Gatekeepers）。守护者是有权阻止销售员或信息员与采购中心成员接触的人。守护者主要是为了控制采购组织的一些信息不对外披露。采购代理人、接待员、保安人员和电话接线员都可以阻止推销员与用户或决策者接触，成为守护者。

在任何组织市场内，采购产品的价值、类别及构成的变化，都会导致采购中心发生相应的变化。作为产品营销人员，必须知道谁是决策主要的参与者，对影响采购决策的程度如何，以制定相应的营销策略。

动手动脑

美奇医疗器械供应公司向医院推出一种一次性的非纺织外科手术隔离衣。决策者们在思量——采购副处长（决策者）：是否合算？手术负责人（采购者）：性能、式样如何？外科医生们（使用者）：使用效果如何？请分析他们所考虑的有什么不同。

应用实例

对组织市场推销失败的原因

推销员李宾的工作是销售一种安装在发电设备上的仪表，尽管工作努力，不辞劳苦地四处奔波，但是收效甚微。以下是李宾推销工作中经历的几种情况。

情景一：李宾获悉某发电厂需要仪表，就找到该厂的采购部人员详细介绍产品，经常请他们共同进餐和娱乐，双方关系相当融洽，采购人员也答应购买，却总是一拖再拖，始终不见付诸行动。

情景二：在一次推销中，李宾向发电厂的技术人员介绍说，这是一种新发明的先进仪表。技术人员请他提供详细技术资料，并与现有同类产品进行对比。可是他所带资料不全，只是根据记忆大致作了介绍，对现有同类产品和竞争者的情况也不太清楚。

情景三：李宾向发电厂的采购部经理介绍现有的各种仪表，采购部经理认为都不太适合本厂使用，并提出如果能在性能方面进行小的改进就有可能购买。但是李宾反复强调本厂的仪表性能优异，认为对方提出的问题无关紧要，劝说对方立刻购买。

情景四：某发电厂是李宾所在公司的老客户，需购仪表时就直接发传真通知送货。该电厂原先由其他推销员负责，后来转由李宾负责。李宾接手后采取了许多办法与该公司的采购人员和技术人员建立关系。一次，发电厂的技术人员反映有一台新购的仪表有质量问题，要求给予调换。李宾当时正在忙于同另一个重要的客户洽谈业务，拖了几天才处理这件事情，认为凭着双方的密切关系，发电厂的技术人员不会介意。可是那家发电厂在此事之后，选择了其他仪表供应商。

情景五：李宾去一家小型发电厂推销一种受到较多用户欢迎的优质高价仪表，可是说破了嘴皮，对方依然不为所动。

情景六：某发电厂同时购买了李宾所在公司的仪表和另一品牌的仪表，技术

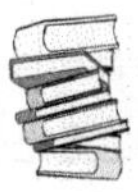

人员、采购人员和使用人员在使用两年以后对两种品牌进行绩效评价，列举事实说明李宾公司的仪表耐用性不如那个竞争性品牌。李宾听后认为事实如此，无话可说，听凭该发电厂终止了同本公司的生意关系而转向竞争者购买。

问题：

通过以上六种情景，你能从他的推销过程中找出失败的原因吗？

分析点评：

不同于消费者市场，组织市场的购买决策是由采购中心做出的，推销人员不仅要了解购买者的真正需求要项，还要明确谁是真正的决策者；推销人员的专业性在组织市场购买决策中起着重要的作用；满足客户需求是企业的责任，无论是消费者市场还是组织市场；售后服务很重要，维系一个老客户花费的代价远低于开发一个新客户的代价；知己知彼，方能百战不殆；嫌货才是买货人，倾听客户的抱怨并很好地解决问题，有助于建立良好的客户关系。

3. 组织市场购买决策过程

组织市场购买决策过程与消费者有相似之处，但又有其特殊性。组织市场购买决策过程一般可分为八个阶段，如图 4－6 所示。

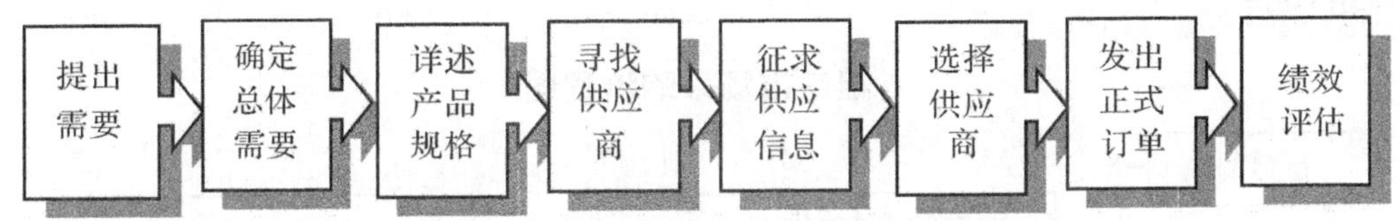

图 4－6　组织市场购买者采购决策过程

（1）提出需要。当企业中有人认识到了某个问题或某种需要，可以通过某一产品或服务解决时，就进入了采购过程。提出需要由两种刺激引起，即内部刺激和外部刺激。如当一家企业决定推出一种新产品时，就会对产品的生产设备或原材料产生需要；而当企业通过广告了解到一种低成本的新材料可以完全替代现有材料时，就会试图了解这种新材料。

（2）确定总体需要。提出某种需要之后，采购者便着手确定所需项目的总特征和数量。如果是简单的采购任务，可由采购人员直接决定；如果采购复杂，对企业影响大，则须由采购中心对产品的可靠性、耐用性、价格及其他属性的重要程度来加以排列，确定总体需求。

（3）详述产品规格。采购中心按照确定产品的技术规格，组建产品价值分析技术组详述产品规格。通过分析产品部件的设计方案、标准化程度、生产工艺、技术寿命等要素，在满足需要的情况下，降低产品生产成本，确定最佳产品的特征。

供应商通过尽早地参与产品价值分析，影响采购者所确定的产品规格，以获得供货机会。

（4）寻找供应商。确定产品规格后，采购者就开始寻找最佳供应商。采购者通过咨询商业指导机构、查询电脑信息、客户或朋友推荐、广告、参加展览会等，获得供应商资料。筛选供应商，确定备选供应商名单。

（5）征求供应信息。采购者邀请合格的供应商提交内容详尽的申请书，以便进行

比较分析，确定备选供应商。

营销人员必须善于调研、写作，精于申请书的展示内容。申请书不仅是技术文件，也是营销文件。

（6）选择供应商。采购中心通过与备选供应商就供货条款进行谈判，确定供应商。

一般来讲，为避免对单一供应商的依赖，获得谈判主导权，采购中心通常会确定多个供应商，把大部分订单给一家主要供应商。

（7）发出正式订单。采购者确定供应商后，就会向供应商发出正式订单。订单内容一般包括采购产品的规格、数量、预期交货时间、退货政策、保修条款等项目。

在合作基础上，供应商答应在一定条件下，根据需要按协议的价格条件长期向供应商供货，存货则由卖方保存，称为“无存货采购计划”。

（8）绩效评估。采购完成后，采购者会对各供应商的绩效进行评估。评估的途径有两种：直接接触最终用户，征求他们的意见；建立绩效评价模型，评估供应商。通过绩效评价，采购者将决定延续、修正或停止向该供应商采购。

供应商应该密切关注采购者的使用情况和变化，提高客户满意度。

组织市场是一个富有挑战性的市场，了解采购者的需要、采购中心决策程序、购买标准以及购买步骤等内容，是组织市场营销的关键。

知识库

组织市场采购流程图

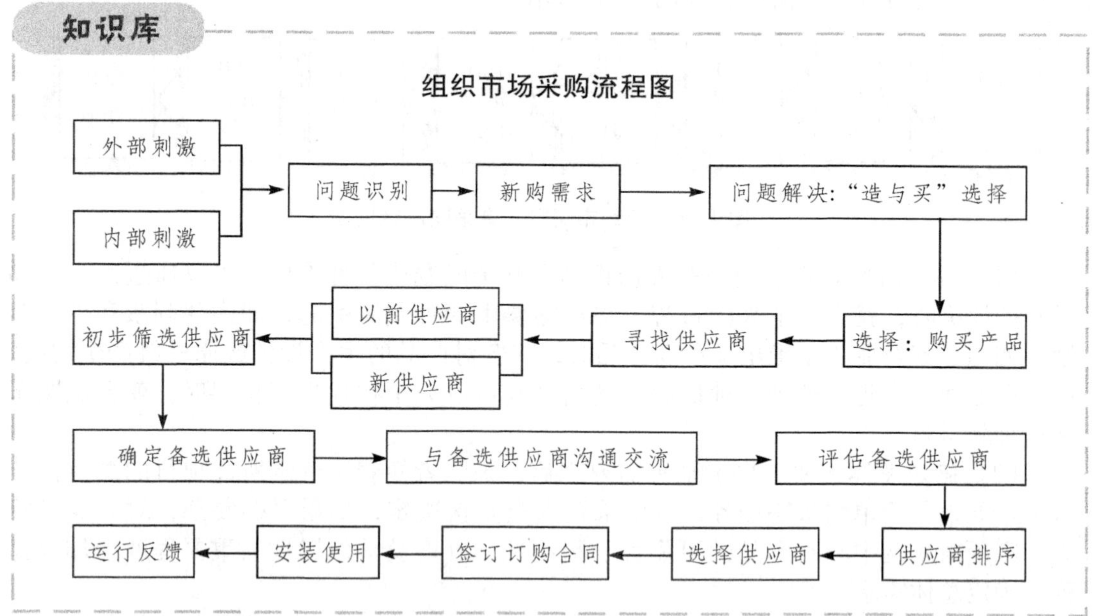

■工作任务4－2　组织市场购买决策分析

工作任务提示：

了解和掌握组织市场购买决策方法和技巧，熟悉分析组织市场购买决策过程，具备甄别每个影响组织市场决策者的角色和权限的能力。

工作任务情景：

作为营销实战小组，你们就是一个组织结构。根据你们小组的组织构成和分工，结合营销实战，分析在小组采购时，各成员对组织购买的影响力和你在组织内所扮演的角色。

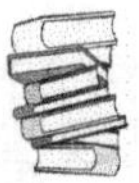

工作任务内容：

（1）小组成员分工，说明在营销实战采购货物时各成员的角色和地位。

（2）为营销小组制定采购政策，设计采购流程。

课程小结

任务一　理解消费者购买行为特点及购买影响因素

- 消费者购买行为特点及购买影响因素
  - 消费者市场
    - 消费者市场的含义。
    - 消费者市场特点：普遍性与多样性，层次性与发展性，情感性，可诱导性，互补性和替代性，地区性，季节性和流动性。
    - 消费品的分类
      - 按消耗特点和产品形态分类：易耗品、耐用品和服务。
      - 按消费者购买习惯分类：日用品、选购品、特殊品和非渴求品。
  - 影响消费者购买行为的因素
    - 文化因素：文化、亚文化和社会阶层。
    - 社会因素：相关群体、家庭、社会角色和社会地位。
    - 个人因素：年龄、性别、家庭生命周期阶段、个性、职业、经济状况、生活方式以及自我观念等。
    - 心理因素：动机、知觉、学习、信念和态度。
  - 消费者购买行为模式和购买决策过程
    - 消费者购买行为模式
      - 行为分析：“7O's”架构。
      - 行为类型：理智型购买、感情型购买、习惯型购买、经济型购买。
    - 消费者购买决策过程：确认需要、搜集信息、产品评估、购买决策和购后行为。
    - 购后行为阶段的营销任务：提高消费者的满意度；及时处理消费者的意见；建立与消费者长期沟通的机制；等等。

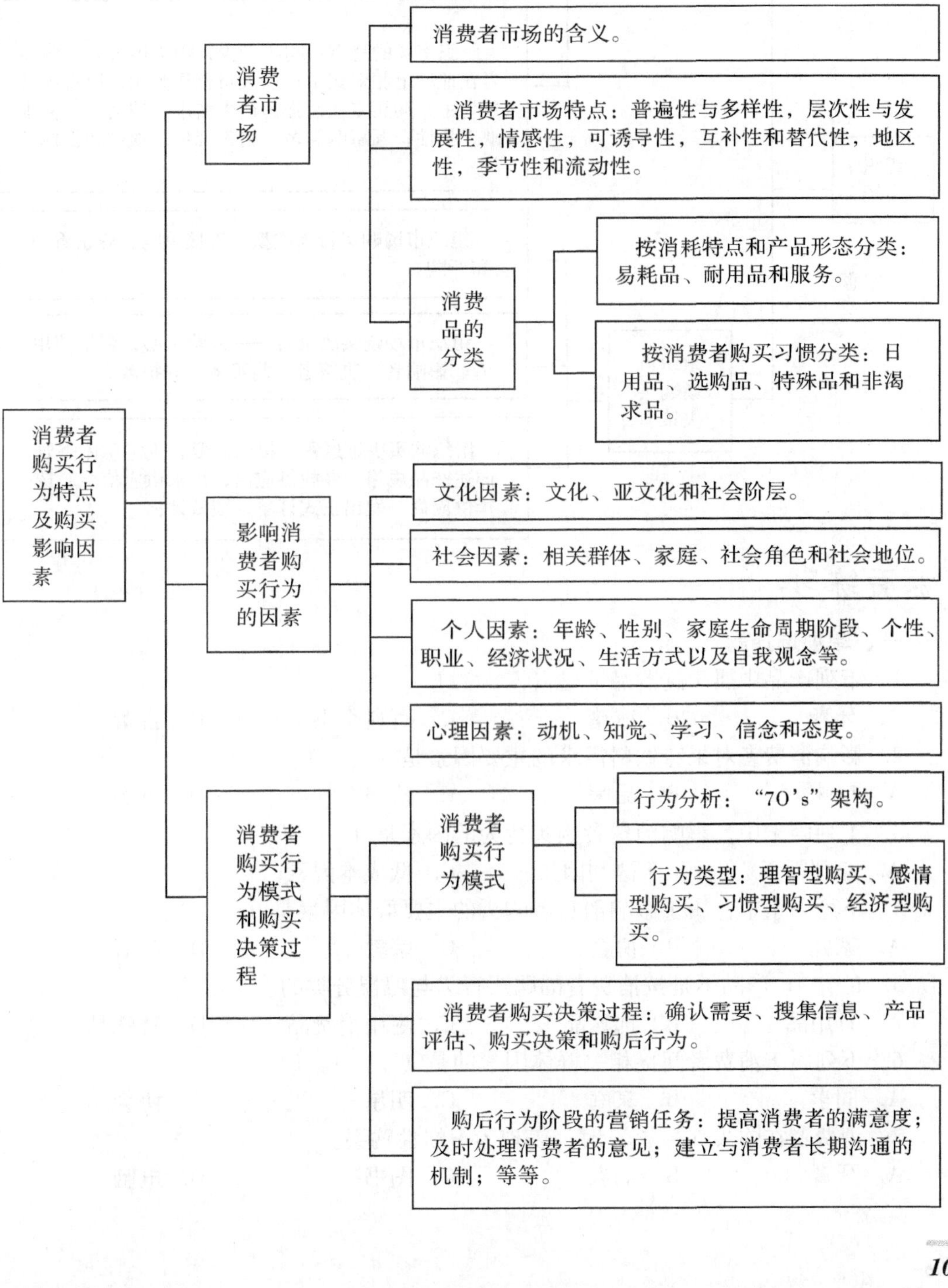

任务二　掌握分析组织市场购买行为的能力

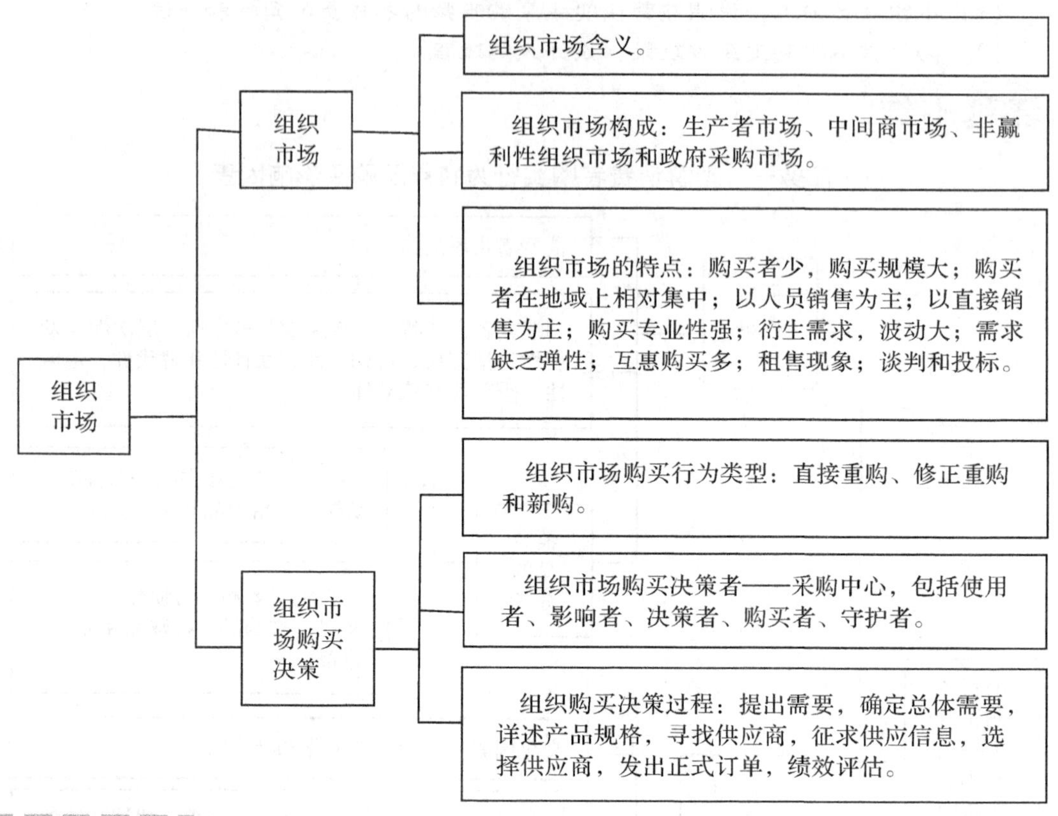

课后练习

一、单项选择题

1．下列产品中属于选购品的是（　　）。

A．牙膏　　B．冰箱　　C．百科全书　　D．古董

2．影响消费者对果味饮料需求的主要因素是（　　）。

A．口味　　B．品牌　　C．价格　　D．解渴

3．下列因素中，影响消费者购买行为的因素是（　　）。

A．心理因素　　B．盈利因素　　C．低成本因素

4．下列因素中，属于影响消费者购买的主要群体因素是（　　）。

A．家庭　　B．协会　　C．宗教　　D．政府

5．（　　）产品不是按消费者的购买行为与习惯分类的。

A．日用品　　B．选购品　　C．耐用消费品　　D．特殊品

6．下列属于消费者间接相关群体因素的是（　　）。

A．同学　　B．家庭　　C．明星　　D．协会

7．消费者在购买（　　）时，表现为习惯性购买。

A．牙膏　　B．毛衣　　C．图书　　D．电脑

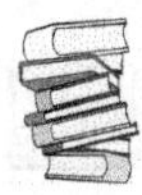

8．引起选择性注意的客观因素是（　　）。

A．个人需要　　B．世界观　　C．价值观　　D．天气变化

9．引起选择性注意的主观因素是（　　）。

A．个人需要　　B．广告　　C．天气变化

10．组织市场需求的价格弹性比一般消费者品需求的价格弹性（　　）。

A．高　　B．低　　C．不确定

二、多项选择题

1．消费者市场是为满足（　　）消费需要而购买的市场。

A．个人　　B．家庭　　C．生产　　D．再销售

2．组织市场（产业市场）是为满足（　　）需要而购买的市场。

A．再生产　　B．再销售　　C．机构运作　　D．家庭消费

3．消费者市场的特点包括（　　）等。

A．多样性　　B．普遍性　　C．层次性　　D．情感性

4．根据消费者购买习惯，消费品可分为（　　）。

A．日用品　　B．选购品　　C．特殊品　　D．非渴求品

5．选购品是指选择性购买的产品或服务，下列产品属于选购品的是（　　）。

A．服装　　B．牙膏　　C．美发　　D．家用电器

6．下列因素中，属于影响消费者行为文化因素的是（　　）。

A．风俗　　B．习惯　　C．礼仪

D．思想　　E．道德

7．影响消费者购买行为的文化因素包括（　　）。

A．亚文化　　B．社会阶层　　C．社会地位　　D．文化

8．影响消费者购买行为的社会因素包括（　　）。

A．相关群体　　B．社会角色　　C．家庭　　D．社会地位

9．影响消费者购买行为的亚文化因素包括（　　）亚文化。

A．民族　　B．语言　　C．宗教

D．种族　　E．地理

10．按照对消费者的影响程度分类，相关群体可分为（　　）。

A．主要群体　　B．基本群体　　C．次要群体　　D．其他群体

11．根据家庭权力中心点不同，家庭购买决策分为（　　）。

A．协商型　　B．民主集中制型

C．自治型　　D．独裁型

12．影响一个人社会地位的因素包括（　　）等。

A．文化程度　　B．家庭背景　　C．经济状况　　D．政治倾向

13．影响消费者购买行为的心理因素包括（　　）。

A．信念和态度　　B．学习　　C．知觉　　D．动机

14．引起选择性注意的主观因素包括（　　）。

A．价值观　　B．广告　　C．世界观　　D．个人需要

15．态度有三种成分，即（　　）。

A．情感成分　　B．行为成分

C．购买成分　　D．认知成分

16．根据消费者的购买动机和个性特点，把消费者购买行为分（　　）。

A．理智型购买　　B．情感型购买

C．习惯型购买　　D．经济型购买

17．组织市场购买行为包括（　　）。

A．直接重购　　B．修正重购　　C．新购

18．人们之所以对同一刺激物产生不同的知觉，是因为人们要经历三种知觉过程。即（　　）。

A．选择性记忆　　B．选择性曲解

C．选择性知觉　　D．选择性注意

19．组织机构市场由（　　）所组成。

A．生产者　　B．消费者

C．中间商　　D．政府机构

20．学校采购办公用品，如办公桌、椅等，主要参与者有（　　）等。

A．后勤处长　　B．老师　　C．校长

D．学生家长　　E．财务处长

三、判断题

1．文化是决定人类欲望和行为的最基本因素。（　　）

2．逃避群体是指消费者厌恶、回避、远离的群体。（　　）

3．每个人在不同场合，扮演不同的社会角色，表现出不同的购买行为。（　　）

4．动机迫使人们采取相应的行动来满足未被满足的需求。（　　）

5．相关群体是指消费者的成员群体。（　　）

四、简答题

1．简述消费者市场购买行为特征。

2．简述组织市场购买决策者。

3．简述消费者购买行为分析的主要内容。

4．简述消费者购买决策过程。

5．影响消费者购买行为的因素有哪些?

6．为什么生产者市场需求缺乏弹性?

7．生产者市场有哪几种购买类型?

五、案例分析题

iPhone 4 热销全球

北京时间2010年6月24日，iPhone 4面向全球5个国家正式发售，并引发众多粉丝排队抢购。包括美国纽约、日本东京、法国巴黎、英国伦敦等众多地区出现了消费者冒着酷暑炎热，彻夜排队等待购买iPhone 4手机的现象，在有些地方甚至出现了上千人排队现象!

一边是众多品牌手机销售困难，一边是苹果分析排队等待购买，真是冰火两重天！

问题：

分析 iPhone 4 手机消费者的购买行为及其影响因素。

经典人物

肯·布兰佳

肯·布兰佳博士是享誉全球的管理大师，著名的作家、演说家和商业咨询顾问；他被誉为当今商界最具有洞察力和思想力度的人之一。他与斯宾塞·约翰逊合著的《一分钟经理人》在全美畅销了 22 年，销量超过 1500 万册，并先后被翻译成 27 种语言出版，影响了整整两代经理人阶层。如今，他在书当中所讲述的内容已经成为全美所有高效经理人的“常识”。

布兰佳博士由于在管理、领导和演讲领域的贡献而得到过许多奖项与荣誉，包括全美演讲者联合会的最高荣誉“卓越同侪奖”（CPAE）和国际演讲协会的“金槌奖”。1996 年，美国培训与发展协会授予他“人力资源发展卓越贡献奖”，以官方形式确立了肯·布兰佳在人力资源开发领域的权威地位。国际管理委员会（IMC）授予他的“威尔伯·麦克菲勒奖”，使他在管理史上得以同彼得·德鲁克、爱德华·戴明同列。

除了了解自己公司的所有运营情况外，最有益的事莫过于全面了解你的同行竞争者的运营情况。

——约翰·D. 洛克菲勒

项目五　市场竞争分析

知识目标

◆掌握企业的主要市场竞争者的判断方法。

◆了解市场竞争的性质和类型。

◆掌握市场竞争的三大基本战略。

技能目标

◆能进行市场竞争分析。

导入案例

龟兔赛跑

第一回　初涉江湖

从前，有一只乌龟和一只兔子在互相争辩谁跑得快。它们决定通过比赛一分高下。选定路线后，比赛开始。兔子带头冲出，奔跑了一阵子，看看自己遥遥领先，心想，可以在树下坐一会儿，放松一下，然后再继续比赛。兔子很快地在树下睡着了，一路上笨手笨脚爬来的乌龟则无声无息地超过它，完成比赛，成为货真价实的冠军。等兔子醒来后，发觉它输了。

感悟：缓慢但持续付出的企业会赢得比赛。

第二回　风云际会

兔子因输了比赛而备感失望，为此它做了一些缺失预防工作。从根本上分析失败的原因，即过分自信，大意和散漫。如果它不自认为胜利是理所当然的，乌龟是不可能打败它的。因此，它与乌龟约定再来一场比赛。这次，兔子全力以赴，从头到尾，一口气跑完，领先乌龟好几千米。

感悟：知道反思、吸取教训的企业方可获胜。

第三回　异地再战

乌龟深入分析双方情况发现：按照目前的比赛方法，它不可能击败兔子。它想了

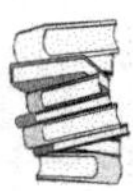

一会儿，然后约定与兔子再来一场比赛，但改变比赛路线，兔子同意了。比赛开始后，兔子一直快速奔跑，遥遥领先，直到遇到一条宽阔的河流。而比赛的终点就在河对面。兔子呆坐在那里，不知所措。这时候，乌龟却一路蹒跚而来，跳入河里，游到对岸，完成比赛。

通过竞争分析，乌龟找到了自己的核心竞争力，通过自身的特点改变固有的游戏场所，进而利用自己的核心竞争力取得胜利。

感悟：发挥优势、规避劣势是竞争成败的关键。

第四回　天高云淡

通过几次比赛，兔子和乌龟成了惺惺相惜的好朋友。它们一起检讨，力争在以后的行动中，优势互补，协作共赢。它们决定再赛一场，但这次是团队合作。它们一起出发，先是兔子扛着乌龟到河边；然后，乌龟接手，把兔子背过河；之后，兔子再次扛着乌龟，两个一起抵达终点。与前几次相比，它们都感受到一种更大的成就感。

感悟：合作，实现优势互补，才会双赢。

问题：

1. 作为参与竞争的企业，像乌龟更好些还是像兔子更好些？
2. 作为一家“乌龟型”的企业，应该怎么参与市场竞争？
3. 作为一家“兔子型”的企业，应该怎么参与市场竞争？

分析点评：

本案例诠释了市场竞争中的企业，表现优异与拥有强大的核心竞争力固然不错，但除非你能在一个市场环境中（与其他企业）同心协力，并掌控彼此间的核心竞争力，否则你的表现将永远在标准之下，因为总有一些状况下，你是技不如人；而坚持和不断通过总结经验和教训，才能使他们最终认识到团队合作的价值。

现在的市场竞争中，企业一旦失去表演的舞台，再好的企业也很难发挥自己的能力。改变固有的游戏规则，量身定做属于自己的舞台才能够有效发挥自己的核心竞争力。

任务一　识别竞争者

知识基础

完成本任务所需要的知识基础包括市场竞争者的类型、市场竞争的主要策略、市场竞争者的优势和劣势、市场竞争者分析。

知识基础一　市场竞争概述

知己知彼是市场竞争的基本原则。任何企业都无法回避竞争，优胜劣汰是自然法则，也是市场法则。在市场环境中，企业要获得成功，仅仅了解顾客需求是不够的，还必须了解竞争者。企业必须加强对竞争对手的观察和分析，研究竞争对手的营销战略和策略变化，并根据市场变化及时调整自己的营销策略，才能取得竞争优势。

市场经济下竞争是客观存在的。企业的竞争者既包括现实的竞争者，也包括潜在的竞争者。识别竞争者从界定竞争者入手。

1. 界定竞争者

对于一个企业来说，广义的竞争者是来自多方面的，包括顾客、供应商等。狭义的竞争者是指那些向同一目标顾客提供相同或相类似产品或服务的企业。任何企业都面对各种各样的竞争对手，包括同行业竞争者和非同行业竞争者。从需求的角度可以将企业的竞争者划分为以下四类：

（1）品牌竞争者。品牌竞争者是指在同一行业内，以相似的价格向相同的顾客提供相同产品的企业。如麦当劳与肯德基、可口可乐与百事可乐等。

在市场竞争中，品牌竞争者间的竞争是最为激烈的。

（2）行业竞争者。行业竞争者是指在同一行业内，生产不同档次产品的企业。由于产品间存在着明显的档次差距，其目标顾客也存在着明显的区别，因而企业间的竞争相对较弱。如宝马汽车与夏利汽车，尽管两者间产品档次差距很大，但由于都具有轿车的利益和功效，因而也存在着一定的竞争关系。

（3）一般竞争者。一般竞争者是指为满足相同需求而提供不同产品的企业。尽管这些企业间的产品存在着明显的不同，但产品的核心利益相同，因而也存在着一定的竞争关系。如作为交通工具的自行车、摩托车、小轿车等都具有交通工具的功效，从满足人们的出行需求来讲，它们之间必定存在着一种竞争关系。

（4）广义竞争者。广义竞争者是指为争取同一笔资金而提供不同产品的企业。当顾客就同一笔资金面临不同的选择时，备选的不同行业的企业间就会产生竞争关系。如在国庆节期间，旅游休闲与逛街购物之间就存在竞争。

动手动脑

分析奇瑞汽车、吉利汽车、捷安特自行车、iPhone 手机、海南五日旅游彼此间的竞争关系。

2. 市场竞争的主要策略

在市场经济中，企业之间的竞争主要是价格竞争和非价格竞争。随着市场经济的发展，企业之间的竞争越来越多地由价格竞争转向非价格竞争。

（1）价格竞争。价格竞争是指企业运用价格手段，通过价格的调整获取市场份额的一种竞争方式。价格是市场竞争中常用的手段，价格竞争是把双刃剑。采取价格竞争时，关键在于企业如何根据自身的资源、所处的环境选择有效的价格竞争手段，实现竞争目标。

企业间竞争的核心在于企业资源和实力的较量，通过优化资源配置，可繁衍出一系列竞争方式，而价格竞争仅是其中之一，且消耗资源巨大。

价格竞争是竞争手段中最易仿效的一种，也最易招致竞争对手的报复，甚至导致两败俱伤，削弱企业实力。在价格竞争中，资金实力雄厚的大企业能够继续生存，而实力小、资金短缺的小企业可能失去市场，甚至倒闭。因此，在现代市场竞争中，非

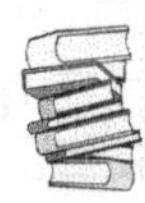

价格竞争已逐渐成为市场竞争的主要手段。

（2）非价格竞争。非价格竞争是指通过改变产品品质、规格、营销策略、广告推广等非价格方式达到竞争目标的竞争手段。

非价格竞争具有多样性、隐蔽性、与价格竞争的关联性等特点。常见的非价格竞争策略有以下五种：

一是产品创新策略。在现代社会经济中，消费者对产品的要求越来越高，标准化产品、统一的营销方式和服务已经不能满足消费者越来越多的个性化需求，价格竞争的影响力在不断下降。产品创新不仅可以实现产品差异化，加速产品更新换代，更有利于提高企业的市场竞争力。

二是产品品牌个性化。产品的品牌个性是一个品牌最有价值的东西，它可以超越产品而不易被竞争品牌所模仿。优良、鲜明的品牌个性能够吸引消费者，并在消费者购买某个品牌的产品之前，获得消费者认可。

三是产品服务竞争策略。美国著名市场营销学家莱维特曾说过："未来企业竞争的焦点不再是企业能为消费者生产出具有什么使用价值的产品，而是企业能为消费者提供什么样的附加价值——服务。"良好的服务有助于提高企业的竞争优势。

四是战略联盟。战略联盟就是指两家或两家以上的企业为了达到某些共同的战略目标而结成的一种网络式联盟。联盟成员各自发挥自己的竞争优势，相互合作，共担风险。在完成共同的战略目标后，这种联盟就会解散。战略联盟是一种适应市场环境变化的新型竞争方式，它以一种合作的态度来对待竞争者，形成商业联盟；通过建立信任关系，在合作中竞争，实现优势互补；借助对方的力量提高各自的竞争力，在合作的基础上展开竞争，促进社会经济和技术的不断发展。

五是广告策略。在现代市场竞争中，作为主要促销手段的广告在市场竞争中的作用不断加强，广告的价值也为越来越多的企业所认可。广告的基本功能是通过向消费者传递产品信息，建立生产者与消费者之间的沟通渠道，塑造或树立良好的企业形象，促进产品销售。广告具有传播面广、速度快、表现力强等特点。

3. 市场竞争者优势、劣势分析

在市场竞争中，企业必须分析竞争者的优势与劣势，做到知己知彼。竞争者优势、劣势分析的主要内容包括以下八个方面：

（1）产品。竞争企业产品的市场地位、产品的适销性、产品组合的宽度与深度。

（2）销售渠道。竞争企业销售渠道的广度与深度、销售渠道的效率与实力、销售渠道的服务能力。

（3）市场营销能力。竞争企业市场营销组合的水平、市场调研与新产品开发的能力、销售队伍的培训与技能。

（4）生产经营。竞争企业的生产规模与生产成本水平、设施与设备的技术先进性与灵活性、专利与专有技术、生产能力的扩展、质量控制与成本控制、区位优势、员工状况、原材料的来源与成本、纵向整合程度。

（5）研发能力。竞争企业内部在产品、工艺、基础研究、仿制等方面所具有的研究与开发能力，研究与开发人员的创造性、可靠性、简化能力等方面的素质与技能。

（6）资金实力。竞争企业的资金结构、筹资能力、现金流量、财务比率、财务管理能力。

（7）组织结构。竞争企业组织成员价值观的一致性与目标的明确性、组织结构与企业策略的一致性、组织结构与信息传递的有效性、组织对环境因素变化的适应性与反应程度、组织成员的素质。

（8）管理能力。竞争企业管理者的领导素质、激励能力、协调能力，管理者的专业知识，管理决策的灵活性、适应性、前瞻性。

知识库

“知彼知己，百战不殆”释义

“故曰：知彼知己，百战不殆；不知彼而知己，一胜一负；不知彼不知己，每战必殆。”（《孙子兵法·谋攻篇》）

孙子认为，“知彼知己”，在战争中会百分之百地取胜；“不知彼而知己”，在战争中胜败参半；“不知彼不知己”，在战争中百分之百地失败。

知识基础二　市场竞争者分析

分析竞争者对企业制定营销策略、判断竞争对手的市场反应具有重要意义。市场竞争者分析的过程如图 5－1 所示。

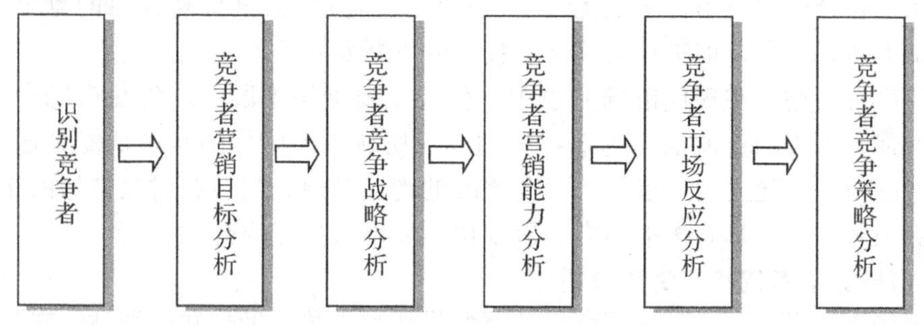

图 5－1　竞争者分析

企业在制定市场竞争战略时必须分析竞争对手，做到知己知彼，方能百战百胜。分析竞争者的市场目标、竞争策略、营销能力、可能做出的市场反应和竞争策略等，进而确立自己的竞争策略。

1．竞争者营销目标分析

追求利润最大化是企业的营销目标，但不是企业营销的唯一目标，企业的营销目标往往是多元化、多层次的，是目标组合。不同的企业在不同的发展阶段，所面临的问题不同，营销目标也不同。企业的营销目标一般包括利润目标、占有率目标、销售目标、客户满意度目标等。

分析市场竞争者的营销目标，可以判断竞争者对目前的市场地位、经营状况和财

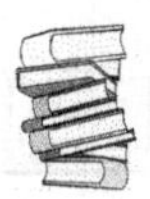

务状况的满意程度。分析竞争对手的战略发展方向、外部环境因素变化或其他企业竞争战略的反应，为企业制定营销策略提供依据。

2．竞争者营销能力分析

市场竞争者的营销能力决定其在营销活动中实施竞争和反击竞争的实力。在市场竞争中，任何营销都有一定的优势和劣势。分析竞争者的优势与劣势，有针对性地制定市场竞争策略，避其锋芒、攻其弱点、出其不意，利用竞争者的劣势来争取市场竞争的优势，实现企业营销目标。

竞争者营销能力分析就是要通过各种渠道搜集竞争者的有关资料，包括销量、市场份额、利润率、现金流量、技术领先水平、供应商和分销商的合作关系、顾客满意度等，评估竞争者的优势与劣势，分析其营销能力。

3．竞争者市场反应分析

不同的企业有不同的经营理念、营销策略、营销目标、营销能力，对竞争者行为的反应也不同。企业要研究竞争者的经营理念和指导思想，估计竞争者的市场反应和可能采取的行为，为企业制定竞争策略提供依据。

一般来说，竞争者的市场反应分为反应迟钝型、有选择反应型、强烈反应型、随机反应型。竞争者市场反应类型取决于竞争者对竞争战略意图的判断、对目前市场形势和竞争威胁程度的判断，以及竞争者的自身实力和竞争手段。

反应迟钝型是指竞争者对市场竞争手段的反应不强烈，行动迟缓。反应迟钝的原因是多方面的。例如，竞争者受到自身在资金、规模、技术等方面的能力的限制，无法做出适当的反应；竞争者对自己的竞争能力和客户忠诚度过于自信，不屑于反击；竞争者对市场竞争手段重视不够，或对市场竞争反应不敏感。

有选择反应型是指竞争者对竞争对手的某些竞争行为有反击，而对另一些行为则没有反击。如大多数企业对竞争对手的价格竞争会做出激烈反应，而对竞争对手改善服务则无反应。

强烈反应型是指竞争者对市场竞争手段的变化反应激烈，对竞争对手的竞争迅速做出反应，甚至采取报复性反击。强烈反应型多是全面的、致命的甚至不计后果的反击。一般来讲，对竞争对手的竞争手段反应强烈的竞争者多是市场领导者，在市场竞争中具有明显的竞争优势。

随机反应型是指一些企业对市场竞争所做出的反应通常是随机的，使竞争对手难以捉摸。

4．竞争者竞争策略分析

企业在对市场竞争状况做出正确分析评价后，在明确谁是企业的主要竞争者、竞争者的优势与劣势、竞争者的市场竞争策略和竞争者市场竞争反应模式的基础上，制定自己的市场竞争策略：是主动进攻，还是被动防御或主动回避；企业在哪些方面存在威胁者；企业可采用的有效竞争手段有哪些，竞争对手会采取什么样的市场反应；市场竞争时机的选择等。

企业竞争策略的制定建立在对竞争者全面、准确的分析和判断基础上。为此，企业需要建立自己的市场信息搜集、分析和处理系统，包括准确可靠的信息来源，科学合理的信息分析和处理。在广泛搜集信息的基础上，对竞争者的竞争策略做出准确的分析和判断，确定本企业的竞争策略。

■工作任务 5－1　分析竞争对手

工作任务提示：

针对学校附近的市场环境，作为营销实战小组，分析竞争环境和主要竞争者，为制定营销策略提供依据。

工作任务情景：

以练摊为基础，了解竞争对手的状况，做到知己知彼，在市场营销实战中获得竞争优势。

工作任务内容：

界定竞争者，分析竞争者目标。

工作任务要求：

第一，团队成员分工，每人负责一种类型的商户，开展市场调查。

第二，团队讨论，确定主要竞争者。

第三，分析竞争者的策略，形成书面报告。

表 5－1　竞争对手调查表

调查区域		调查人员姓名		调查时间	
企业基本情况					
竞争对手名称		企业地址			
业务员情况					
业务员姓名		学历、年龄			
服务时间		业务员口才			
待　　遇		销售的对象			
营销能力		业务员给客户的印象			
业务方针及做法					
产品情况					
产品种类					
产品性能		产品品质			
市场占有率		产品价格			
补充说明					

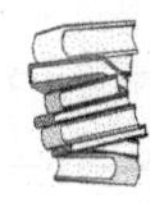

表 5－2　竞争对手汇总表

竞争对手名　　称	主要产品	新产品	重点顾客	研发动向	投入营业比　　例	促　销	其　他

任务二　把握企业市场竞争战略

知识基础

完成本任务所需的知识基础包括市场竞争战略、企业营销战略。

知识基础一　市场竞争战略的一般形式

竞争战略是企业战略的组成部分，是在企业总体战略的制约下，指导和管理具体战略经营单位的计划和行动。企业竞争战略要解决的核心问题是，如何通过确定顾客需求、竞争者产品及本企业产品这三者之间的关系，奠定本企业产品在市场上的特定地位并维持这一地位。通过制定竞争战略，对企业的资源、能力、技术、管理、网络等加以整合，使之适应市场环境的变化，进而形成一种持久的竞争优势。迈克尔·波特将企业竞争战略归纳为三种基本模式：成本领先战略、差异化战略和市场集中战略。

1．成本领先战略

成本领先战略是指企业通过最大限度地降低成本来降低产品价格，获得并维持竞争优势。成本领先战略的核心是企业产品的成本要低于竞争者产品的成本。在成本领先战略思想的指导下，企业的各项工作都要围绕降低产品的成本来展开，努力使自己的产品成本低于竞争对手，为降低价格、获得较高的市场份额和利润奠定基础。

（1）企业获取成本优势的主要途径。要实现成本领先战略，企业必须实现规模化生产经营，采用先进设备和技术，加强成本管理和费用控制，最大限度地减少产品开发、服务、推销、广告等方面的开支。具体的途径包括以下三个方面：一是与供应商保持良好的合作关系，提高供货质量或降低供货价格；二是通过技术创新和改造，改进生产工艺，提高生产效率，降低单位产品消耗；三是节约开支，减少销售费用，并严格控制其他有关费用。

（2）成本领先战略的适用条件。在多数情况下，低价格对消费者都有很强的吸引力，成本领先战略是企业竞争的主要战略选择之一。一般来讲，成本领先战略的适用条件包括以下四个方面：一是产品需求的价格弹性较高，低价格能帮助企业获得更大的市场份额；二是企业所生产产品的标准化程度高，产品的差异小，产品间的替代性较高；三是顾客对价格敏感，价格是影响购买决策的主要因素；四是选购者的转换成本低，并能够以最低的价格购买到本企业的产品。

（3）成本领先战略的优点。成本领先战略的优点主要包括五个方面：一是有利于企业扩展市场空间，提高市场份额；二是企业可以通过薄利多销获得高额利润；三是提高潜在加入者进入的门槛，降低外来威胁；四是低成本有利于企业获得优质资源；五是维护企业竞争优势。

（4）成本领先战略的缺点。成本领先战略的缺点主要有三个方面：一是技术进步和生产工艺的改善可能导致企业生产设备和技术的陈旧落后，不利于维持低成本优势；二是过度关注生产和成本，可能导致企业忽视市场需求的变化；三是资源短缺的普遍性和资源价格的长期上升趋势，可能会抵消企业成本控制带来的优势，削弱企业的竞争优势。

动手动脑

请举例说明企业是如何使用成本领先战略的。

2. 差异化战略

差异化战略是指企业向市场提供与众不同的产品和服务，以满足顾客特殊的需求，形成企业竞争优势的战略。差异化是多方面的，包括产品设计差异化、品牌形象差异化、技术特点差异化、外观特色差异化、客户服务差异化、营销渠道差异化等，但最关键的是产品差异化。

（1）实现产品差异化的途径。顾客关心的是产品整体，产品差异化的途径也是多方面的。

一是产品质量差异化。对于非标准化产品来讲，高质量是顾客选择的重要理由。质量差异化是产品差异化的重要方面。

二是产品安全性差异化。对许多产品来讲，产品安全性与质量一样重要。产品安全性是指产品在使用过程中的安全可靠性。

三是产品创新差异化。产品创新差异化是实现产品差异化的重要途径。许多有实力的企业都非常重视产品创新，以期通过产品创新获得竞争优势。

四是品牌差异化。品牌是企业的重要资产，是识别生产者、区分竞争者的重要方面。塑造良好的品牌形象也是许多企业获得市场认可、提高市场竞争力和产品附加价值的重要手段。

五是服务差异化。服务是市场竞争的重要手段。产品很容易被竞争对手模仿，而服务却能够独树一帜。

（2）差异化战略的适用条件。差异化战略作为营销战略的重要组成部分，其适用

条件主要包括以下三个方面：一是顾客需求多样化，不同的顾客群有不同的需求，并且可以识别；二是企业自身的实力适合在某个顾客感兴趣的点上实现差异化，追求自己的特色；三是只有极少数竞争者采取与本企业类似的差异化行动。

（3）差异化战略的优点。差异化战略的优点主要有四个方面：一是企业拥有较高的价格竞争力；二是与众不同的特色能帮助企业树立领导者形象；三是增加了其他企业的进入障碍；四是有效降低替代产品的威胁。

（4）差异化战略的缺点。差异化战略的缺点主要有两个方面：一是成本过高，导致价格失去竞争力；二是竞争对手通过模仿使原有的差别缩小，给企业带来威胁。

动手动脑

蒙牛与伊利两大乳品公司的差异化战略有何异同？

3. 市场集中战略

市场集中战略是指企业将经营范围集中于行业内某一有限的细分市场，使企业有限的资源集中于市场中的某一特定的细分市场，以期在这一领域获得竞争优势。

（1）市场集中战略的适用条件。市场集中战略的适用条件主要包括三个方面：一是行业内存在不同的细分市场；二是企业在某个规模、成长率、获利水平有吸引力的市场中，有能力赢得竞争优势；三是企业资源有限，只能选择某一细分市场。

（2）市场集中战略的优点。市场集中战略的优点主要有三个方面：一是企业可以通过扩大生产规模、提高专业化程度和产品质量提高经济效益；二是随着分工协作的不断发展，大企业需要专业化程度高、产品质量好的中小企业为其提供配套产品，中小企业则通过以小补大、以小搞活、以专补缺、以专配套、以精取胜获得发展；三是企业可以最大限度地发挥自身优势，扬长避短。

（3）市场集中战略的缺点。市场集中战略的缺点主要体现在三个方面：一是竞争对手在目标市场找到了新的细分市场，争夺现有的客户；二是产品或服务在细分市场与整个目标市场之间的差距在不断缩小；三是因市场规模小，企业的生产成本较高，丧失价格竞争优势。

动手动脑

举例说明食品、家电和酒店服务行业中有哪些企业采用了市场集中战略。

知识基础二 不同竞争地位企业的营销战略

在日益激烈的市场竞争中，企业越来越多地以竞争地位为基础制定竞争战略。通过对竞争者及其地位的分析判断，企业可以确定自己在同行业竞争中所处的地位。

1. 战略群体划分

尽管各企业的竞争战略不同，但一个行业内的某些企业却可能实行相同或相似的战略，从而形成一个个实行不同战略的战略群体。在同一战略群体内，企业在生产规模和市场占有率等方面可能有所不同，但它们的性质和竞争地位相同，竞争环境的变化对企业的影响也基本相同。根据各企业在行业中的竞争地位和竞争战略，可将企业

分为四种战略群体，即市场领导者、市场挑战者、市场追随者及市场补缺者。

市场领导者是指在行业中具有绝对竞争优势的企业，一般占有最大的市场份额，其营销活动对市场影响大。

市场挑战者是指在行业中仅次于市场领导者的一些企业，同样具有较强的竞争优势，有能力向市场领导者发起挑战，希望获得市场领导者的地位。

市场追随者是指一大批在竞争实力上远远不如市场领导者或市场挑战者的企业。市场追随者无法用自己的行为影响市场竞争，只能追随市场领导者。

市场补缺者是指一些竞争实力弱，不追随市场主流趋势，而选择市场上大多数企业所忽略的或不愿进入的市场作为自己的目标市场的企业。补缺市场因竞争激烈程度低、产品专业化程度高，为许多中小企业提供了生存发展空间。

2. 市场领导者战略

市场领导者在行业中实力最强，市场份额最大，在市场竞争中处于优势地位。许多行业都有一家或若干家企业是公认的市场领导者，它们在价格、技术、新产品开发、分销渠道覆盖面、促销强度等方面均居领导地位。

市场领导者要保持其市场地位和竞争优势，必须努力扩大整体市场规模，保护市场份额，提高市场占有率。

（1）扩大整体市场规模。市场领导者的销售额与行业整体规模密切相关，当整体市场规模扩大时，市场领导者受益最大。扩大整体市场规模的途径有以下三个方面：

一是开发新市场。开发新市场是市场领导者扩大整体市场规模的主要手段，包括吸引新的使用者加入和进入新的细分市场。

二是寻找新用途。寻找新用途是指设法找出产品新的使用方法或用途，以增加产品销售。

三是增加使用量。增加使用量的途径包括提高使用频率、增加每次使用量和增加使用场所。

应用实例

洗地瓜洗衣机

1996 年，一位四川农民投诉海尔洗衣机排水管老是被堵。服务人员上门维修时发现，这位农民居然用洗衣机洗地瓜！服务人员帮顾客加粗了排水管。农民感激之余，说：如果能有洗地瓜的洗衣机就好了。

技术人员一开始是把此事当笑话讲出来的，海尔集团董事局主席兼首席执行官张瑞敏听了之后对科研人员说：满足用户需求，是产品开发的出发点与目的。终于，洗地瓜洗衣机在海尔诞生了！它不仅具有一般双筒洗衣机的全部功能，还可以洗地瓜、水果！

问题：

海尔为什么要开发洗地瓜洗衣机?

（2）保护市场份额。保护现有市场份额、维持领导地位是市场领导者竞争战略的

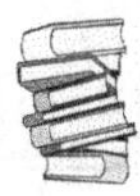

首选，防御竞争则是其主要竞争策略。防御策略主要有阵地防御、侧翼防御、反击防御、机动防御和收缩防御五种。

阵地防御是指企业在现有市场周围建立防线，抵御挑战者发起的进攻。阵地防御是防御的基本形式，也是一种消极防御。

侧翼防御是指企业在自己主要市场的侧翼建立辅助阵地，以保卫自己的周边和前沿，并在必要时作为反攻基地。如目前国内许多大型超市为抵御快餐业的蚕食，在店内设立方便、快餐食品销售柜台。

反击防御是指当市场领导者遭到竞争者的降价、促销、改进产品等进攻时，不是被动应战，而是主动反击。反击防御的具体形式包括正面反击、侧翼反击或钳形攻击。

机动防御是指市场领导者不仅固守现有的市场，还向一些有潜力的新的潜在市场扩展，以作为将来防御和进攻的中心。

收缩防御是指企业主动从实力较弱的领域撤出，将力量集中于实力较强的领域。当企业无力坚守所有的市场时，可以收缩市场覆盖，放弃一些缺乏竞争力或赢利差的市场，集中优势力量于主要市场，提高在主要市场的竞争力。

此外，还有以攻为守策略。最好的防御是进攻，在竞争对手还没有做好进攻准备时，"先发制人"，将竞争对手击败，以稳定市场。以攻为守策略的关键是把握进攻时机。选择进攻时机通常考虑两个方面的因素：一是竞争者市场占有率的高低；二是竞争者可能发起进攻的时间。当竞争者市场占有率达到一定比率或可能对领导者地位产生威胁时，市场领导者应考虑主动进攻。

（3）提高市场占有率。提高市场占有率是市场领导者维持其领导地位的最佳选择。在现有市场规模下，提高市场占有率就意味着要向其他竞争者发起进攻。而选择合适的进攻对象是提高市场占有率、实施进攻策略的关键。

一是向挑战者发起攻击。向挑战者发起攻击的优点是一旦攻击成功，企业便可迅速提高市场份额，稳定其领导地位；缺点是一旦进攻受挫，可能威胁到企业的领导地位，同时也会耗费企业大量的精力和资源。

二是向追随者或补缺者发起攻击。向追随者或补缺者发起攻击的优点是费用、风险低，成功的可能性高；缺点是不论成败，对企业目前的经营和发展都无大的影响。

三是远交近攻。市场竞争中的"远"、"近"，既有地域的含义，也有经营范围、产品替代程度高低的含义。一般来讲，市场领导者为维护其领导地位，主动与一些非本行业企业结盟，或与国外知名本行业企业结盟，以提高其国内市场竞争力，即"远交"；市场领导者将经营范围与自己重叠的竞争者作为进攻对象，即"近攻"。

应用实例

海尔牵手苏宁应对"老大"危机

与卖场绑定以确保销售，不再是大金、三洋这些外资品牌的专属战略。国内最大的家电集团海尔与连锁卖场苏宁签订了三年500亿元的合作协议。与连锁卖场的牵手，可以看做是进入发展"高原期"的海尔在进行一场"保卫战"。

1. 海尔牵手苏宁加码销售

根据协议，2012~2014年，海尔冰洗、空调、彩电、厨卫、电脑等全线产品将通过苏宁的零售门店、B2C渠道、定制服务渠道进行销售，以挑战500亿元的销售目标。2011年，海尔全线产品在苏宁的销售额超过百亿元，同比增长超过20%，这也是海尔选择与苏宁合作的原因之一。海尔集团高层表示，2012年，海尔将根据苏宁海量市场销售数据等反馈信息，进一步加强定制机的开发，加强包销模式的升级。

之前飞利浦、惠而浦等品牌已经加入了苏宁电器独销的阵营，而伊莱克斯和三洋则选择了联盟国美电器。与外资品牌不同的是，海尔并不是选择苏宁独家代理，与其他渠道商的合作也还在继续。

2. 行业不景气，企业借此避险

行业的不景气是企业选择与卖场携手的一大原因。2011年，中国家电业工业销售产值预计达到1.07万亿元，较2010年增长17%，但与2010年接近31%的超高增速相比有所回落。2012年，随着多项相关优惠政策的退出，中国家电业增速更加放缓。企业为控制风险，纷纷选择加强与卖场的联盟关系。

3. 海尔行业老大地位岌岌可危

在细分市场，美的的市场份额也紧逼海尔，令其龙头地位岌岌可危。扩大产品份额、加强与卖场的捆绑已成为海尔不得不选择的道路。

问题：

海尔作为中国家电业的“老大”，应如何应对危机？

3. 市场挑战者战略

市场挑战者的市场份额仅次于市场领导者，是市场竞争的挑起者。市场挑战者在销售额、资金规模、销售渠道覆盖面、人员规模、促销强度等方面较市场领导者弱，在竞争意识和竞争行为上却斗志高昂。

市场挑战者的战略选择有两个方面：一是确定进攻的对象和目标；二是选择适当的进攻策略。

（1）确定进攻的对象和目标。市场挑战者发动进攻的最终目标是扩大市场占有率，提高经济效益。一般来讲，挑战者挑战的对象包括市场领导者、其他挑战者、市场追随者或补缺者。

攻击市场领导者。向市场领导者发起攻击收益高，风险也高。挑战时机的选择直接关系到挑战成功与否。一般来讲，挑战时机通常选在市场领导者在其目标市场的服务效果较差而令顾客不满，或对某个较大的细分市场未给予足够关注的时候。

攻击其他市场挑战者。选择和自己的实力相当，但是经营不善或者经营资源不足的企业作为攻击对象，争夺它们的顾客，是市场挑战者扩充实力、提高市场份额的主要途径。

攻击市场追随者或补缺者。向市场追随者或补缺者发起攻击，不仅可以逐步提高市场份额，而且不易引起其他竞争者关注，避免市场竞争加剧。

（2）选择适当的进攻战略。菲利普·科特勒借用军事战略家的术语将市场挑战者

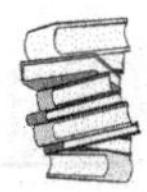

的进攻战略归纳为正面进攻、侧翼进攻、包围进攻、迂回进攻和游击进攻五种形式。

正面进攻。市场挑战者针对竞争对手的产品、广告、价格等发起攻击。在正面进攻中胜败的关键是实力，即有较强实力（资源）的一方将会取得战斗的胜利。挑战者必须设法保证在进攻的市场有足够的实力。

侧翼进攻。多数的挑战者不会一开始就采取正面进攻，而会选择竞争对手的侧翼展开进攻，即向竞争对手的弱点或市场缺口发起攻击。侧翼进攻的方向可以是地理市场，也可以是细分市场。

包围进攻。包围进攻的范围比侧翼进攻大。挑战者选定进攻对象后从多个方面同时向其发起进攻，争取在较短时间内实现竞争目标。

迂回进攻。迂回进攻是一种间接进攻战略，即不进攻对手现有的市场或领域，绕过竞争者的主要产品或市场，开发新产品以满足新的市场需求；或开展多元化经营，进入与对手不相关的行业；或寻找新的、未被竞争者列入经营区域的新的地理市场。迂回进攻在规避直接竞争的同时，可帮助企业增强自身实力，提高市场份额，开发新市场。

游击进攻。游击进攻是向竞争对手的有关领域发动小规模的、断断续续的进攻，逐渐削弱对手实力，消磨对手意志，麻痹对手神经，最终击败对手。游击进攻多适用于实力小、经营灵活的小企业。游击进攻的主要方法是在某一局部市场上有选择地降价，或开展短期的密集促销。游击进攻战略选择有两种，一是开展少数几次主要进攻，二是发起一连串小型进攻。少数几次主要进攻每次效果可能比较明显，也会给企业带来较大风险；一连串的小型进攻能够形成累积性的冲击，效果好，但每次进攻效果都不明显。

应用实例

360进军视频搜索侧攻百度

一直怀着搜索情结的奇虎360董事长周鸿祎再度出手。2012年2月，奇虎360发布2011年第四季度和2011年年度财报，在营业收入和净利润获大幅增长的背景下，奇虎360从视频领域全面切入垂直搜索。

财报数据显示，2011年第四季度，奇虎360的营业收入为6232万美元，同比增长214.5%；净利润为1503万美元，同比增长274.1%。2011年全年营业收入为1.68亿美元，净利润约为1560万美元，其中在线广告业务收入达1.23亿美元，以网页游戏为主的互联网增值业务收入为4357万美元。

与其视频搜索业务相关的视频播放平台“360影视”已经上线，以推荐优酷、土豆等网站热门影视剧为主，在页面顶端亦开放其视频搜索框。目前，用户对于视频搜索的需求和使用频率非常高，未来有很多商业机会都可以在视频搜索上建立。将视频垂直搜索做大，就有机会在中国快速增长的网络视频领域分一杯羹。

问题：

360公司是如何参与市场竞争的?

4. 市场追随者战略

市场追随者在市场占有率、产品开发能力、市场竞争力、技术力量、销售渠道、促销措施、资金和人员规模等方面，都无法与市场挑战者和市场领导者相提并论，追随或模仿市场领导者或挑战者的营销策略是其首选。市场追随者的战略选择有三种，即紧密追随战略、有距离的追随战略和有选择的追随战略。

（1）紧密追随战略。紧密追随战略是指市场追随者尽可能从各个方面模仿市场领导者的行为，但不刺激市场领导者。此战略主要是追随者希望借助市场领导者的营销能力或产品开发能力打开市场，获得生存和发展空间。

（2）有距离的追随战略。有距离的追随战略是市场追随者在主要方面紧随市场领导者，在其他方面与追随者保持一定距离，维持自身优势。

（3）有选择的追随战略。市场追随者在某些方面追随领导者，在另一些方面则自行其是，希望能够有所创新和突破。

此外，伪造者或仿制者也是追随者中的一种。

应用实例

中国豪车市场的竞争策略

中国将改变世界汽车市场的流行格局。各大汽车巨头为迎合中国这个庞大市场，纷纷改变着自己的产品。随着豪华品牌竞争不断升级，“专为中国造”这张牌更容易拉近与中国消费者的距离。此前，奥迪、奔驰、宝马这三个德系豪车在中国市场的成功，最大原因应该归结于本土化战略的成功。然而，其“中国特供”产品大都由其各自的合资公司“代劳”设计，只是在外观上“小打小闹”，很难从“骨子”里满足中国消费者的习惯。如今，德系豪车纷纷在华成立设计中心，设计师将立足中国消费者的使用习惯、审美标准进行设计，产品能更迅速地赶上市场的变化。越来越多的全球车型将会拥有中国 DNA。

在德系三强风头正劲之时，以雷克萨斯、英菲尼迪和沃尔沃等品牌组成的“第二军团”，已开始谋划新策略。雷克萨斯选择了“巷战”。现在，雷克萨斯放松了经销商的申请条件，只要在闹市开店，且资金雄厚的申请者，雷克萨斯大都放行，这将大大提升营销网络的销售能力。英菲尼迪则把目光落在了“国产化”上。目前，英菲尼迪在国内的年销量近 2 万辆，按照现有的进口模式很难在短期内取得突破，国产几乎已经成为其必然选择。但国产化是把双刃剑，未来如何保障其品质和品牌效应，这还是一个问题。沃尔沃自李书福接手之后，正努力改变其“老迈”的品牌形象，动感驾驭、出色动力等口号开始被用在沃尔沃的新车型宣传上。全新沃尔沃 S60 上市后不久，这款曾面向中年人的车型，已经俘获不少年轻人的心。诸如凯迪拉克、欧宝、捷豹等品牌，则纷纷开始以推出入门级车型作为抢占豪车市场的一种手段。其实，“第二军团”成员都不是“省油的灯”。市场情况瞬息万变，有时候，打个瞌睡就会错失市场良机。谁能保证，德系三强就能“江山永固”？谁又能保证“第二军团”成员就不会“异军突起”了？

问题：

中国豪车市场“第一军团”与“第二军团”的竞争策略有何不同？

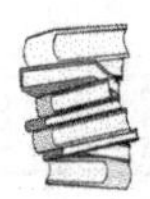

5. 市场补缺者战略

市场补缺者（市场利基者）是在行业中实力规模最小、在专业性市场上从事小利或微利经营的小型企业。它们的产品项目专一化，服务对象专一化，经营手段和场地简便。市场补缺者由于缺乏与大企业正面竞争的实力，有意避免与之交锋，转而利用自己的某些优势和特色，扬长避短，专营某些特殊品，获得发展的机会。市场补缺者战略的关键是专业化。

最终用户专业化，即补缺者专门为某一类型的最终用户提供服务。如计算机行业的某些小企业专门针对某一类用户（如诊疗所、银行等）进行市场营销。

垂直层面专业化，即补缺者专门为处于生产与分销循环周期的某些垂直层面提供服务。如制铝厂可专门生产铝质零部件。

顾客规模专业化，即补缺者专门为某一规模（大、中、小）的顾客群服务。

特殊顾客专业化，即补缺者专门向一个或几个大客户销售产品。许多补缺者作为大企业的配件供应商，只向一家大企业提供其全部产品。

地理市场专业化，即补缺者只在某一地点、地区或范围内经营业务。

产品或产品线专业化，即补缺者只经营某一种产品或某一类产品线。

产品特色专业化，即补缺者专门经营某一种类型的产品或者特色产品。

客户订单专业化，即补缺者专门按客户订单生产特制产品。

质量-价格专业化，即补缺者只在市场的底层或上层经营。

服务专业化，即补缺者向大众提供一种或数种其他公司所没有的服务。

销售渠道专业化，即补缺者只为某类销售渠道提供服务。

市场补缺者面对的主要风险是当竞争者介入或目标市场的消费习惯变化时，补缺者要创造、扩大和保护补缺市场。

知识库

利基营销与补缺战略

1. 利基营销

利基（Niche）是指针对企业的优势细分出来的小规模且没有得到令人满意的服务的市场。在这样的市场开展针对性、专业性很强的产品营销，有赢利的基础。菲利普·科特勒在《营销管理》中是这样给利基下的定义：利基是更窄地确定某些群体，这是一个小市场，并且它的需要没有被服务好，或者说“有获取利益的基础”。企业在选择利基市场后，往往是用更加专业化的经营来获取最大限度的收益，在市场夹缝中寻求自己的出路。美国一项研究营销战略与绩效分析的结果显示：一些中小企业集中力量来专心致力于市场中被大企业忽略的某些细分市场，开展专业化经营，是能够获得最大限度收益的。开展利基营销，必须致力于以下几个基本点：

(1) 市场潜力和购买力。理想的补缺基点应该有足够的市场潜力和购买力。这种市场应该拥有足够的具有特殊需求的目标客户。这些目标客户有很强的需求欲望，并且有满足这些需求的购买能力。只有具有足够潜力和购买力的市场才能为企业发展提供空间。

(2) 利润增长潜力。利润增长潜力要求利润增长速度要大于销售增长的速度，销售增长的速度大于成本增长的速度。为把潜在的市场需求转变为现实的市场，企业必须研究经济核算、加强管理、改进技术、提高劳动生产率、降低成本、考虑风险问题、克服短期行为。

(3) 对主要竞争者不具有吸引力。为避免在补缺市场产生激烈的竞争，企业应从产业、市场两个方面识别自己的竞争者，确定竞争对象，判定竞争者的战略、战术原则与目标，评估竞争者的实力与反应，从而确定自己选定的补缺基点不会对竞争者具有吸引力，以此预测这个补缺基点对企业的理想程度。

(4) 资源、能力和足以对抗竞争者的信誉。为保持市场和竞争优势，企业应该具备占有理想补缺基点所需的资源、能力和足以对抗竞争者的信誉。这就要求企业充分考虑自身的突出特征、周围环境的发展变化及会给企业造成威胁的环境或市场机会，还有企业的资源情况、特有的能力、信誉等。

2. 补缺战略

(1) 市场专业化战略。市场补缺者的主要战略是专业化市场营销。

(2) 创造、扩大、保护补缺市场。创造补缺市场就是不断开发适合特殊消费者的产品，开辟补缺市场。扩大补缺市场是在开辟出补缺市场后，针对产品生命周期阶段的特点扩大产品组合，以扩大市场占有率，达到扩大补缺市场的目的。保护补缺市场是指在有新的竞争者参与时，应保住自己在该市场的领先地位，保护补缺市场。

作为补缺者选择市场补缺基点时，多重补缺基点比单一补缺基点更能增加保险系数，分散风险。企业通常选择多个补缺基点，以确保企业的生存和发展。

应用实例

剑走偏锋——广西水牛奶上市

2009 年 12 月，皇氏乳业（002329）在深圳证券交易所上市。这家“蜗居”广西的牛奶企业，因其主要经营的产品——水牛奶比较特殊，引起业界关注。

与北方市场荷斯坦牛奶独霸天下不同的是，两广地区的水牛奶大有市场：不仅做成液态奶，还制成风味独特的双皮奶、姜汁奶、木瓜汁奶、菠萝汁奶等产品，是当地百姓喜好的甜品。“在国内乳业同质化竞争越来越严重的背景下，必须有一些企业跑跑题，蹚出一条新路子”，乳业专家王丁棉在接受记者采访时说道，“常

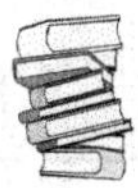

规的荷斯坦牛奶市场基本上被伊利、蒙牛、光明、三元等巨头把控住了，后起之秀或者区域品牌要是与它们正面交锋，显然不太明智。”

在广西市场，差异化经营让皇氏乳业实现了区域垄断：在广西当地，皇氏现有104家专卖店，57个奶瓶投递站。截至2009年6月底，送奶到户客户已达到41.26万户/日。财务数据显示，2007年皇氏乳业水牛奶产量8498吨，占广西水牛奶产量的43.53%，占全国水牛奶产量的38.50%。

据悉，皇氏乳业上市募集资金，拟投向液态奶深加工产能扩大、年产2万吨液态奶、奶牛养殖、营销网络、研发中心五个项目，投资总额达2.5亿元。业内专家分析，广西水牛奶的市场图谋远远超越了只占据柳州、桂林、南宁等广西主要城市的目标，将目光放在了走出广西，攻进广东，甚至全国。

问题：

皇氏乳业的市场竞争战略是什么？

■工作任务5－2　企业竞争战略分析

工作任务提示：

通过营销实践和分析，进一步了解市场竞争的必然性，识别竞争对手的竞争策略，培养制定营销竞争战略的能力。

工作任务情景：

企业在市场上的竞争地位，以及企业可能采取的竞争策略，往往要受到企业所在行业竞争状况的影响，即其他竞争对手营销策略的影响。深入了解竞争对手的营销策略，是开展有针对性的营销活动的重要基础。

工作任务内容：

第一，搜集本团队经营产品的主要生产企业的营销策略资料，包括产品策略、价格策略、渠道策略、促销策略、人员推销、广告宣传、公共关系、营业推广等竞争情况。

第二，通过资料分析，判断企业的竞争战略和策略，撰写分析报告。

第三，结合团队实践，拟定本团队的战略选择和营销策略。

工作任务要求：

第一，以营销团队为单位，确定每个成员的工作，分工协作。

第二，团队在规定时间内完成作业，全班交流。

课程小结

任务一　识别竞争者

- 识别竞争者
  - 市场竞争概述
    - 界定竞争者：品牌竞争者、行业竞争者、一般竞争者和广义竞争者。
    - 市场竞争战略：价格竞争策略和非价格竞争策略。
    - 市场竞争者优势、劣势分析：产品、销售渠道、市场营销能力、生产经营、研发能力、资金实力、组织结构、管理能力。
  - 市场竞争者分析
    - 竞争者营销目标分析。
    - 竞争者营销能力分析。
    - 竞争者市场反应分析。
    - 竞争者竞争策略分析。

任务二　把握企业市场竞争战略

- 企业市场竞争战略
  - 竞争战略的一般形式
    - 成本领先战略。
    - 差异化战略。
    - 市场集中战略。
  - 企业的营销战略
    - 战略群体划分：市场领导者、市场挑战者、市场追随者及市场补缺者。
    - 市场领导者战略：扩大整体市场规模，保护市场份额，提高市场占有率。
    - 市场挑战者战略：确定进攻的对象和目标；选择适当的进攻战略。
    - 市场追随者战略：紧密追随战略、有距离的追随战略和有选择的追随战略。
    - 补缺战略：创造补缺、扩大补缺和保护补缺，关键是专业化。

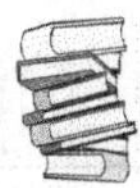

课后练习

一、单项选择题

1. 下列品牌中，(　　) 与伊利牛奶属于品牌竞争者。

A. 蒙牛牛奶　　B. 花花牛牛奶　　C. 汇源果珍

2. 宝马汽车与夏利汽车之间的竞争属于 (　　)。

A. 品牌竞争者　　B. 行业竞争者

C. 一般竞争者　　D. 广义竞争者

3. 下列品牌中，(　　) 属于一般竞争者。

A. 轿车与自行车　B. 面包与矿泉水　　C. 衣服与电视

4. 差异化战略是企业竞争的主要战略选择，差异化战略的关键是 (　　)。

A. 产品差异化　　B. 渠道差异化

C. 技术差异化　　D. 客户服务差异化

5. 市场挑战战略是 (　　) 的主要战略选择。

A. 市场领导者　　B. 市场挑战者

C. 市场追随者　　D. 市场补缺者

6. 旅游业、体育运动消费业、图书出版业及文化娱乐业为争夺消费者支出而相互竞争，它们彼此之间是 (　　)。

A. 品牌竞争者　　B. 行业竞争者

C. 一般竞争者　　D. 广义竞争者

7. 企业寻找尚未被大企业占领的细分市场，以填补市场空白属于 (　　)。

A. 挑战战略　　B. 补缺战略

C. 追随战略　　D. 进攻战略

8. 市场追随战略是要与市场领导者 (　　)。

A. 和平共处　　B. 取而代之

C. 随时挑战　　D. 保护自己

9. (　　) 之间的竞争最为激烈。

A. 品牌竞争者　　B. 行业竞争者

C. 一般竞争者　　D. 广义竞争者

10. 专业化是 (　　) 的关键战略选择。

A. 市场领导者　　B. 市场挑战者

C. 市场追随者　　D. 市场补缺者

二、多项选择题

1. 下列属于品牌竞争者的是 (　　)。

A. 麦当劳　　B. 肯德基

C. 比格披萨　　D. 合记烩面

2. 下列属于行业竞争者的是 (　　)。

A. 紫砂壶　　B. 毛尖茶叶　　C. 必胜客　　D. 一品披萨

3. 下列属于一般竞争者的是（　　）。
A. 紫砂壶　　B. 新郑大枣　　C. 自行车　　D. 一品披萨
4. 常见的非价格竞争策略包括（　　）。
A. 产品创新策略　　B. 产品品牌个性化
C. 产品服务竞争策略　　D. 战略联盟策略
E. 广告策略
5. 竞争优势与劣势分析主要从（　　）等几个方面进行。
A. 产品　　B. 渠道　　C. 营销能力
D. 开发能力　　E. 管理能力
6. 竞争者的市场反应分为（　　）。
A. 反应迟钝型　　B. 有选择型
C. 强烈反应型　　D. 随机反应型
7. 迈克尔·波特将企业竞争战略归纳为三种基本模式，即（　　）。
A. 成本领先战略　　B. 差异化战略
C. 市场集中战略　　D. 技术领先战略
8. 在市场竞争中，产品差异化途径包括（　　）。
A. 质量差异化　　B. 安全性差异化
C. 品牌差异化　　D. 服务差异化
E. 产品创新
9. 根据企业在行业中的竞争地位和竞争战略，可将企业分为不同战略群体，即（　　）。
A. 市场领导者　　B. 市场挑战者
C. 市场追随者　　D. 市场补缺者
10. 市场领导者为保持其市场地位和竞争优势，常采用的竞争战略包括（　　）。
A. 扩大市场规模　　B. 保护市场份额
C. 提高市场占有率　　D. 提高服务水平
11. 市场领导者扩大市场需求规模的途径有（　　）。
A. 开发新市场　　B. 寻找新用途
C. 增加使用量　　D. 开发新产品
12. 市场领导者为保护市场份额，采用的防御策略包括（　　）。
A. 阵地防御　　B. 侧翼防御　　C. 反击防御
D. 机动防御　　E. 以攻为守
13. 市场挑战者的战略选择有（　　）。
A. 进攻对象　　B. 进攻目标
C. 进攻策略　　D. 防御策略
14. 市场追随者的战略选择有（　　）战略。
A. 紧密追随　　B. 有距离追随
C. 有选择追随　　D. 创新

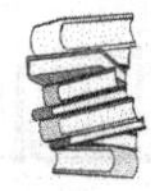

15. 超级市场的主要竞争对手是（　　）。

A. 便利店　　　　B. 购物中心

C. 折扣店　　　　D. 百货店

三、判断题

1. 在市场竞争中，品牌竞争者间的竞争是最为激烈的。（　　）
2. 自行车与汽车之间的竞争属于行业竞争者。（　　）
3. 披萨与烩面之间的竞争属于一般竞争者。（　　）
4. 在国庆节期间，旅游休闲与逛街购物之间属于广义竞争者。（　　）
5. 企业之间的竞争主要是价格竞争和非价格竞争。（　　）
6. 差异化战略最关键的是产品差异化。（　　）
7. 市场补缺者战略选择的关键是专业化。（　　）

四、简答题

1. 简述企业竞争者划分的四种类型。
2. 简述市场竞争的主要策略。
3. 简述市场竞争优势与劣势分析的几个主要方面。
4. 简述竞争者分析的主要内容。
5. 简述成本领先战略的主要途径。
6. 简述差异化战略的主要方面。
7. 简述市场集中战略的主要优点和缺点。
8. 简述市场竞争中战略群体的划分。

五、案例分析题

“王老吉”与“加多宝”之争

2012年7月16日，经过了440多天的等待后，中国商标第一案——广州药业（下称“广药”）与加多宝母公司鸿道集团（下称“鸿道”）关于王老吉商标的纠纷案公布终审判决：驳回鸿道集团关于撤销王老吉仲裁结果的申请。维持中国国际经济贸易仲裁委员会做出的裁决，即广药与加多宝母公司鸿道集团签订的《“王老吉”商标许可补充协议》和《关于“王老吉”商标使用许可合同的补充协议》无效，鸿道集团停止使用“王老吉”商标。

1995年，广药把名不见经传的“王老吉”品牌租给鸿道集团，而鸿道集团经过不懈的努力，把王老吉品牌运作成一流的品牌。在租赁合约到期后，广药要收回“王老吉”品牌使用权，从而引发“王老吉”品牌之争；而鸿道集团在确定无法再使用“王老吉”这个品牌的时候，只好推出自有品牌“加多宝”。“加多宝”与“王老吉”两个品牌的竞争也由此展开。

商标战：广药拿回“王老吉”商标

2012年7月16日，王老吉商标争夺战终审判决公布，这意味着广药拥有“王老吉”品牌和商标，鸿道集团加多宝再无翻盘机会。

在中国商标第一案尘埃落定的同时，“加多宝”和“王老吉”两个品牌凉茶的市场竞争正在如火如荼地展开。

渠道战：王老吉试水直销

2013年初，广药公告称，为增强公司的规模实力与品牌优势，拟增加直销形式以进一步完善销售渠道，使产品迅速覆盖市场，公司拟申报直销资质用于销售公司及属下企业的大健康产品，包括王老吉凉茶。此举被市场迅速解读为王老吉凉茶将试水直销模式。

广药表示：增加直销形式是为了长远发展，直销牌照申请下来能带来更多的商业机会。

在终端市场，加多宝凉茶与王老吉凉茶并驾齐驱，铺货量势均力敌；而在更为广阔的小超市、便利店、餐饮店等地方，不少是签订了排他性协议的，也就是说有加多宝就没有王老吉。

广药王老吉的红罐包装突出的还是“王老吉”三个字；为视区别，加多宝则推出外面塑封图案主要为“宝”字的批量包装，颜色也加入了金黄的成分。

在传统渠道中，以渠道管理能力和品牌运营能力来衡量，目前加多宝占有优势。2012年8月，广药与中石化广东分公司签署协议，将红罐王老吉铺向中石化广东分公司的易捷便利店。为王老吉凉茶开拓除了商超和餐饮之外的新渠道。

秘方战：“加多宝”获得王老吉秘方

2013年3月，“王老吉”与“加多宝”“究竟谁更正宗”再起争议。凉茶创始人王泽邦的后人携家族成员在深圳召开“凉茶创始人王泽邦后人媒体见面会”。王氏家族发表联合声明，表示从未将祖传秘方授予广药使用。王氏家族表示：“早在1992年，就将这个祖传配方传授加多宝使用。”

广药强调：1956年广药下属企业王老吉药业全面承接了王老吉祖业。1992年，公司还利用传承了一百多年的凉茶配方开创性地生产出了盒装王老吉和罐装王老吉凉茶，这是国内最早的凉茶植物饮料。

广告战：看谁花的钱多

广药砸数亿下单央视、湖南卫视，对抗加多宝好声音！

从“王老吉”商标战、口水战到肉搏战，再到广告战，广药与加多宝“斗无止境”。

继加多宝在“中国好声音”第二季广告冠名权竞标中以2亿元中标后，广药王老吉也开始展开猛烈的攻势。广药先是独家冠名央视三套《开门大吉》，继而锁定芒果台——湖南卫视。

虹吸定律：在营销行业有“虹吸定律”一说，即广告投得最多的一方，其广告效应会占投得少的一方约三分之一的便宜。谁敢砸钱，谁就能得到相对划算的营销优势。

资料来源：红罐凉茶之争（news. hexun. com/2011/wlj/）

问题：

结合本案例，谈谈市场竞争者策略。

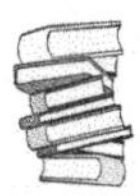

经典人物

把握机遇，成就“丰田”

——丰田喜一郎

丰田喜一郎出生于1895年，其父亲丰田佐吉既是日本有名的纺织大王，也是日本大名鼎鼎的“发明狂”。

20世纪30年代，丰田喜一郎对欧洲和美国进行了考察，欧美轰轰烈烈的工业革命使他受到强烈震撼，而汽车更使他热血沸腾。他认定汽车必然是未来举足轻重的交通工具。

当丰田喜一郎开始研制汽车时，美国的通用汽车公司和福特汽车公司早已成为举世闻名的大企业了。在生产技术和市场运作方面，两家公司的实力足以让世界其他的汽车生产厂家望尘莫及，并且分别将各自的汽车组装厂开到了日本。

然而，丰田喜一郎并没有把美国两大汽车巨头的举动过多地放在心上。他全身心地投入到以大量生产为基础的国产汽车工业的创立。1937年（昭和十二年）8月28日，汽车部宣告从丰田自动织机制作所独立出来，作为一家拥有1200万日元资本金的新公司，“丰田自动车工业株式会社”从此踏上了自己崭新的历程。

日本是个自然资源贫乏的国家，因此丰田喜一郎认为，开发燃耗功率高、可靠耐用的汽车对日本汽车工业来说乃是至关重要的课题。1939年，公司成立了蓄电池研究所，开始着手电动汽车的研制。1940年，丰田生产了约15 000辆汽车，其中98%是客货两用车。当年它推出了一款较为紧凑的新型轿车，配备4缸2.2升48马力（1马力=735.499瓦）发动机，在外形上更接近瑞典的富豪PV60。

1965年名古屋至神户高速公路的开通揭开了日本公路交通高速时代的序幕。为迎接新时期的到来，丰田一方面加紧开发性能更高的新车，一方面为增强生产能力、提高质量水平而倾注极大的努力。

1973年，伴随着第四次中东战争的爆发，世界经济遇到了第一次石油危机。对于石油资源几乎百分之百依赖进口的日本来说，整个经济活动全都受到巨大影响，陷入了极大的混乱之中。在这种形势下，丰田将新的起点瞄准在资源的有限性上，有力地开展了节省资源、节省能源、降低成本的运动。

1973年和1979年的两度石油危机在极大程度上改变了美国的汽车需求结构，人们的选择热点开始由大型车转向了节省燃油的小型车，缺少小型车生产技术的美国汽车厂家逐渐地失去了往日的竞争优势。

今天，丰田已经发展成为拥有数个车系、数十个车型和车款的庞大家族。它所涵盖的车型从最低端的民用经济小汽车，一直到最高级的豪华轿车和SUV。2011年，丰田已经成为全球第三大汽车公司。

> 没有商品这样的东西。顾客真正购买的不是商品，而是解决问题的办法。
>
> ——特德·莱维特

项目六　目标市场营销

知识目标

◆掌握市场细分的标准和方法。

◆能对目标市场进行描述，正确选择目标市场。

◆把握市场定位的内涵、本质、方法和策略。

技能目标

◆能制订市场细分方案，进行市场细分。

◆能有效地选择目标市场。

◆能设计市场定位方案，制定市场定位策略。

导入案例

"动感地带"——我的地盘我做主

2003年3月，中国移动强档推出与"全球通"和"神州行"并列的第三大品牌——"动感地带"，并斥巨资邀请周杰伦作为其形象代言人，在全国范围内进行了立体式媒体轰炸。一时间，不管是电视、报纸还是户外广告，到处可见"我的地盘我做主"的豪情宣言。

作为中国最大的移动通信运营商，中国移动通信在不断升级系统、提供更多更好服务的同时，也注重针对不同用户群进行市场细分，针对不同目标对象推出不同的品牌。为年轻人度身定制的"动感地带"（M-ZONE）就是其中之一。"动感地带"针对年轻客户群的移动通信需求，整合品牌形象、价格、渠道、营销和服务，建立年轻客户群对"动感地带"品牌的归属感，树立创新进取的公司形象。该品牌在广州率先推出后，精彩的数据业务（如图片铃声下载、移动QQ聊天和无线游戏等）以及灵活的短信套餐吸引了很多年轻用户加入其中。

"动感地带"定位于为年龄在15~25岁的年轻人提供一种特制的电信服务和区别性的资费套餐，"新奇、时尚、好玩、探索"是其主要的品牌属性。"动感地带"根据目标市场的消费习惯，在套餐组合上做了进一步的细分，针对不同的细分群体，量身

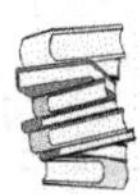

定做了学生套餐、娱乐套餐、时尚套餐和情侣套餐，其中每种套餐除了基本业务功能外，还包含4或6种可选功能。相应的，“动感地带”在定价策略方面也采用差别定价，对不同的套餐、不同的群体，设计了不一样的资费标准。不仅资费灵活，“动感地带”同时还提供多种创新性的个性化服务，给用户带来前所未有的移动通信生活。

同时，中国移动在促销方面也积极为“动感地带”占领“新一代”市场创造条件，如“动感地带”先后与麦当劳合作推出“动感套餐”，与NIKE联合赞助高中篮球联赛，举办大学生街舞比赛，直至与NBA签订合作协议，以至于“动感地带”一路狂飙，迅速完成了从通信品牌到时尚品牌的升华。

问题：

1. “动感地带”选择目标市场的依据是什么？

2. “动感地带”如何通过营销组合满足了目标市场的需求？

分析点评：

本案例揭示了目标市场营销的重要意义。“动感地带”的成功源于其独特的品牌主张满足了目标市场的消费需求，符合目标市场的消费特点；同时，中国移动将目标市场的心理情感注入品牌内涵，也提升了“动感地带”的品牌。因此，准确锁定目标市场，有针对性地开展营销活动，才能使营销策略发挥应有的作用。

任何一种产品或服务的市场都有无数购买者，购买者之间需求差异很大；受资源有限性的约束，每个企业都不可能为市场上的所有购买者提供产品或服务。因此，企业必须充分利用有限资源，发挥自己的优势，满足某一特定群体对某种产品和服务的需求。这就要求企业实行目标市场营销，即选择与本企业营销宗旨最相适应、销售潜力最大、获利最丰厚的那一部分市场作为自己争取的目标，然后采取相应的市场营销手段，占领目标市场。

实行目标营销，企业必须相应地采取五个重要的步骤：

企业情况分析：弄清企业现时的地位、能力、目标和制约因素，作为市场细分、目标市场选择和市场定位这三大后续行动的根据。

市场细分：将整个市场区分为几个不同的购买者群体，以不同的产品或服务满足其需求。

目标市场选择：评选出一个或几个细分的小市场，作为企业进军的目标。

市场定位：为本企业的产品或服务确定一个有利的竞争位置，制定一套详细的市场营销策略。

制定相应的市场营销组合策略：根据产品的市场定位，在产品、分销渠道、价格和促销等方面制定相应的策略，突出产品的差异性，强化产品的独特形象。

目标市场营销的核心是市场细分（Segmenting）、目标市场选择（Targeting）和市场定位（Positioning），又称STP营销，是策略性营销的灵魂，如图6-1所示。

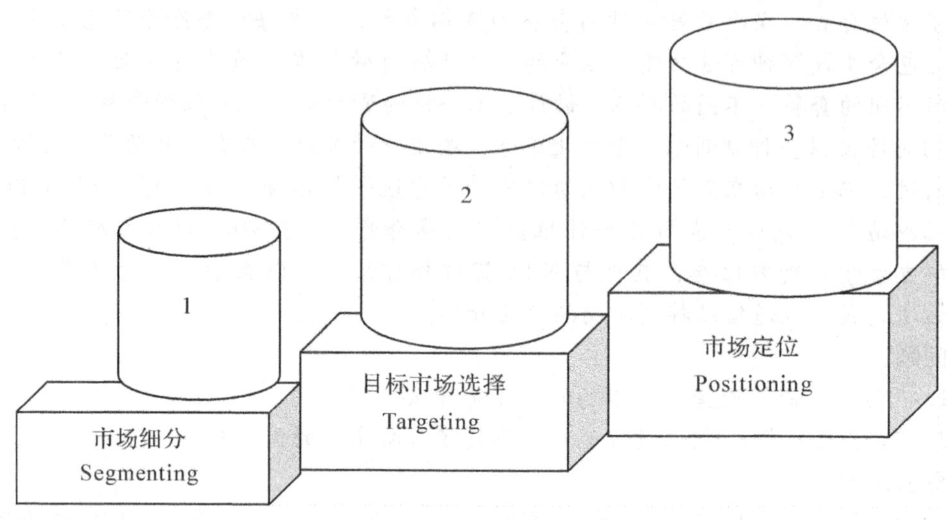

图 6-1 STP 营销示意图

任务一 目标市场选择

知识基础

完成本任务所需要的知识基础包括市场细分的概念、市场细分的方法和目标市场选择的策略。

知识基础一 市场细分

无论是消费者市场还是组织市场，购买者之间的需求和欲求都存在着广泛的差异性，这些差异是由购买者所处的不同地理环境、文化、社会、个人和心理特征影响而形成的。市场细分就是寻找不同群体间的需求差异、同一群体内的需求共性。

1. 市场细分的概念和作用

市场细分的概念是美国市场学家温德尔·史密斯于 20 世纪 50 年代提出来的。

> 市场细分是企业通过市场调查研究，根据消费者需求的差异性，把某一产品的整体市场划分为若干个在需求上具有某种相似特征的消费者群体，形成不同细分市场的过程。

每一个消费者群就是一个细分市场，亦称“子市场”。在一个细分市场内部，消费者需求具有较大的相似性，但是细分市场之间的消费者需求存在较大的差异性。如按照性别，可以将护肤品市场划分为女性护肤品市场和男性护肤品市场。护肤品又可以按消费者所追求的利益分为具有美白、保湿、祛痘、祛斑等功效的护肤品。

理解市场细分的概念应把握三点：一是市场细分的客观基础是消费者需求的差异性和企业资源的有限性；二是市场细分不是对产品分类，而是对同种产品需求各异的

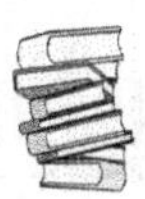

消费者进行分类；三是细分市场是有一定客观条件的，即需求差异性和资源有限性的矛盾日益突出，差异化策略能够有效地满足目标市场需求。

（1）市场细分的原理。市场细分是有层次的。企业由于自身的条件及产品的不同，对市场应有深浅程度不同的细分，开展不同层次的细分营销。

一般细分市场营销。这个层次的细分市场由较大区别的购买者群体组成。企业不会将其产品或服务按每个顾客的要求来定制，而是试图将构成市场的某些大细分市场分离出来，同一细分市场的购买者的需求具有相似性。

拾遗补阙营销。拾遗补阙营销所涉及的层次是从一般细分市场中区分出来的较小的消费者群体，通常是那些需求没有得到有效满足的小市场。

局部地区营销。局部地区营销计划是按照局部地区顾客群体的需求而制定的。局部地区顾客群体包括商业区、聚居区甚至个别单独商店服务范围的顾客。

个别营销。个别营销是市场细分的极限层次，又称“定制营销”或“一对一营销”。

（2）市场细分的作用。市场细分的作用主要有以下三个方面：

一是发现市场机会，开拓新的市场。市场机会是市场上客观存在的未被满足的需求。通过市场细分，企业可以了解每一细分市场的需求状况、满足程度和竞争情况，发现那些没有被满足的需求，结合企业的资源条件，开发出相应的产品或服务，迅速占领这一市场。

阅读资料

日本手表业的发展

20 世纪 60 年代，日本钟表业通过调查发现，美国手表市场有三类不同的消费者群：23% 的消费者对手表的要求是计时准确，价格低廉；46% 的消费者要求计时基本准确，耐用，价格适中；31% 的消费者要求手表名贵，计时准确，这类消费者购买手表往往用来作为贵重礼物赠送他人。美国的钟表厂商和瑞士手表商一向关注第三类消费者，着重经营名牌手表。这样，第一类和第二类近 70% 的消费者的需求便得不到有效的满足。发现这个市场机会后，日本钟表厂商迅速打进这两个细分市场，尤其是日本精工电子表，由于款式新颖，售价便宜，并提供方便的免费保修，很快在美国手表市场上取得了较高的市场占有率。

二是有利于掌握目标市场的特点，制定营销策略。市场细分后的子市场需求特性明显，提高了营销的针对性和服务水平。

三是实现销售。通过市场细分，使企业针对自己目标市场的特点，集中人力、物力、财力，优化资源配置，生产出适销对路的产品，提高企业的市场竞争力，满足市场需要，实现产品销售。

2. 市场细分的原则

市场细分的原则是市场细分时应遵循的准则，主要有以下五个：

（1）可衡量性。可衡量性是指用以细分市场的变数必须是可以衡量的，企业必须能对购买者的特点和需求予以衡量。

如果细分变数难以衡量，就无法界定市场。

（2）足量性。足量性是指细分市场的大小和利润值得单独营销。

（3）可进入性。可进入性是指企业所选定的细分市场必须与企业自身状况相匹配，企业有能力进入并占领这一市场。

可进入性具体表现在信息进入、产品进入和竞争进入。

（4）独特性。独特性是指细分市场必须对市场营销活动有独特的反应。

（5）稳定性。稳定性是指细分市场的需求规模必须相对稳定。如果目标市场变化过快、变动幅度过大，就会给企业带来风险和损失。细分市场的稳定性并不是说细分市场是一成不变的，而是随着企业市场营销环境的变化，企业也可以放弃现有的细分市场，选择新的富有吸引力的细分市场。

3. 市场细分的标准

市场细分的标准是细分市场的依据，不同市场的细分标准不同。

知识库

市场细分的四个基本标准

保罗和唐纳德在1978年出版的《市场决策研究》一书中，建立了市场细分的四个基本标准：

真实性：市场细分必须是真实存在的，而不是研究人员凭主观想象臆造的。

一致性：市场细分必须是可以确认的、重复并一致的。

稳定性：随着时间的推移，市场细分必须是相对稳定的。

到达性：一个可以有效达到市场细分的方法是明确目标分类和主动交流。

一个市场细分策略要求组织的一个明确的委托，一个公司要么采用的是规模市场策略，要么就采用市场细分策略，两者之间不存在中间状态。一个战略决策需要有效地细分一个市场，一个公司的市场组织必须能够从大市场策略和市场细分策略中选择一个。产品研发必定能够实现产品更新，并且生产部门一定能够生产那些新产品；财务管理通过市场细分一定能够反映成本、利润以及两者的差额关系；市场研究可以通过市场细分反映和测量消费者的反应，并且将反馈信息提供给组织。

（1）消费者市场细分标准。差异性是市场细分的基础，引起消费者需求差异的因素有很多，概括起来主要有四类，即地理因素、人口因素、心理因素、行为因素。每个因素又包括一系列的细分变量，如表6－1所示。

表6－1 消费者市场细分标准及变量一览表

细分标准	细分变量
地理因素	国家、地区、城市规模、地形地貌、气候、交通状况、人口密度等
人口因素	年龄、婚姻、性别、职业、收入、民族、宗教、国籍、受教育程度、家庭人口、家庭生命周期等

续表

细分标准	细分变量
心理因素	社会阶层、生活方式、个性、态度等
行为因素	购买时机、购买数量、购买频率、品牌忠诚度及对服务、价格、渠道、广告的敏感程度等

第一，按地理因素细分就是按照消费者所处的地理位置、自然环境来细分市场。具体细分变量包括国家、地区、城市规模、不同地区的气候及人口密度等。处于不同地理位置的消费者，对同一产品呈现出差别较大的需求特征。地理变量易于识别，是细分市场应予以考虑的重要因素，但处于同一地理位置的消费者需求仍会有很大差异。

第二，按人口因素细分即按照人口的有关变量来细分市场。具体细分变量包括年龄、婚姻、职业、性别、收入、受教育程度、家庭生命周期、国籍、民族、宗教、社会阶层等。例如，根据年龄不同，将服装市场分为老人服装市场、中青年服装市场、儿童服装市场等。人口统计变量比较容易衡量，有关数据相对容易获取，这是企业经常以它作为市场细分依据的重要原因。按人口因素细分可以以下列几个方面作为标准：

一是性别。由于生理上的差别，男性与女性在产品需求与偏好上有很大不同，如在服饰、发型、生活必需品等方面表现明显。

二是年龄。不同年龄的消费者有不同的需求特点，如在服饰需求上，青年人需要鲜艳、时髦的服饰，老年人需要端庄素雅的服饰。

三是收入。高收入消费者与低收入消费者在产品选择、休闲时间的安排、社会交际与交往等方面表现不同。

阅读资料

日本资生堂对女性顾客的细分

第一类：15～17岁的少女。她们正当妙龄，讲究打扮，追求时髦，对化妆品的需求意识较强烈，但购买的往往是单一化妆品。

第二类：18～24岁的青年女性。关心化妆品，态度积极，对喜欢的化妆品，价格再高也在所不惜，她们往往购买整套化妆品。

第三类：25～34岁的妇女。她们大多数人已结婚，化妆已成为她们的日常生活习惯。

第四类：35岁以上的妇女。可以分为积极派（因为“半老徐娘”）和消极派（因为即将进入老年）。

四是职业与教育。消费者的职业和所受教育的差异导致需求的差异。受教育程度不同，审美观不同，产品需求也不同。

五是家庭生命周期。一个家庭，按年龄、婚姻和子女状况，可划分为八个阶段。在不同阶段，家庭购买力、家庭人员对商品的兴趣与偏好会有较大差别，见表6－2。

表 6-2　家庭生命周期各阶段及消费特点

家庭生命周期阶段	消费特点
单身阶段	几乎没有经济负担，新消费观念的带头人，娱乐导向型购买
新婚阶段	经济条件比最近的将来要好，购买力强，对耐用品、大件商品的欲望、要求强烈
满巢阶段Ⅰ	家庭用品购买的高峰期，不满足现有的经济状况，注重储蓄，购买较多的儿童用品
满巢阶段Ⅱ	经济状况较好，购买趋向理智型，受广告及其他市场营销刺激的影响相对减少，注重档次较高的商品及子女的教育投资
满巢阶段Ⅲ	经济状况仍然较好，妻子或子女皆有工作，注重储蓄，购买冷静、理智
空巢阶段Ⅰ	前期收入较高，购买力达到高峰，较多购买老年人用品
空巢阶段Ⅱ	年老的夫妇已退休，收入减少，支出谨慎，以医疗保健消费为主
鳏寡阶段	收入锐减，特别注重情感、关注等需要及安全保障

此外，经常用于市场细分的人口变量还有家庭规模、国籍、种族、宗教等。

知识库

完全市场细分与无市场细分

市场细分有两种极端的方式：完全市场细分与无市场细分；在该两极端之间存在一系列的过渡细分模式。

1. 完全市场细分

完全市场细分就是市场中的每一位消费者都单独构成一个独立的子市场，企业根据每位消费者的不同需求为其生产不同的产品。

理论上，只有一些小规模的、消费者数量极少的市场才能进行完全细分。完全市场细分对企业而言可能是不经济的，但在某些行业（如飞机制造业）却存在着巨大的市场空间。“定制营销”就是企业对市场进行完全细分的结果。

2. 无市场细分

无市场细分是指市场中的每一位消费者的需求都是完全相同的，或者是企业有意忽略消费者彼此之间需求的差异性，而不对市场进行细分。

动手动脑

判断食盐、白糖、火柴这三种日用消费品是否需要细分。

第三，按心理因素细分。按心理因素细分就是按照消费者的心理特征细分市场。细分变量包括社会阶层、生活方式、个性、态度等。按心理因素细分市场的变量如下：

一是社会阶层。社会阶层是指在某一社会中具有相对同质性和持久性的群体。处于同一阶层的成员具有类似的价值观、兴趣爱好和行为方式。

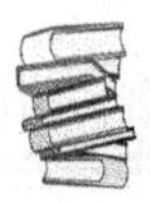

二是生活方式。生活方式是指一个人怎样生活。人们追求的生活方式各不相同，如有的追求新潮时髦，有的追求恬静、简朴；有的追求刺激、冒险，有的追求稳定、安逸。

阅读资料

德国大众汽车公司的生活方式细分

德国大众汽车公司为适应各种消费者的生活方式，设计出不同类型的汽车。供“循规蹈矩者”使用的汽车突出表现经济、安全，符合生态学的特点；供“玩车者”驾驶的汽车则突出易驾驶、灵敏和运动娱乐性等特点。

三是个性。个性是指一个人比较稳定的心理倾向与心理特征，会导致一个人对所处环境做出相对一致和持续不断的反应。俗语说：“人心不同，各如其面。”每个人的个性都会有所不同。通常，个性会通过自信、自主、支配、顺从、保守、适应等性格特征表现出来。个性可以按这些性格特征进行分类，从而为企业细分市场提供依据。

阅读资料

福特公司的“个性”细分市场

在20世纪50年代末，福特与通用汽车公司就分别强调其个性的差异来促销。购买福特车的顾客有独立性，易冲动，有男子汉气概，敏于变革，有自信心；购买通用汽车公司雪佛兰车的顾客保守，节俭，重名望，缺乏阳刚之气，恪守中庸之道。

四是态度。态度是人们在自身道德观和价值观基础上对事物的评价和行为倾向。态度表现在对外界事物的内在感受（道德观和价值观）、情感（“喜欢-厌恶”、“爱-恨”等）和意向（谋虑、企图等）三个方面。不同消费者对同一产品的态度可能有很大差异，有的持肯定态度，有的持否定态度，还有的则持既不肯定也不否定的无所谓态度。

第四，按行为因素细分。按行为因素细分是按照消费者的购买行为细分市场。行为变量能更直接地反映消费者的需求差异，是市场细分的最佳起点。按行为细分市场的变量主要包括以下几个方面：

一是购买时机。根据消费者产生需要、购买和使用产品的时机不同来划分消费者。如旅游公司根据旅游高峰时期和非高峰时期顾客的需求特点细分市场并制定相应的营销策略。

二是追求利益。消费者购买某种产品是为满足某种需求，而产品提供的利益往往是多方面的。如对于牙膏，有的人追求保护牙龈，防止牙龈出血；有的人追求美白；有的人追求坚固牙齿。

三是使用者状况。根据消费者的使用程度可将市场分为经常购买者、首次购买者、潜在购买者和非购买者。

四是使用数量。根据消费者使用某一产品的数量大小细分市场，可分为重度使用者、中度使用者和轻度使用者。重度使用者人数少，需求量大，是许多有实力的企业争夺的重点。

五是品牌忠诚程度。企业还可根据消费者对品牌的忠诚程度细分市场。了解消费者品牌忠诚情况、品牌忠诚者与品牌转换者的各种行为与心理特征，不仅可为企业细分市场提供依据，也有助于企业了解消费者忠诚本企业产品的理由，为目标市场选择提供依据。

应用实例

某阿胶口服液市场细分

经过市场调研，某阿胶口服液确定以中年女性为第一目标人群。

诉求重点：女性，调节内分泌。

刚启动市场时，以“血色好才是真健康”，“血色好，睡眠好，一切都好”为核心主导诉求，宣传女性通过摄取健康食品，达到身体和心理的健康。为了能够有针对性地进行营销，该产品在分析顾客信息的基础上，将现有的消费群体进一步细分，明确了与她们进行沟通的最佳渠道、时间和环境，刺激消费。

固有消费者：已使用或正使用的消费者，通过持续的沟通，举办大型综合义诊、患者咨询热线、赠送小礼品、定期举办健康俱乐部活动等，提高其品牌的忠诚度。

潜在消费者：现在没有使用过产品，但在以后将有可能购买或使用的消费者。通过健康讲座、社区推广、口碑宣传、专家登门回访进行引导、灌输，加深消费者对产品的印象和了解，使其成为潜在消费者。

可挖掘消费者：想服用但持不信任或观望态度的消费者。通过公司的品牌文化和公司的诚挚服务，派发产品资料，组织符合中年女士生理和年龄特点的多样化、趣味性的公益活动，增强消费者的信心，转变其态度。

问题：

该阿胶口服液是以什么标准细分市场的？

阅读资料

表 6－3　牙膏市场的细分一览表

利益细分	人口因素	行为特征	消费心态特征	偏好的品牌
经济因素（低价）	男性	经常使用者	高度自主，价值导向	大减价品牌
医疗因素（防止蛀牙）	大家庭	经常使用者	忧虑，保守	品牌 A、E
美容因素（洁齿）	青少年	抽烟者	社交能力强，活跃	品牌 B
味道因素（好味道）	小孩	果味爱好者	自我中心，享乐主义	品牌 C、D

（2）组织市场细分标准。许多用来细分消费者市场的标准，同样可用于细分组织市场，如地理、追求的利益和使用率等变量。由于组织市场与消费者市场存在差别，

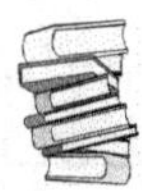

组织市场有其特有的细分变量。

第一，最终用户标准。在组织市场上，不同的最终用户或产品不同的最终用途对同一种产品追求的利益不同。分析产品的最终用户，就可针对不同用户的不同需求制定不同的策略。

第二，用户规模标准。在组织市场中，有的用户购买量很大，而另外一些用户购买量很小。根据用户规模，将市场划分为大客户、中客户、小客户三类。

企业应当根据用户规模大小来细分市场，并采取不同的营销组合策略案。对于大客户，由企业客户经理亲自负责业务，直接联系，直接供应，在价格、信用等方面给予更多优惠；对于小客户，则由外勤推销人员负责，利用商业渠道，由批发商或代理商组织供应。

第三，参与购买决策成员的个人特点。参与购买决策成员的年龄、受教育程度、社会经历及所担负的职务等。

第四，用户所处的地理位置。用户所处的地理位置包括所在地区、气候、资源、自然环境、交通运输和通信条件等。

应当注意的是，由于市场需求的复杂性和多变性，无论是消费者市场细分，还是组织市场细分，都需要采用多个变量细分市场。

在进行市场细分时必须注意以下三个问题：第一，市场细分的标准是动态的，随着社会生产力及市场状况的变化而不断变化；第二，不同的企业在市场细分时应采用不同标准；第三，企业在进行市场细分时，可采用一项标准，即单一变量因素细分，也可采用多个变量因素组合或系列变量因素进行市场细分。

4. 市场细分的方法和程序

（1）市场细分的方法。市场细分的方法包括单一因素法、系列因素法和综合因素法。

单一因素法是采用影响消费者需求的某一个重要因素进行市场细分。如服装企业，按性别细分市场。

系列因素法是根据企业经营的特点，按照影响消费者需求的因素由粗到细进行市场细分，市场细分过程也是比较、选择目标市场的过程。这种方法可使目标市场更加明确而具体，有利于企业更好地制定相应的市场营销策略。如自行车市场的细分，如图 6－2 所示。

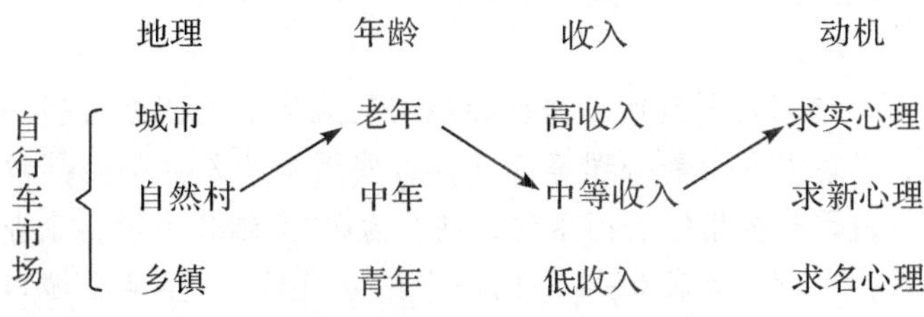

图 6－2　系列因素法示意图

细分市场变量越多，分得就越细，越容易找到市场机会。同时，细分市场的规模也越小，满足市场需求的成本也越高。

综合因素法就是根据影响消费者需求的两种或两种以上的因素进行市场细分。如根据消费者年龄、性别和所在城乡，将服装市场分割成15个子市场，如图6－3所示。

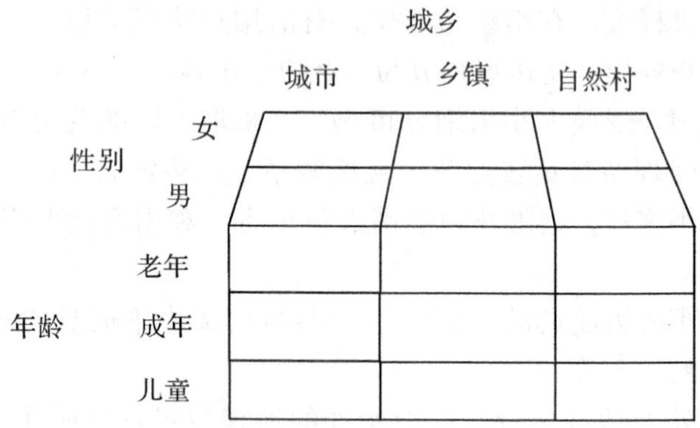

图6－3　综合因素法示意图

阅读资料

服装市场细分

某企业计划进入服装市场，需要对服装市场进行细分，并选择能够充分发挥企业自身优势的某一专业市场。

表6－4　服装市场细分表

性别	地区	年龄	收入	兴趣	消费心理
男性	城市	老年	高收入	艺术	求美观
女性	市郊	中年	中收入	运动	求廉价
	农村	青年	低收入	文学	求实用
		儿童	无收入	其他	求新潮

业务分析：以企业自身的资源为基础，依据消费者市场细分的标准对服装市场进行细分。

业务程序：列出顾客需求；拟定市场细分标准；确定市场细分方法；命名并选定细分市场。

业务说明：可以选取对服装产品的差异性有较大影响的因素进行细分，如性别、年龄、地区、收入、兴趣以及消费心理等因素，这些因素的差异都会导致消费者对服装产品需求的不同偏好，因此采用综合因素法，共分为20个细分市场，企业可选择其中某一个细分市场作为目标市场，如表6－4中的一个细分市场，“生活在城市的中等收入、爱好运动、求新潮的青年女性”。通过综合因素法，目标市场变得非常具体。

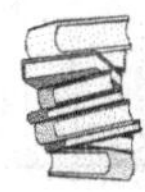

（2）市场细分的程序。美国市场学家麦卡锡提出了细分市场的一整套程序，这一程序包括七个步骤，如图6－4所示。

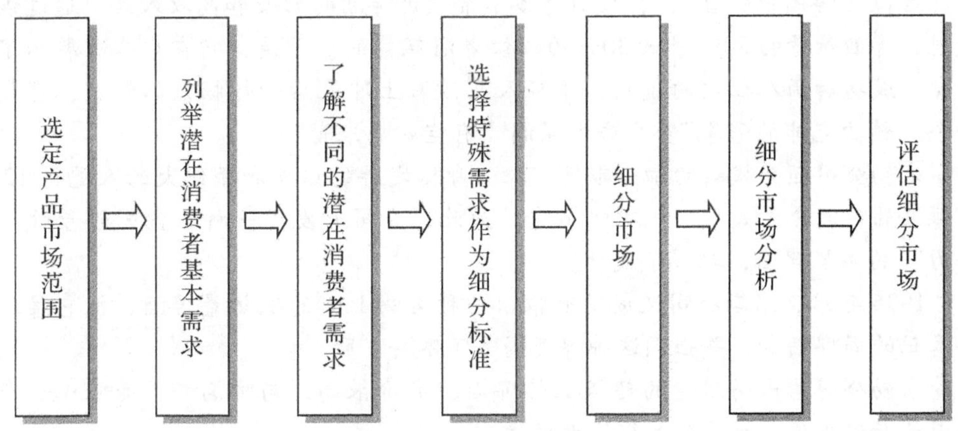

图6－4　市场细分的步骤

第一步，选定产品市场范围。选定产品市场范围就是确定进入什么行业，生产什么产品。产品市场范围应以市场需求为导向。

第二步，列举潜在消费者的基本需求。调查了解潜在消费者的基本需求，包括产品的核心利益、功效、形式等。

第三步，了解不同的潜在消费者需求。

第四步，抽掉潜在消费者的共同需求，以特殊需求作为细分标准。

第五步，细分市场。根据潜在消费者基本需求的差异，将其划分为不同的群体或子市场。

第六步，细分市场分析。进一步分析每一细分市场需求与购买行为的特点，以决定是否可以对这些细分市场进行合并或进一步细分。

第七步，评估细分市场。估计每一细分市场的规模，即在调查的基础上，估计每一细分市场的顾客数量、购买频率及平均每次的购买数量等，并分析细分市场上的产品竞争状况和发展趋势。

应用实例

米勒啤酒公司的市场细分策划

20世纪60年代，米勒公司在全美啤酒行业中排名第七，市场占有率约为4%，业绩平平。1983年，菲利普·莫里斯经营下的米勒公司在全美啤酒市场的市场占有率已达21%，仅次于第一位的布什公司（市场占有率为34%）。

米勒公司之所以能够创造奇迹，在于菲利普在米勒公司引入了曾使万宝路香烟取得成功的营销策划。它由研究消费者的需要和欲望开始，将市场进行细分后，找到机会最好的子市场，针对这一子市场进行促销。

菲利普购买米勒公司后的第一步，是将原来的唯一产品——高生牌啤酒重新定位，美其名曰“啤酒中的香槟”，吸引许多不常饮用啤酒的妇女和高收入者。通过调查发现，啤酒产量的80%是被30%的狂饮者消耗掉的。于是，它在广告中展示了石油钻井成功后两人狂欢的镜头，年轻人在沙滩上冲浪后开怀畅饮的镜头，塑造了一个“精力充沛的形象”。广告中强调“有空就喝米勒”。

米勒公司还寻找新的细分市场。担心身体发胖的妇女和年纪大的人觉得12盎司罐装的啤酒分量太多，一次喝不完，为此，公司开发了一种7盎司的号称“小马力”的罐装啤酒，取得了成功。

1975年后，米勒公司又成功地推出一种名叫Lite的低热量啤酒，把它售给那些真正的喝啤酒者，并强调这种啤酒喝多了不会发胖。

米勒公司推出高质量的超级王牌啤酒，定价很高，与啤酒头号企业——布什公司展开对攻战，结果又获得很大成功。

米勒公司的市场细分策略，使它成为啤酒业的领导者之一。

问题：

1. 米勒公司主要占领了哪些细分市场？

2. 根据啤酒行业的发展趋势，米勒公司能否保住第二名的地位？抑或能否上升到第一？在前进的过程中，它应吸取哪些教训？

知识基础二　目标市场选择

市场细分完成后，面对需求各异的细分市场，为确定要进入的目标市场，企业首先要评估各细分市场。

1．评估细分市场

目标市场就是企业决定要进入的市场。企业在对整体市场进行细分之后，要对各细分市场进行评估，然后根据细分市场的市场潜力、竞争状况、本企业的资源条件等多种因素，决定把哪一个或哪几个细分市场作为目标市场。一般而言，企业主要从三个方面评估细分市场。

（1）市场规模和增长潜力。评估细分市场，首先要判断市场规模和增长潜力。细分市场规模首先要与企业实力相协调，如果市场规模太小，赢利空间就小；而规模太大，企业往往应接不暇，必然导致竞争者介入。市场增长潜力，关系到企业销售和利润的增长，影响企业的发展空间。

（2）市场吸引力。细分市场吸引力的主要衡量指标是投资收益率。一般来讲，投资收益率越高，市场吸引力就越大。

（3）企业发展目标和能力。细分市场的选择，应与企业的发展目标和能力相一致，符合企业的发展战略，有助于企业目标的实现。

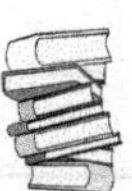

应用实例

宝马公司对即将进入的市场的评价

宝马公司通过对内部（包括情报部门、销售部门、研究部门）和外部（包括专业研究机构、专业传媒、高校）的信息资源的研究和细分，对2015年的汽车市场规模做出战略性的预测。

宝马公司将汽车分为豪华轿车、一般轿车和轻卡。在全球范围内，预计从2002年到2008年，豪华轿车的市场将从503万辆增长到680万辆，增长35%；一般轿车的市场将从4143万辆增长到4770万辆，增长15%；轻卡市场将从827万辆增长到986万辆，增长19%。总体来说，全球汽车市场的容量将从2002年的5473万辆增长到2008年的6436万辆，增长18%。

在亚洲市场，2002年这三种汽车的市场容量分别为32万辆、930万辆和317万辆，预计到2008年的市场容量将分别增长到54万辆、1258万辆和420万辆，分别增长69%、35%和32%。其总体市场容量将从1279.9万辆增长到1732万辆，增长35%。

通过以上分析，宝马公司得出一个重要的结论：亚洲汽车市场增长的速度将是全球市场增长速度的两倍，而其中豪华轿车的增长比例又是最高的。

接下来，宝马公司对日本、中国大陆、东南亚六国（印度尼西亚、马来西亚、菲律宾、新加坡、泰国、越南）三个区域的汽车市场进行预测，结论是：这三个区域从2002年到2008年的市场增长率分别是6%、66%、73%，其中豪华轿车的增长比例依然是最高的，分别是32%（从19万辆到25万辆）、127%（从5.5万辆到12.5万辆）和129%（从3.5万辆到8万辆）。

宝马公司得出的第二个重要的市场结论是：日本、中国大陆、东南亚六国对豪华轿车的需求，是所有汽车品种中最具增长性的；日本的市场基准水平高，而中国大陆和东南亚六国的增长空间十分巨大。

宝马公司在制定战略时，不仅看自己的资源优势，还看竞争对手是谁。宝马的竞争对手是奔驰。奔驰的定位是大而舒适，宝马则定位为小而灵活。

问题：

宝马公司在选择目标市场时，主要做了哪些工作？

2. 决定市场覆盖的宽度

市场评估后，企业就要决定向哪个市场或哪几个市场进军，即做出市场覆盖宽度的决策。市场覆盖模式一般有五种，如图6－5所示。图中P_1、P_2、P_3代表不同档次、规格的产品，M_1、M_2、M_3代表不同的细分市场。

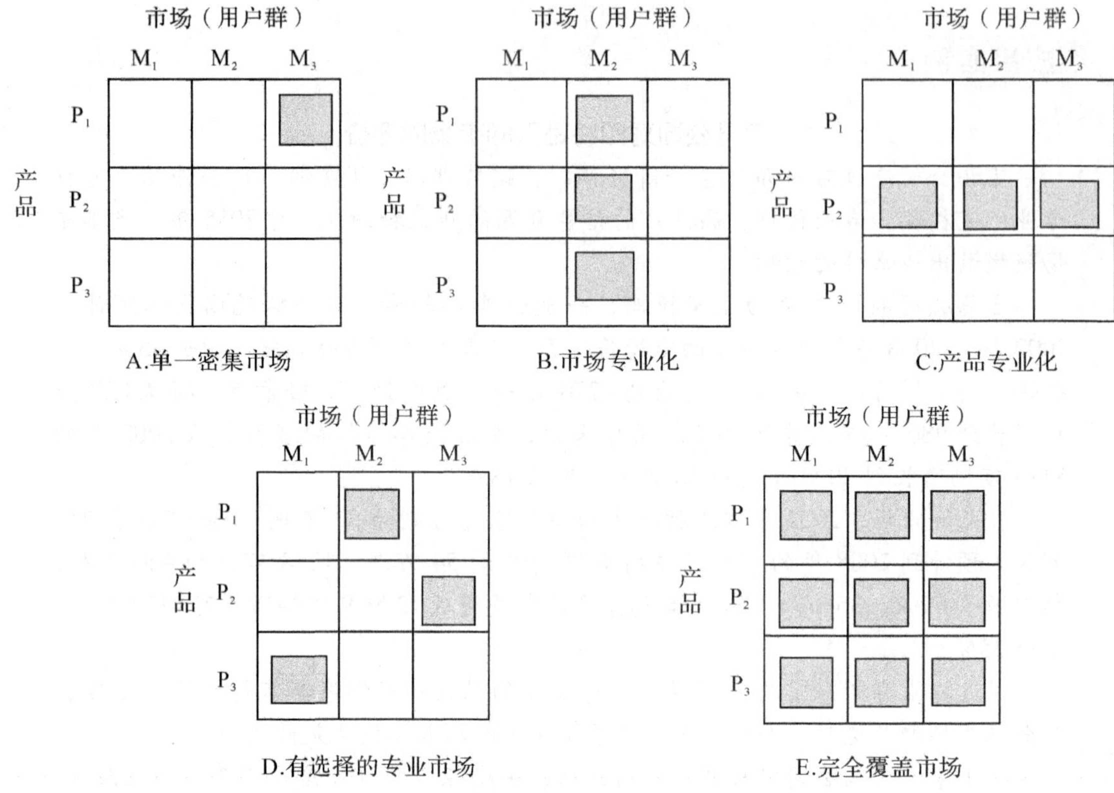

图 6－5　目标市场选择的五种模式

（1）单一密集市场。单一密集市场是在众多的细分市场中，只选择一个细分市场，集中企业人力、财力、物力等资源于这个细分市场。

优点：建立强有力的市场地位，资金需求少，多为企业发展初期所采用。

缺点：经营风险高。

选择单一密集市场的企业，一般基于以下考虑：企业具备在该细分市场上从事专业化经营或取得竞争优势的条件；受资源的约束，只能经营一个细分市场；该细分市场中没有竞争对手；企业准备以此为出发点，待取得成功后再向更多的细分市场扩展。

（2）市场专业化。企业集中生产满足某一市场（消费群体）所需要的各种产品，如鞋厂生产满足青年需要的各种鞋。

优点：充分利用企业资源，扩大企业影响，分散经营风险。

缺点：一旦目标顾客购买力下降，或减少购买开支，企业收益就会明显下降。

（3）产品专业化。产品专业化是指企业只生产一种产品，满足所有消费者需求。如空调生产企业同时向家庭、科研单位、饭店、宾馆销售不同的空调器。

优点：有利于发挥企业生产、技术优势，分散经营风险。

缺点：科学技术的发展对企业威胁较大，一旦在这一生产领域出现全新技术，市场需求就会大幅萎缩。

（4）有选择的专业市场。选择几个细分市场，从事专业生产和服务，分别用不同

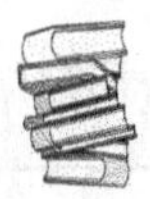

的产品满足各细分市场的需求。每个细分市场在客观上都有吸引力，并且符合企业的目标和资源，但在各细分市场之间很少有或没有任何联系，而每个细分市场都有赢利的可能。

优点：分散经营风险。

缺点：企业应具备较强的资源和营销实力。

（5）完全覆盖市场。企业用一种或多种产品满足本行业市场上所有消费者需求，以期占领整体市场，一般来说，有实力的大企业才能做到。

应用实例

欧莱雅集团进军中国市场

巴黎欧莱雅进入中国市场以来，已在全国近百个大中城市设立了近400个形象专柜。欧莱雅的成功进入，关键在于欧莱雅公司独特的市场细分策略。

首先，公司对产品的使用对象进行市场细分，分成普通消费者和专业使用者。

其次，公司对化妆产品进行细分，如彩妆、护肤、染发护发等；并对每一品种按照化妆部位、颜色等进一步细分，如按照人体部位不同将彩妆分为口红、眼霜、睫毛膏等。

再次，按地区、气候、习俗、文化等进行市场细分。如南方由于气温高，倾向于淡妆；而北方由于气候干燥以及文化习俗的缘故，喜欢浓妆。

最后，还采用了其他细分变量，如按年龄细分等。

欧莱雅在中国的品牌框架包括了高端、中端和大众化三部分。高端产品由12个品牌构成；中端产品包括卡诗、欧莱雅等专业美发品牌和薇姿、理肤泉两个活性健康化妆品品牌；大众类产品。

问题：

欧莱雅是依据哪些因素进行市场细分的？

3．目标市场营销策略

目标市场选择后，营销者根据各目标市场的独特性和企业营销目标与资源确定目标市场营销策略。

（1）无差异市场营销策略。无差异市场营销策略是指企业将整个市场视为一个目标市场，用一种产品和一套营销方案吸引尽可能多的购买者。

采用无差异市场营销策略存在两种情况：一是从传统的产品观念出发，强调需求的共性，企业为整体市场生产标准化产品；二是企业经过认真的市场调研，发现某一产品的市场需求大致相同，差异很小，在客观上可以采取相同的市场营销策略。

采用无差异市场营销策略的最大优点是成本低。

无差异市场营销策略适用于需求广泛、市场同质性高且能大量生产、大量销售的产品（如食盐、面粉、白糖等）。

阅读资料

无差异市场营销策略实践

美国可口可乐公司自1886年问世以来，一直采用无差异市场营销策略，生产一种口味、一种配方、一种包装的产品，满足全世界156个国家和地区的需要，称作“世界性的清凉饮料”。

由于百事可乐等饮料的竞争，1985年4月，可口可乐公司宣布要改变配方，不料在美国市场掀起轩然大波，许多消费者对公司改变可口可乐的配方表示不满和反对，公司不得不继续生产传统配方的可口可乐。

闻名世界的肯德基，在全世界有800多个分公司，都采用同样的烹饪方法、同样的制作程序、同样的质量指标、同样的服务水平。

采用无差异市场营销策略，产品在内在质量和外在形态上必须有独特的风格，才能得到多数消费者的认可，保持相对的稳定性。

（2）差异性市场营销策略。差异性市场营销策略是将整体市场划分为若干细分市场，针对每一细分市场的需求差异制订一套独立的营销方案。

差异性市场营销策略的优点是小批量、多品种，生产机动灵活，针对性强，消费者需求能够更好地得到满足。

差异性市场营销策略的缺点，一是营销成本高，二是分散企业资源。

差异性营销策略的条件是需求的差异性明显。

（3）集中性市场营销策略。集中性市场营销策略是企业集中力量进入一个或少数几个细分市场，实行专业化生产和销售。

集中性市场营销策略的风险在于企业将所有力量集中于某一市场，市场区域相对较小；如果市场选择不当，就会导致营销失败。

集中性市场营销策略适合于资源有限的中小企业。

应用实例

集中性市场营销策略成就“尿布大王”

日本尼西奇公司起初是一个生产雨衣、尿布、游泳帽、卫生带等多种橡胶制品的小厂，由于订货不足，面临破产。

总经理多川博在一个偶然的机会，从一份人口普查表中发现，日本每年出生约250万个婴儿，如果每个婴儿用两条尿布，一年需要500万条。于是，他们决定放弃尿布以外的产品，实行尿布专业化生产。一炮打响后，又不断研制新材料、开发新品种，不仅垄断了日本尿布市场，还远销世界70多个国家和地区。多川博也因此成为闻名于世的“尿布大王”。

问题：

“尿布大王”成功的关键因素是什么？

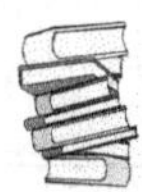

知识库

定制营销

将市场细分进行到最大限度，则每一位顾客都是一个与众不同的细分市场。现代信息技术和现代制造业的迅猛发展，使得为顾客提供量体裁衣式的产品和服务成为可能。

定制营销是指企业在大规模生产的基础上，将每一位顾客都视为一个单独的子市场，通过与顾客进行沟通，明确把握特定顾客的需求，并满足其需求的营销活动过程。定制营销也被称为一对一营销、个性化营销。

定制营销的适用范围十分广泛，包括自行车、汽车、服装、家具等有形产品和金融、咨询、旅游、餐饮等服务。

定制营销的优点：极大地满足消费者的个性化需求，提高企业竞争力；以需定产，有利于减少库存积压，加快企业的资金周转；有利于产品、技术上的创新，促进企业不断发展。

定制营销的缺点：营销工作复杂，经营成本高，经营风险大；信息化程度高，对企业管理水平要求高。

4．影响目标市场选择的因素

每种目标市场策略都各有利弊，企业选择什么样的营销策略，应综合考虑企业、产品和市场等多方面因素。

（1）企业资源或实力。当企业生产、技术、营销、财务等方面实力较强时，可以考虑采用差异性或无差异市场营销策略；资源、实力有限时，应选择集中性市场营销策略。

（2）产品同质性。同质性高的产品，适合采用无差异市场营销策略；对服装、化妆品、汽车等需求差异大的产品，适合采用差异性或集中性市场营销策略。

（3）市场同质性。市场同质性是指各细分市场顾客需求、购买行为等方面的相似程度。市场同质性高，意味着各细分市场相似程度高，不同顾客对同一营销方案的反应大致相同，企业应采取无差异市场营销策略；反之，应采用差异性或集中性市场营销策略。

（4）产品所处的生命周期阶段。产品处于导入期时，竞争品少，竞争不激烈，企业可采用无差异市场营销策略；当产品进入成长期或成熟期时，竞争产品增多，市场竞争激烈，企业可考虑采用差异性市场营销策略；当产品进入衰退期时，为保持市场地位，延长产品生命周期，可采用集中性营销市场策略。

此外，在企业选择目标市场策略时，也要充分考虑主要竞争对手的营销策略。

应用实例

太子奶乳酸菌饮品的营销策略

作为“后起之秀”的发酵型乳酸菌饮品正成为国内乳制品发展的新趋势。在2006年年初的乳品市场，首次出现了发酵型乳酸菌奶与纯牛奶、酸奶三分天下的态势。随着我国首家乳酸菌奶企业——太子奶在国内诞生并快速发展，国内乳酸菌奶饮品行业才开始迎来飞速发展的春天。

经过十年发展，湖南太子奶崛起为发酵型乳酸菌乳品行业老大。与国内乳业巨头相比，太子奶还存在着相当大的差距。但它的独到之处在于它没有参与恶性竞争，却获得了丰厚的回报。

在产品包装上，太子奶采用了不透明塑料瓶作为乳饮料包装，这种设计使它的竞争对手变成了乐百氏、娃哈哈等几个以儿童乳饮料为主的非专业乳品企业，成功避开了伊利、蒙牛等乳业巨头，形成差异化竞争。而与乐百氏、娃哈哈相比，它又具有明显的产品线宽、消费者面广的优势。

在产品开发上，太子奶不断进行市场细分，开发出低糖、高钙产品，分男、女的功能性产品，适合不同年龄段、不同功能消费者的需求。

在定位传播上，太子奶找到了最大的卖点——发酵型乳酸菌，强调发酵型乳品，品质比普通乳酸菌更好，宣称拥有国内最大的发酵型乳酸菌研究基地。

问题：

太子奶获得成功的原因是什么？它采用了什么样的目标市场营销策略？

■工作任务6－1　选择目标市场

工作任务提示：

帮助营销团队掌握市场细分的方法和目标市场选择策略，为营销实战选定目标市场。

工作任务情景：

结合市场调查和市场分析，细分大学生市场，确定目标市场。

工作任务内容：

第一，营销团队讨论，选定一种产品，确定市场细分变量。

第二，每两人一组，进行市场细分。

第三，根据细分结果评估细分市场。

第四，确定目标市场。

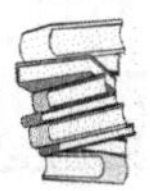

工作任务要求：

第一，团队讨论，阐述市场细分和目标市场选择的理由。

第二，评估细分市场要有依据。

第三，以书面报告形式完成。

任务二　市场定位

知识基础

完成本任务所需要的知识基础包括市场定位的概念和市场定位策略。

知识基础一　市场定位的概念

1. 市场定位

> 市场定位，是企业根据现有产品在细分市场上所处的地位和顾客对产品某些属性的重视程度，塑造出本企业产品与众不同的鲜明个性或形象，并传达给目标市场，从而获得竞争优势。

市场定位（Market Positioning）是20世纪70年代由美国学者阿尔·里斯提出的一个重要的营销学概念。定位就是对企业的产品进行设计，使其能在目标市场心目中占有一个独特的、有价值的位置的行动，其实质是为本企业产品或服务在消费者心中寻找一个有利的竞争位置。

市场定位的基础是差异化。产品差异化是实现市场定位的手段，但并不是市场定位的全部内容。市场定位不仅强调产品差异化，而且要通过产品差异化建立独特的市场形象，赢得消费者的认同。

市场定位是通过为自己的产品创立鲜明的个性，塑造出独特的市场形象。

知识库

市场定位与产品定位

产品定位与市场定位是不同的。市场定位是指企业希望在目标市场中获得一个什么样的、有利的竞争位置，是目标市场对企业产品或品牌的认知和评价；产品定位是指企业用什么样的产品来满足目标消费者的需求。市场定位在先，产品定位在后；产品定位是目标市场选择与企业产品结合的过程，即将市场定位企业化、产品化的工作。

阅读资料

品牌定位的功能

品牌定位在市场营销中的功能表现在四个方面。

1. 快速拉动即时销售

品牌定位致力于在消费者心目中占据一个独特而有价值的位置，成为消费者心目中某品类或特性产品的代表品牌，从而迅速影响消费者的购买选择。

2. 建立强势品牌

在品牌定位战略的指引下，所有的营销组合找到了整合的焦点，将企业资源集中于品牌塑造和维护上，使品牌成为企业的重要资产。

3. 有效防范竞争

成功的品牌定位，使品牌在消费者心中产生独特的品牌联想，代表着独特价值的产品，有不可替代的购买价值。消费者一旦建立品牌联想，就会对其他同类产品品牌产生抵触，为企业构筑起竞争壁垒。

4. 节省推广费用

品牌定位的确立为品牌营销指明了方向。在一致的营销方向下，营销组合能够达成互动改善，从而有效运用与节省资源。

2. 市场定位的作用

市场定位的作用主要表现在两个方面：一是创造差异，即通过市场定位，使企业产品或品牌区别于竞争者；二是做到有的放矢，即通过市场定位，使企业明确在消费者心中建立的竞争优势。市场细分和目标市场选择是寻找“靶”，定位是将“箭”射向靶子。

市场定位的要点：要永争某一属性的第一，只有第一才容易让消费者记住；突出专、特、独。

3. 市场定位的基础

市场定位的基础是差异化，包括产品差异化、服务差异化、人员差异化和企业形象差异化等。

（1）产品差异化。产品差异化源于产品的任何一方面的区别或不同，包括产品的规格、性能、款式、颜色、维修、生产技术、工艺、可靠性等。如白加黑——治疗感冒，黑白分明。

（2）服务差异化。服务差异化包括售前、售中和售后服务的差异。高质量的服务是非常到位的服务，而不是多余的殷勤。

（3）人员差异化。人员差异化主要包括以下六个方面：

称职：员工具有所需要的技能和知识。

谦恭：热情友好、尊重别人、体贴周到。

诚实：诚实可信。

可靠：始终如一、准确无误地提供服务。

反应：对顾客的请求迅速做出反应。

沟通：理解消费者并向消费者清楚地传达有关信息。

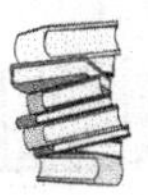

（4）企业形象差异化。企业形象（Corporate Image，简称 CI）是指人们通过企业的各种标志（如产品特点、行销策略、人员风格等）而建立起来的对企业的总体印象，是企业文化建设的核心。企业形象是企业精神文化的一种外在表现形式，是社会公众与企业接触交往过程中所感受到的总体印象。

企业形象差异化就是通过塑造与众不同的企业形象，引起目标市场的关注和兴趣，获得目标市场的信赖和认可。

知识库

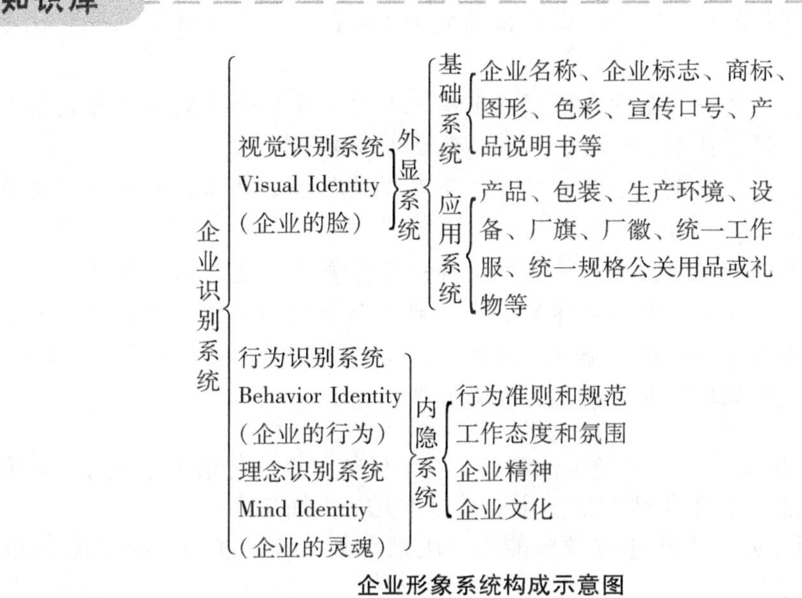

企业形象系统构成示意图

阅读资料

表 6－5　几类产品的特色与概念

产品种类	旅游	冰箱	洗衣机	彩电	手机
特色与概念	休闲	节能	离心力	数字	小巧玲珑
	风景	环保	变频	多媒体	高贵气质
	文化	抗菌	纳米	上网	典雅大方
	体验	可视	网络	环保	功能强大
	教育	说话	手搓	智能	时尚精品
	考古	便携折叠	健康		秀外慧中
		太阳能	节水		简洁方便
		不解冻	节能		强者风范
					体现个性
					轻松愉快

4. 市场定位的步骤

(1) 明确企业潜在的竞争优势。明确企业潜在的竞争优势要回答三大问题：一是竞争对手的产品定位如何？二是目标市场的需求是否得到有效的满足？三是与竞争者相比，企业能做什么？

知识库

竞争优势

美国哈佛商学院教授迈克尔·波特在《竞争优势》一书中阐述了对竞争优势的理解。

第一，竞争优势是一个企业或国家在某些方面比其他的企业或国家更能带来利润或效益的优势，源于技术、管理、品牌、劳动力成本等。

第二，竞争优势无非是利用多种多样的策略以及其他的商业工具去获得更低的成本，更高的利润。

第三，相较于竞争对手拥有可持续性优势：优势资源、先进的运作模式、更适合市场需求的产品和服务。通过上述某个领域或多个领域相互作用形成优于对手的核心竞争力。优势资源包括社会资源、人力资源、自然资源、财力资源等，如石油、矿产；运作模式包括管理、商业模式、创新力等。

(2) 确定竞争优势，制定市场定位策略。竞争优势是企业能够胜过竞争者的能力，包括现有的和潜在的。竞争优势的确定主要从以下几个方面考虑：

一是经营管理优势。主要通过领导能力、决策水平、计划能力、组织能力和个人应变能力来体现。

二是技术开发优势。主要通过技术资源（如专利、技术诀窍等）、技术手段、技术人员能力和开发资金支持来体现。

三是采购优势。主要通过采购方法、存储及运输系统、供应商合作及采购人员能力来体现。

四是生产优势。主要通过生产能力、技术装备、生产过程控制及职工素质来体现。

五是市场营销优势。主要体现在销售能力、分销网络、市场研究、服务与销售战略、广告、资金来源和市场营销人员能力等方面。

六是财务优势。主要通过长期资金和短期资金的来源及资金成本、支付能力、现金流量、财务制度和财务人员素质来体现。

七是产品优势。主要通过产品特色、价格、质量、支付条件、包装、服务、市场占有率、信誉等方面来体现。

明确优势后，企业就要根据其竞争优势，确定市场定位策略，进行具体定位。

(3) 传播市场定位。一旦选择好市场定位，企业就必须采取切实步骤把理想的市场定位传达给目标消费者。企业所有的市场营销组合必须支持这一市场定位策略。

传播市场定位的主要任务是通过一系列的宣传促销活动，把其独特的市场竞争优势准确地传播给目标消费者，并在消费者心目中留下深刻的印象。为此，企业首先应使目标消费者知道、了解、熟悉、认同、喜欢和偏爱企业的市场定位，在消费者心目中建立与该定位相一致的形象。其次，企业通过一切努力，保持与目标消费者的有效

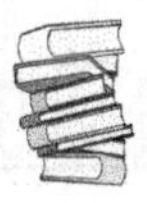

沟通，巩固企业的市场形象，及时纠正与市场定位不一致的市场形象。

知识基础二　市场定位的策略

1．市场定位策略有效性的条件

差异化是定位的基础和要求，但并非所有的差异化都是有意义的或有价值的。企业必须确定推出多少差异，推出哪些差异。有效的差异化应满足下列各原则：

重要性。该差异能给目标市场带来高价值的利益。

专有性。竞争对手无法提供这一差异。

优越性。该差异优越于其他可使消费者获得同样利益的办法。

感知性。该差异实实在在，可为消费者所感知。

不易模仿性。竞争对手不能够轻易地复制出此差异。

可支付性。购买者有能力支付这一差异所需费用。

可赢利性。企业能从此差异中获利。

2．市场定位的策略

常见的市场定位策略主要有以下五种：

(1) 竞争性定位策略。竞争性定位策略是指企业选择与竞争对手重合的市场位置，争取同样的目标顾客，彼此在产品、价格、分销、供给等方面稍有差别。

如百事可乐——“你是可乐，我也是可乐”。

(2) 补缺策略。补缺策略是指寻找新的尚未被占领、但为许多消费者所重视的需求，即填补市场上的空位。

如美国银河公司发现市场上的棒棒糖一剥开糖纸，不到一分钟就被小孩吃完了，他们就专门生产一种耐吃的糖，定位于耐吃。

(3) 市场区隔策略。当企业自己无力与竞争者相抗衡时，可突出宣传自己与众不同的特色，在某些有价值的产品属性上取得竞争优势。

如七喜——Seven Up，the uncola。

(4) 重新定位策略。重新定位策略是指企业改变产品特色，改变目标消费者对其原有的印象，使目标消费者对其产品新形象有一个重新认识的过程。

如万宝路香烟：从“淑女”到“牛仔”。

(5) 比附定位策略。比附定位策略是指通过与竞争品牌的比较来确定自身市场地位的一种定位策略。其实质是借势定位，即借竞争者之势，衬托自身的品牌形象。

比附定位策略的具体方法有三种：一是攀龙附凤，如蒙牛牛奶——“中国航天员专用牛奶”；二是甘居第二，如美国阿维斯出租汽车公司强调“我们是老二，我们要进一步努力”；三是进入高级俱乐部，如美国克莱斯勒汽车公司宣布自己是美国“三大汽车公司之一”。

在比附定位策略中，参照对象的选择是一个重要问题。一般来说，只有与知名度、美誉度高的品牌作比较，才能借光生辉。

3．市场定位的方法

市场定位方法是定位策略的具体化。主要的定位方法有以下几种：

(1) 利益定位。利益定位是以产品本身所具有的突出利益或功效作为定位的核心，利益点包括经济、耐用、质量、服务、高贵、优越等。

如沃尔沃汽车，安全与耐用；奔驰汽车，高贵、王者、显赫、至尊；奥拓汽车，经济实用。

阅读资料

宝洁公司的清洁剂系列

汰渍（去污）：强有力，能洗净任何污渍。

快乐（颜色保护）：杰出的清洁和不褪色。

奥克雪（漂白）：使你的白衣更白，颜色衣物更亮。

波尔德（柔软）：清洁、柔软和不带静电。

伊拉能（除斑迹）：除斑迹做得比你希望的更好。

象牙雪（中性和温柔）：用于尿布和小孩的衣服。

（2）产品用途定位。产品用途定位是以产品的特殊用途作为定位的核心。如“红牛”饮料把自己定位于增加体力、消除疲劳的功能性饮料；“金嗓子喉宝”专门用来保护嗓子；“地奥心血康”专门用来治疗心脏疾病。

（3）竞争定位。竞争定位是指企业根据自身的实力，为占据有利的市场位置，与市场上占支配地位的、实力强的竞争对手进行正面竞争。

（4）特定使用场合、特定使用时间的定位。一些产品根据其使用时间和场合进行定位。如一次性碗筷、钟点房、情人节卡片等。

（5）生活方式定位。生活方式定位是企业根据目标市场的生活方式来对产品进行定位，以期找到结合点，获得消费者的认同和偏好。生活方式定位包括生活方式、个性、性格、价值观等几个方面。如耐克，运动、活力；百事可乐，年轻、活泼、时代。

（6）价格/质量定位。价格/质量定位是以产品的价格与质量的关系来对产品进行市场定位。

（7）比附定位。比附定位是以竞争者的产品为参照物，依附竞争者为本企业产品进行定位。如“宁城老窖，塞外茅台”。

知识库

常见的定位错误

1. 过度的定位

言过其实，过度夸大产品利益或功效，导致消费者怀疑。

2. 混乱的定位

公司对其品牌诉求过多，变动过于频繁，致使消费者对其品牌印象混乱，很难令人弄清该产品的主要特点何在。

3. 过宽的定位

有些产品定位过宽，不能突出产品的差异性，很难使该产品在消费者心目中树立显著的、独特的形象。

4. 过窄的定位

有的产品本来可以满足更大的消费者群体需求，但由于定位过窄，只针对其中一部分消费者进行推广，结果损失了一大批潜在消费者。

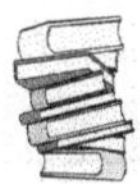

■工作任务6－2　进行市场定位

工作任务提示：

帮助营销团队掌握市场定位策略和方法，指导营销实践。

工作任务情景：

结合选定的目标市场和营销产品，对营销产品进行市场定位。

工作任务内容：

第一，掌握市场定位策略和方法。

第二，分析营销产品与竞争品的差异。

第三，给出定位的理由和定位。

工作任务要求：

第一，团队讨论，明确定位理由，进行市场定位。

第二，以书面报告的形式完成目标市场营销，并通过营销实战检验。

课程小结

任务一　目标市场选择

- 目标市场选择
  - STP营销的步骤：企业情况分析、市场细分、目标市场选择、市场定位、制定相应的市场营销组合策略。
  - 市场细分
    - 市场细分的概念和作用。
    - 市场细分原则：可衡量性、足量性、可进入性、独特性、稳定性。
    - 市场细分标准
      - 消费者市场细分标准：地理因素、人口因素、心理因素、行为因素。
      - 组织市场细分标准：最终用户标准、用户规模标准、参与购买决策成员的个人特点、用户所处的地理位置。
    - 市场细分的方法和程序
      - 市场细分方法：单一因素法、系列因素法、综合因素法。
      - 市场细分程序。
  - 目标市场选择
    - 评估细分市场：市场规模和增长潜力，市场吸引力，企业发展目标和能力。
    - 决定市场覆盖的宽度：单一密集市场、市场专业化、产品专业化、有选择的专业市场、完全覆盖市场。
    - 目标市场营销策略：无差异市场营销策略、差异性市场营销策略、集中性市场营销策略。
    - 影响目标市场选择的因素：企业资源或实力、产品同质性、市场同质性、产品所处的生命周期阶段、竞争者营销策略。

任务二 市场定位

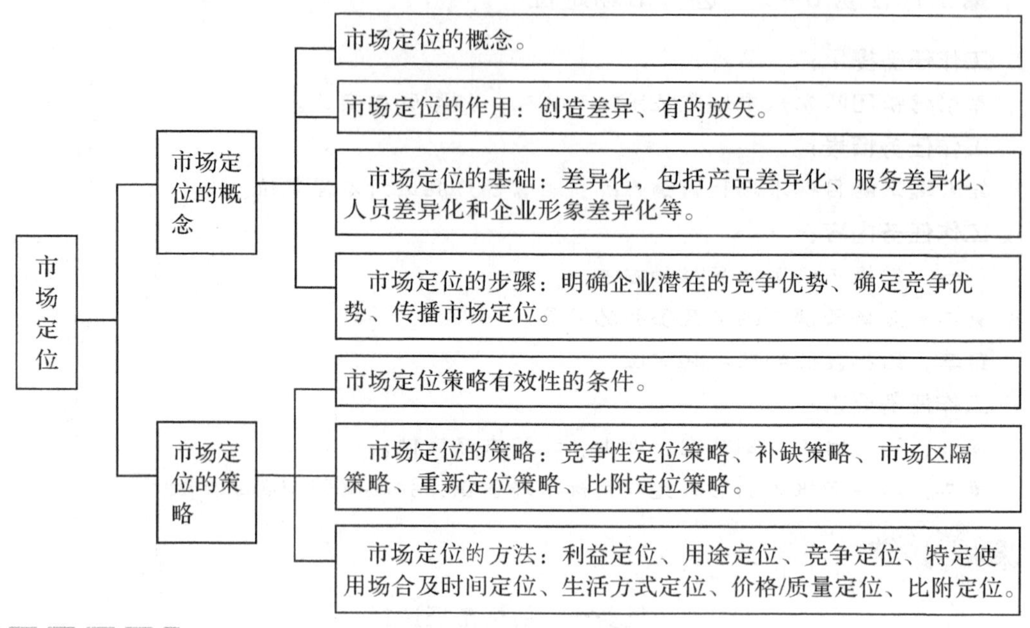

课后练习

一、单项选择题

1．现代市场营销的核心是（　　）。

A．社会化营销　B．目标市场营销　C．大市场营销　D．差异化营销

2．市场细分就是寻找不同群体间的（　　）。

A．需求差异性　B．需求的共性

3．下列市场细分变量中，属于地理因素的是（　　）。

A．国籍　B．民族　C．国家　D．宗教

4．下列市场细分变量中，属于人口因素的是（　　）。

A．国籍　B．社会阶层　C．职业　D．个性

5．下列市场细分变量中，属于心里因素的是（　　）。

A．国籍　B．社会阶层　C．职业　D．个性

6．下列市场细分变量中，属于行为因素的是（　　）。

A．国籍　B．追求利益　C．职业　D．个性

7．单一密集市场选择一般适合（　　）。

A．大企业　B．中型企业　C．跨国公司　D．小企业

8．完全覆盖市场选择一般适合（　　）。

A．大企业　B．中型企业　C．小企业

9．下列产品营销中，适合采用无差异市场营销策略的是（　　）。

A．服装　B．电脑　C．食盐　D．住房

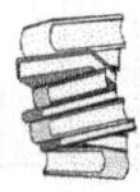

10．当企业资源、实力有限时，应选择（　　）。

A．无差异营销策略　B．集中性营销策略　C．差异性营销策略

11．同质性高的产品，适合采用（　　）。

A．无差异营销策略　B．集中性营销策略　C．差异性营销策略

12．市场定位其实质是为本企业产品或服务在（　　）寻找一个有利的竞争位置。

A．消费者心中　B．市场上　C．店铺中

13．“宁城老窖，塞外茅台”属于（　　）策略。

A．竞争性定位　B．补缺定位　C．比附定位　D．市场区隔

14．“泻痢停，痢疾拉肚一吃就灵”，属于（　　）。

A．利益定位　B．功能定位　C．用途定位　D．竞争定位

15．“保护嗓子，金嗓子喉宝”，属于（　　）。

A．利益定位　B．用途定位　C．比附定位　D．竞争定位

二、多项选择题

1．目标市场营销的核心是（　　）。

A．市场分析　B．市场细分　C．选择目标市场

D．市场定位　E．市场评估

2．按市场细分的层次，市场细分可分为（　　）细分。

A．一般细分市场　B．拾遗补阙　C．局部地区　D．个别营销

3．市场细分的原则是市场细分时应遵循的准则，主要有（　　）。

A．可衡量性　B．足量性　C．可进入性

D．独特性　E．稳定性

4．消费者市场细分标准，概括起来主要有（　　）。

A．地理因素　B．人口因素　C．心理因素

D．行为因素　E．文化因素

5．市场细分中，按地理因素细分变量包括（　　）。

A．国家　B．地区　C．城市规模

D．气候　E．人口密度

6．市场细分中，按人口因素细分的具体细分变量包括（　　）。

A．年龄　B．职业　C．性别

D．收入　E．民族

7．市场细分中，按心理因素细分的具体细分变量包括（　　）。

A．社会阶层　B．生活方式　C．个性

D．态度　E．价值观

8．市场细分中，按行为因素细分的具体细分变量包括（　　）。

A．购买时机　B．追求利益　C．使用者状况

D．使用数量　E．品牌忠诚程度　F．价值观

9．组织市场细分标准包括（　　）。

A．最终用户标准　B．用户规模标准

C. 用户所处的地理位置　　D. 成员的个人特点

10. 市场细分的方法包括（　　）。

A. 单一因素法　　B. 系列因素法

C. 综合因素法　　D. 复杂因素法

11. 一般而言，企业主要从（　　）几个方面评估细分市场。

A. 市场规模　　B. 市场增长力　　C. 市场吸引力　　D. 企业能力

12. 企业决定市场覆盖的宽度，可供选择的市场覆盖模式包括（　　）。

A. 单一密集市场　　B. 市场专业化

C. 产品专业化　　D. 有选择的专门市场

E. 完全覆盖市场　　F. 市场差异化

13. 企业的目标市场营销策略包括（　　）。

A. 无差异市场营销策略　　B. 差异性市场营销策略

C. 集中性市场营销策略　　D. 完全覆盖市场营销策略

14. 影响企业目标市场选择的因素，主要包括（　　）等。

A. 企业因素　　B. 产品因素　　C. 市场因素　　D. 政府因素

15. 市场定位的基础是差异化，包括（　　）。

A. 产品差异化　　B. 服务差异化

C. 人员差异化　　D. 企业形象差异化

16. 常见的市场定位策略主要有（　　）。

A. 竞争性定位策略　　B. 补缺策略

C. 市场区隔策略　　D. 重新定位策略

E. 比附定位策略

17. 比附定位策略的具体方法有（　　）。

A. 争当第一　　B. 甘居第二

C. 进入高级俱乐部　　D. 攀龙附凤

18. 市场定位方法是定位策略的具体化，主要的定位方法有（　　）等。

A. 利益定位　　B. 产品用途定位　　C. 竞争定位　　D. 特定使用场合

E. 价格/质量定位　F. 比附定位

三、判断题

1. 目标市场营销，又称 STP 营销，是策略性营销的灵魂。（　　）

2. 市场细分就是寻找不同群体间的需求差异、同一群体内的需求共性。（　　）

3. 细分市场变量越多，分的就越细，越不容易找到市场机会。（　　）

4. 细分市场的规模越小，满足市场需求的成本越高。（　　）

5. 完全覆盖市场一般适合有实力的大企业。（　　）

6. 采用无差异市场营销策略的最大优点是成本低。（　　）。

7. 差异性营销策略的条件是需求的差异性明显。（　　）

8. 集中性营销策略适合于资源有限的中小企业。（　　）

9. 同质性高的产品，适合采用无差异营销策略；对服装、化妆品、汽车等需求差

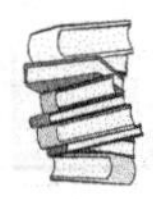

异大的产品，适合采用差异性或集中性营销策略。（　　）

10. 市场定位其实质是为本企业产品或服务在消费者心中寻找一个有利的竞争位置。（　　）

11. 市场定位的基础是差异化。（　　）

12. 市场定位是通过为自己的产品创立鲜明的个性，塑造出独特的市场形象。（　　）

13. 市场细分和目标市场选择是寻找“靶”，定位是将“箭”射向靶子。（　　）

四、简答题

1. 简述实行目标营销，企业必须相应地采取五个重要的步骤。
2. 简述市场细分的主要作用和原则。
3. 简述消费者市场细分标准。
4. 简述市场细分的方法和程序。
5. 简述细分市场评估的主要内容。
6. 简述市场覆盖模式的五种类型。
7. 简述目标市场营销策略。
8. 简述市场定位的作用。
9. 简述市场定位策略有效性的条件。
10. 简述常见的五种市场定位策略。

五、案例分析题

王老吉的重新定位

2003年，红色王老吉销量激增400%，年销售额从此前的每年1亿多元猛增至2003年的6亿元。王老吉凭着其出色的产品品质，在2007年9月获得“人民大会堂宴会用凉茶饮品”称号，成为中国首个且是唯一进入国宴饮品行列的凉茶。2007年，王老吉获得“全国罐装饮料市场销售额第一名”的称号。

王老吉开始上市时，销售区域主要在广东和浙江南部地区。在广东，王老吉可以说是家喻户晓，作为最著名的凉茶老字号，有超过180年的历史。在消费者心目中，王老吉就是凉茶的代称，是一种有药效的饮品。由于凉茶降火功效显著，药性太凉，不宜经常饮用，红色王老吉在消费者心目中是个“药茶”。作为中药，不宜经常饮用，这在很大程度上限制了王老吉的销售。

2002年年底，加多宝公司找到成美（广州）行销广告公司。成美公司经过认真研究发现：王老吉的核心问题不是通过简单地拍广告可以解决的——关键是没有品牌定位。红色王老吉虽然销售了7年，其品牌却从未经过系统定位，连企业也无法回答红色王老吉究竟是什么，消费者更是完全不清楚为什么要买它。正如大卫·奥格威所说：一个广告运动的效果更多的是取决于你产品的定位，而不是你怎样写广告（创意）。经过深入沟通后，加多宝公司最后接受了建议，决定委托成美先对红色王老吉进行品牌定位。

研究中发现，广东的消费者饮用红色王老吉的场合为烧烤、登山等活动，原因是“吃烧烤时喝一罐，心理安慰”，“上火不是太严重，没有必要喝黄振龙”（黄振龙是凉

茶铺的代表，其代表产品功效强劲，有祛湿降火之效)；在浙江南部，饮用场合主要集中在“外出就餐、聚会、家庭”。研究发现消费者对于“上火”的担忧很大，评价红色王老吉时经常谈到“不会上火”，“健康，小孩老人都能喝”。

进一步研究发现：红色王老吉的直接竞争对手，如菊花茶、清凉茶等由于缺乏品牌推广，在饮料市场渗透程度低；而可乐、茶饮料、果汁饮料、水等明显不具备“预防上火”的功能。研究结果表明，红色王老吉的“凉茶始祖”身份、神秘中草药配方、180 年的历史等，是占领“预防上火饮料”市场的重要优势。王老吉从战略定位入手，将产品从“药茶”重新定位为饮料，明确红色王老吉是一种功能性饮料，改变了红色王老吉的类别属性，为红色王老吉从区域市场走向全国市场、挖掘潜在需求扫除了障碍。

“预防上火的饮料”是红色王老吉的定位主张，广告语是“怕上火，喝王老吉”，其独特的价值在于喝红色王老吉能预防上火。

问题：

请分析王老吉产品取得全国市场突破的主要原因和策略。

经典人物

彼得·德鲁克

彼得·德鲁克 1909 年 11 月 19 日出生于维也纳，1937 年移居美国，终身以教书、著书和咨询为业。德鲁克一生共著书 39 本，在《哈佛商业评论》发表文章 30 余篇，被誉为“现代管理学之父”。

1954 年，德鲁克提出了一个具有划时代意义的概念——目标管理（Management By Objectives，简称为 MBO)，它是德鲁克所提出的最重要、最有影响力的概念，并已成为当代管理学的重要组成部分。

杰克·韦尔奇、比尔·盖茨等人都深受其思想的影响。《纽约时报》赞誉他为“当代最具启发性的思想家”。

未来竞争的关键，不在于工厂能生产什么产品，而在于产品能提供的附加利益。

——西奥多·李维特

项目七　产品策略

知识目标

◆理解产品的整体概念和品牌的含义。
◆掌握产品组合分析方法。
◆掌握产品生命周期的特点及营销策略。
◆掌握品牌策略和包装策略。
◆掌握新产品开发的一般程序。

技能目标

◆能判断产品的核心利益。
◆能进行产品组合分析，优化产品组合。
◆能根据产品生命周期阶段制定相应的营销策略。

导入案例

金龙鱼：20 年塑造中国食用油第一健康品牌

1991 年，国内第一瓶“金龙鱼”小包装油面世，将食用油从散装油带到小包装精炼油的时代。20 余年来，金龙鱼一路狂飙，迅速占领中国小包装食用油的半壁江山，成为中国食用油第一品牌。

从一开始，企业就高举品牌大旗，为其小包装食用油设计了一个响亮的品牌名称——金龙鱼。这是一种大型热带观赏鱼，由于嘴上长有两条胡须，加上周身闪烁着金色的光芒，人们把它与传说中的龙联系起来，称为“龙鱼”，被视为富贵吉祥的化身。

在外包装上，“金龙鱼”小包装油的总体视觉效果能够体现精美、亲切、高贵。“金龙鱼”不仅在名称上采用了中国人喜闻乐见的龙和鱼，而且在色彩上采用了红色和黄色，在口味上采用了最适合中国人的浓香风格。这些使“金龙鱼”小包装油因为有浓浓的中国特色被国人所接受。

如果说打造“金龙鱼”品牌是嘉里粮油的企业追求，那么“健康生活金龙鱼”则是企业对消费者的最大承诺。“金龙鱼”一直在大力推广食用油健康理念，从最初的倡导安全、卫生、健康、方便的小包装食用油，到快步开发具有健康功效的高端食用油，健康用油一直是“金龙鱼”的主旋律。2002 年，企业将食用油与人体健康方面的研究深入到脂肪酸领域，以人体膳食脂肪酸的均衡营养为基础，研制出“金龙鱼”第二代调和油，成为中国食用油行业第一个倡导“1:1:1”膳食脂肪酸平衡的企业。

问题：

1. 试用产品整体概念分析“金龙鱼”的产品。
2. 企业如何通过产品引领消费需求？

分析点评：

企业的一切生产经营活动都是围绕着有市场需求的产品进行的。企业生产什么，为谁生产，生产多少，这些都是产品策略必须回答的问题。深刻理解产品的概念，制定科学的产品策略，是企业获得市场竞争力的第一步。

任务一　理解产品的概念及其分类

知识基础

完成本任务所需要的知识基础包括整体产品的概念、产品的分类。

知识基础一　整体产品的概念

产品是市场营销的客体和主要内容，是满足消费者需求的载体。

产品是指能够在市场上得到的，用于满足人们需要和欲望的任何东西，包括食物、服务、场所、设计、软件、信息等各种形式。产品就是为顾客提供某种预期效益而设计的物质属性、服务的组合标记，具有广泛性和完整性。

1. 整体产品的概念

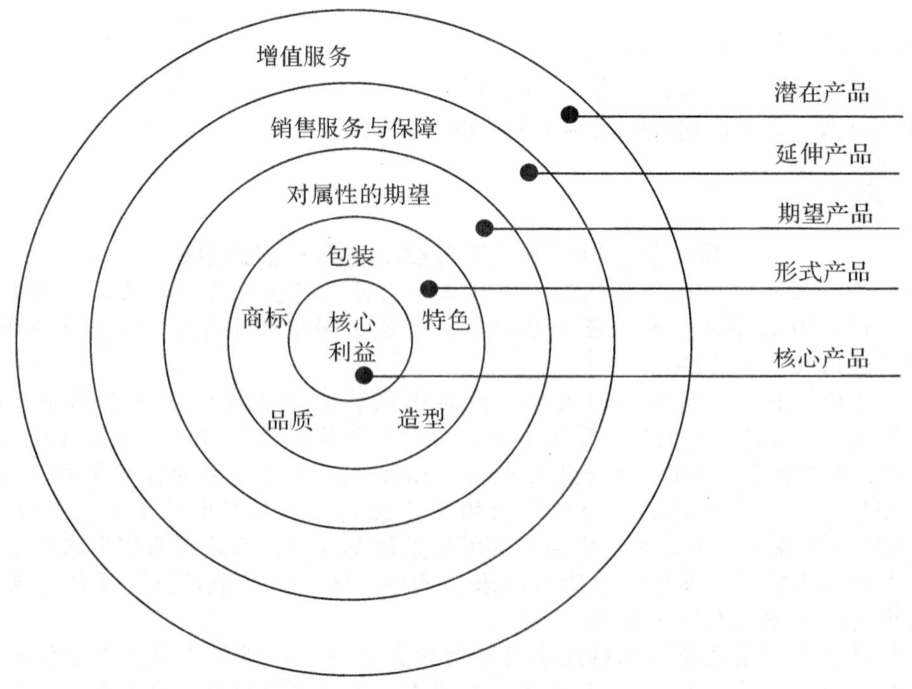

图 7－1　整体产品构成示意图

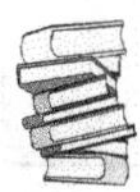

产品是由有形的物质属性和无形的服务组成的有机整体。产品的概念也是一个整体的概念，包括核心产品、形式产品、期望产品、延伸产品和潜在产品，如上图7－1所示。

（1）核心产品。核心产品是产品的核心利益和功效，是产品使用价值的表现，是消费者购买的基本理由。失去了产品的核心利益和功效，产品也将失去其价值。

（2）形式产品。形式产品是产品的表现形式或存在形态，包括产品的外观、质量、品牌、包装等。随着消费者需求的不断变化和需求层次的不断提高，产品的形式也在不断变化，改善产品形式是提升产品价值的重要手段。

应用实例

产品是什么

有一天，从西域来了一位商人，他将珠宝拿到集市上出售，其中有一颗名叫“珊”的宝珠引人注目。它的颜色纯正赤红，就像是朱红色的樱桃一般，直径有一寸（约3.3厘米），价值连城。

恰好龙门子这天也来逛集市，见好多人围着什么议论纷纷，便也带着弟子挤进了人群。龙门子仔仔细细地瞧了瞧宝珠，开口问道：“珊可以拿来填饱肚子吗?”商人答道：“不能。”“那它可以治病吗?”商人答道：“不能。”

龙门子接着问：“那能够驱除灾祸吗?”商人答道：“不能。”“那能使人变得孝顺父母吗?”回答仍是“不能”。

龙门子说道：“真奇怪，这颗珠子什么用都没有，价钱却超过了数十万元，这是为什么呢?”

商人告诉他：“这是因为它产自人烟稀少的地方，要动用大量的人力、物力，历经不少艰险才能得到，是稀世之宝!”

龙门子听了，摇摇头便离开了。

问题：

龙门子的观点是什么？你认同他的观点吗？

（3）延伸产品。延伸产品是产品利益或功效的进一步延伸，一般是指产品在被消费或使用后的再利用。延伸产品是企业提供的、被消费者发现或利用的产品价值，如包装物的再利用。

（4）潜在产品。潜在产品是指由企业提供的、延伸产品之外的、能满足顾客潜在需求的产品层次，主要指产品的超值利益。与延伸产品不同，潜在产品的存在与否并不影响产品的核心利益和功效的实现。目前，许多产品的潜在利益和需求还没有被顾客认识和发现，需要企业的积极引导和支持。

2．整体产品概念的意义

现代企业的竞争是多层面的，谁能更好地满足消费者需求，谁就能占领市场，取得竞争优势。理解整体产品概念对营销管理的意义，应考虑以下几个方面：

一是产品的核心利益是需求的基础。

二是形式产品是影响产品价值的重要因素，增加或改进产品形式可以提升产品价值。

三是随着市场经济的发展，产品的内容也在不断丰富。

应当注意的是：期望产品尽管是消费者的期望，但企业的广告和宣传推广直接影响期望产品的形成，进而影响消费者对产品价值的最终评价。

3. 期望产品

与整体产品概念不同，期望产品不是企业提供的，而是消费者期望获得的产品利益和功效的总和。期望产品与消费者获得的实际利益和功效的对比，是影响消费者产品评价的关键。

当产品的实际利益和功效低于消费者的期望时，就会导致消费者的不满；当产品的实际利益和功效与消费者的期望接近时，消费者就会表示满意；当产品的实际利益和功效高于消费者的期望时，消费者就会表示非常满意，产生再购买或向他人推荐的欲望，并有可能成为企业的忠诚顾客。

知识基础二　产品的分类

对产品进行分类，有助于进一步深入了解产品的概念，把产品与消费者的购买和消费行为联系起来。按照不同的标准，可以对产品进行不同的分类。

1. 产品层次分类

按产品层次，产品可分为需求门类、产品门类、产品种类、产品线和产品项目。

（1）需求门类。需求门类体现产品门类的核心需求。如美容产品就是一个需求门类，包括护肤品、化妆品等。

（2）产品门类。产品门类是指至少能够部分满足某一核心需求的所有产品种类。如化妆品作为产品门类，包括各种化妆品。

（3）产品种类。产品种类是指满足同一需求的各种产品。如化妆品中的某一类。

（4）产品线。产品线是指同一品牌产品的不同层次。如资生堂牌化妆品。

（5）产品项目。产品项目是产品线中的某一具体产品。如供青年女性使用的资生堂牌某一型号的淡红色口红。

2. 耐用品和非耐用品

按照产品的耐用程度，产品可分为耐用品和非耐用品。

（1）耐用品。耐用品是指在一定时期内，能多次使用，且使用年限较长的产品。其特点是使用时间长，消耗速度慢，重复购买频率低，单位产品价值高。

在营销策略上，耐用品要保证较高的质量，提供更多的附加利益。耐用品使用寿命长，价格高，消费者的购买行为较为理性，购买决策相对复杂。

（2）非耐用品。非耐用品是指在一定时期内，只能使用一次或有限几次的产品。其特点是使用时间短，消费速度快，重复购买频率高。

在营销策略上，非耐用品的销售网点要多，价格要低，重点培养消费者的品牌偏好。

3. 有形产品和服务

按照产品的存在形态，产品可分为有形产品和服务。

（1）有形产品。有形产品是指有一定物质实体的产品。

（2）服务。服务（又称无形产品）是指用于出售或连同产品一起出售的活动、利益或满足感。

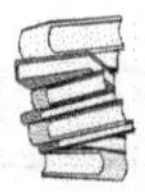

服务作为无形产品，常与有形产品相伴随，或借助有形产品来实现其价值。

4. 消费品和工业品

按照产品销售的目标对象和产品用途，产品可分为消费品和工业品。

（1）消费品。消费品是指为了个人和家庭的消费需求而进行购买和使用的产品。

按照消费者在购买产品时的购买行为，消费品可分为日用品、选购品、特殊品和非渴求品。

（2）工业品。工业品是指为生产和再销售而购买的产品，是产业市场的交易对象。

■工作任务 7－1　产品利益分析

工作任务提示：

帮助学生更好地理解整体产品的概念，并使营销团队在今后的营销活动中明确产品的核心利益，掌握提升产品价值的手段。

工作任务情景：

每种产品都有其核心利益，失去核心利益，产品也就没有市场需求；形式产品是提升产品价值的重要手段；延伸产品的利益又何在?

工作任务内容：

分析本团队拟销售产品的核心利益，讨论提升产品价值的途径，并付诸实施。

工作任务要求：

第一，每人负责一种产品利益分析。

第二，小组讨论，确定实施营销的可行性。

第三，形成产品分析和营销选择报告。

任务二　理解产品组合的概念及其策略

知识基础

完成本任务所需要的知识基础包括产品组合及相关概念、产品组合优化策略。

知识基础一　产品组合及相关概念

为更好地满足目标市场需求，扩大销售，分散风险，许多企业都生产经营多种产品，这些产品的市场份额、销售利润各不相同。为实现企业资源的最优配置，企业需要根据市场需求和自身能力，研究和分析产品间的组合搭配，不断调整产品结构，增加新产品，放弃老产品。

1. 产品组合

产品组合是指企业生产经营的全部产品的总和，是企业提供给目标市场的全部产品线和产品项目的组合或搭配，即企业的经营范围和产品结构。

（1）产品线。产品线是产品组合中的某一产品大类，是基本功能和利益相同、规格不同、满足相同需求的一组密切相关的产品。如同一品牌和技术、不同规格的电视机构成一条产品线。

(2) 产品项目。产品项目是指产品线中各种不同的品种、规格、质量、价格、技术结构和其他特征的具体产品。企业产品目录上列出的每一个产品都是一个产品项目。如海尔洗衣机中,“小小神童”就是其中的一个产品项目。

2. 产品组合的广度、长度、深度与关联度

通常人们从产品组合的广度、长度、深度和关联度四个方面来描述企业的产品组合情况。

(1) 产品组合的广度。产品组合的广度(又称宽度)是指企业所拥有的产品线的数量。产品线越多,说明企业的产品组合越宽。

(2) 产品组合的长度。产品组合的长度是指企业所有产品线中所包含的所有产品项目的总和。

(3) 产品组合的深度。产品组合的深度是指每一条产品线中每一品牌所包含的具体的花色、品种、规格、款式的产品数量。

(4) 产品组合的关联度。产品组合的关联度是指各条产品线之间在最终用途、生产条件、分销渠道以及其他方面相互关联的程度。如表 7-1 所示的海尔公司的产品,都可归类到家用电器,产品线间的关联度较高。

表 7-1 海尔公司的产品组合(部分)

<table>
<tr><th colspan="2" rowspan="2">产品线</th><th>产品项目</th></tr>
<tr><th>产品组合的长度</th></tr>
<tr><td rowspan="6">产品组合的广度</td><td>冰箱</td><td>王子、金王子、太空王、王中王、果菜王、金统帅、大统帅</td></tr>
<tr><td>空调</td><td>超人、大超人、金超人、健康超人、太空金元帅、金状元</td></tr>
<tr><td>洗衣机</td><td>太空钻、太阳钻、水晶钻、玫瑰钻、银河钻、小神童、小小神童</td></tr>
<tr><td>电热水器</td><td>大海象、金海象、海象王、小小海象</td></tr>
<tr><td>电视</td><td>宝德龙、美高美、影丽、小雷达、青蛙王子</td></tr>
<tr><td>手机</td><td>喜多星、彩智星、天彩星</td></tr>
</table>

知识基础二 产品组合优化策略

产品组合优化策略是企业根据产品组合分析,针对市场变化,调整现有产品结构,寻求和保持产品结构最优化的方法。产品组合优化分析是优化产品结构、制定产品组合优化策略的基础。

1. 产品组合优化分析

产品组合优化分析方法主要有两种,即波士顿矩阵法和象限分析法。

(1) 波士顿矩阵法。波士顿矩阵法由波士顿咨询公司(BCG)于 1970 年创立。它以相对市场占有率为横坐标,以市场增长率为纵坐标,将公司产品分为问题类、明星类、金牛类和狗类四种类型的投资组合,如图 7-2 所示。

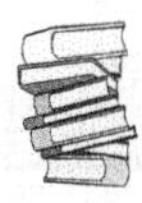

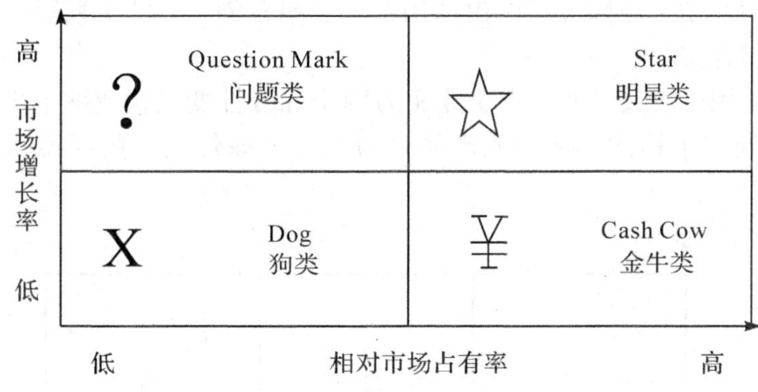

图 7－2　波士顿矩阵法产品组合优化分析

纵坐标市场增长率表示该业务的销售量或销售额的年增长率，用 0～20% 表示，市场增长率超过 10% 是高速增长；横坐标相对市场占有率表示该业务相对于最大竞争对手的市场占有率，用于衡量企业在相关市场上的实力，用 0.1～10（该企业销售量是最大竞争对手销售量的 10 倍）表示，并以相对市场占有率 1.0 为分界线。需要注意的是，这些数字范围在运用中可以根据实际情况进行修改。

第一类，问题类产品。问题类产品是市场增长率高、相对市场占有率较低的产品，多是企业的新业务。为发展问题类产品，企业必须增加设备和人员，以便满足市场增长的需要。

问题类产品是企业要决定是否继续投资，以扩大生产的产品。一般来讲，符合企业发展长远目标、具备资源优势、能够增强企业核心竞争能力的问题类产品是应当继续增加投资，并将其转化成明星类的产品的。

第二类，明星类产品。明星类产品是指市场增长率高、相对市场占有率高的产品，是高速成长市场中的领导者，并可能成为企业未来的金牛类产品。明星类产品处在市场高速成长期，为保持企业的竞争优势，企业必须继续投资。

企业没有明星类产品，就失去了希望，但群星闪烁也会使企业高层管理者迷失方向，导致决策失误，耗尽企业资源。这就要求企业决策者具有市场分析能力，将企业有限的资源投入到能够成为金牛类产品上。

第三类，金牛类产品。金牛类产品是指市场增长率低、相对市场占有率高的产品，是企业现金的来源。

金牛类产品由于市场已经成熟，规模稳定，作为市场中的领导者享有规模经济和高边际利润的优势，能给企业带来大量财源。

第四类，狗类产品。狗类产品是指市场增长率低、相对市场占有率低的产品。一般情况下，这类产品是微利甚至是亏损的，在产品优化组合中，应考虑放弃。

波士顿矩阵法的优点是有利于提高企业管理人员的分析和决策能力，调整企业的产品组合，做出发展、维持、收获或放弃的决策；波士顿矩阵法的局限性主要是评分等级过于宽泛，可能会导致很多产品位于矩阵的中间区域，难以确定产品类型，加大决策难度。

（2）象限分析法。象限分析法由通用电气公司首创，较波士顿矩阵法考虑的重要因素更多，更切合实际。

象限分析法用行业吸引力和本企业实力两个综合性变量构成两个坐标轴，每个坐标轴分为高中低三个档次，把企业产品分为三类：绿灯类、黄灯类和红灯类，如图7－3所示。

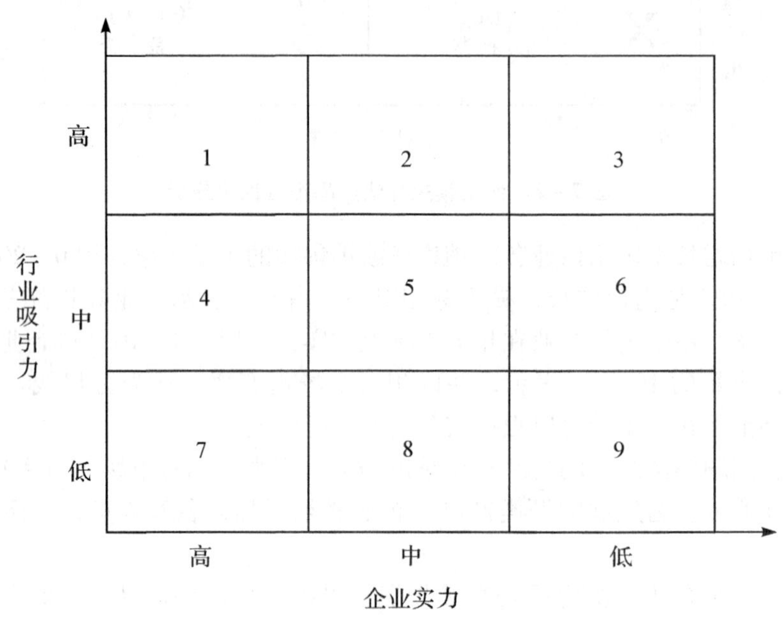

图7－3　象限分析法产品组合优化分析

第一类，绿灯类。象限1、2、4为绿灯类，进入这些象限的产品具有较高的吸引力，企业实力较强，应作为投资与发展的对象。

第二类，黄灯类。象限3、5、7为黄灯类，属于中间状态的产品，可能转变为绿灯类或红灯类产品，注意其发展方向。

第三类，红灯类。象限6、8、9为红灯类，企业应当把握时机，及时淘汰这类产品。

2．产品组合优化策略

产品组合优化分析完成后，企业就要制定产品组合优化策略，确定产品的取舍。

（1）扩大产品组合策略。扩大产品组合策略是指开拓产品组合的广度和深度。拓展产品组合广度是指增加产品线，扩展产品经营范围；加强产品组合深度是在原有的产品线内增加新的产品项目。

扩大产品组合策略的具体方式：在维持原产品品质和价格的前提下，增加同一产品的规格、型号和款式；增加不同品质和不同价格的同一种产品；增加与原产品相类似的产品；增加与原产品毫不相关的产品。

扩大产品组合策略的优点：满足不同偏好的消费者的需求，提高产品的市场占有率；充分利用企业信誉和品牌知名度，完善产品系列，扩大经营规模；充分利用企业资源和剩余生产能力，提高经济效益；减小市场需求波动的影响，分散市场风险。

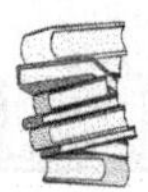

（2）缩减产品组合策略。缩减产品组合策略是指削减产品线或产品项目，特别是要取消那些获利小的产品，以便集中力量经营获利大的产品线和产品项目。

缩减产品组合策略的方式：减少产品线数量，实现专业化生产经营；保留原产品线的同时，削减产品项目。

缩减产品组合策略的优点：集中资源和技术力量改进保留产品的品质，提高品牌知名度；生产专业化，提高生产效率，降低生产成本；促使企业向纵深发展，寻找新的目标市场；减少资金占用，加速资金周转。

（3）产品延伸策略。产品延伸策略包括向上延伸、向下延伸和双向延伸。

向下延伸是指企业把原定位于高端市场的产品线向下延伸，增加中低端产品项目。优点：可以借高端名牌产品的声誉，吸引大众消费者；充分利用企业现有生产能力，补充产品项目空白，形成产品系列；增加销售总额，扩大市场占有率。缺点是如果处理不当，会影响企业产品的高端形象，甚至导致原有高端客户流失。

向上延伸是指原来定位于低端市场的企业，增加高端产品项目。优点：增加利润；提高企业现有产品的声望和市场地位；带动企业生产技术水平和管理水平的提高。

双向延伸是指原定位于中端产品市场的企业同时向上、向下延伸。

应用实例

派克笔向下延伸

美国“派克牌”金笔是世界上最著名的老牌产品之一，一直以来都以一种高档产品的形象出现，是身份和地位的标志，许多社会上层人士都喜欢带一支派克笔。到了20世纪80年代，派克公司已经在154个国家销售它的书写工具，取得了辉煌的成功。1982年，派克公司新任总经理詹姆斯·R. 彼得森上任后，热衷于转轨和经营每支售价在3美元以下的钢笔市场，争夺低档笔市场，制定了“简斯维尔战略”，即让位于威斯康星州简斯维尔总部的新的全自动派克笔工厂大量生产价格较低的钢笔，迅速扩大产量。结果派克笔不但没有顺利进入低档笔市场，反而使派克笔“钢笔之王”的形象和声誉受到了严重损害。在高档笔市场，派克笔的市场占有率也急剧下降。最终，派克公司不得不让出了高档笔市场的领导地位，走向了衰败之路。

问题：

1. 派克公司向下延伸为什么会失败？
2. 如果你是派克公司新任总裁，你将怎么做？

■工作任务 7-2 进行产品组合分析

工作任务提示：

帮助营销团队进行产品组合分析，优化产品组合，提高营销业绩。

工作任务情景：

根据产品销售和利润，对团队的营销产品进行组合分析，确定淘汰和保留产品项目。

工作任务内容：

分别用波士顿矩阵法和象限分析法对营销产品进行组合分析，确定各产品的类型。

工作任务要求：

第一，两人一组，分别采用波士顿矩阵法和象限分析法独立进行分析，交流分析观点和结论。

第二，讨论确定产品类型及拟淘汰或保留的产品项目。

第三，形成书面报告。

任务三　理解产品生命周期及营销策略

知识基础

完成本任务所需要的知识基础包括产品生命周期的概念、各生命周期阶段的特点及营销策略。

知识基础一　产品生命周期的概念

产品进入市场后，其销售量和利润都会随着时间的推移而改变，呈现一个由少到多、由多到少的过程，就如同人的生命一样，由诞生、成长到成熟，最终走向衰亡，这就是产品的生命周期现象。

> 产品生命周期（Product Life Cycle，简称 PLC），是指产品从进入市场开始，直到最终退出市场为止所经历的市场生命循环过程。

产品经过研究开发、试销，然后进入市场，产品生命周期才算开始；产品退出市场，则标志着产品生命周期的结束。

产品生命周期的典型形式呈正态分布，如图 7－4 所示。一般以产品销售量和利润的变化为标志分为四个阶段：导入期、成长期、成熟期、衰退期。

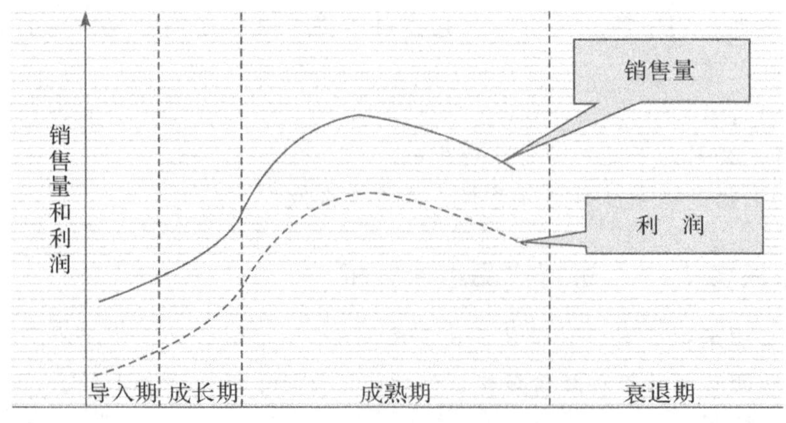

图 7－4　产品生命周期示意图

1．导入期

导入期是产品进入市场初期，随着客户对产品的认知，需求在逐渐增加，销售量和销售额日渐增长。在导入期，产品市场推广费用高，销售量增长缓慢，利润低甚至亏损。

导入期特点：顾客对产品知之甚少；分销困难，促销费用高；促销重点是产品功能的宣传。

2．成长期

在成长期，产品已逐渐被市场接受，随着需求的快速增长，销售量和利润迅速增加。

成长期特点：销售量迅速增长；新的竞争者不断介入；市场开始被瓜分。

3．成熟期

在成熟期，目标市场上大多数顾客已经购买了产品，销售量已接近极限，销售量增长缓慢甚至开始下降。

成熟期特点：市场趋于饱和，销售量平稳；市场竞争激烈；替代品或换代产品开始出现。

4．衰退期

在衰退期，目标市场的需求开始转移，新的替代产品开始逐渐被消费者接受，销售量和利润不断下降。

衰退期特点：产品销售量和利润下降；市场竞争突出表现为价格竞争；替代品或换代产品已占领市场；产品面临退出市场。

知识基础二　产品生命周期各阶段的营销策略

产品生命周期各阶段的特点不同，营销策略也不同。

1．导入期营销策略

在导入期，新产品刚进入市场，销售量少且销售费用高。为尽快打开市场，营销策略包括以下几个方面：

（1）生产规模。由于市场需求少，企业应控制投资，降低投资风险。

（2）促销策略。广告宣传重点应放在知悉产品的存在和产品的利益、用途上，努力把“蛋糕”做大。

促销手段：发送赠品、新产品演示等。

（3）上市范围。根据企业条件和潜在的需求等情况确定；可全面铺开，或先向区域市场推出，逐步扩大市场范围。

（4）新产品的定价。新产品定价策略包括以下四种：

一是快速高价策略（撇脂定价）。快速高价策略是以“高价格、高促销费用”策略推出新产品，尽快收回投资；随着时间的推移，逐渐降低价格，扩大市场需求，抑制新的竞争者加入。

采用这一策略的市场条件：企业或品牌知名度高，消费者愿意支付高价；产品十分新颖，具有老产品所不具备的特色。

二是缓慢高价策略。缓慢高价策略是以“高价格、低促销费用”策略推出新产品，高价可以迅速收回成本，获取最大利润，低促销费用可以降低成本。高档进口化妆品大都采取这样的策略。

采用这一策略的市场条件：市场规模有限；消费者大多已知晓这种产品；购买者愿意支付高价；市场竞争威胁不大。

三是快速低价策略。快速低价策略是以“低价格、高促销费用”策略推出新产品，以低价格争取更多消费者的认可，获取最大的市场份额。

采取这一策略的市场条件：市场规模大；消费者对该产品知晓甚少；大多数购买者对价格敏感；竞争对手多，且市场竞争激烈。

四是缓慢渗透策略。缓慢渗透策略是以“低价格、低促销费用”策略推出新产品，阻止竞争对手介入。

采取这一策略的市场条件：市场容量大；市场上该产品的知名度较高；市场对该产品的价格相对敏感；市场竞争者多。

2. 成长期营销策略

在成长期，产品销售量迅速增长，企业开始大批量生产，新的竞争者不断进入。企业的营销策略主要包括以下几个方面：

（1）产品策略。改进产品质量，增加产品的特色和款式；通过市场细分寻找新的目标市场，增加销售网点，以扩大市场份额。

（2）广告策略。广告重点是突出品牌形象，提高产品市场信任度，吸引新的消费者。

（3）价格策略。适时降价，吸引对价格敏感的消费者，抑制新的竞争者加入。

3. 成熟期营销策略

产品进入成熟期后，市场需求达到最大，销售量增长缓慢甚至开始下降，市场竞争异常激烈。企业的营销策略主要包括以下几个方面：

（1）修正市场。增加现有产品的销售量，包括寻找新的使用者；设法增加现有顾客的使用量；进入新的细分市场；将品牌重新定位。

（2）修正产品。修正产品包括改进质量、特色和款式。

对现有产品进行改进，延长现有产品的生命周期；研发新产品或升级换代产品，满足新的市场需求。

（3）促销策略。广告重点是突出企业形象宣传，采用提醒性广告策略。

4. 衰退期营销策略

产品进入衰退期，销售量不断下降，替代品已被消费者所接受，企业面临的主要问题是退出市场的方式和时机的选择。

企业的营销策略包括收缩市场，倾销产品。

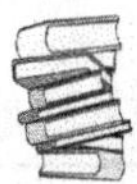

阅读资料

对产品生命周期的认识

产品的生命是有限的。

产品销售经历不同的阶段，每一阶段都对销售者提出新的挑战。

在产品生命周期的不同阶段，产品利润有高有低。

在产品生命周期的不同阶段，产品需要不同的营销、财务、制造、购买和人力资源战略。

■工作任务7－3　理解产品生命周期及各阶段的营销策略

工作任务提示：

帮助营销团队分析营销产品所处的生命周期阶段，并制定相应的营销策略。

工作任务情景：

根据工作任务7－1所保留的产品项目，以大学生为目标市场，结合学校附近的营销环境，制定营销策略。

工作任务内容：

根据产品生命周期阶段的市场表现，确定营销产品所处的生命周期阶段；制定切实可行的营销策略，并付诸实施。

工作任务要求：

第一，每人选定1～2个产品项目，分析所处的生命周期阶段。

第二，团队交流，确定生命周期阶段。

第三，分组制定营销策略。

第四，营销策略汇总，团队讨论形成书面报告，并付诸实施。

任务四　理解品牌及品牌策略

知识基础

完成本任务所需要的知识基础包括品牌的概念、品牌的作用及品牌策略。

情景案例

品牌的最高境界是它的精神价值

世界知名的体育品牌耐克，曾经有过一个引起争议的广告——杰克是一个卡车司机，因为醉酒开车撞死行人而被判入狱。他的妻子带着他们的孩子离他而去！他在狱中非常孤独，找不到一个朋友可以倾诉，几乎患上了抑郁症。由于他的良好表现，被提前释放，出狱之后，他的整个世界已经面目全非！他成了一个被抛弃的人！

杰克没有办法，只能像乞丐一样到处流浪，每天喝得烂醉，他不去想未来，不再有任何追求。终于有一天，他突然想起了自己和妻子、孩子共同有过的美好时光，他开始告诫自己不能堕落下去。他找到了一个出卖苦力的地方，每天能够有十几美元的收入。做了将近一个月的时间，他用自己攒下的钱买了一双耐克运动鞋犒赏自己。当穿上崭新的耐克鞋的时候，他的脸上露出了多年不见的自信和微笑。

我们无法判断耐克的这则广告内容的真伪，但是耐克的这则广告播出后却引起了社会很大的震动。因为，在这之前，还没有一个品牌敢把自己的产品作为一种精神信仰来宣传，但是耐克做到了。耐克能够把力量和精神元素注入品牌，这是一个非常大胆的行为。

在很多青少年心中，耐克已经成为一种对个性、自信执著追求的象征，成为一个时尚和独立的标志。对于他们来讲，耐克宣扬的是一种尽管去做、放大个性的精神昭示。还有成千上万的人像杰克一样，拥有一双耐克运动鞋是他们拥有这个世界尊严的保证。

淡化产品、突出精神境界成为耐克一贯的风格。推销鞋的耐克实际控制着消费者的大脑和信仰！

知识基础一　品牌概念

品牌是给拥有者带来溢价、产生增值的一种无形的资产，它的载体是用以与其他竞争者的产品或劳务相区分的名称、术语、象征、记号或者设计及其组合，增值的源泉来自于消费者心智中形成的关于其载体的印象，品牌资产已成为企业无形资产的重要组成部分。

1. 品牌的概念

> 品牌就是一个名字、称谓、符号或设计，或者是上述的总和，其目的是要使自己的产品或服务有别于竞争者。

（1）品牌的含义。品牌由品牌名称和品牌标记组成。品牌名称是品牌中能用语言称呼的部分；品牌标记则是品牌中用以识别但不可念出声来的另一部分，如符号、图案、色彩或字母。例如奥迪（汽车）品牌的构成，如图 7－5 所示。

+ Audi = 奥迪（汽车）品牌

图 7－5　奥迪（汽车）品牌构成

一般来讲，品牌包含六个基本元素，即品质、智慧、时尚、态度、创新、科技。

（2）品牌与商标。商标是现代经济的产物，是商品的生产者、经营者在其生产、

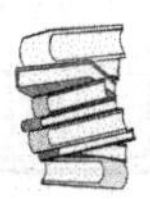

制造、加工、拣选或经销的商品或服务上采用的，用于区别商品或服务来源的，由文字、图形、字母、数字、三维标志、颜色组合，或综合上述几种要素构成的，具有显著特征的标志。

在商业领域，商标包括文字、图形、字母、数字、三维标志和颜色组合，以及上述要素的组合。经国家核准注册的商标为“注册商标”，受法律保护。商标注册人享有商标的独享权、专用权，受到国家法律保护。

品牌是一般的商业用语，商标则是法律性用语；商标一定是品牌或品牌的一部分，但品牌却不一定是商标；两者区别的关键在于有没有经过法律注册。

应用实例

“娃哈哈”品牌的防御性注册

1998 年，“娃哈哈”被国家商标局定为驰名商标；《2010 年胡润民营品牌榜》公布了中国民营品牌 50 强，“娃哈哈”以价值 140 亿元位列其中。

1. “娃哈哈”的国内防御性注册

“娃哈哈”源自一首新疆民歌，因三个字的元音“a”是小孩最早容易发的音，易于模仿，音韵和谐，朗朗上口，赢得了父母的喜爱。在“娃哈哈”的品牌运营实践中，不仅其品牌名称设计独特，而且，富有品牌保护意识。1988 年 9 月，娃哈哈集团公司向国家工商局申请“娃哈哈”品牌注册。同时，为了防止其他企业注册相近商标，娃哈哈集团公司又注册了“娃娃哈”、“哈娃娃”、“哈哈娃”等三个防御商标。

2. “娃哈哈”的国际注册

经济全球化的发展，使“娃哈哈”的决策者开始将眼光瞄向国外市场。

1992 年 4 月，娃哈哈集团公司通过国家工商局向世界知识产权组织国际局提出“娃哈哈”商标的国际注册申请，并指定向法国、德国、意大利、波兰、俄罗斯五国申请领土延伸。与此同时，“娃哈哈”集团公司还分别向日本、韩国、美国、中国香港等国家和地区提出了注册申请。“娃哈哈”商标的地域辐射为其产品进入国际市场打下了良好基础。

问题：

“娃哈哈”品牌防御性注册对我们有何启示？

2. 品牌的内涵和作用

随着市场经济的发展和社会文化的进步，品牌名称和品牌标记也越来越为企业所重视。品牌已不仅仅是一种记号，更是创业者和企业家赋予企业或产品的希望和祈求，是市场竞争的重要手段。品牌的内涵也越来越丰富。

（1）品牌的内涵。品牌作为识别的标记、竞争的手段和企业文化的表达，拥有丰富的内涵。品牌一般包括六层含意。以奔驰（汽车）品牌为例，如图 7－6 所示。

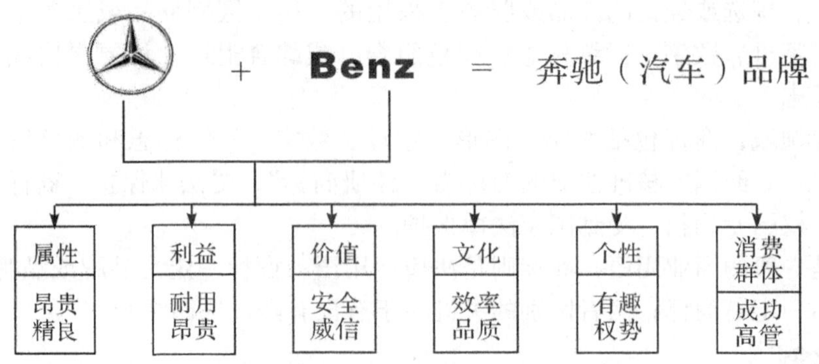

图 7-6 奔驰（汽车）品牌内涵示意图

属性。一个品牌首先给人带来特定的属性。例如，奔驰的“无可比拟的精良工艺”。

利益。属性需要转换成功能和情感利益。属性“耐用”可以转化为功能利益：“我可以几年不买车了”；属性“昂贵”可以转换成情感利益：“这车帮助我体现了人生价值，令人羡慕”。

价值。品牌还体现了产品的价值感，消费者愿意为获得产品付出更高的价格。如奔驰体现了高性能、安全和威信。

文化。品牌文化体现企业的经营理念和思想。

个性。品牌个性是一个品牌区别于其他品牌的内在表现。品牌个性包括独创性（Creative）、合作（Collaborative）、热烈（Passionate）、同情（Compassionate）、敏捷（Agile）、纪律（Disciplined）六个方面。

消费群体。品牌还体现了购买或使用这种产品的消费群体的特征。

应用实例

经济学家的故事

美国著名经济学家史蒂芬·列维曾有这样一段经历，一次他开车在马路上等待红灯的时候，一个乞丐向他乞讨。当他打开钱包准备倾囊相助的时候，发现那个乞丐戴的是 iPod 耳机。这种耳机需要 50 美元，这位教授甚至自己都没有如此“高档”过，他使用的还是 15 美元的耳机。于是，经济学家终止了他的施舍行为。

问题：

经济学家为什么看到乞丐的耳机后终止了施舍行为？

（2）品牌利益。品牌利益包括品牌给消费者带来的利益和给生产者带来的利益。

品牌给消费者带来的利益包括品牌名称同产品质量，提高消费者的采购效率，能促使消费者注意可能对其有用的新产品。

品牌给生产者带来的利益包括使生产者在处理订单或售后跟踪上较为便利，品牌能帮助企业吸引忠诚的顾客，品牌有助于生产者细分市场。

（3）品牌的作用。品牌作为企业竞争的主要手段和工具，在市场竞争中发挥着重

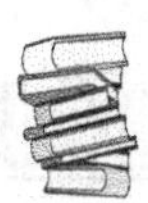

要作用。

品牌是消费者识别之和。一个产品会有很多属性，但消费者一般通过品牌来归纳这些属性。当消费者需要这些属性时，就会选择某个品牌的产品。

任何品牌都带有企业和时代的烙印。

品牌是企业承诺之和。包括质量、服务承诺。

品牌是感情之和。品牌不仅包含有企业的感情和赋予的内涵，也是消费者个性特征在产品选择和消费中的折射。消费者一旦对某个品牌产品产生偏好，就会形成“品牌忠诚”现象，即在相当长的时间内保持对这一品牌的购买选择。

品牌是信息之和。企业所希望传递的信息都凝结在品牌之中。品牌总是与企业形象联系在一起，良好的品牌有利于使消费者对企业产生好感；当品牌与企业名称一起出现在包装上时，宣传品牌的同时也宣传了企业本身。

（4）品牌资产。品牌资产是品牌为所有者带来经济利益，品牌价值是品牌资产的价值体现。品牌是企业最宝贵的资产，品牌资产包括以下八个方面：

品牌的信息：有效信息。

品牌的独特性：差异化、独特。

品牌的质量：商誉（产品、服务）。

品牌的价值：价值感。

品牌的个性：消费者心理投射。

品牌的潜力：消费者愿意付出的综合代价。

品牌的吸引力：消费者忠诚度。

品牌的行为：消费者行为。

知识基础二　品牌策略

在制定品牌策略时，有三种可供选择的决策，即是否使用品牌，使用谁的品牌，使用几个品牌。

1．品牌使用决策

品牌使用决策要解决的问题是是否使用品牌，也就是说用不用品牌。

（1）使用品牌。使用品牌对企业的利益包括识别生产者，区分竞争者，塑造良好的企业形象，提升企业的信誉和价值等。同时，企业也要承担相应的责任，包括保证产品质量稳定，维护良好的品牌形象，履行法律规定的义务等。

（2）不使用品牌。尽管大多数企业选择使用品牌，但同质性非常高且有国家或行业标准的产品可以不使用品牌，如电力、煤炭、钢材、铁钉等。

2．品牌归属决策

消费者购买决策包括两个方面：一是谁生产的产品，生产者、产地、品牌等；二是谁销售的，即经销的商家。

品牌归属决策就是决定用谁的品牌，是制造商品牌，还是经销商品牌或混合品牌。

阅读资料

耐克：中间商品牌的胜利

耐克作为一个全球品牌享有很高的知名度，2011 年销售额突破 200 亿美元。然而，耐克没有自己的生产基地，只是一个中间商品牌。

耐克营销的创新之处在于它的中间商品牌路线。为了显示自己在市场方面的核心优势，它没有建立自己的生产基地，而是在全世界寻找条件最好的生产商为耐克生产。选择生产商的标准是成本低，交货及时，品质有保证。这样，耐克规避了制造业的风险，专心于产品的研究与开发，快速推出新款式，大大缩短了产品生命周期。

耐克的成功在于，它专注于做自己最擅长的事，把不擅长的事交给别人去做。

3. 品牌名称决策

根据企业品牌名称的关联程度，品牌名称决策有三种，即单一品牌决策、多品牌决策和统一部分品牌决策。

（1）单一品牌决策。单一品牌是指企业对其全部产品使用同一个品牌。

单一品牌决策的优势在于有利于品牌推广和消费者建立品牌联想，降低产品的营销费用，加快新产品的上市推广速度。

单一品牌决策要求企业必须保证产品质量与产品形象的一致性，加强品牌管理。其明显缺点是当企业某一个产品项目出现问题时，就会波及其他产品项目，甚至危害整个企业。

（2）多品牌决策。多品牌决策是指企业在同类产品中同时使用两种或两种以上品牌。其最大优点是通过多品牌决策，实现产品品牌区隔，避免不同品牌产品间的相互干扰。

在产品组合中，企业对产品项目依据不同的标准分类，分别使用不同的品牌。一是按产品系列分类，如健力宝集团，饮料类用“健力宝”，服装类用“李宁”；二是按产品质量等级分类，如美国 A&P 茶叶公司，一等品用“Annpage”，二等品用“Sultan”，三等品用“Iana”；三是按产品功能或利益分类，如宝洁公司的洗发水。

（3）统一部分品牌决策。统一部分品牌决策是指企业将个别品牌与企业的名称标记联用。在产品的个别品牌前冠以企业统一品牌，在企业统一品牌后面跟上产品的个别品牌，实现既统一又有所区分的品牌联想。

如美国通用汽车（GM）公司生产的各种小轿车，均有各自的个别品牌，如“凯迪拉克”（Cadillac）、“别克”（Buick）、雪佛兰（Chevrolet），前面加 GM 两个字，以示系通用公司产品。

■工作任务 7－4　理解品牌的含义及品牌策略

工作任务提示：

帮助营销团队理解所选定的产品品牌的含义，分析目标市场对品牌的接受情况。

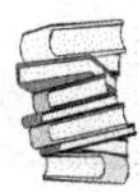

工作任务情景：

在团队的营销摊点，向顾客说明产品的品牌内涵，观察其反应。

工作任务内容：

查阅选定营销产品的品牌故事、品牌内涵和品牌价值影响力，向顾客传播品牌内涵，分析顾客对品牌的理解和喜好。

工作任务要求：

第一，每人选择 1 ~ 2 种产品，上网查阅品牌资料。

第二，在营销实战摊点传播品牌内涵，观察顾客对品牌的认知。

第三，分析品牌对消费者选择的影响力。

第四，形成书面报告。

任务五　新产品开发

知识基础

完成本任务所需要的知识基础包括新产品的概念和特点，新产品开发的程序。

知识基础一　新产品的概念

在市场竞争中，不断推陈出新，对产品升级换代，已经成为企业满足消费者需求，提高市场竞争力的有效手段。

1．新产品的概念

市场营销中所说的新产品应从市场和企业两个角度来认识。对市场而言，第一次出现的产品即为新产品；对企业而言，第一次生产销售的产品即为新产品。新产品分为全新产品、换代新产品、改进新产品、仿制新产品四类。

（1）全新产品。全新产品是指采用新原理、新结构、新技术、新材料生产的前所未有的产品。开发全新产品一般需要经过很长时间，花费巨大的人力和物力，同时也与科学技术的重大突破分不开。

（2）换代新产品。换代新产品指在原有产品的基础上，部分采用新技术、新材料制成的性能有显著提高的新产品。如黑白电视机换代成彩色电视机等。

换代新产品的出现，虽然也伴随科学技术的进步，但研发时间较全新的产品要短，市场推广成功率高。

（3）改进新产品。改进新产品指对原有产品在性能、结构、包装或款式等方面进行改进的产品。如在普通牙膏中加入某种药物等。

改进新产品与原有产品的差别不大，进入市场后亦比较容易为市场所接受。

（4）仿制新产品。仿制新产品是指对市场已有产品仿制后，加上企业自己的品牌推向市场的产品。

仿制新产品对市场来说并不是新产品，对企业来说是新产品。

从市场竞争和企业经营上看，在新产品的发展中，部分仿制和全面仿制是不可避免的。仿制新产品能缩短产品开发周期，降低开发费用和市场推广费用。但仿制新产品需要企业付出一定的代价，包括购买专利获取的技术转让等。

2. 新产品的特点

新产品本身所具备的特点，是它能否被消费者接受的重要条件。一般来说，一个成功的新产品，应具备以下几个特点：

（1）优越性。同老产品相比，新产品一定要为消费者带来新的功能和利益，利益越大，产品就越易为消费者接受。

（2）适应性。新产品要被市场所接受，必须使其功能和利益能够满足消费者的需求，适应目标市场的消费习惯、审美标准和价值取向。

（3）易用性。新产品的使用方法要力求简便易学，方便目标市场使用；新产品的零部件力求标准化、通用化，以便消费者维修、更换，提高产品的市场占有率。

（4）赢利性。赢利是企业开发新产品的前提。

新产品开发周期长、费用高，上市推广难度大，成功率低。这就要求企业认真分析产品属性、功能、利益和市场竞争力，做好项目分析和评估，科学决策，降低投资风险。

3. 开发新产品的意义

开发新产品，无论对消费者还是对企业本身来讲，都具有重要意义。

第一，新产品开发是企业生存与发展的需要。

第二，新产品开发是满足消费者需求变化的需要。

第三，新产品开发是科学技术发展的需要。

第四，新产品开发是市场竞争的需要。

知识基础二　新产品开发的程序

企业获得新产品的方式可以是收购，也可以是开发。收购包括收购其他企业、购买其他企业的专利，通过许可证贸易取得他人的技术使用权；开发包括本企业开发、与独立研究机构或其他企业联合开发等。

开发新产品的程序可分为八个阶段，即新产品构思、构思的筛选、新产品概念的形成与测试、拟定产品营销策略、产品分析、新产品的研制、试销和上市推广，如图7－7所示。

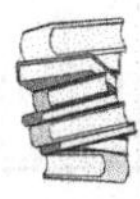

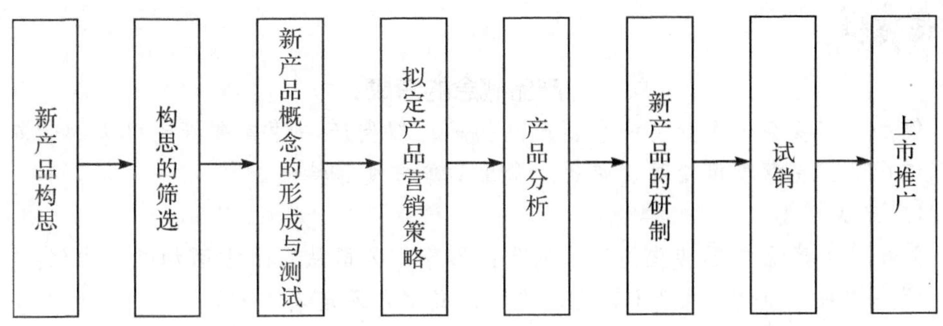

图 7－7　新产品开发的程序

1. 新产品构思

开发新产品首先需要有充沛的创造性构思（也称创意、设想，俗称点子）。新产品构思越多，则从中选出最合适、最有发展希望的构思的可能性就越大。新产品构思的来源主要有以下四个方面：

（1）顾客。企业营销人员可以通过征求顾客的意见，观察顾客的行为，分析顾客对现有产品的批评和建议，形成新产品构思。

（2）竞争者。竞争产品的成败可以为新产品构思提供借鉴。

（3）企业内部人员。企业营销人员接触市场多，了解顾客的需求，熟悉市场竞争情况，在产品设计上最有发言权，是新产品构思的最好来源之一。

此外，企业管理者、产品设计者和生产者都可以从各自工作的角度，分析现有产品的缺陷和不足，提出新产品开发构思。

（4）经销商。经销商掌握市场需求和市场竞争等方面的第一手资料，能为生产者提供新技术、新工艺、新材料等市场信息，是企业开发新产品的主要信息来源之一。

2. 构思的筛选

筛选构思就是对大量的新产品构思进行评价，研究其可行性，筛选出那些有创造性的、有价值的构思。

构思的筛选一般要考虑以下几个因素：一是环境条件，涉及市场规模与结构、产品的竞争程度与前景、国家政策等；二是企业发展战略、发展目标和长远利益；三是企业的产品开发和推广能力，包括经营管理能力、人力资源、资金能力、技术能力和销售能力等。

3. 新产品概念的形成与测试

新产品构思经过筛选后，需进一步发展形成更具体、明确的产品概念，即形成产品概念。

产品概念是指已经成型的产品构思，即用文字、图像、模型等予以清晰表达，具有确定特性的产品形象。一个产品构思可以转化为若干个产品概念。

阅读资料

产品概念的形成

例如一家食品公司获得一个新产品构思，拟生产一种具有特殊口味的营养奶制品。该产品具有营养价值高、味美、食用简单方便等特点。

1. 产品构思

为把这个产品构思转化为鲜明的产品形象，公司从三个方面加以具体化：

产品的目标市场是谁？（婴儿、儿童、成年人还是老年人）

产品的主要利益是什么？（营养、美味、提神或健身）

产品的使用条件和时机是什么？（早餐、中餐、晚餐、饭后或临睡前）

2. 提出产品概念

由此形成多个不同的产品概念。

“营养早餐饮品”，供想快速得到营养早餐而不必自行烹制的成年人饮用。

“美味佐餐饮品”，供儿童做午餐饮料。

“健身滋补饮品”，供老年人夜间临睡前饮用。

3. 营销分析和测试

企业应对每一个新产品概念进行市场分析和定位，分析该产品的现有市场竞争者，并据此制定产品或品牌策略；从众多新产品概念中选择出最具竞争力的产品概念，进行产品概念测试。

概念测试一般采用概念说明书的方式，说明新产品的功能、特性、规格、包装、售价等，印发给部分潜在消费者，说明书上可附有图片或模型。要求潜在消费者就如下问题提出意见：

你认为本产品与××牌产品相比有哪些优点？

与同类产品相比，你是否偏好本产品？

你认为价格多少比较合理？

你是否会购买该产品？（肯定买，可能买，可能不买，肯定不买）

你是否有改良本产品的建议？

概念测试所获得的信息将使企业进一步充实产品概念，使其能够满足潜在消费者的需求。概念测试的结果一方面形成新产品的市场营销计划，包括产品的质量特性、特色款式、包装、商标、定价、销售渠道、促销措施等；另一方面可作为新产品设计、研制的依据。

4. 拟定产品营销策略

在新产品概念形成和测试后，营销人员就要制定营销策略。产品营销策略包括三个部分：

第一部分：描述目标市场的规模、结构，消费者的购买行为；产品的市场定位和短期目标销售量。

第二部分：概述产品预期价格、分销渠道及短期营销预算。

第三部分：估计长期（如五年）的销售额和投资收益率，制定不同时期的市场营

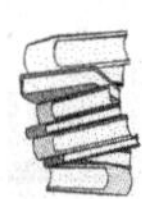

销策略。

5．产品分析

产品分析实际上是经济效益分析。其任务是根据营销计划，从财务角度进一步判断产品开发是否符合企业发展目标，包括预测销售量和销售额，估计成本与利润。

（1）预测销售量和销售额。预测新产品的销售量可参照市场上同类产品的销售变化，通过分析新产品的市场地位、市场占有率来预测；根据价格估计，预测销售额。

（2）估计成本与利润。成本主要通过市场营销部门和财务部门，综合预测各个时期的生产成本和营销费用，估计产品成本；根据预测的销售额和成本估计，估算利润；进行投资项目的可行性分析。

6．新产品的研制

新产品的研制就是将新产品概念转化成具体的产品形式，并进行包装设计和品牌设计。通过产品研制，把产品概念转化成实体产品，发现产品概念的不足与问题，进行改进。

新产品研制必须使产品模型或样品具有产品概念所规定的特征，应进行严格的测试与检查，包括功能测试和消费者测试。功能测试主要在实验室进行，测试新产品是否安全可靠，性能质量是否达到规定的标准，制造工艺是否先进合理等；消费者测试是通过潜在消费者试用，获得消费者的意见和建议。

7．试销

经过测试合格的样品作为正式产品进入试销阶段。产品试销首先要确定试销的范围、时间和营销策略。

试销范围。一般应选择有代表性的小范围市场。

试销时间。从产品特征、竞争者情况和试销费用来考虑，如果是重复购买的产品，至少要试销一至两个购买周期。

营销策略。严格执行预定的营销策略，分析策略执行中存在的问题，以便在再次试销或正式销售时改进营销策略。

在试销过程中，企业要注意搜集资料，包括新产品试销情况及销售趋势，购买新产品的消费者群体特征，消费者对产品质量、品牌、包装的意见和建议，新产品的试用率和重购率等。

8．上市推广

新产品试销成功后，就可以正式批量生产，全面推向市场。

■工作任务7－5　开发新产品

工作任务提示：

帮助营销团队理解新产品开发的价值。

工作任务情景：

根据团队营销产品的市场反映，尝试对产品进行改进。

工作任务内容：

选择一两种营销产品，分析产品利益，确定改进内容，并在营销实战中征求顾客的意见。

工作任务要求：

第一，两人一组，分别分析一种拟改进产品，确定改进理由和方法。

第二，团队讨论，决定改进内容并付诸实施。

第三，通过营销实战，确定改进成败，形成报告。

任务六　产品包装

知识基础

完成本任务所需要的知识基础包括产品包装及其作用、包装策略。

知识基础一　产品包装及其作用

包装是一个古老而现代的话题，也是人们自始至终在研究和探索的课题。从原始社会、农耕时代，到科学技术十分发达的现代社会，包装随着人类的进化、商品的出现、生产的发展和科学技术的进步而逐渐发展。包装作为形式产品，是提升产品价值的重要手段。

1．包装的概念

包装是为在流通过程中保护产品、方便储运、促进销售，按一定技术方法而采用的容器、材料及辅助物等的总体名称。包装也指为了达到上述目的而采用容器、材料及辅助物的过程中，施加一定技术方法等的操作活动。包装一般有两重含义：一是关于盛装商品的容器、材料及辅助物，即包装物；二是关于实施盛装、封缄和包扎等的技术活动。包装分为运输包装和销售包装。

运输包装又称外包装或大包装，是指为了适应储存、搬运过程的需要所进行的包装，主要起保护产品的作用，主要有箱、袋、包、桶、坛、罐等包装方式。

销售包装又称内包装或小包装，是便于消费者携带、使用，美化和宣传产品的包装。

包装的材料有纸、木、金属、草编制品、塑料、玻璃等。

2．包装的作用

包装是品牌理念、产品特性、消费心理的综合反映，它直接影响消费者的购买欲望。包装的主要作用有以下四个方面：

（1）保护产品。绝大多数产品在流通过程中，都有防碰、防湿、防火、防虫蛀、防霉烂的要求。这就需要对产品进行一定的包装，防止残损变质。

（2）便利产品的运输和储存。许多产品呈液态、气态或粉状，如不包装就无法储运和销售；一些易碎、易燃、有毒产品，如不包装，就会造成意外事故或环境污染。良好的包装还有助于运输和交货，能防止盗窃。

（3）促进销售。好的包装可以美化产品，吸引消费者的注意，引起消费者的兴趣，促进产品销售。

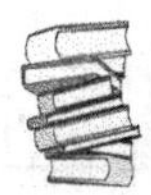

好的包装是无声的推销员。

（4）提升产品价值。好的包装能提升产品价值，满足消费者的心理需求，增加企业的利润。

应用实例

买椟还珠

一个楚国人有一颗漂亮的珍珠，他打算把这颗珍珠卖出去。为了卖个好价钱，他决定做个精美的盒子，把珍珠好好包装一下。

这个楚国人找来名贵的木兰，为珍珠做了一个盒子（即椟），用桂椒香料把盒子熏得香气扑鼻。然后，在盒子的外面加上很多装饰，精雕细刻了许多好看的花纹。

楚国人把用精美的盒子包装的珍珠拿到市场上出卖，一个郑国人将盒子拿在手里看了半天，爱不释手，终于出高价买了下来。郑国人交过钱后，便拿着盒子往回走。可是没走多远他又回来了。楚国人以为郑国人后悔了要退货。没等楚国人想完，郑国人已走到楚国人跟前。只见郑国人将珍珠交给楚国人说："先生，您将一颗珍珠忘在盒子里了，我是特意回来还珠子的。"

楚国人拿着被退回的珍珠，十分惊愕地站在那里。

问题：

请用营销观点分析买椟还珠这则寓言。

3．包装的设计要求

包装设计是指选用合适的包装材料，运用巧妙的工艺手段，为包装产品进行的容器结构造型和包装的美化装饰设计。包装设计要符合产品实际；包装材料的使用要考虑成本；包装要注意安全性要求；包装要反映产品的定位；包装要方便顾客使用。

知识基础二　产品包装策略

产品包装策略主要有以下六种策略：

1．类似包装策略

类似包装是指企业所有产品的包装，在图案、色彩等方面，均采用统一的形式。

类似包装可以降低包装的成本，扩大企业的影响，特别是在推出新产品时，可以利用企业的声誉，使消费者首先从包装上识别产品，促进产品销售。

2．组合包装策略

组合包装是指企业把若干有关联的产品包装在同一容器中。如化妆品的组合包装、节日礼品盒包装等。

组合包装不仅能促进消费者的购买，也有利于企业推销产品，特别是推销新产品时，可将其与老产品组合出售，促使消费者接受、试用。

3. 附赠品包装策略

附赠品包装是在包装物中附赠一些物品，引起消费者的购买兴趣，激发其购买欲望。

4. 再使用包装策略

再使用包装是指包装物在产品使用完后，继续作为他用。包装物的再使用可以使购买者得到额外利益，激发其购买产品的欲望。

5. 分组包装策略

分组包装是对同一种产品，根据消费者的不同需要，采用不同级别的包装。如用作礼品，可以精致地包装；若自己使用，则只需简单包装。

对不同等级的产品，也可采用不同的包装。高档产品，包装精致，体现产品档次和购买者身份；中低档产品，包装简略，降低成本。

6. 改变包装策略

当产品销量下降，市场声誉跌落时，企业可以在改进产品质量的同时，改变包装，使产品以新的形象出现，改变产品在消费者心目中的不良印象。

改变包装有利于迅速恢复企业声誉，扩大市场份额。

动手动脑

请到商场、超市中找出你认为非常好和非常不好的产品包装，并说明你的理由。

■工作任务 7－6　理解包装的作用和价值

工作任务提示：

帮助营销团队理解包装的作用和价值，并对营销产品进行简单包装。

工作任务情景：

根据营销产品的属性、价值和产品间的关系，对产品进行简单包装后再进行销售，观察包装前后营销业绩的变化，分析原因。

工作任务内容：

首先，对单件产品进行包装，通过实验，观察进行简单包装和没有进行简单包装的产品销售业绩的变化；其次，根据产品间的关系，对营销产品进行分组包装，通过实验，观察分组包装对产品销售的影响。

工作任务要求：

第一，两人一组，分别对产品进行单件包装和分组包装。

第二，团队讨论，确定包装的可行性。

第三，两人一组，分别销售进行包装过的产品和没进行包装的产品。

第四，业绩汇总，分析原因。

第五，形成书面的分析报告，说明包装的价值。

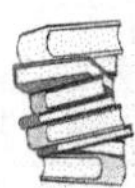

课程小结

任务一　理解产品的概念及其分类

- 整体产品
  - 整体产品概念
    - 包括核心产品、形式产品、期望产品、延伸产品和潜在产品。
    - 整体产品概念的意义。
  - 产品的分类
    - 按产品层次分：需求门类、产品门类、产品种类、产品线和产品项目。
    - 按产品的耐用程度分：耐用品和非耐用品。
    - 按产品的存在形态分：有形产品和服务。
    - 按照产品销售的目标对象和产品用途分：消费品和工业品。

任务二　理解产品组合的概念及其策略

- 产品组合
  - 产品组合：产品线和产品项目；产品组合的广度、长度、深度和关联度。
  - 产品组合优化策略
    - 产品组合优化分析：波士顿矩阵法和象限分析法。
    - 产品组合优化策略：扩大产品组合策略、缩减产品组合策略、产品延伸策略。

任务三　理解产品生命周期及营销策略

- 产品生命周期
  - 产品生命周期阶段：导入期、成长期、成熟期、衰退期。
  - 产品生命周期阶段的营销策略：导入期营销策略、成长期营销策略、成熟期营销策略、衰退期营销策略。

任务四　理解品牌及品牌策略

- 品牌及品牌策略
  - 品牌
    - 品牌的概念
      - 品牌的含义：品牌名称和品牌标记。
      - 品牌与商标：联系和区别。
    - 品牌的内涵和作用
      - 品牌的内涵：属性、利益、价值、文化、个性、消费群体。
      - 品牌利益：消费者利益和生产者利益。
      - 品牌的作用：识别、承诺、感情和信息之和。
      - 品牌资产。
  - 品牌策略
    - 品牌使用决策：是否使用品牌。
    - 品牌归属决策：制造商品牌、经销商品牌或混合品牌。
    - 品牌名称决策：单一品牌决策、多品牌决策和统一部分品牌决策。

任务五　新产品开发

- 新产品开发
  - 新产品的概念
    - 市场营销中的新产品：全新产品、换代新产品、改进新产品、仿制新产品。
    - 新产品的特点：优越性、适应性、易用性、赢利性。
    - 开发新产品的意义。
  - 新产品开发的程序：新产品构思、构思的筛选、新产品概念的形成与测试、拟定产品营销策略、产品分析、新产品的研制、试销和上市推广。

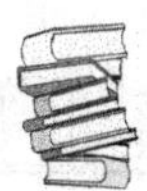

任务六 产品包装

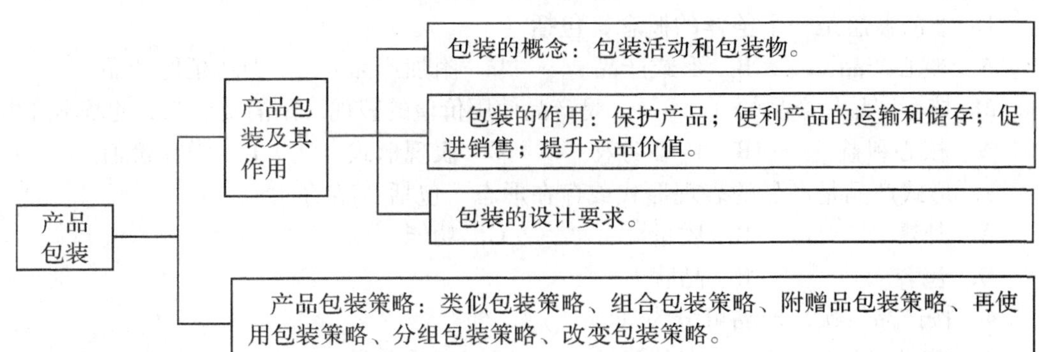

课后练习

一、单项选择题

1. 在整体产品概念中，核心产品是产品的核心利益和功效，是产品（　　）的表现。

A．价值　　B．使用价值

2. 产品的（　　）是消费者购买的基本理由。

A．核心产品　　B．形式产品　　C．延伸产品　　D．潜在产品

3. 改善（　　）是提升产品价值的重要手段。

A．产品功效　　B．产品形式　　C．潜在价值

4.（　　）不属于产品本身，是购买者的期望。

A．核心利益　　B．表现形式　　C．潜在利益　　D．期望产品

5. 长虹牌 29 寸电视机和长虹牌 46 寸电视机属于同一（　　）。

A．产品线　　B．产品项目　　C．产品组合

6. 海尔 29 寸电视机和海尔 2 匹空调属于（　　）。

A．同一产品线　　B．不同产品线　　C．同一产品项　　D．不同产品项目

7. 同一（　　）中的产品，具有相同的基本功能和利益。

A．产品组合　　B．产品线　　C．品牌

8. 在产品组合分析中，波士顿矩阵法用市场占有率和（　　）进行分析。

A．企业实力　　B．行业增长率　　C．市场增长率　　D．行业吸引力

9. 在产品组合分析中，象限分析法用行业吸引力和（　　）进行分析。

A．企业实力　　B．市场占有率　　C．市场增长率　　D．行业潜力

10.（　　）是品牌中能用语言称呼的部分。

A．品牌名称　　B．品牌标记　　C．品牌图案　　D．品牌符号

11. 商标（　　）享有商标的独享权、专用权，受到国家法律保护。

A．使用人　　B．注册人　　C．管理人

12. 产品处在衰退期时，市场竞争主要表现为（　　）。

A．价格竞争　　B．非价格竞争　　C．品牌竞争

二、多项选择题

1. 产品概念是一个整体的概念，包括（　　）。

A. 核心产品　　B. 形式产品　　C. 附加产品　　D. 延伸产品

2. 核心产品是产品的（　　），是产品使用价值的表现，是消费者购买的基本理由。

A. 核心利益　　B. 核心功效　　C. 表现形式　　D. 潜在价值

3. 形式产品是产品的表现形式或存在形态，包括产品的（　　）。

A. 外观　　B. 质量　　C. 功能

D. 包装　　E. 品牌

4. 按产品层次，产品可分为（　　）。

A. 需求门类　　B. 产品门类　　C. 产品种类

D. 产品线　　E. 产品项目

5. 下列产品中，属于同一需求门类的是（　　）。

A. 护肤品　　B. 化妆品　　C. 食品

D. 服装　　E. 家电

6. 下列产品中，属于同一产品门类的是（　　）。

A. 伊利牛奶　　B. 蒙牛牛奶　　C. 光明面包　　D. 海尔空调

7. 波士顿矩阵法将公司产品分为（　　）。

A. 问题类　　B. 明星类　　C. 金牛类

D. 狗类　　E. 舍弃产品

8. 波士顿矩阵法以（　　）为坐标进行产品组合分析。

A. 市场占有率　　B. 市场增长率　　C. 企业实力　　D. 行业吸引力

9. 象限分析法用（　　）两个变数构成两个坐标轴，进行产品组合分析。

A. 市场占有率　　B. 市场增长率　　C. 企业实力　　D. 行业吸引力

10. 象限分析法把产品分为（　　）。

A. 问题类　　B. 明星类　　C. 金牛类

D. 红灯类　　E. 绿灯类　　F. 黄灯类

11. 产品生命周期分析以产品销量和利润变化为标志，分为（　　）阶段。

A. 导入期　　B. 成长期　　C. 成熟期

D. 衰退期　　E. 死亡期

12. 产品导入期的主要特点是（　　）。

A. 顾客知之少　　B. 顾客知之多　　C. 销售费用高　　D. 销售增长快

13. 产品处在成长期的主要特点是（　　）。

A. 销售增长快　　B. 竞争非常激烈

C. 竞争者日渐增多　　D. 市场被瓜分

14. 产品处在成熟期的主要特点是（　　）。

A. 市场趋于饱和　　B. 市场竞争激烈　　C. 替代品出现　　D. 利润增长快

15. 品牌由（　　）组成。

A. 品牌名称　　B. 品牌标记　　C. 品牌价值　　D. 品牌内涵

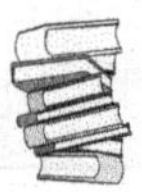

16．一般来讲，品牌包含（　　）等基本元素。

A．品质　　B．智慧　　C．时尚

D．态度　　E．创新　　F．科技

17．品牌利益包括品牌给（　　）带来的利益。

A．消费者　　B．企业　　C．国家

D．社会　　E．公众

18．根据企业品牌名称的关联程度，品牌名称决策有（　　）。

A．单一品牌决策　　B．多品牌决策　　C．组合品牌决策

19．市场营销中所说的新产品包括（　　）。

A．全新产品　　B．换代新产品　　C．改进新产品　　D．仿制新产品

20．新产品的特点包括（　　）。

A．优越性　　B．适应性　　C．易用性　　D．盈利性

21．产品包装分为（　　）。

A．运输包装　　B．销售包装　　C．使用包装　　D．回收包装

三、判断题

1．失去了产品的核心利益和功效，产品也将失去其价值。（　　）

2．产品的核心利益是需求的基础。（　　）

3．形式产品对产品价值的影响很小。（　　）

4．产品门类是指至少能够部分满足某一核心需求的所有产品种类。（　　）

5．产品线是产品组合中的某一产品大类，是一组基本功能和利益相同、规格不同、满足相同需求的一组密切相关产品。（　　）

6．商标使用者享有商标的独享权、专用权，受到国家法律保护。（　　）

7．品牌是一般的法律用语，商标则是商业用语。（　　）

8．商标一定是品牌或品牌的一部分，但品牌却不一定是商标。（　　）

9．对一个企业来讲，仿制产品也是新产品。（　　）

10．改变包装也可提升产品价值。（　　）

四、简答题

1．简述整体产品的概念。

2．简述波士顿矩阵法和象限分析法。

3．简述产品生命周期划分，并说明各生命周期阶段的特点及营销策略。

4．简述商标与品牌的关系。

5．简述品牌的作用和品牌策略

6．简述开发新产品的程序。

7．简述产品包装的主要策略。

五、案例分析题

润妍洗发水：三年研发，一败涂地

2002 年，宝洁在中国市场打了败仗，所推出的第一个针对中国市场的本土品牌——润妍洗发水一败涂地，短期内就黯然退市。

润妍洗发水的推出，是为了应对竞争对手利用“植物”、“黑头发”概念对其发动的持续不断的进攻。在“植物”、“黑头发”等概念的进攻下，宝洁旗下产品被竞争对手贴上了“化学制品”、“非黑头发专用产品”的标签。这些概念根植于部分消费者的头脑中，无法改变，因此，面对这种攻击，宝洁显得很被动。

为了改变这种被动的局面，宝洁从1997年调整了其产品战略，决定引入“黑发”和“植物”概念，推出新品牌。在新战略的指引下，宝洁按照其一贯流程开始研发新产品。从消费者到竞争对手，从名称到包装，宝洁处处把关，花费三年时间完成了润妍的开发。

产品特点：润妍采用和主流产品不同的剂型，需要经过洗发和润发两个步骤，比起“2合1”产品，消费者的洗发时间延长一倍。润妍把目标消费群体定位在城市白领女性，然而这个群体对黑头发并不感兴趣。

在价格上，润妍沿袭了飘柔等原有强势品牌的价格体系。在这种价格体系下，经销商没有利润，又不能不做。润妍的价格政策，导致经销商对其采取了抵制态度。

在产品促销上，润妍在传播时，“黑发”概念强调不足。而其竞争品牌——夏士莲黑芝麻洗发水，强调黑芝麻成分，让消费者由产品原料对产品功能产生天然联想，从而事半功倍，大大降低了概念的传播难度。

宝洁推出的第一个本土品牌就这样夭折了。

问题：

1. 指出润妍在市场上失败的原因。
2. 如果你是润妍的产品经理，你将采取什么措施挽救该产品？

经典人物

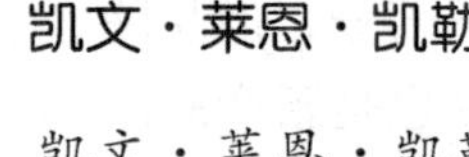

凯文·莱恩·凯勒

凯文·莱恩·凯勒是人们公认的对营销沟通与战略品牌管理进行综合研究的国际先驱者之一。凯勒教授是中生代的权威学者，也是菲利普·科特勒的最新合作者。

凯勒是达特茅斯大学塔克商学院营销学教授和E. B. 奥斯本学者。他教授关于品牌营销战略的MBA课程。凯勒教授曾在斯坦福大学、加利福尼亚大学和北卡罗来纳大学从事营销研究或教学工作。

凯勒教授研究的总体领域在消费者营销上，他的主要研究方向是如何利用与消费者行为有关的理论和概念改进广告与各种品牌战略。他的著作《战略品牌管理》被誉为“品牌圣经”。

没有降价两分钱抵消不了的品牌忠诚。

——菲利普·科特勒

项目八　价格策略

知识目标

◆了解产品的定价目标。
◆掌握影响产品定价的主要因素。
◆掌握定价策略。
◆掌握定价方法。

技能目标

◆能分析影响产品定价的主要因素。
◆能根据企业的实际情况，为企业选择适用的定价方法和定价策略。

导入案例

沃尔玛的“天天平价”

沃尔玛公司由美国零售业的传奇人物山姆·沃尔顿先生于1962年在阿肯色州成立。经过40多年的发展，沃尔玛公司已经成为美国最大的私人雇主和世界上最大的连锁零售商，多次荣登《财富》杂志世界500强榜首及最具价值品牌。目前，沃尔玛在全球15个国家开设了8400家商场，下设55个品牌，员工总数210多万人，每周光临沃尔玛的消费者超过2亿人次。

沃尔玛能够风行世界，其首要因素无疑是“天天平价”的承诺。这承诺绝非一句口号或一番空谈，而是通过低进价、低成本、低加价的“三低”经营方式，始终如一地坚持着。首先，沃尔玛在采购上无回扣，不需要供应商提供广告服务，也不需要送货（这一切沃尔玛均自理），但必须得到进货最低价。其次，沃尔玛严守办公费用只占营业额2%的低成本运行规范，“一分钱掰成两半花”，从而比竞争对手更节约开支。最不同凡响的是沃尔玛“为消费者节省每一分钱”的低价经营观念，使众多的平民消费者因对价格的极度敏感而忠诚于沃尔玛。沃尔玛坚持薄利多销，1970年营业收入为3100万美元，利润120万美元；1990年的营业收入为258亿美元，利润10亿美元；到了2003年，营业收入为2590亿美元，利润905亿美元。业内专家评价说，和所有的买卖比起来，沃尔玛的确是微利经营。但就是这个既不图赚钱快，也不生产获利丰厚的产品的企业，却在接近半个世纪的风风雨雨中，业绩始终稳居全球零售连锁业之首。

问题：

沃尔玛提出“天天平价”的依据是什么？

分析点评：

企业产品价格的制定是企业能否实现经营目标的重要因素。企业定价不仅要考虑产品成本的补偿，同时还要考虑消费者对价格的承受能力。

任务一　定价的目标及影响因素

知识基础

完成本任务所需要的知识基础包括定价的目标、影响定价的因素。

知识基础一　定价的目标

定价目标是指企业对其产品定价时预先确定所要达到的目的和标准，是企业营销目标在价格决策上的反映。企业在产品定价时，应根据营销总目标、面临的市场环境、产品特点等多种因素来选择定价目标。定价目标以满足市场需求和实现企业赢利为基础，是企业实现其经营总目标的保证和手段，是企业定价策略和定价方法选择的依据。定价目标包括生存目标、利润目标、市场占有率目标、稳定价格目标、追随定价目标和挑战定价目标。

1. 生存目标

生存目标以维持企业生存为目标，是企业在特定时期的过渡性目标。当企业处在创业期，或经营不善，或由于市场竞争激烈、消费者需求偏好突然变化时，企业应以维持生存作为产品定价目标，以保证企业的正常经营。

根据成本习性分析，产品销售价格高于单位产品的变动成本，企业就能够维持生存；而当产品销售价格低于单位产品的变动成本时，企业就会陷入困境。因此，生存定价目标的底线是单位产品的变动成本。

2. 利润目标

利润目标是企业以获得目标利润作为定价考虑的首要因素。为投资人或股东赚取利润不仅是企业的责任，也是企业发展的基础和保障。利润是多数企业的定价目标。

（1）以利润最大化为定价目标。以最大利润为定价目标是指企业在一定时期内，综合考虑各种因素，以总收入减去总成本的最大差额为基点，确定单位产品的价格，以获得最大利润总额。

利润最大化分为长期利润最大化和短期利润最大化，单一产品利润最大化和产品组合利润最大化。从长期来看，追求长期利润最大化与实现短期利润最大化有时是矛盾的，单一产品利润最大化与产品组合利润最大化有时也是矛盾的。这就要求企业在考虑其长期利润和发展的同时，也要充分考虑其短期利润，平衡短期利润与长期利润

间的关系，单个产品利润和产品组合利润间的关系，以实现企业的长期稳定发展。

（2）以目标投资收益率为定价目标。目标投资收益率定价目标是指企业以实现一定的目标投资收益率为目标，制定产品价格。

投资收益率（又称投资报酬率）是衡量企业经营实力和经营成果的重要标志，是投资收益与投资成本的对比。采用这种定价目标的企业，一般是根据投资项目确定的目标收益率，计算出单位产品的利润，加上产品成本作为销售价格。

（3）以合理利润为定价目标。合理利润定价目标是指企业为避免不必要的价格竞争，在社会平均成本的基础上，加上适当的利润作为产品价格。

以合理利润为定价目标要求企业能够在合适的价格下获得一定的竞争优势，同时避免价格竞争；有助于企业协调投资者和消费者之间的关系，树立良好的企业形象。同时，要考虑产品销售情况、投资成本、竞争格局和产品市场接受程度等因素。

3．市场占有率目标

市场占有率目标（又称销售导向定价目标）是在保证一定利润水平的前提下，以获得或维持一定市场占有率为目标，为企业长期生存和发展奠定基础。市场占有率是一个企业经营状况和企业产品在市场上竞争能力的直接反映，关系到企业的兴衰存亡。较高的市场占有率，可以保证企业产品的销路，巩固企业的市场地位。

以目标市场占有率为目标，需要企业同时考虑利润和市场占有率。而高利润需要高价格支撑，高价格就会影响产品的销售和市场占有率，这就要求企业在利润和销量之间做出平衡。对需求价格弹性较大的产品，降低价格会导致单位产品利润减少，同时也会带来销售的大幅增加，单件产品利润的下降可以通过销量的增加来弥补，薄利多销更有利于企业的发展和获得竞争优势；对需求价格弹性较小的产品，降低价格并不会带来销售的大幅增加，销售的增加不足以弥补价格降低带来的利润损失，维持现行价格可能更有利。

4．以应付和防止竞争为目标

企业对竞争者的行为都非常敏感，特别是价格竞争。定价前，企业要广泛搜集资料，仔细研究竞争对手的价格策略，应对市场竞争。根据企业的不同条件，一般有以下决策目标可供选择：

（1）稳定价格目标。稳定价格目标以保持价格相对稳定、避免正面价格竞争为定价目标。当企业准备在一个行业中长期经营时，或某行业经常发生市场供求变化与价格波动，需要有一个稳定的价格来稳定市场时，该行业中的大企业或占主导地位的企业就会率先制定一个较为长期稳定的价格，以避免激烈的价格竞争。

（2）追随定价目标。追随定价目标是指企业为避免价格竞争，根据市场领导者或市场现行价格，确定本企业产品的价格。追随定价目标是以企业竞争者的价格为依据，确定本企业产品的价格，并根据竞争者价格的变化调整本企业产品的价格。

一般情况下，中小企业的产品价格应低于领导者的产品价格。

（3）挑战定价目标。当企业具有较强实力、技术或其他竞争优势时，企业可以主动出击，挑战竞争对手，以获得更大的市场份额。挑战定价目标策略一般有三种，即打击定价、特色定价和阻截定价。

打击定价。实力较强的企业主动挑战竞争对手，扩大市场占有率，并以低于竞争者的价格销售产品。

特色定价。实力雄厚并拥有特殊技术，或产品品质优良，或能为消费者提供更多服务的企业，可采用高于竞争者的价格出售产品。

阻截定价。为阻截潜在的加入者，有实力的企业往往采用低价策略，迫使弱小企业退出市场或阻止潜在的竞争者加入。

动手动脑

什么是定价目标？定价目标有哪些分类？

知识基础二　定价的依据和影响定价的因素

价格策略是企业营销组合的重要组成部分，对企业的市场份额和利润水平起决定性作用。

1．定价的依据

价值规律理论是定价的理论基础。产品的价值决定价格，价格是价值的货币表现。产品的市场价格最终由市场供求关系决定。

2．影响定价的因素

影响企业定价的因素有很多，包括企业内部因素和外部因素（图 8－1）。

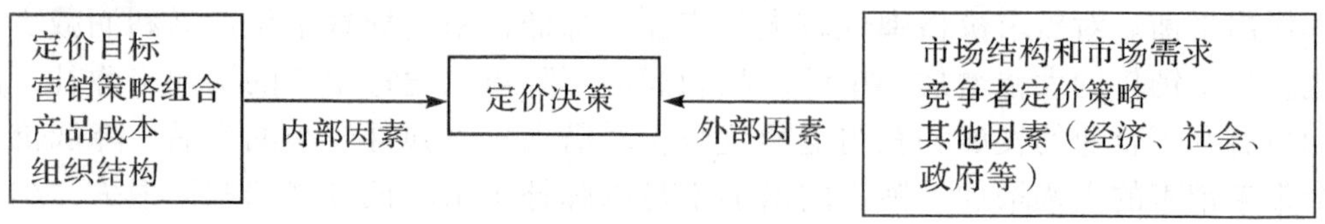

图 8－1　影响定价的因素示意图

（1）影响定价的内部因素。影响定价的内部因素包括下列四个方面：

一是定价目标。定价目标是企业营销目标在定价策略上的体现，与企业的短期营销目标相一致，是营销目标在定价上的具体反映。

二是营销策略组合。价格策略是营销策略的重要组成部分，价格策略与产品策略、渠道策略和促销策略组成营销策略组合，各策略间相互影响、相互协调，形成有机整体。在产品定价时，必须充分考虑产品属性、品牌定位、渠道选择、广告策略、促销费用等因素，确保定价目标的实现。

三是产品成本。成本是价格的底线。弥补成本是企业生存的基础，长期亏损必将影响企业的发展，甚至导致企业倒闭。在产品定价时，企业应以成本为基础，根据产品属性、市场竞争状况和定价目标，确定合适的产品价格。影响定价的成本包括单位平均成本、单位变动成本、边际成本、机会成本。搭车效应也是竞争性定价应考虑的重要因素之一。

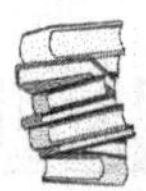

知识库

搭车效应

搭车效应是指在利益群体内，某个成员为了本利益集团的利益所做的努力，使集团内所有的人都有可能得益，但其成本则由这个成员承担。由于利益集团的利益是由组成集团的每个成员的需求和动机决定的，因此，每个利益集团成员只有联手努力才能获得共同利益。如果有人没有为此而努力，而另外的人付出了努力，那么这就会抑制集团成员为本利益集团努力的动力；如果利益集团内每个成员都共同努力，则个人成本就会相当小。

在产品定价时，利益群体可以是买方，也可以是卖方。

四是组织结构。不同的企业有不同的组织结构、规模、财务状况、决策程序。在产品定价时，企业的价值取向也不同。对于追求利润最大化的企业，高价是产品定价的首选；对于追求市场份额的企业，低价更有利于占领市场。

同时，企业的品牌形象、知名度、市场地位、推广费用、渠道建设、产品包装、产品规格和垄断性都对定价产生重要影响。

（2）影响定价的外部因素。影响定价的外部因素包括以下三个方面：

一是市场结构和市场需求。与成本决定价格的下限相反，市场需求决定价格的上限。在确定价格之前，营销人员必须把握产品价格与产品需求之间的关系。

根据市场竞争情况，市场结构分为完全竞争市场、垄断竞争市场、完全垄断市场和寡头垄断市场四种类型。在不同的市场结构下，企业所处的竞争状况不同，定价策略也不同。确定所处行业的竞争结构和企业地位，分析竞争对手的数量、生产供应能力及市场行为等因素，为产品合理定价提供依据。

在市场经济中，供求关系决定产品价格。在产品定价时，价格首先应能够弥补产品的生产成本，然后根据市场需求的变化调整价格。

二是竞争者定价策略。竞争者定价策略对定价的影响主要表现为竞争者价格水平对产品价格的约束作用。价格作为市场竞争的主要手段之一，也常常是竞争对手阻止、适应、挑起市场竞争的主要手段。

三是其他因素（经济、政府、社会）。经济状况和发展形势、政府政策变化和社会发展要求等因素，在影响和改变社会需求的同时，也对产品定价产生重要影响。

动手动脑

试分析影响面包定价的因素有哪些。

任务二　定价策略

知识基础

完成本任务所需掌握的知识基础包括新产品定价策略、产品组合定价策略、折扣

定价策略、差别定价策略及心理定价策略。

知识基础一　新产品定价策略

新产品定价关系到新产品能否顺利进入市场，获得消费者的认可。常见的新产品定价策略主要有三种，即撇脂定价策略、渗透定价策略和满意定价策略。

1．撇脂定价策略

撇脂的原意是指取牛奶上的那层奶油，捞取精华。撇脂定价策略又称取脂定价策略，指在新产品上市之初，价格定得较高，以便在短期内获得丰厚回报，迅速收回投资；随着时间的推移，逐渐降低价格，扩大市场需求，阻止竞争者介入。

一般而言，对于全新产品、受专利保护的产品、需求价格弹性小的产品、流行产品、未来市场形势难以测定的产品等，可以采用撇脂定价策略。

（1）撇脂定价策略的优点包括以下四个方面：

一是迅速开拓市场。新产品上市之初，消费者对其尚无理性认识，此时的购买动机多属于求新求奇。利用较高的价格可以提高产品身份，满足消费者的求新心理，创造高价、优质、名牌的印象，有助于开拓市场。

二是快速收回投资。高价格高回报，使企业能够在短期内迅速收回投资。

三是主动应对市场竞争。高价格为企业应对竞争者介入提供了便利。高价格使企业获得了价格竞争的主动性，为将来的降价提供了空间。降价不仅可以阻止潜在的加入者介入，也有利于扩大需求。

四是高价格有利于维持供求平衡。在新产品开发之初，由于资金、技术、资源、人力等条件的限制，企业很难大规模生产，可以利用高价格来满足高端需求。

（2）撇脂定价策略的缺点包括以下三个方面：

一是高价格抑制了市场需求。高价格不利于开拓市场和增加销量。

二是加剧市场竞争。在市场收益率普遍较低的情况下，高价产品容易吸引有实力的企业的关注甚至介入，同时也为假冒伪劣产品提供了市场便利，加剧市场竞争。

三是高价产品如果不能获得消费者的认可，会导致新产品上市的失败，损害企业形象。

此外，高价格也可能损害消费者的利益，招致公众的反对和抵制。

（3）撇脂定价策略的适用条件有以下几个：

第一，存在购买力很强并且对价格不敏感的消费群体。

第二，消费群体规模大，企业有厚利可图。

第三，暂时没有竞争产品，本企业的产品具有明显优势。

第四，当有竞争者介入时，企业有能力通过调整价格提高竞争力。

第五，企业品牌影响力大，有一大批忠诚的消费者。

撇脂定价策略是一种追求短期利润最大化的定价策略，对企业的长期发展可能产生不利影响。在消费者日益成熟、购买行为日趋理性的情况下，采用这一定价策略必须谨慎。

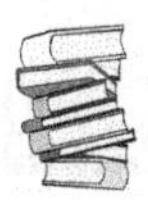

2．渗透定价策略

与撇脂定价策略相反，渗透定价策略是指企业在产品上市初期，利用消费者求廉的消费心理，有意将价格定得很低，使新产品以物美价廉的形象进入并占领市场。

当新产品没有显著特色，市场竞争激烈，需求弹性较大时，宜采用渗透定价策略。

渗透定价策略的优点是可以迅速占领市场，扩大市场份额，阻止竞争对手的介入，获得一定市场优势。缺点是投资回收期较长，投资风险大。

渗透定价策略的适用条件：新产品的需求价格弹性较大；新产品存在着规模经济效益；价格战概率较低。

对新产品来讲，采取哪种定价策略，需要企业综合考虑市场需求状况、竞争状况、供给能力、市场潜力、产品的价格弹性、产品属性和企业的发展战略等因素。

3．满意定价策略

满意定价策略（又称为适中定价策略）是一种介于高价与低价之间的定价策略，是以获得目标消费者满意为目标的定价策略。

满意定价策略既不利用高价在短期内获取高额利润，也不以低价牺牲利润，占领市场，加剧市场竞争。满意定价策略力图规避价格竞争，重视其他营销策略在新产品上市推广中的作用。

满意定价策略的优点是产品能较快地被市场接受，不易引起竞争者注意，避免价格竞争，有利于企业树立信誉，提高消费者满意度。缺点是满意的价格难以确定。

满意定价策略的适用范围：市场竞争格局已经形成；同类产品价格已为消费者所接受；其他营销手段能够有效吸引消费者关注。

知识基础二　产品组合定价策略

产品组合定价策略是指处理本企业各种产品之间价格关系的策略。它包括系列产品定价策略、互补产品定价策略和成套产品定价策略。

在产品组合定价时，一般对相关产品按一定的综合毛利率联合定价。对替代品，把畅销品价格定得高一些，滞销品价格定得低一些；对互补品，购买率低、需求价格弹性高的产品价格定得低一些，把购买率高而需求价格弹性低的产品价格定得高一些。具体来说，常见的产品组合定价策略包括产品线定价策略、任选品定价策略、连带品定价策略、分级定价策略、副产品定价策略、产品捆绑定价策略。

1．产品线定价策略

产品线定价策略是指企业根据消费者对同样产品线不同档次产品的需求，精选设计几种不同档次的产品和价格点，制定高低不等的价格。

产品线定价策略的关键在于合理确定价格差距。价差过大，会导致部分产品滞销或供不应求；价差过小，很难让消费者感受到产品差异，影响消费者购买选择。

2．任选品定价策略

任选品是指企业在提供主要产品的同时，附带提供与主要产品关系密切、搭配消费的产品，供消费者任选。如饭店提供的饭菜是主要产品，而酒水就是任选品。

一般来讲，任选品不是企业经营的主要产品，是企业满足消费者需求、提高消费者满意度必不可少的产品。根据企业定价的目标和策略，任选品可以定高价，也可以定低价。

3．连带品定价策略

连带品（又称互补品）是指必须与主要产品一同使用的产品，如水笔笔杆与笔芯、喷墨打印机与墨盒等。一般来讲，连带品价格低、消耗量大，主要产品价格高、消耗量小。在产品定价时，企业往往将主要产品（价值量高的产品）价格定得较低，以刺激初次购买者选择，而将连带品价格定得较高，以求大量消费获得高额利润。

4．分级定价策略

分级定价策略（又称分档定价策略）是指在制定价格时，企业把同类产品分成几个等级，对不同等级的产品制定不同的价格，从而使消费者感到产品的货真价实、按质论价。分级定价的关键是分级要符合目标市场的需求，等级要明显，不能过大，也不能过小，便于消费者选择，同时简化企业的计划、订货、会计、库存、推销工作。

阅读资料

分级定价策略的应用

某地区的市民会馆将社区公共服务物品进行分类，按照不同的社区公共服务物品的性质，采用不同的定价策略，将已经开发的41个公共服务项目分为4类：

第一类：全额补贴——求助热线、服务查询、法律咨询、健康咨询、社保咨询、心理咨询、户外健身、体育比赛、棋牌、图书阅览、歌咏会、拳操、晚会，共13项。

第二类：差额补贴——半自理、非自理老人居家护理，自理老人托老服务，下岗职工社区护理培训，生活用品调剂，共4项。

第三类：持平——家政服务、出诊、医疗站、社工培训、评弹、图书租借、有声读物，共7项。

第四类：微利——自理老人院舍服务、托儿服务、钟点工服务、餐饮服务、小卖部、家电修理、管道装配、配钥匙开锁、钢琴教育、艺术教育、文化教育、电脑培训、职业培训、生育咨询、健身房、影视、舞会，共17项。

5．副产品定价策略

在许多行业，企业在生产主要产品的同时，经常会有副产品产出。如石化生产过程中产生的沥青，服装生产过程中产生的碎布料等。对生产者来讲是副产品，对产品需求者来讲可能是其主要原材料。因此，副产品定价也需综合考虑市场供求关系和各种影响因素，增加企业利润。

6．产品捆绑定价策略

产品捆绑定价（又称组合产品定价）策略，是指企业经常将一些产品组合在一起定价销售。在捆绑组合中，为刺激消费者需求，消费者购买捆绑产品组合支付的费用低于单件购买支付的费用总和，如成套服装销售等。

知识基础三　折扣定价策略

折扣定价策略是指通过对基本价格做出一定的让步，直接或间接降低价格，以扩大销量的定价策略。其中，直接折扣的形式有数量折扣、现金折扣、功能折扣、季节折扣，间接折扣的形式有回扣和津贴。

1．数量折扣

数量折扣是指按照消费者购买数量的多少，分别给予不同的折扣，购买数量越多，折扣越大。数量折扣一般是制造商针对经销商、零售商或大客户因购买数量大而给予的一种折扣，其目的是通过折扣刺激客户大量购买。

数量折扣的形式包括累计数量折扣和一次性数量折扣。

数量折扣的优点：一是促进产品销售，特别是新产品、积压品；二是加快资金周转，降低销售费用。

2．现金折扣

现金折扣是指给予在规定的时间内，及时付款或用现金付款的客户的一种价格折扣。现金折扣的目的是鼓励客户及时付款，加速资金周转，减少财务风险。

采用现金折扣一般要考虑三个因素：折扣比例、折扣的时间限制和付清全部货款的期限。如："2/10，n/30"，表示付款期是30天，但如果在成交后10天内付款，给予2%的现金折扣。

3．功能折扣

功能折扣（也叫贸易折扣或交易折扣），是指企业根据中间商在产品分销过程中所处的环节和承担的功能、责任和风险的不同给予不同的折扣。

功能折扣是由制造商给某些批发商或零售商的一种折扣，其目的是鼓励中间商大批量订货，扩大销售，并与企业建立长期、稳定、良好的合作关系；给予中间商一定的补偿和让利。

功能折扣比率的确定要充分考虑中间商在分销渠道中的地位、对生产企业产品销售的重要性、购买的批量、完成的促销功能、承担的风险、服务水平、履行的商业责任以及产品在分销中所经历的层次和在市场上的最终售价等因素。

4．季节折扣

季节折扣是指企业鼓励客户淡季购买的一种价格折扣。季节折扣的目的是减少产品库存或积压，加速产品流通，迅速收回资金，稳定生产或销售，避免因需求的季节性变化给企业带来的市场风险。

5．回扣和津贴

回扣是间接折扣的一种形式，是指客户在按价目表将货款全部付给企业以后，企业再按一定比例将货款的一部分返还给客户。

津贴又称折让，是指企业为了特定目的，根据价目表给予客户价格折扣的一种形式。如中间商为产品刊登广告或设立橱窗，产品的生产者除承担一定的广告费外，还在产品价格上给予中间商一定的优惠。

旧货折价折让是指当客户购买新产品时，经销商允许客户把旧货按一定价款抵扣

新货价格，即以旧换新。

促销折让是指企业答谢经销商参加广告或销售活动，而给予经销商的一种价格折让。

知识基础四　差别定价策略

需求的差异性是差别定价策略的基础。差别定价策略包括消费者差别定价策略、产品差别定价策略、地点差别定价策略和时间差别定价策略。

企业实行差别定价策略是有条件的，这些条件主要包括以下五个方面：

一是市场必须是可以细分的，而且各个细分市场表现出的需求程度不同。

二是细分市场间不会因价格差异而发生转手或转销行为，且各销售区域的市场秩序不会受到破坏。

三是市场细分与控制的费用不应超过价格差别所带来的额外收益。

四是在以较高价销售的细分市场中，竞争者不可能低价销售。

五是差别定价不会招致消费者的反感、不满和抵触。

知识基础五　心理定价策略

心理定价策略是指根据消费者不同的消费心理需求，制定不同价格的定价策略。常用的心理定价策略有数字定价策略、声望定价策略、招徕定价策略、习惯定价策略。

1. 数字定价策略

数字定价策略是指企业根据消费者对数字的感知、喜好和心理需求的差异，制定产品价格。数字定价策略包括尾数定价策略（又称零数定价、奇数定价、非整数定价）、整数定价策略和吉数定价策略。

尾数定价策略是指企业利用消费者求廉的心理，以零数作为价格尾数的定价策略。尾数定价满足了消费者求廉的心理，给消费者以便宜、精确、中意的感觉，一般适应于日常消费品。如把某日用品价格定为9.99元而不是10元。

整数定价策略与尾数定价相反，是指针对消费者的求名、炫富、自豪等心理需求，有意将产品价格定为整数，使价格成为产品档次、质量、品牌形象的体现。对于那些无法明确显示其内在质量的产品，消费者往往通过其价格的高低来判断质量。整数定价常常以偶数，特别是“0”作为尾数。整数定价策略适用于需求价格弹性小的中高档产品。

吉数定价策略是指根据消费者对数字的认知和偏好，用吉数作为价格数字的定价策略。如在我国很多地区，“6、8”意为“顺、发”，常用作价格数字。

阅读资料

尾数定价的心理原因

心理学家的研究表明，价格尾数的微小差别，能够明显影响消费者的购买行为。一般认为，5元以下的产品，末位数为9最受欢迎；5元以上的产品，末位数为9、5效果最佳；百元以上的产品，末位数为98、99最为畅销。尾数定价法会给消费者一种经过精心计算的、最低价格的心理感受，有时也可以给消费者一种是原价打了折扣、产品便宜的感觉；同时，消费者在等待找零钱的期间，也可能会发现和选购其他产品。

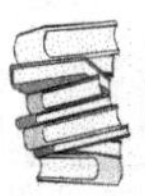

2．声望定价策略

声望定价策略是指企业根据其品牌或产品在消费者心中的声望、信任度和社会地位，为其产品定价的价格策略。一般来讲，品牌知名度高的产品价格往往高于同质量的一般品牌产品的价格。消费者在购买名牌产品时，更关注其品牌价值，并希望通过产品品牌来体现自身价值，包括地位、身份、财富、名望和自我形象等。

声望定价策略适用于知名度高、市场影响力大、深受目标市场欢迎的名牌产品。

3．招徕定价策略

招徕定价策略（又称特价产品定价策略），是指企业将某一种或几种产品的价格定得非常高，或者非常低，以引起消费者的关注或好奇心，进而带动其他产品的销售，加速资金周转。百货商店、超市甚至高档产品专卖店常常利用特价品招徕消费者。

应当注意的是，招徕品或特价产品不应是劣质品，以免损害企业声誉。

招徕定价策略的关键：一是招徕品的选择要有市场需求，且需求价格弹性高；二是招徕品的定价要有足够的吸引力，能够带来大量的客流；三是招徕品品种的选择和数量的确定要合理；四是招徕不是拍卖。

4．习惯定价策略

习惯定价策略是指企业根据市场长期形成的习惯性价格，确定本企业产品价格的定价策略。对于经常性、重复性购买的日常用品，其价格已为消费者接受，低价易引起消费者质疑，高价则会受到消费者的抵制。

■工作任务 8－1　制定定价策略，通过营销实战检验策略得失

工作任务提示：

帮助销售人员更好地理解各种定价策略，为本团队确定产品定价策略。

工作任务情景：

结合营销实战的目标和定价目标，为营销产品选择定价策略。

工作任务内容：

第一，团队讨论，选择定价策略，并说明理由。

第二，制定具体的营销价格。

第三，进行价格调整，撰写报告。

工作任务要求：

第一，团队分工协作完成，每人分析一种产品，讨论确定定价策略。

第二，通过营销实战检验，选择价格调整策略。

第三，以书面报告的形式分析定价策略的选择和调整的理由。

任务三　定价方法

知识基础

完成本任务所应掌握的知识基础包括成本导向定价法、竞争导向定价法、需求导

向定价法。

定价方法是企业在特定的定价目标指导下，依据成本、需求及竞争等因素，分析企业定价策略，确定产品价格的具体方法。定价方法主要包括以成本为基础的成本导向定价法、以市场需求为基础的需求导向定价法和以竞争为基础的竞争导向定价法。

知识基础一　成本导向定价法

成本导向定价法是以产品的成本为中心制定产品价格的一种定价方法。成本导向定价法包括成本加成定价法、盈亏平衡定价法、投资回收定价法和目标收益率定价法。

1. 成本加成定价法

成本加成定价法是一种最简单的定价方法，即在产品单位成本的基础上，加上加成率（或预期利润）作为产品的销售价格。售价与成本之间的差额就是利润，利润占成本的比例就是加成率。

采用这种定价方式，一要准确核算成本，二要确定恰当的加成率。依据核算成本的标准不同，成本加成定价法可分为两种：平均成本加成定价法和边际成本加成定价法。

（1）平均成本加成定价法。平均成本是企业在生产经营一单位产品时所花费的固定成本和变动成本之和，以单位产品的平均成本加上一定比例的加成率作为产品价格。用公式表示为：

单位产品价格 P = 单位产品成本 ×（1 + 加成率 R）。其中，单位产品成本 = 总成本 TC/数量 Q = 固定成本 FC/数量 Q + 单位产品变动成本 VC。

应用实例

某皮具厂生产1000个皮箱，固定成本3000元，每个皮箱的变动成本45元，企业确定的成本加成率为30%，请用成本加成定价法进行定价。

解：$P = (TC/Q) \times (1+R)$

$= (FC/Q + VC) \times (1+R)$

$= (3000/1000 + 45) \times (1 + 30\%)$

$= 62.4$

即该批皮箱的价格为62.4元/个。

其中，TC 表示总成本，FC 表示固定成本，Q 表示产品数量，VC 表示每件产品的变动成本，R 表示加成率。

成本加成定价法的关键在于合理确定加成率。确定成本加成率应考虑多方面因素，包括市场环境、行业特点、产品属性等。

成本加成定价法特别适用于商业企业。

（2）边际成本加成定价法。边际成本加成定价法（也称为边际贡献定价法）是在定价时只计算变动成本，在变动成本的基础上加上预期的边际贡献作为产品价格。用

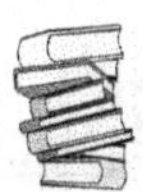

公式表示为：

单位产品价格 P = 单位产品变动成本 VC ×（1 + 加成率 R）。

优点：计算简便，特别是在市场环境基本稳定的情况下，保证企业获得正常利润。

缺点：只考虑了产品本身的成本和预期利润，忽视了市场需求和竞争等因素。

2. 盈亏平衡定价法

盈亏平衡定价法是根据盈亏平衡点原理进行定价。

盈亏平衡点又称保本点，是指在一定的价格水平下，企业的销售收入刚好与成本费用相等，收支相抵、不盈不亏时的销售量，或在一定销售量的前提下，收支相抵的价格。

3. 投资回收定价法

企业开发产品和增加服务项目要投入一笔数目较大的资金，且在投资决策时总有一个预期的投资回收期，为确保投资按期收回并赚取利润，企业要根据产品成本和预期的产品数量，确定一个能实现市场营销目标的价格，这个价格不仅包括在投资回收期内单位产品应摊销的投资额，也包括单位产品的成本费用。

利用投资回收定价法必须注意产品销量和服务设施的利用率。

4. 目标收益率定价法

目标收益率定价法又称投资收益率定价法，是根据总成本或投资总额、预期销量和投资回收期等因素来确定价格。其定价步骤如下：

（1）确定目标收益率。目标收益率可表现为投资收益率、成本利润率、销售利润率、资金利润率等多种形式。

（2）确定目标利润。目标收益率的表现形式不同，目标利润的计算也不同，其计算公式为：

目标利润 = 总投资额 × 目标投资利润率。

目标利润 = 总成本 × 目标成本利润率。

目标利润 = 销售收入 × 目标销售利润率。

目标利润 = 资金平均占用率 × 目标资金利润率。

（3）确定价格。确定价格的计算公式为：

单位产品价格 P =（总成本 TC + 目标利润 TR）/预计销售量 Q。

优点：保证企业既定目标利润的实现。

缺点：没有考虑竞争因素和市场需求的情况。

适用范围：市场上具有一定影响力的企业、市场占有率较高或具有垄断性质的企业。

应用实例

某企业预计其产品的销量为 10 万件，总成本 740 万元，目标利润为 160 万元，确定该产品的单位价格。

解：P =（TC + TR）/Q

=（740 + 160）/10

= 90

即该产品定价应为 90 元/件。

知识基础二　竞争导向定价法

竞争导向定价法以市场上同类产品的价格为依据，根据市场的竞争状况及其变化制定价格。竞争导向定价法包括通行价格定价法、主动竞争定价法、密封投标定价法、拍卖定价法等。

优点：充分考虑产品价格在市场上的竞争力。

缺点：过分关注价格竞争，容易忽略其他营销策略组合带来的产品差异化竞争优势；忽视价格竞争带来的负面影响。

1. 通行价格定价法

通行价格定价法是根据目前市场上同类产品的价格，确定本企业产品的价格。按这种方法确定的价格容易被消费者接受，避免价格竞争。

适用范围：竞争激烈的同质品，如大米、面粉、食用油以及某些日常用品。

2. 主动竞争定价法

与通行价格定价法相反，主动竞争定价法是企业根据市场实际情况和产品差异状况来确定价格。

企业在定价时，第一，先将竞争品价格分为高、中、低三个层次；第二，对比本企业产品与竞争品在产品性能、质量、成本、式样、产量等方面的差异，并分析造成价格差异的原因；第三，根据以上综合指标确定本企业产品的竞争优势，结合企业的定价目标确定产品价格；第四，根据竞争品价格的变化，调整产品价格。

3. 密封投标定价法

密封投标定价法主要用于投标交易。投标价格是企业根据竞争者的可能报价确定本企业的投标价，一般与成本费用和市场需求无关。

企业参加投标的目的是中标，其报价应低于竞争对手的报价。一般来说，报价高，利润大，但中标机会小；反之，报价低，中标机会大，但利润低。因此，报价时，企业既要考虑目标利润，也要结合竞争状况考虑中标概率。

密封投标定价法的难点：中标概率的估计。

4. 拍卖定价法

拍卖定价法是由卖方预先发表公告，展示拍卖物品，买方预先看货，在规定时间公开拍卖，由买方公开叫价，不再有人竞争的最高价格即为成交价格，卖方按此价格拍板成交。

特殊品交易多采用拍卖定价法。

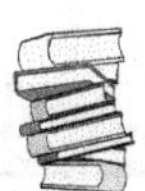

阅读资料

拍卖的主要形式

1．英国式拍卖

一个卖方和多个买方，是一种加价的拍卖方式。卖方出示一个产品，买方不断加价竞标，直到达到最高价格。英国式拍卖经常被用来出售古董、家畜、不动产、旧设备和车辆。

2．荷兰式拍卖

一个卖方多个买方，或者一个买方多个卖方，是一种降价的拍卖方式。在一个卖方多个买方的情况下，拍卖人宣布一个最高的价格，然后逐渐降低价格直至出价人接受为止；在一个买方多个卖方的情况下，买方宣布他想买的产品，多个卖方不断压低价格以寻求最后中标。每个卖方都能看到当前的最低价格，从而决定是否继续降价。

3．封闭式投标拍卖

供应商只能提供一份报价，并且不知道其他人的报价如何。供应商不会低于自己的成本报价，但是考虑到可能失去订单也不会报得太高。政府部门经常利用这种方法采购。

知识基础三　需求导向定价法

现代市场营销观念要求企业的一切生产经营活动必须以消费者需求为中心，并在产品、价格、分销和促销等方面予以充分体现。需求导向定价法是以市场需求为依据来确定价格的方法。需求导向定价法主要包括认知价值定价法、需求差异定价法和逆向定价法。

1．认知价值定价法

认知价值定价法是以消费者对产品价值的感受及理解程度作为定价的基本依据，结合产品的成本费用进行定价。

消费者对产品价值的认知不同，形成不同的价格限度。这个限度就是消费者愿意为获得产品而付出的代价，即产品的价格。

为加深消费者对产品价值的认知程度，提高消费者支付的价格限度，营销者应对产品进行有效定位和传播，扩大产品差异，突出产品的特征，加深消费者对产品定位的认知。

认知价值定价法的关键，是消费者对产品定位的认知、对产品价值的认知程度和企业对消费者认知的判断。

2．需求差异定价法

需求差异定价法是以消费者的消费需求强度差异作为定价的基本依据，针对每种差异制定产品价格。具体定价法有以下几种形式：

（1）地点或位置差异定价法。地点或位置差异定价法根据服务地点或位置的差异，确定服务价格。如在同一班飞机上，飞机座椅的位置不同，价格也不同。

（2）时间差异定价法。时间差异定价法是根据时间的差异确定价格。如旅游产品价格在旅游旺季较高，在旅游淡季较低。

（3）消费者差异定价法。消费者差异定价法是根据消费者的职业、社会阶层、年龄等的不同确定产品价格。如许多城市公共交通对学生实行优惠票价，对老年人实行免费乘坐。

（4）产品差异定价法。产品差异定价法是根据产品差异制定不同的价格，且价格差异可能远高于成本差异。

采用产品差异定价法，需要企业充分了解不同收入消费者的需求差异，判断其支付能力和对价格的敏感度，以保证通过扩大产品差异获得高额利润。

实行差异定价要具备以下条件：市场能够根据需求强度的不同进行细分；细分后的市场在一定时期内相对独立、互不干扰；价格差异适度，不会引起消费者的反感；采取的价格差异不能违法。

3．逆向定价法

逆向定价法也称零售价格定价法，是依据消费者能够接受的最终销售价格，逆向推算出中间商的批发价和生产企业的出厂价格。逆向定价法从市场需求及消费者的支付意愿和能力入手，逆向推出产品价格。计算公式如下：

批发价格＝市场零售价×（1－批零差价率）；

出厂价格＝批发价格×（1－销进差价率）

＝市场零售价×（1－批零差价率）×（1－销进差价率）。

逆向定价法的特点：价格能反映市场需求状况；合理定价有利于企业与中间商建立良好的合作关系，保证中间商的正常利润，提高中间商经营的积极性，迅速拓展市场；能根据市场供求情况及时调整定价。

逆向定价的关键是合理确定批零差价率和销进差价率。

■工作任务8－2　为营销产品定价

工作任务提示：

帮助学生更好地理解定价目标、影响定价的因素、定价策略和定价方法的选择。

工作任务情景：

结合营销实战的定价目标和定价策略，为本团队营销产品进行定价。

工作任务内容：

第一，团队讨论，确定定价目标。

第二，每人负责分析一种影响该产品定价的因素，通过讨论确定定价方法，并制定具体的营销价格。

第三，通过市场检验，分析定价目标达到的程度，撰写报告。

工作任务要求：

第一，团队分工协作完成，每人分析一种产品。

第二，团队所有成员参与营销实战，分析定价目标达到的程度。

第三，形成定价书面报告。

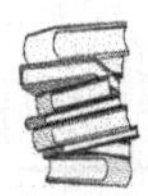

课程小结

任务一　定价的目标及影响因素

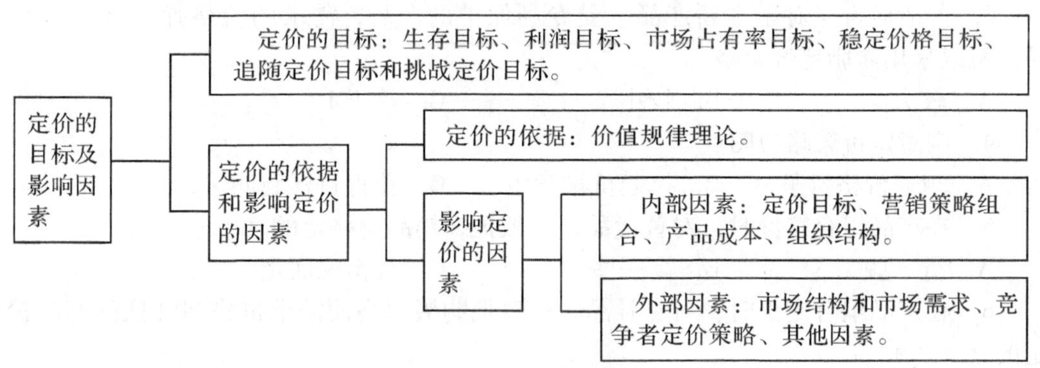

任务二　定价策略

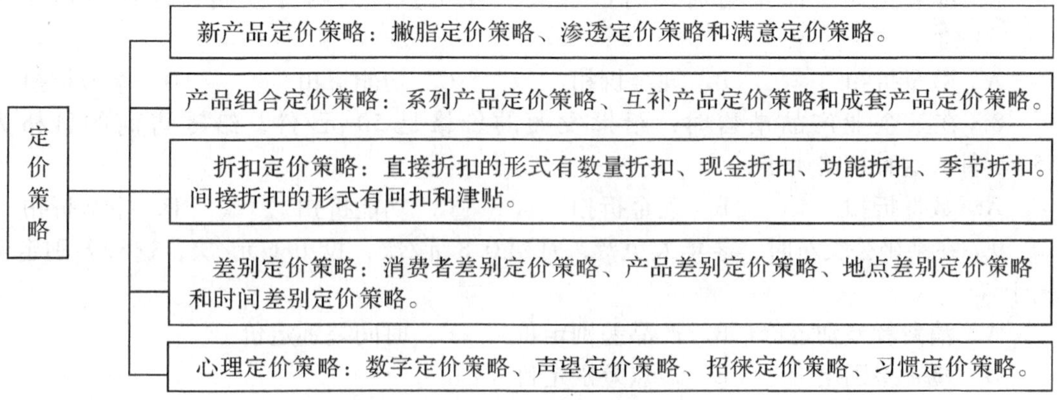

任务三　定价方法

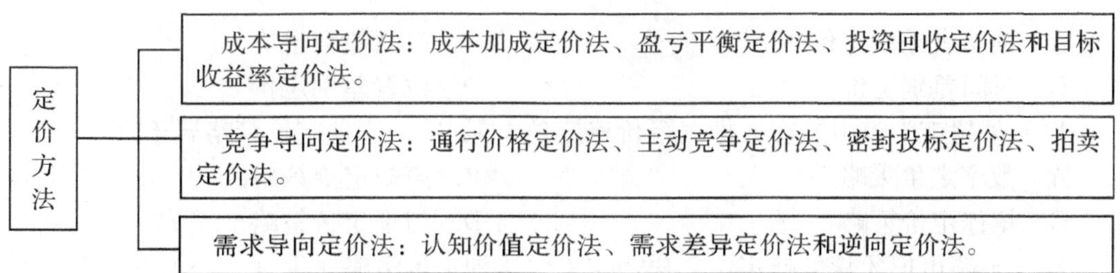

课后练习

一、单项选择题

1．定价目标是指企业对其产品定价时预先确定所要达到的目的和标准，是企业的（　　）在价格决策上的反映。

A．营销目标　　B．战略目标　　C．发展目标　　D．年度目标

2. 当企业处在创业期，或经营不善，或由于市场竞争激烈、消费者需求偏好突然变化时，企业应以（　　）为定价目标。

A. 利润　　B. 生存　　C. 销售　　D. 占有率

3. 一般而言，对于全新产品、受专利保护的产品，需求的价格弹性（　　）产品，可以采用撇脂定价策略。

A. 较大　　B. 较小　　C. 等于1

4. 满意定价策略力图（　　）。

A. 规避价格竞争　　B. 挑起价格竞争　　C. 获得目标利润

5. 在产品组合定价时，对替代品，一般把畅销品价格定的（　　）。

A. 低一些　　B. 高一些　　C. 视情况而定

6. 在产品组合定价时，对互补品，一般把购买率高而需求价格弹性低的产品价格定的（　　）。

A. 低一些　　B. 高一些　　C. 视情况而定

7. 在某企业产品销售时，消费者买一件9折，买两件8折，这种策略属于（　　）。

A. 数量折扣　　B. 现金折扣　　C. 功能折扣　　D. 季节折扣

8. 在某企业产品销售时，给批发商的价格是50元/件，给零售商的价格为55元/件，这种策略属于（　　）。

A. 数量折扣　　B. 现金折扣　　C. 功能折扣　　D. 季节折扣

9. 在乘坐公交车时，老年人免费，月票0.8元/次，投币1元/次，这种差别定价属于（　　）。

A. 消费者差别定价　　B. 产品差别定价　　C. 时间差别定价

D. 位置差别定价　　E. 地点差别定价

10. 在乘坐飞机时，头等舱、商务舱和经济舱价格不同，这种差别定价属于（　　）。

A. 消费者差别定价　　B. 产品差别定价

C. 时间差别定价　　D. 位置差别定价

11. 某超市为吸引顾客，把鸡蛋价格定位1元/斤，这种定价策略属于（　　）。

A. 数字定价策略　　B. 声望定价策略

C. 招徕定价策略　　D. 习惯定价策略

12. 某超市把牙膏价格定位2.99元/支，这种定价策略属于（　　）。

A. 整数定价策略　　B. 尾数定价策略　　C. 吉数定价策略

二、多项选择题

1. 企业的定价目标包括（　　）。

A. 生存目标　　B. 利润目标　　C. 销售额目标

D. 市场占有率目标　　E. 稳定价格目标

2. 影响定价决策的内部因素包括（　　）。

A. 定价目标　　B. 营销策略组合　　C. 产品成本

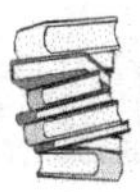

D. 组织结构　　E. 政府决策　　F. 消费需求

3. 影响定价的外部因素包括（　　）。

A. 市场结构　　B. 市场需求　　C. 竞争者

D. 经济　　E. 政府

4. 常见的新产品定价策略主要有（　　）。

A. 撇脂定价策略　　B. 渗透定价策略

C. 满意定价策略　　D. 折扣策略

5. 产品组合定价策略包括（　　）。

A. 系列产品定价策略　　B. 互补产品定价策略　　C. 成套产品定价策略

6. 折扣定价策略中的直接折扣形式有（　　）。

A. 数量折扣　　B. 现金折扣　　C. 功能折扣

D. 季节折扣　　E. 回扣　　F. 津贴

7. 折扣定价策略中的间接折扣形式有（　　）。

A. 数量折扣　　B. 现金折扣　　C. 功能折扣

D. 季节折扣　　E. 回扣　　F. 津贴

8. 差别定价策略包括（　　）定价策略。

A. 消费者差别　　B. 产品差别

C. 地点差别　　D. 时间差别

9. 常用的心理定价策略有（　　）。

A. 数字定价策略　　B. 声望定价策略

C. 招徕定价策略　　D. 习惯定价策略

10. 定价方法主要包括（　　）。

A. 成本导向定价法　　B. 需求导向定价法

C. 竞争导向定价法　　D. 利润导向定价法

11. 竞争导向定价法包括（　　）。

A. 通行价格定价法　　B. 密封投标定价法　　C. 竞争价格定价法

12. 需求导向定价法主要包括（　　）。

A. 认知价值定价法　　B. 理解定价法

C. 需求差异定价法　　D. 逆向定价法

三、判断题

1. 定价目标是指企业对其产品定价时预先确定所要达到的目的和标准，是企业营销目标在价格决策上的反映。（　　）

2. 生存定价目标可以作为企业长期定价目标。（　　）

3. 渗透定价策略的优点是投资回收期较长，投资风险低。（　　）

4. 满意定价策略力图规避价格竞争，重视非价格竞争策略。（　　）

5. 旅游产品价格在黄金周期间较高，在旅游淡季较低，属于价格折扣策略。（　　）

四、简答题

1. 简述企业的主要定价目标。
2. 简述影响定价决策的内部因素和外部因素。
3. 简述新产品定价策略及其优缺点。
4. 简述产品组合定价策略。
5. 差别定价策略的主要策略类型
6. 简述成本导向定价法
7. 简述需求导向定价法
8. 简述竞争导向定价法。

五、案例分析题

奥克斯空调的平价革命

奥克斯空调的生产厂家是宁波奥克斯空调公司，1993 年进入空调市场，最初以生产高档机为主。由于缺乏市场认可，产品销售不佳。从 1996 年起，奥克斯改变原有的定位策略，开始走优质平价的路线，奥克斯空调销售开始大幅增长。此后，奥克斯坚持低成本战略，生产优质平价的空调。一方面加大内部整合力度，压低生产成本；另一方面，继续“只做不说”的市场开拓运动，稳步提高自己的市场份额。

1. 差异化的市场定位

奥克斯从 1996 年开始改变原定路线，走了一条差异化道路。它始终明确将其空调定位于“优质平价”的“民牌”空调。相比市场传统强势品牌的“高价优质”定位，更容易为大众喜欢，并且给消费者物有所值甚至物超所值的感觉。

2. 进攻性的价格策略

从 2000 年起，奥克斯拉起空调降价的大旗，为其赢得了广泛关注。奥克斯自 2000 年以来的主要降价活动如下：

2001 年 4 月，40 余款主流机型全面降价，最大降幅达到 30% 以上。

2002 年 4 月，16 款主流机型全面降价，包括 1 匹和 1.5 匹变频空调，最大降幅达到 26%。

2003 年 4 月，所有机型一律降价。据称平均降幅达 30%，单款机型最大降幅达 2000 元。

奥克斯空调的价格战，时间多选择在 4 月份，这一时期恰恰是空调销售旺季即将来临的时候，是消费者开始关注空调市场的时候，是引起市场反应的最佳时期；降价幅度大，足以激发消费者的购买欲望；广告强势推广，媒体选择上采取“大中央、小地方”的模式，进行大规模集中轰炸，有力地配合了降价促销活动。

3. 系列化的事件营销活动

事件营销是奥克斯成功的另一个关键策略。通过事件营销活动，奥克斯不断向空调业原有规则发起冲击，在消费者面前出尽风头，也让全国的消费者获得了新的体验。

（1）《空调成本白皮书》事件。2002 年 4 月 20 日，奥克斯空调向外界首家披露《空调成本白皮书》，以行业背叛者的身份揭示了“一台空调究竟该卖什么价”的行业秘密，矛头指向消费者关注的空调业实际利润的问题。

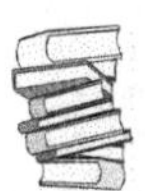

（2）“一分钱空调”事件。2002 年 11 月 22 日至 12 月 1 日，奥克斯空调在广东省内的 700 多家电器店同时推出“一分钱空调”的促销活动。消费者只要花 4338 元购买奥克斯 60 型小 3 匹柜机，再加一分钱，即可以获得另一台价值 1600 元的 1 匹壁挂式分体空调，同时承诺一分钱空调同样享受厂家提供的优质售后服务。

（3）《空调技术白皮书》事件。2003 年 4 月 23 日，奥克斯再次扮演了背叛者的角色，公布了《空调技术白皮书》，宣称“空调技术炒作‘高科技’概念只是‘皇帝的新装’，是空调行业的最后一块‘神秘面纱’，奥克斯要将其一揭到底，让空调行业早日正本清源，回归到空调‘冷、静、强、省’的核心价值上来”等。奥克斯空调的总经理宣称，奥克斯想宣传的核心内容是空调，不是高科技产品。市场上包括“富氧技术”、“红外线传感技术”、“温度传感技术”等在内的几大所谓“高科技”实质“只是一种牟取暴利的幌子，都是将附加功能进行包装放大，从而达到误导消费者让自己获取暴利的目的”。

问题：

1. 奥克斯空调采用的是什么定价策略？它的这种定价在什么条件下才能取胜？
2. 你如何看待奥克斯的《空调成本白皮书》？
3. 面对奥克斯空调的价格策略，作为格力、美的等主要品牌的营销总监，你将如何应对？

经典人物

詹姆斯·钱皮

詹姆斯·钱皮是一个能够抓住现实变革根本的管理大师。1993 年，他与迈克尔·哈默合著了《企业再造》一书，1995 年被美国《商业周刊》评为最畅销的商业类图书之一。他的最新著作是和尼汀·诺瑞亚共同完成的《快速前进》。钱皮曾经担任过 CSC 咨询集团的总裁，并且是 CSC Index 国际管理咨询公司的创始人之一。

企业再造理论也被译为“公司再造”、“再造工程”，被西方国家称为“毛毛虫变蝴蝶”的革命。钱皮和哈默的“再造”定义，简单地说就是以工作流程为中心，重新设计企业的经营、管理及运作方式，在新的企业运行空间条件下，改造原来的工作流程，以使企业更适应未来的生存发展要求。“再造”经营理念，以一种再生的思想重新审视企业，并对传统管理学赖以存在的基础——分工理论提出了质疑，是管理学发展史上的一次巨大变革。

中间商不属于由制造商所建立的营销锁链中被雇佣的一个环节，它是一个独立的市场，并成为一大群顾客购买的集中地。

——菲利普·麦克威

项目九　渠道策略

知识目标

◆了解营销渠道的作用和类型。

◆掌握营销渠道的选择策略。

◆掌握批发与零售的决策。

技能目标

◆能根据企业情况对营销渠道建设提出建议。

◆能对中间商决策提出建议。

导入案例

迅速发展的中国网购市场

艾瑞咨询数据显示，2012 年中国网络购物市场交易规模达 13 040. 0 亿元，较往年增长 66. 2%，在社会消费品总零售额的占比达到 6. 2%。从季度数据来看，2012Q4 由于受“双 11”、“双 12”等促销活动影响，中国网络购物市场交易规模高达 4239. 4 亿元，同比增长 80. 0%，环比增长 32. 4%。

艾瑞咨询数据显示：2012 年中国网购市场中 B2C 交易规模达 3869. 9 亿元，在整体网络购物市场交易规模的比重达到 29. 7%，较 2011 年的 25. 3% 增长了 4. 4 个百分点；从增速来看，2012 年中国网络购物 B2C 市场增长 95. 1%，高于 C2C 市场 56. 4% 的增速。

艾瑞咨询认为：中国网络购物市场从 2012 年后开始逐渐进入成熟期。未来几年，随着传统企业大规模进入电商行业，中国西部省份及中东部三、四线城市的网购潜力也将得到进一步开发，加上移动互联网的发展促使移动网购日益便捷，中国网络购物市场整体还将保持较快增长速度，预计到 2015 – 2016 年中国网络购物市场交易规模将超过 30 000 亿元。

资料来源：艾瑞网（www. iresearch. cn）

问题：

（1）网购市场迅速发展的主要原因是什么？

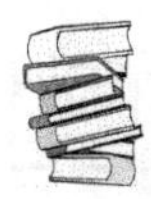

（2）网络渠道的吸引力在什么地方？

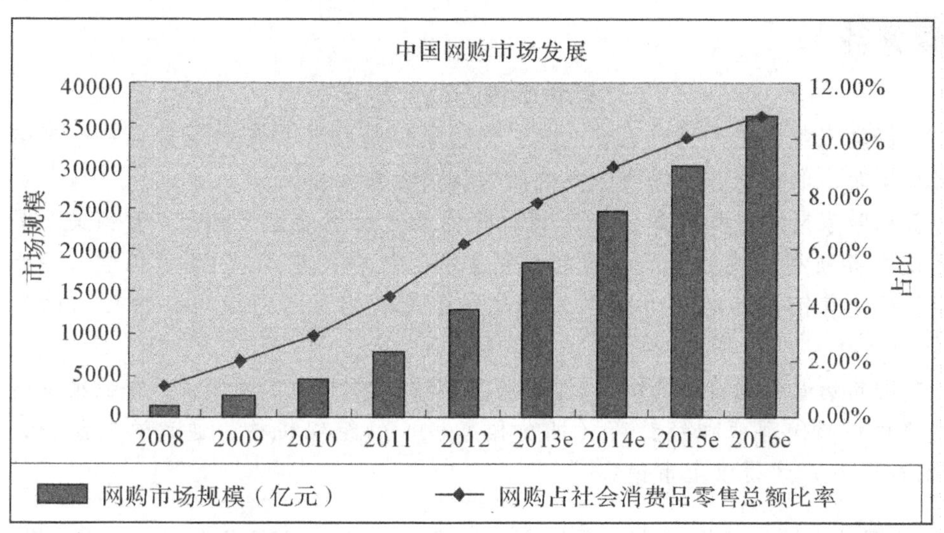

分析点评：

将产品从生产线送到消费者手中的过程，也是企业营销渠道发挥作用的过程。无论哪种渠道，传统店铺还是电子商务，其目标都是能够最大限度地帮助企业分销产品，这就是企业渠道建设的价值所在。

任务一　营销渠道的功能和类型

知识基础

完成本任务所应掌握的知识基础包括营销渠道的概念、功能及类型。

知识基础一　营销渠道的概念和功能

渠道，通常指水渠、沟渠，是水流的通道。在商业领域，渠道是由一些独立经营而又互相依赖的组织组成的增值链。产品和服务经过渠道的增值变得更具吸引力，能更好地满足顾客的需求。

1．营销渠道的概念

> 营销渠道（又称“流通渠道”），是由各种旨在促进产品和服务的实体流转，实现其所有权由生产者向消费者或企业用户转移的各种营销机构及其相互关系构成的有组织的系统。

营销渠道的基本功能是实现产品或服务在时间、空间、所有权上的转移和增值。生产者与消费者顺利实现产品交换，两者之间至少要发生五类要素的流动，即商流、物流、资金流、信息流和促销流。中间商作为渠道的重要成员和参与者，凭借其业务往来关系、经验、专长和经营规模，能以更高的效率将产品提供给目标市场，克服了时间、地点和所有权等将产品和服务与消费者隔离开来的障碍，发挥了桥梁的作用。

阅读资料

营销渠道的几个定义

营销学家菲利普·科特勒认为："营销渠道是指某种货物或劳务从生产者向消费者移动时，取得这种货物或劳务的所有权的企业和个人。"

营销学家斯特恩和艾尔·安塞利对营销渠道所下的定义为："营销渠道是促使产品或服务顺利地被使用或消费的一整套相互依存的组织。"而营销学家伯特·罗森布罗姆将营销渠道定义为："与公司外部关联的、达到公司分销目的的经营组织。"

美国市场营销协会（AMA）为市场营销渠道所下的定义是："营销渠道是指企业内部和外部代理商和经销商（批发和零售）的组织机构，通过这些组织，商品（产品或劳务）才得以上市销售。"

营销渠道成员包括批发商、零售商、代理商、辅助代理机构等。而作为营销渠道运作的起点和终点，生产者和消费者往往也被纳入渠道重要成员之列。图9－1是营销渠道的简单示意图。

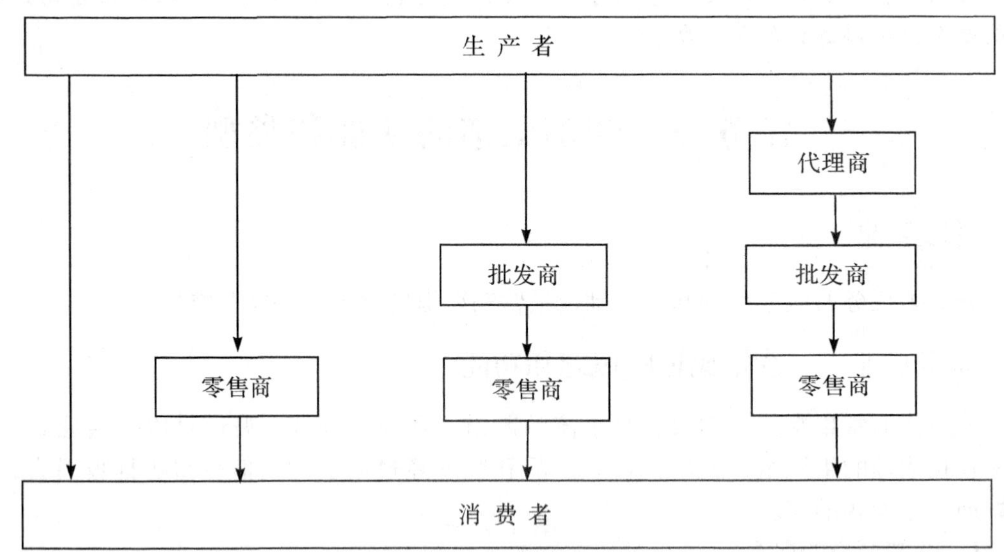

图9－1　营销渠道示意图

由图9－1可知，生产者的产品或服务可以通过多种渠道到达消费者或用户手中。有的渠道经过的环节比较多，涉及较多的中间组织；而有的渠道经过的中间环节少，渠道结构比较简单。

2．营销渠道的功能

作为市场营销策略组合的四个基本要素之一，实现产品或服务的转移和增值是营销渠道的基本功能。

（1）营销渠道的五大流程。在商品流转中，营销渠道的功能通过五大流程来实现，

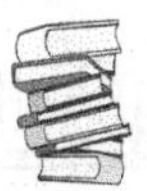

即商流、物流、资金流、信息流和促销流，如图 9－2 所示。

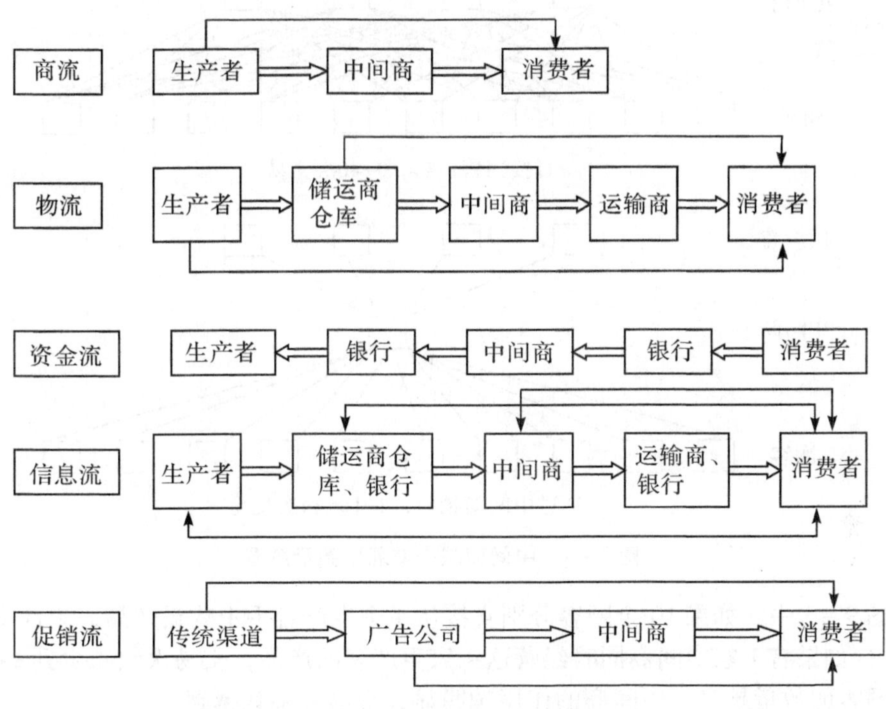

图 9－2　营销渠道的五大流程

商流，即商品所有权由生产者流转到消费者手中的过程。

物流，即商品实体的流程，由生产者流向消费者。

资金流，伴随着商品所有权的转移，资金也由消费者流向生产者手中，形成资金流。

信息流，商品交换的过程也是信息沟通的过程。信息流是一个双向流动的过程，既包括由生产者流向消费者的产品信息，也包括由消费者流向生产者的需求信息。

促销流，尽管说促销的实质是沟通，但在市场营销过程中，促销多是生产者对顾客的单向信息沟通，目的是促进产品销售。

（2）营销渠道的功能。营销渠道的具体功能包括：研究，即搜集制订计划和进行交换时所必需的信息；促销，即设计和传播有关产品的信息，鼓励消费者购买；接洽，即为生产者寻找、物色潜在顾客，并与顾客进行沟通；配合，即按照顾客的要求调整产品，包括分等、分类和包装等活动；谈判，即代表买方或者卖方参加交易谈判，实现产品交换；实体分销，即储藏和运输产品；融资，即融通资金；风险承担，即通过购销承担产品流通的风险。

（3）营销渠道的作用。营销渠道的作用主要有以下三个方面：

第一，营销渠道可减少市场中交易的次数，提高交易效率。在商品交换中，通过营销渠道的中间商（如批发商、零售商等）实现集中采购与配送，可以减少交易的次数，提高交易效率，如图 9－3 所示。

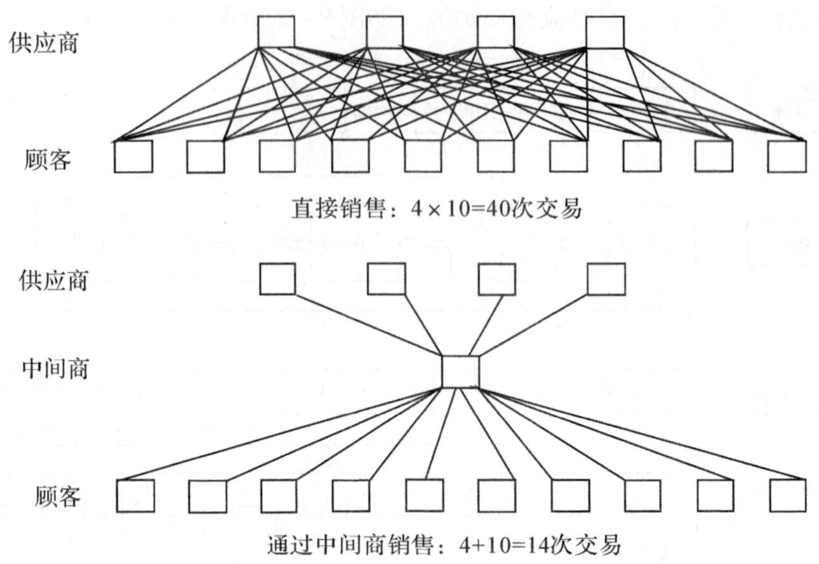

图 9－3　中间商减少交易次数示意图

在图 9－3 中，如果 10 个顾客分别直接从 4 个生产者手中购买产品，累计交易次数达 40 次；如果有 1 家中间商同时经营这 4 家生产者的产品，交易次数减少到 14 次。生产者和顾客的数量越多，中间商的作用越明显，交易效率就越高。

第二，降低销售费用，实现专业化经营。商业的产生是社会化大分工的结果，专业化经营不仅提高交易效率，也大大降低销售费用。

第三，交流信息，提供便利。在商品交换中，买卖双方为在交易中获得主动权，都试图获得更多的对方信息。营销渠道的产生和发展为交易双方进行信息交流提供了渠道和便利。

知识基础二　营销渠道的类型

按不同的标准，营销渠道划分也不同。按有无中间商参与，营销渠道可分为直接渠道和间接渠道；按渠道层次的多少，营销渠道可分为长渠道和短渠道；按渠道中间环节成员的数量，营销渠道可分为宽渠道和窄渠道；按渠道中成员之间的关系，营销渠道可分为传统渠道和渠道系统。

1．直接渠道和间接渠道

（1）直接渠道。直接渠道是指生产者将产品直接供应给顾客，没有中间商参与，其形式如图 9－4 所示。

图 9－4　直接渠道示意图

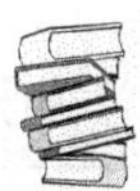

直接渠道的营销方式主要有四种，即订购分销、自开门市部、联营分销和定制生产。

订购分销，指生产企业与用户先签订购销合同或协议，在规定时间内按合同条款供应产品，交付款项。一般来说，主动接洽方多数是生产方。

自开门市部，指生产企业通过在生产区外，如用户较集中的地方或商业区，建立门市部对外销售产品。

联营分销，指生产者与经销商将双方各自的优势资源结合起来，合作成立一个相对独立的销售机构，一起来运作区域市场。

定制生产，指生产者按照顾客要求组织生产，以满足顾客的个性化需求。

随着社会经济的发展，消费者需求的差异性越来越大，个性化需求越来越多，直接渠道发展越来越快。

应用实例

直销成就 DELL

直销模式以极具诱惑力的价格向用户提供个性化的产品。直销由于绕开了传统的中间渠道，使得这一模式根本不可能满足数量庞大的中小企业与个人用户的需求，而主要适用于大客户领域。

进入中国市场以来，DELL 依靠直销模式向政府部门、教育机构、大型企事业单位提供个性化产品，获得了巨大成功。

直销是 DELL 的起家创意，也是 DELL 的发家法宝。在 DELL 内部，直销就像一个烙印深深地刻在这家企业的每一寸肌肤上，甚至灵魂深处。上至创始人迈克尔·戴尔，下到最普通的员工，大家一致鄙视中间渠道，每一个人都对直销拥有深厚的感情。

问题：

直接渠道对企业的经营有哪些要求？

直接渠道的优点：一是供需直接见面，有利于供需双方直接沟通信息，更好地满足目标顾客的需求；二是减少环节，节约流通费用，提高服务水平；三是有利于建立稳定、良好的供销关系，降低回款风险；四是直接促销，提高促销的针对性和促销效果。

直接渠道的缺点：一是建立直接渠道要求高，适应范围小；二是非专业化经营，有悖于社会化分工的要求；三是市场覆盖面小，销售风险高，不利于企业拓展市场。

（2）间接渠道。间接渠道是指生产者通过中间商将产品卖给目标市场。间接渠道的典型形式如图 9－5 所示。

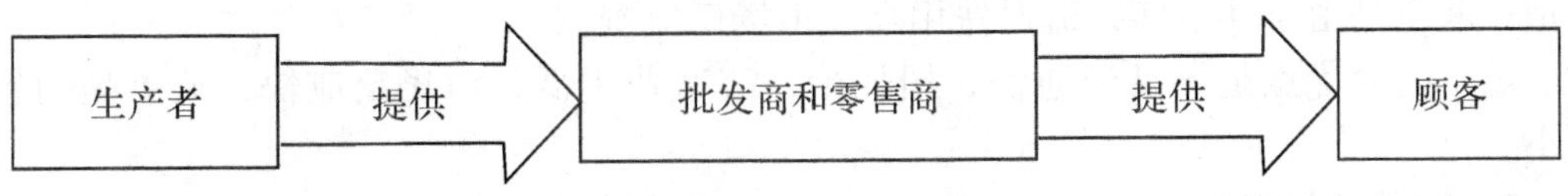

图 9－5　间接渠道示意图

绝大多数产品的销售是通过间接渠道完成的，即由生产者将产品通过批发渠道卖给批发商或零售商，再由批发商卖给零售商，零售商通过广设网点，把产品出售给消费者。间接渠道的形式多种多样，渠道成员除生产者和消费者外，还有各种中间商。

间接渠道的优点：一是有助于产品广泛分销；二是有利于生产者集中资源组织生产，提高生产效率，扩大生产规模；三是分散风险；四是间接促销，促销效果明显；五是有利于企业之间的专业化协作。

间接渠道的缺点：一是可能形成“需求滞后差”，即需求在时间或空间上滞后于供给；二是可能加重消费者的负担，导致抵触情绪；三是信息沟通效率低，可靠性受到影响。

2. 长渠道和短渠道

营销渠道的长度是指产品流通过程中所经过的不同层次中间环节的多少。产品流通所经过的中间环节愈多，则渠道愈长；反之，则愈短。

按照产品流转过程中所经过的中间环节层次的多少，营销渠道可以划分成以下几种模式，如图9－6所示：

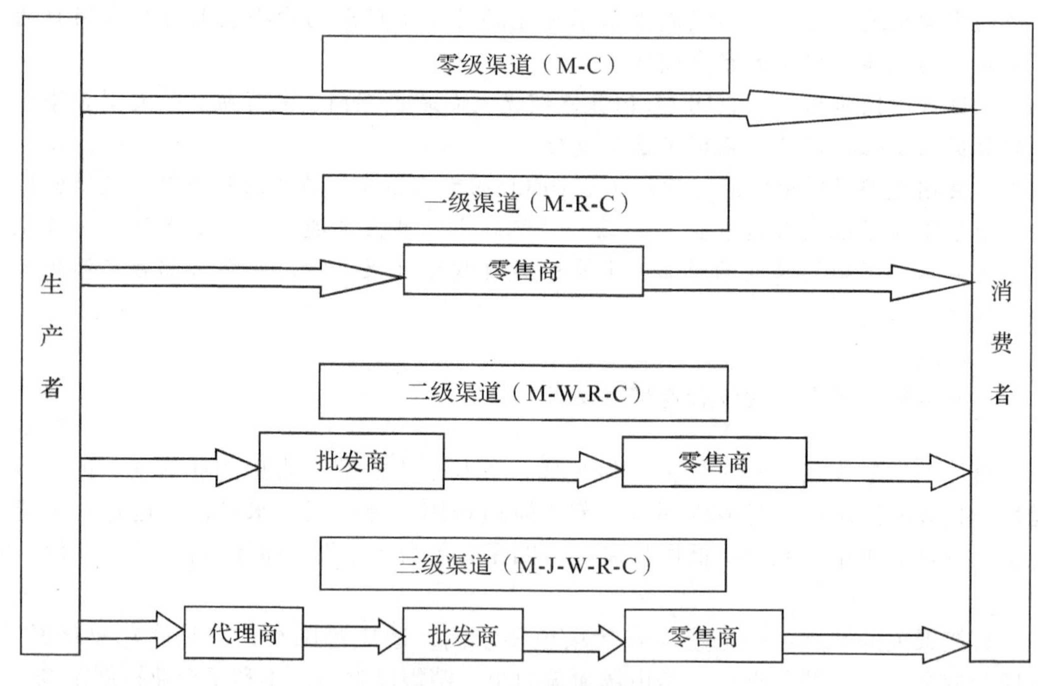

图9－6　渠道层级示意图

长渠道的优点是渠道长、分布密、触角多，能有效地覆盖市场，有利于产品远购远销；缺点是由于环节多，流通费用高，市场反应慢。

短渠道的优点是产品流通快，损耗少，流通费用低，市场反应快；缺点是销售范围小。

3. 宽渠道和窄渠道

营销渠道的宽度是指渠道的同一个层次的中间环节使用中间商数目的多少。在同

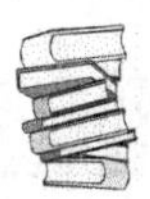

一层次，企业使用的中间商数量在两个和两个以上，产品销售面宽，称为宽渠道；在同一层次，企业使用的同类中间商数量在两个以内，产品销售面窄，称为窄渠道。一般来讲，日用消费品多采用宽渠道销售；专业性强的耐用品、大件产品的中间商数量较少，多采用窄渠道销售。

宽渠道的优点是销售面宽、进入市场快、对单个经销商依赖性小；缺点是容易引发串货，企业对经销商的调控能力差。

窄渠道的优点是企业与经销商关系密切，与经销商利益一致，信息传递快；缺点是对经销商依赖性强，产品进入市场慢。

4．传统渠道和渠道系统

市场营销渠道按渠道中成员之间的关系分为传统渠道和渠道系统。

（1）传统渠道。传统渠道中的生产者与中间商彼此独立，购销交易建立在竞争基础上。

优点：渠道成员彼此独立决策，互不干扰。

缺点：渠道成员缺乏共同目标和共同利益，合作的稳定性差。

（2）渠道系统。渠道系统是指渠道成员通过一体化整合而形成的营销渠道。渠道系统包括垂直渠道系统、水平渠道系统、多渠道系统和网络营销系统。

垂直渠道系统是由生产者、批发商和零售商所组成的一种统一的联合体。其组织形式包括以下三种：一是公司式垂直渠道，即渠道成员属于同一个所有者；二是管理式垂直渠道，通常由大企业出面组织；三是契约式垂直渠道，大多是由批发商倡办的自愿连锁组织、零售商合作组织、特约代营组织。

水平渠道系统是由两个或两个以上无关联企业联合开发一个营销机构。如汇源公司与北京他她公司共同出资组建公司开发“他加她”品牌的系列饮料。

多渠道系统指一家企业利用两个或两个以上的渠道到达一个或几个细分市场，又叫双重分销。随着细分市场和潜在渠道的增加，越来越多的企业采用多渠道的市场营销系统。多渠道营销可以提高市场覆盖率，引入竞争机制；降低渠道成本，更好地满足顾客需求。如七匹狼、雅戈尔等都是代理加公司直营；美特斯邦威、真维斯等采用的是直营和加盟的渠道。多渠道营销同样存在管理的问题，如渠道间的竞争可能削弱企业对渠道的管理，引发渠道内的恶性竞争等。

网络经济的发展促进了网络营销系统的形成和发展，许多企业开始通过优化供应链管理，建立上下游客户的网上采购，探索电子商务模式。作为营销模式的发展，网络营销已成为电子商务活动的重要组成部分，并将成为一些企业营销活动的主要模式。

任务二　营销渠道的选择策略

知识基础

完成本任务所应掌握的知识基础包括影响营销渠道选择的因素、营销渠道选择策略及营销渠道选择的原则。

知识基础一　影响营销渠道选择的因素

影响营销渠道选择的因素很多，包括产品、市场、生产者自身的因素、政策规定、经济收益等方面。

1. 产品因素

（1）产品价格。一般来说，产品单价越高，越应减少流通环节，以免导致售价过高，影响销路；而单价低、市场范围广的产品，通常采用多层次、宽渠道分销。

（2）产品的体积和重量。产品的体积大小和轻重，直接影响运输和储存等销售费用。重量大或体积大的产品，要尽量减少搬运次数，应选择短渠道；对于那些按运输部门的规定超限（超高、超宽、超长）的产品，可选择直接渠道；小而轻且数量大的产品，可选择间接渠道分销。

（3）产品的易毁性或易腐性。产品有效期短、储存条件要求高或不易多次搬运的产品，为保证产品品质，应选择短渠道分销。

（4）产品的技术性。有些产品具有很高的技术性，或需要经常的技术服务与维修，为提高服务质量和客户满意度，应选择直接渠道。

（5）定制品和标准品。定制品一般由产需双方直接商讨规格、质量、式样等技术条件，应选择直接渠道。标准品具有明确的质量标准、规格和式样，可根据目标市场范围确定渠道宽度和长度。

（6）新产品上市。消费者对新产品不熟悉，为尽快让消费者知晓产品，生产者可以组建自己的销售队伍，直接销售。

2. 市场因素

（1）购买批量大小。购买批量大，多采用直接渠道；购买批量小，多采用间接渠道。

（2）消费者的分布。消费者地区分布比较集中，可以选择直接渠道；反之，则选择间接渠道。工业品销售中，本地用户产需联系方便，适合直接渠道；外地用户较为分散，通过间接渠道较为合适。

（3）潜在顾客的数量。若潜在顾客的数量大，市场范围广，为尽快满足市场需求，生产者可选择间接渠道；若潜在顾客数量少，市场范围小，生产者可选择直接渠道。

（4）消费者的购买习惯。有的消费者喜欢直接从生产者手中购买商品，有的消费者喜欢从中间商手中购买商品。因此，生产者应根据顾客的购买习惯选择渠道。

3. 生产者自身的因素

（1）资金实力。生产者资金实力雄厚，有能力自己设立营销网点、建立营销渠道，则可采用产销合一的经营方式；生产者资金实力小，就应依靠中间商分销产品，选择间接渠道。

（2）销售能力。生产者在销售能力、储存能力和销售经验等方面具备较好的条件，则应选择直接渠道；反之，则必须借助中间商，选择间接渠道。另外，生产者如能和中间商进行良好的合作，或对中间商能进行有效的控制，则可选择间接渠道。

（3）服务水平。中间商通常希望生产企业能更多地提供广告、展览、修理、培训

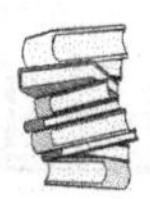

等服务项目，为销售产品创造条件。若生产者无意或无力满足这方面的要求，可选择直接渠道；反之，如果服务水平高，服务项目能够满足中间商的需求，中间商乐于销售该产品，生产者则选择间接渠道。

（4）发货限额。生产者为了合理安排生产，会对某些产品规定发货限额。发货限额高，有利于直接销售；发货限额低，则有利于间接销售。

4．政策规定

营销渠道选择必须符合国家有关政策和法令的规定。某些按国家政策应严格管理的产品或按计划分配的产品，企业无权自销和自行委托销售；某些产品在完成国家指令性计划任务后，企业可按规定比例自销，如专卖制度（如烟）、专控商品（控制社会集团购买力的少数商品）。另外，税收政策、价格政策、出口法、商品检验规定等，也都影响渠道的选择。

5．经济收益

营销渠道带来的经济利益，也是影响营销渠道选择的一个重要因素。

（1）销售费用。销售费用是指产品在销售过程中发生的费用，包括包装费、运输费、广告费、陈列展览费、销售机构经费、代销网点和代销人员手续费、产品销售后的服务支出等。一般情况下，减少流通环节可降低销售费用，同时也会影响产品覆盖面和销售量。

（2）产品价格。在销售价格相同的情况下，许多生产者同时向中间商和最终消费者销售产品。若直接销售量等于或小于间接销售量时，为减少资金占用，间接销售可能对企业更有利；若直接销售量大于间接销售量，直接销售带来的利润足以抵消销售费用的增加，可选择直接销售。

在销售价格不同的情况下，销售对象的购买量和价格将影响营销渠道的选择。

知识基础二　营销渠道选择策略

企业根据终端销售点密度决策的任务，结合企业自身状况和市场环境因素，选择不同的营销渠道策略。

1．密集分销策略

密集分销是指企业根据营销渠道成员选择标准，将符合标准的中间商都纳入营销渠道成员，参与其产品或服务的分销。密集分销策略在提高产品市场覆盖的同时，也导致成员间的竞争加剧，增加了营销渠道管理的难度。

密集分销策略有利于迅速占领市场，提高购买的便利性和及时性，适用于日用品销售。

2．选择分销策略

选择分销是指生产者在特定的市场上选择一部分中间商来销售本企业的产品。

选择分销策略中营销渠道成员数量有限，有利于生产者加强营销渠道管理，与中间商建立良好的合作关系，获得适当的市场覆盖面。

选择营销渠道的关键是如何确定经销商区域的重叠，避免导致营销渠道成员间的冲突。

3．独家分销策略

独家分销是指生产者在一定地区、一定时间只选择一家中间商销售自己的产品。独家分销策略的优点是生产者与中间商关系密切，竞争程度低，营销渠道管理容易。

一般情况下，只有当企业想要与中间商建立长久而密切的关系时才会使用独家分销。采用独家分销策略，生产者能对中间商在销售价格、促销活动、信用和各种服务方面进行有效控制，适用于服务要求较高的专业产品。

独家分销策略的缺点是由于营销渠道成员间缺乏竞争，会导致经销商的竞争力和市场开拓能力下降。

采用独家分销，通常双方要签订协议，在一定的地区、时间内，规定经销商不得再经销其他竞争者的产品，生产者也不得让其他中间商经销该产品。

知识基础三　营销渠道选择的原则

营销渠道管理人员在选择营销渠道时，一般都要遵循以下原则：

1．畅通高效的原则

畅通高效是营销渠道选择的首要原则。好的渠道决策应符合物畅其流、经济高效的要求。产品的流通时间、流通速度、流通费用是衡量分销效率的重要标志。畅通的营销渠道应以消费者需求为导向，以尽可能优惠的价格快速安全地将产品送达给消费者。

畅通高效的营销渠道应是营销效率高、销售费用低、经济效益好、竞争力强的渠道。

2．覆盖适度的原则

在选择营销渠道模式时，还应考虑市场覆盖问题。营销渠道模式的选择应避免扩张过度、分布范围过宽过广，以免造成沟通和服务的困难，导致营销渠道管理混乱。

3．稳定可控的原则

营销渠道模式一经确定，就需要生产者投入一定的人力、物力、财力去建立和巩固。保持营销渠道的相对稳定，有利于提高营销渠道的效率。

4．协调平衡的原则

在营销渠道选择和管理中，生产者不仅要努力实现自身效益的最大化，而且要处理好渠道成员间的利益关系。

营销渠道成员之间的合作、冲突、竞争的关系，要求营销渠道的管理者对营销渠道有足够的控制能力——统一、协调、有效地引导营销渠道成员充分合作，鼓励营销渠道成员之间有益竞争，减少冲突发生的可能性，确保营销目标的实现。

5．发挥优势的原则

在选择营销渠道模式时，生产者要充分发挥自身优势，将营销渠道模式的设计与企业的产品策略、价格策略、促销策略结合起来，发挥营销组合的整体优势，提高市场竞争力。

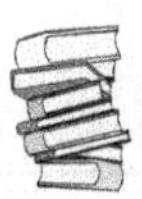

任务三　批发与零售决策

知识基础

完成本任务所应掌握的知识基础包括批发商和零售商的特点、类型及作用，选择中间商的策略。

中间商是指在制造商与消费者之间“专门从事商品交换”的经济组织或个人。中间商作为营销渠道的重要成员，有两种基本形式：批发商和零售商。

知识基础一　批发商

1．批发与批发商

批发是指专门从事大宗商品交易的商业活动，是商品流通中不可缺少的一个环节。批发包括两种商业活动，一是商业企业将商品批量售给其他商业企业用作转卖，二是商业企业将生产资料售给生产企业。

批发商是指从事批发活动的商业企业，位于商品流通的中间环节。批发商不直接为个人消费者服务。

从市场营销角度来看，判断批发与零售的关键是看其销售对象的购买目的和动机。

2．批发商的特点

与零售商相比，批发商的最大特点是交易频率低，每次交易规模大。

（1）销售效果好。批发商的销售力量使生产者能够以较小的成本接触更多的中小客户。由于批发商接触面比较广，常常比生产者更能获得买方的信任。

（2）购销效率高。批发商通过广泛地接触不同的生产者，可以高效率地采购、配置多种产品，迅速把产品供应给零售商和生产企业，提高客户的采购效率。

（3）产品储运方便。批发商备有相当数量的库存，减少了生产者和零售商的仓储成本与风险，缩短了发货时间，保证运输服务快捷高效。

3．批发商的作用

批发商在营销渠道中的作用主要有以下几个方面：

（1）组织货源（购进）。许多产品，尤其是轻工业产品都是通过批发商销售的。从流通过程来看，批发商购进产品是市场流通的开始，组织货源是批发商的首要任务。

（2）储备商品（储存、存货）。社会产品离开生产过程进入流通领域，合理地储存商品是批发商的重要任务。存货一方面可以减轻生产者的资金负担；另一方面便于随时向零售商供货，减轻零售商的存货负担，及时满足消费者需求。

（3）提供信息。批发商连接市场与生产者，有利于搜集市场信息，及时将有关产品信息、市场需求信息传递给消费者和生产者。许多批发商也是经营专家，可以协助零售商搞好陈列、推销，提高服务质量。

（4）产品调运。产品调运由批发商承担。批发商要及时、安全地把商品调运到消费地，以满足消费者需求。

（5）产品分类（分级）。产品分类在流通过程中有两种，一是生产上的工业分类，二是商业分类。工业分类品种单一，批量大，满足组织市场的需要；商业分类品种多，批量小，满足消费者市场的需要。

在商品流通过程中，批发商要对产品进行挑选、分装、编配和必要的加工，以满足目标市场的需要。

（6）资金融通。资金融通是指批发商向小型零售商开展的赊销业务，一方面有助于零售商的正常销售和资金周转；另一方面降低了生产者的信贷风险。

4. 批发商的类型

批发商按是否拥有商品所有权可划分为商人批发商、商品代理商及制造商的营业部和销售机构三种类型。

（1）商人批发商。商人批发商又称独立批发商，拥有商品所有权，并承担经营风险。商人批发商按其经营商品的范围可划分为以下三种：一是普通批发商，即批发商经营普通商品、一般货物，经营范围广、种类多，销售对象主要是普通日杂店、小百货店、五金商店、电器店、药店等；二是产品线批发商，即由批发商经营的商品仅限于某一类商品，且这一类商品的花色、品种、规格、品牌都比较齐全；三是专业商品批发商，即批发商只经营产品线中有限的几种产品项目，专业化程度高，主要与生产者、大零售商和专业零售商交易。

（2）商品代理商。商品代理商从事购买或销售工作，不拥有商品所有权，其主要职能在于促成商品的交易，收取佣金和报酬。

在同一笔交易中，商品代理商通常在交易中代表买卖双方。

（3）制造商的营业部和销售机构。制造商的营业部和销售机构是一种为制造商所有、专门从事其产品的批发销售业务的独立机构，与制造商是隶属关系。

5. 批发商营销决策

批发商营销决策包括目标市场决策、产品品种与服务决策、定价决策、促销决策和批发地点决策。

知识基础二　零售商

1. 零售与零售商

零售是指商品经营者把商品卖给个人消费者的交易活动。

零售商是指从事零售活动的个人或组织。作为生产和消费的中介，零售商处在商品流通的最后环节，商品经过零售便进入消费领域，实现商品价值。

2. 零售商的特点

（1）以最终消费者为销售对象。零售商的交易对象包括消费者个人、家庭。

（2）交易频繁，交易量小。零售商的销售对象是最终消费者，单笔交易规模小，交易频繁。

（3）零售商分布面广。零售商分散在全国各地。只要有人，就会存在商品交易，也就有零售商。

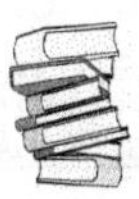

3．零售商的作用

零售商的作用是由它在流通中的地位决定的。

（1）实现商品价值，促进社会再生产的发展。在社会再生产过程中，商品只有进入消费领域，才能实现其价值和使用价值，社会再生产才能顺利发展。零售商通过影响商品流通，进而影响社会再生产。

（2）服务项目多。零售商汇集各种产品供消费者选购，同时为消费者提供送货上门、维修、提供零配件、赊购、分期付款、产品信息等服务，促进商品交易达成。

4．零售商的类型

零售商主要有以下几种类型：

（1）专业商店。专业商店是一种专门经营一类或几类商品的商店，如钟表店、服装店等，是研究消费者需求变化的主要场所。

专业商店的特点：经营的商品种类少或单一，专业性较强，具体的商品品种、花色、规格比较齐全。

（2）百货商店（百货公司）。百货商店是一种大规模的经营日用工业品的综合性零售商业企业。百货商店经营的产品种类多，产品花色、品种、规格齐全，实际上是许多专业商店的综合体。百货公司也是城市一、二级商业群的骨干企业。

百货商店的特点：一般以大、中型居多；综合性强，从日用品到食品，从工业品到土特产品，从低档、中档到高档商品；组织严密，内部分设商品部或专柜。

（3）超级市场。超级市场是一种消费者自我服务、敞开式的自选售货的零售企业。在第二次世界大战后发展起来，最先在欧美兴起，现已遍布全球。

超级市场一般以食品和日用品为主。主要特点：规模大，产品种类多，以大众化产品为主；薄利多销；产品多采用小包装，明码标价；备有小车或货筐，自助为主；出门一次结算付款。

（4）折扣商店。折扣商店是百货公司的一种，主要以低价竞销。

折扣商店出售的商品以家庭生活用品为主，主要特点：产品价格低；知名品牌多；自动式售货为主；设备简单，明码标价，出售时给予一定折扣。

（5）样本售货商店。样本售货商店主要出售毛利高、周转快的名牌货，包括装饰品、电动工具、皮箱、皮包、摄影器材等。商店通过样品展示获得顾客订单，由商店送货到家，收取货款和运费。

样本售货商店在20世纪60年代后期兴于美国，曾为最热门的零售方式之一。

（6）自动售货机。自动售货机出售的商品包括香烟、软饮料、糖果、报纸、化妆品、唱片、磁带、袜子等。在美国，自动售货机遍及各种场所，大型零售店、加油站、咖啡馆以及火车餐车、游乐场、学校、机关等，均设有自动售货机。

自动售货机的优点是便利；缺点是保养和修理费用高，出售产品品种少，受限制多。

（7）连锁商店。连锁商店指的是在同一资本系统的统一管理之下，分设两个以上的商店。其经营业务在一定程度上受总店的控制。总店控制的范围：统一店名，人员调拨和培训，店址选定、装修和设备安排；商品的采购、保管和广告投放；统一管理

制度和产品手册。

连锁商店的主要特点：制度统一化，管理标准化，采购集中化，经营的灵活性差。

（8）购物中心。购物中心的形式主要有两种：一是相当于商场的形式，设立在公共建筑物中，由出售食品和日用品的零售商组成；二是相当于商业街的形式，位于住宅区、市中心或交通枢纽。

购物中心一般是以百货商店和超级市场为主，附以各种类型的专业商店、食品店、饭店、银行等。

（9）特许代管组织。特许代管组织是与连锁商店较相似的另一种商业组织，与连锁商店竞争激烈。特许代管组织是由特许人、制造商或服务组织为一方，若干特许代管人（若干家批发商或零售商）为另一方，以契约方式固定下来，独立经营、自负盈亏。

特许代管组织的形式有三种：一是由制造商筹组的零售商特许代管，即生产企业组织零售商而形成的机构，零售商参股；二是制造商筹组的批发商特许代管；三是服务性行业筹组的零售商特许代管，主要存在于快餐业、汽车出租业等。

阅读资料

美的空调销售渠道的组织结构图

美的空调的销售渠道模式是采取鼓励大批发商的做法，大批发商成为渠道中举足轻重的主导力量。

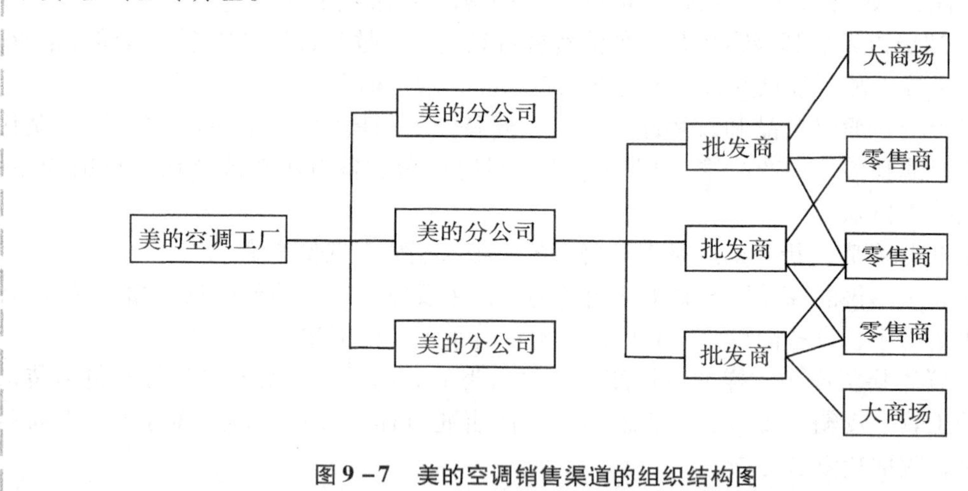

图9－7　美的空调销售渠道的组织结构图

5．零售商营销决策

零售商营销决策包括目标市场决策、产品品种与服务决策、服务与商店气氛决策、促销决策和销售地点决策。

知识基础三　选择中间商

选择中间商是营销渠道建设的重要工作之一，直接影响营销渠道功能的有效发挥和企业营销目标的实现。中间商是营销渠道功能的重要承担者，许多营销渠道功能是在中间商的积极参与下完成的；大中间商有自己的营运网络和信息管理系统，有很强

的市场推广能力；具有较强合作意愿的中间商，不仅能够在与大企业的合作中减少摩擦，帮助企业降低风险，也有利于企业的品牌推广和市场开拓。

1．选择中间商的原则

选择中间商一般应遵守以下三个原则：

（1）目标市场原则。目标市场原则是选择中间商的基本原则。生产者选择中间商的目的是要将产品迅速安全地送到目标市场，满足消费者的需求。选择的中间商应在目标市场所在区域拥有销售渠道或场所，有能力帮助企业实现营销目标。

（2）角色分工原则。角色分工原则是指所选择的中间商应当在经营方向和专业能力方面，符合在营销渠道中的角色和地位，具有相应的功能。

明确角色分工，既是合作的前提，也是选择中间商的原则与标准。

（3）合作意愿原则。营销渠道作为一个有机整体，只有在所有成员都具有合作愿望和能力的情况下，才能有效调和成员间的摩擦和冲突，充分发挥其功效。在选择中间商时，了解中间商参与营销渠道建设的意愿和与其他成员合作的态度是至关重要的。

2．选择中间商的条件

（1）中间商的市场范围。中间商的市场覆盖与企业目标市场分布之间的一致性是选择中间商的重要条件之一。一般来讲，选择的中间商覆盖面应与企业目标市场的地区分布相一致，中间商的现有客户应是企业的目标市场。

（2）中间商的产品政策。中间商承销的产品种类及其组合情况是中间商产品政策的具体体现。选择中间商时，要分析中间商现有的“产品线”（即供应来源）和产品组合与本企业产品间的关系，包括竞争性、互补性、档次等，尽量规避品牌竞争者的产品。

（3）中间商的区位优势。区位优势即位置优势。选择零售商应考虑其经营地点、客流量的规模和结构等因素；选择批发商则要考虑其经营地点的交通条件、储运能力、市场辐射范围等因素。

（4）中间商的产品知识。中间商的产品知识是指中间商在产品生产、技术、营销方面所具备的专业知识和经验。选择对产品销售有专门经验的中间商会有利于迅速打开销路。

（5）中间商的财务状况及管理水平。中间商能否按时结算，包括在必要时预付货款，取决于其财力的大小。

（6）中间商的促销政策和技术。中间商的促销政策和技术直接影响销售规模。有些产品适合广告促销，有些适合人员推销；有些需要有效的储存，有些则应快速运输。生产者在选择中间商时，应考虑中间商是否愿意承担一定的促销费用，有没有必要的物质、技术基础和相应的促销人才。

（7）中间商的综合服务能力。现代商业经营服务项目很多，中间商的综合服务能力直接影响着产品的再销售、顾客的忠诚度和企业的信誉。合适的中间商所能提供的综合服务项目与服务能力应与生产者的产品销售所需要的服务要求相一致。

3．合格中间商的判别标准

合格的中间商应具有以市场为主导的经营理念、维持市场竞争秩序的内在动力和长远的经营战略。合格中间商的判别标准主要有两个，即中间商经营的稳定性和专业性。

（1）稳定性。完善的营销网络是中间商的无形资产和竞争优势，也是其开拓市场、维护市场稳定的前提条件。建立有效的营销体系和稳定的客户群，要求中间商必须具有良好的商业信誉、长远的发展战略和先进的经营理念。

（2）专业性。中间商的核心能力是经营能力和管理效率。中间商要对市场、产品、地域环境有充分的认识，要具有经济、法律、人力资源等方面的知识与素养；在熟悉所经营产品的制造、储运、保管与使用的基础上，要有高水平的财务管理、营销管理、物流管理等专业管理知识与能力。

■工作任务9－1　理解批发与零售决策

工作任务提示：

帮助学生更好地学习批发和零售决策的内容，掌握中间商选择的条件。

工作任务情景：

营销团队作为零售商，其营销渠道决策包括哪些？零售商如何选择合适的批发商？

工作任务内容：

结合营销实战，分析零售商的决策。

工作任务要求：

第一，分析零售商决定的内容。

第二，总结营销团队在营销渠道选择中失误的决策有哪些，成功的经验是什么。

第三，以书面报告形式提交。

课程小结

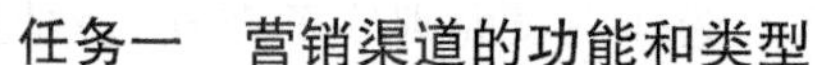

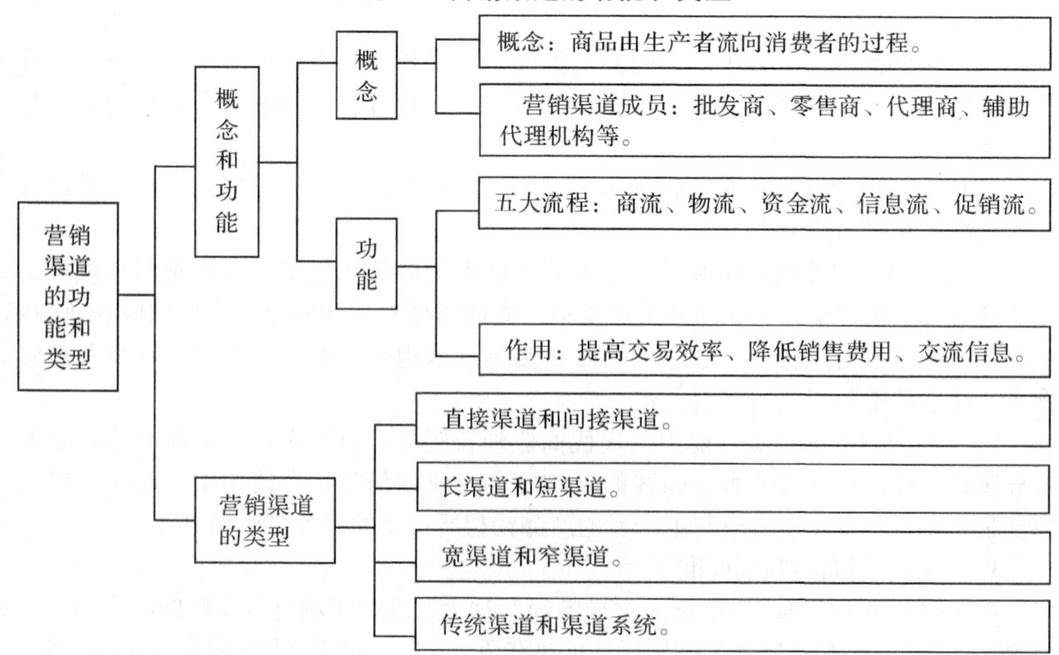

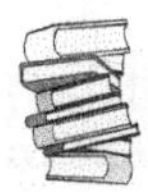

任务二　营销渠道的选择策略

- 营销渠道的选择策略
  - 影响营销渠道选择的因素：产品、市场、生产者自身的因素、政策规定、经济收益等。
  - 营销渠道选择策略：密集分销策略、选择分销策略、独家分销策略。
  - 营销渠道选择的原则：畅通高效的原则、覆盖适度的原则、稳定可控的原则、协调平衡的原则、发挥优势的原则。

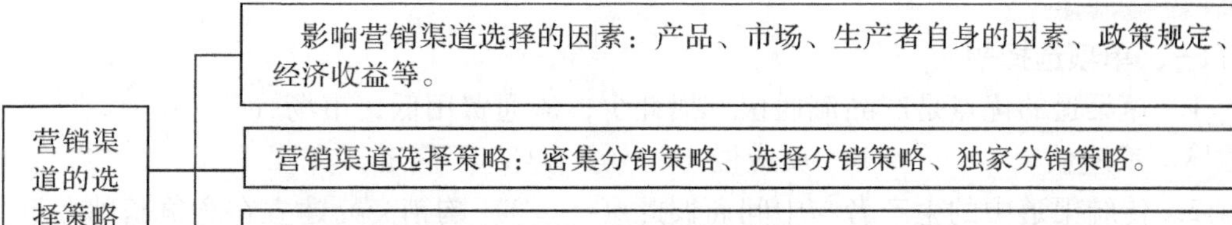

任务三　批发与零售决策

- 批发与零售决策
  - 批发商
    - 批发与批发商的区别与联系。
    - 批发商的特点：销售效果好、购销效率高、产品储运方便。
    - 批发商的作用：组织货源、储备商品、提供信息、产品调运、产品分类、资金融通。
    - 批发商的类型：商人批发商、商品代理商及制造商的营业部和销售机构。
    - 批发商营销决策：目标市场决策、产品品种与服务决策、定价决策、促销决策和批发地点决策。
  - 零售商
    - 零售与零售商的区别与联系。
    - 零售商的特点：以最终消费者为销售对象；交易频繁，交易量小；零售商分布面广。
    - 零售商的作用：实现商品价值，促进社会再生产的发展；服务项目多。
    - 零售商的类型：专业商店、百货商店、超级市场、折扣商店、样本售货商店、自动售货机、连锁商店、购物中心、特许代管组织。
    - 零售商营销决策：目标市场决策、产品品种与服务决策、服务与商店气氛决策、促销决策和销售地点决策。
  - 选择中间商
    - 选择中间商的重要性：直接影响营销渠道功能的有效发挥和企业营销目标的实现。
    - 选择中间商的原则：目标市场原则、角色分工原则、合作意愿原则。
    - 选择中间商的条件：市场范围、产品政策、区位优势、产品知识、财务状况及管理水平、促销政策和技术、综合服务能力。

课后练习

一、单项选择题

1. 短渠道的优点是产品流通快，损耗少，流通费用低，市场（　　）。

A. 反应快　　B. 反应慢　　C. 不确定

2. 传统渠道中的生产者与中间商彼此（　　），购销交易建立在竞争基础上。

A. 关联　　B. 独立

3. 产品的体积大小直接影响运输和储存等销售费用，体积大的产品应选择（　　）。

A. 长渠道　　B. 短渠道

4. 产品有效期短、储存条件要求高或不易多次搬运的产品，为保证产品品质，应选择（　　）分销。

A. 短渠道　　B. 长渠道

5. 对技术性或需要经常提供技术服务与维修的产品，应选择（　　）。

A. 直接渠道　　B. 间接渠道

6. 购买批量大的产品分销，多采用（　　）。

A. 直接渠道　　B. 间接渠道

7. 生产者资金实力小，就应依靠中间商分销产品，选择（　　）。

A. 直接渠道　　B. 间接渠道

8. 从市场营销角度来看，判断批发与零售的关键是看其销售对象的购买（　　）

A. 目的　　B. 数量　　C. 金额　　D. 频次

9. 与零售商相比，批发商的最大特点是交易（　　），每次交易规模大。

A. 频率低　　B. 频率高

10. 商品代理商从事购买或销售工作，不拥有商品所有权，（　　）是其利润来源。

A. 购销差价　　B. 佣金　　C. 店铺租金　　D. 资金利息

二、多项选择题

1. 营销渠道的基本功能是实现产品或服务在（　　）上的转移。

A. 时间　　B. 空间　　C. 所有权　　D. 位置

2. 营销渠道成员包括（　　）等。

A. 销售机构　　B. 批发商　　C. 零售商

D. 代理商　　E. 代理机构

3. 在商品流转中，营销渠道的功能通过（　　）等流程来实现。

A. 所有权流　　B. 物流　　C. 资金流

D. 信息流　　E. 促销流

4. 直接渠道的营销方式主要有（　　）。

A. 订购分销　　B. 自开门市部

C. 联营分销　　D. 定制生产

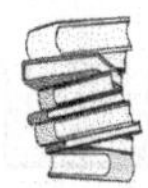

5．影响渠道选择的因素主要包括（　　）等。

A．产品　　B．市场　　C．企业状况　　D．自然环境

6．从市场营销角度来看，判断批发与零售的关键是看其销售对象的购买（　　）。

A．目的　　B．动机　　C．规模　　D．频次

7．批发商在营销渠道中的作用主要有（　　）等。

A．购进　　B．储备　　C．提供信息

D．调运　　E．融通

8．批发商按是否拥有商品所有权可划分为（　　）

A．商人批发商　　B．商品代理商

C．制造商的销售机构　　D．办事处

9．批发商营销决策包括（　　）.

A．目标市场决策　　B．产品品种决策　　C．服务决策

D．定价决策　　E．商店氛围决策　　F．批发地点决策

10．零售商主要有（　　）等类型。

A．专业商店　　B．百货商店　　C．超级市场

D．折扣商店　　E．连锁商店　　F．自动售货机

11．零售商的决策包括（　　）等。

A．目标市场决策　　B．产品品种决策　　C．服务决策

D．商店氛围决策　　E．促销决策　　F．销售地点决策

12．选择中间商一般应遵守的原则是（　　）.

A．目标市场的原则　　B．角色分工原则　　C．合作意愿原则

13．合格中间商的判别标准主要有两个，即中间商经营的（　　）。

A．商誉　　B．专业性　　C．市场拓展能力　　D．稳定性

三、判断题

1．营销渠道的基本功能是实现产品或服务在时间、空间、所有权上的转移。（　　）

2．产品流通所经过的中间环节愈多，则渠道愈长；反之，则愈短。（　　）

3．短渠道的优点是产品流通快，损耗少，流通费用高，市场反应快。（　　）

4．传统渠道中的生产者与中间商彼此独立，购销交易建立在竞争基础上。（　　）

5．产品的体积大小和轻重，直接影响运输和储存等销售费用，重量大或体积大的产品应选择长渠道。（　　）

6．对于那些按运输部门规定的超高、超宽、超长、集重等产品，可选择间接渠道。（　　）

7．产品有效期短、储存条件要求高，应选择短渠道分销。（　　）

8．生产者资金实力雄厚，有能力自己设立营销网点、建立营销渠道，则可采用产销合一经营方式；生产者资金实力小，就应依靠中间商分销产品，选择间接渠道。（　　）

9．密集分销是指企业根据渠道成员选择标准，将符合标准的中间商都纳入渠道成

员，参与其产品或服务的分销。（　　）

10. 商品代理商从事购买或销售工作，不拥有商品所有权，其主要职能在于促成商品的交易，收取佣金和报酬。（　　）

四、简答题

1. 简述营销渠道的五大流程。
2. 简述营销渠道的分类及特点。
3. 简述影响渠道选择的因素。
4. 简述批发特点、批发商类型和营销决策。
5. 简述零售特点、零售商类型和营销决策。
6. 简述选择中间商一般应遵守的原则。

五、案例分析题

加多宝 + 中国好声音

在全国选秀类电视节目中，2013 年夏天注定属于《中国好声音》第二季，更属于“加多宝”。2013 年，浙江卫视以 2 亿元的价格将《中国好声音》第二季冠名权卖给加多宝，这一价格是第一季 6000 万元的 3.34 倍。

与《中国好声音》的合作，是加多宝在娱乐营销上的创新之举，“正宗 + 正版”的合作模式成就了品牌合作的典范。好声音成就了加多宝，加多宝同时也成就了好声音。

2012 年 7 月，在浙江卫视《加多宝中国好声音》首播后，短短一周时间，节目收视率就突破 4%，艳压中国所有综艺节目；《加多宝中国好声音》也飙升至网络最热搜索词排行榜首位。加多宝趁势开展围绕广告、社交媒体以及官方活动平台的营销活动。借助各媒体特色资源，通过线上传播与线下活动紧密配合，借助《加多宝中国好声音》的强势打造加多宝正宗凉茶品牌形象！“以正宗之声，传正宗之名；借节目之力，扬更名之实”，加多宝通过网络推广实现了品牌与节目的统一，使其“正宗凉茶”与“正宗好声音”融为一体。据尼尔森调查数据显示：2012 年 7 月至 2013 年 6 月，加多宝罐装凉茶市场份额高达 81.7%（不含餐饮），遥遥领先于第二名。

在《中国好声音》第二季节目正式播出前，加多宝协助中国好声音展开了一轮覆盖广泛的宣传推广，户外、电视、网络、平面全线铺开，线上线下互动营销。好声音第二季开播后，加多宝在官方微博开展“红罐随手拍、玩转好声音”微博互动活动，吸引了数千万人的关注；创造性地将好声音“你唱我评”的互动模式搬到微信，开辟了好声音的第二战场；同时，推出了“畅饮加多宝，直通中国好声音”促销装。加多宝通过电视 + 微博 + 网络推广 + 终端推广，促进了加多宝的品牌提升和产品销售。

在与中国好声音的合作中，加多宝已不仅仅是赞助商，而是投资商。加多宝公司调动一切资源和力量，制造舆论，实现了加多宝和中国好声音的共赢。

资料来源：①投入 2 亿加多宝再从“好声音”淘金（finance. ifeng. com）②加多宝《中国好声音》：巩固独一无二的正宗红罐凉茶地位（news. sina. com. cn）③加多宝官网（www. wlj - china. com）

问题：

分析加多宝是如何利用中国好声音的影响力，整合各种资源，提高品牌影响力的。

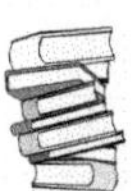

经典人物

唐·舒尔茨

唐·舒尔茨，1934年1月20日出生在美国俄克拉荷马州，美国西北大学整合营销传播教授，整合营销传播理论的开创者，是享誉世界的“整合营销传播之父”。其经典著作是《整合营销传播》、《全球整合营销传播IGMC》和《整合营销传播：创造企业价值的五大关键步骤》。

《整合营销传播》书中提出的战略性整合营销传播理论，成为20世纪后半叶最主要的营销理论之一。唐·舒尔茨在率先提出了整合营销传播的概念之后，又和海蒂·舒尔茨（唐的妻子兼同事，出色的整合营销专家）提出了可以使“新营销”发挥作用的各种策略与战略步骤。

真正的广告不在于制作一则广告，而在于让媒体讨论你的品牌而达成广告。

——菲利普·科特勒

项目十 促销策略

知识目标

◆理解促销和沟通的含义。

◆掌握促销策略组合。

◆培养公关意识。

技能目标

◆能开展简单的广告活动。

◆能推销产品。

◆能组织简单的促销和宣传推广活动。

导入案例

一句广告语，赢利几百亿

目前，许多企业，特别是拥有世界级品牌的大企业，都将广告作为企业经营战略的重要组成部分，在广告宣传上投下巨额资金，通过广告的推动来发展壮大自己。

“车到山前必有路，有路就有丰田车”的巨幅广告牌，曾在北京机场路口竖立了几个春秋。“日通”广告部曾说：“我们宣传的目的是让来中国的旅客，第一眼先看到日本产品的广告，第二才是万里长城！”于是，北京机场、黄浦江畔、广州火车站广场、香港维多利亚海岸上最高层的建筑群上，都竖起了日本几家大公司商品的广告和霓虹灯。美国商人感叹地说：“麦哲伦今日若再度环球航行，不需要指南针，只要望着日本的广告牌，就能导航了！”

然而，就是这“车到山前必有路，有路就有丰田车”一句广告语，却惊动了躁动不安的中国市场，日本汽车蜂拥而至。仅1980~1986年，我国进口日本小轿车的资金即超过了新中国成立30年对整个汽车工业的投资总额。几百亿元的外汇，被小小的广告带走了！

问题：

广告的价值是什么？

分析点评：

本案例诠释了广告的重要价值——引领社会的消费时尚。广告是企业促销策略的重要组成部分。企业开展促销活动的根本目的是引起消费者的注意与兴趣，激发其购买欲望，促成其购买行为。

任务一　理解促销组合策略

知识基础

完成本任务所需要的知识基础包括促销组合的四要素、促销的作用、影响促销组合策略选择的因素。

知识基础一　促销与促销组合

> 促销（Marketing Promotion）是促进销售的简称，是指企业以各种有效的方式向目标市场传递有关信息，以启发、推动或创造对企业产品和劳务的需求，并引起购买欲望和购买行为的一系列综合性活动。

促销的目的是引起消费者的注意与兴趣，激发其购买欲望，促成其购买行为。

1．沟通

促销的实质是沟通，是企业作为行为主体发出作为刺激物的信息，以影响受众的有效过程，即建立企业与目标市场之间有效的信息交流渠道。

信息沟通包括八个要素，即信源、信息、信宿、信道、反应、噪声、编码、解码，其中信源、信息和信宿是三个基本要素。如图 10－1 所示。

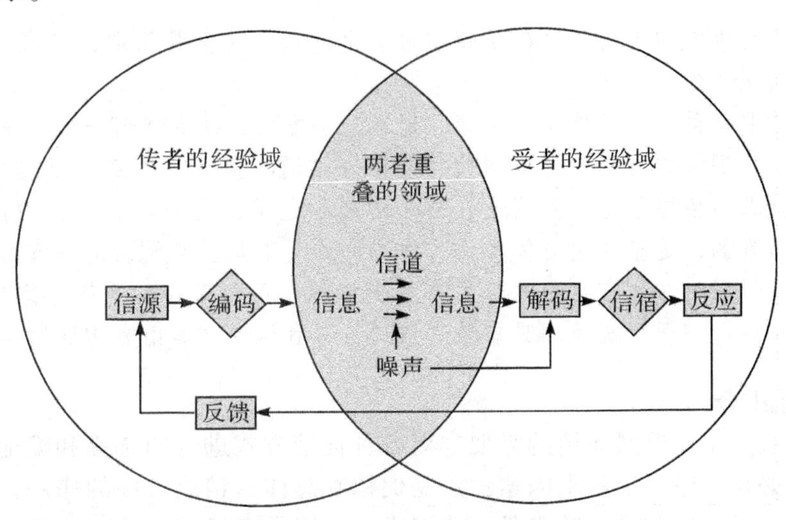

图 10－1　信息沟通的流程

信源（又称传者）是信息的来源，是信息的发出者，多是营销主体；信宿（又称

受者）是信息传播的目的地和对象，是信息的接收者，多是企业的目标市场；信息源通过传者和受者预先约定的符号和信号来传送，这些符号和信号称为信息。

信息沟通的渠道叫作信道，又称信息媒介。在双向沟通时，传者把信息传给受者，受者对传者传送的信息做出回应或反馈，这时受者又变成了传者，过去的传者又成了受者，信息就开始了交流，形成双向沟通渠道。

信源的信息很多，要想实现有效的信息沟通，传者就需要对信息进行加工，即把信息变换为适应于沟通渠道的符号和信号，这个过程就叫编码；受者在信道上看到这些符号和信号，需要把它们转换为信息，这个过程就叫解码。编码和解码又构成了信息沟通的重要因素。

信息沟通中，歪曲信息内容，影响信息传播有效性的因素，称为噪声。噪声分为信道噪声和语义噪声。信道噪声是源于信道因素，如来自不同信源的信息间的相互影响；语义噪声是由于沟通双方存在着“经验域”的差别，对信息意义的理解产生误差。

为提高信息沟通效果，必须防止信息中途丢失和被歪曲，选择合适的沟通渠道，采用易被接收者正确理解和接收的编码。

知识库

沟　通

沟通是人与人之间、人与群体之间思想与感情的传递和反馈的过程，以求思想达成一致和感情的通畅。沟通是为了一个设定的目标，把信息、思想和情感在个人或群体间传递，并且达成共同协议的过程。它有三大要素，即明确的目标，达成共同的协议，沟通信息、思想和情感。

沟通包括沟通的内容、沟通的方法、沟通的动作。就其影响力来说，沟通的内容占7%，影响最小；沟通的动作占55%，影响最大；沟通的方法占38%，居于两者之间。

松下幸之助有句名言：“企业管理过去是沟通，现在是沟通，未来还是沟通。”管理者的真正工作就是沟通。

沟通的基本结构包括信息、反馈、通道三个方面，缺少任何一方都完不成沟通。

沟通按沟通方式可分为语言沟通和非语言沟通。语言沟通是指以语词符号为载体实现的沟通，主要包括口头沟通、书面沟通和电子沟通等。非语言沟通是相对于语言沟通而言的，是指通过身体动作、体态、语气语调、空间距离等方式交流信息、进行沟通的过程。非语言沟通的形式有目光接触、面部表情、手势、体态和肢体语言、身体接触、空间距离等。最有效的沟通是语言沟通和非语言沟通的结合。

2. 促销组合

促销组合是企业根据促销的需要，对各种促销方式进行的选择和编配。在建立促销组合时，必须考虑三个基本因素：一是促销在总体营销组合中的作用；二是产品的性质，如日用品、选购品、特殊品、非渴求品；三是市场的性质，包括目标市场的收入和消费水平，消费者的地理范围和集中程度、交易规模、偏好程度等因素。广告、人员销售、营业推广和公共关系是构成促销组合的四要素。

广告是广告主以付费的形式，通过一定的媒介，向广大目标消费者传递信息的有效方法。广告是最有效、最常见的促销手段。

人员推销是企业通过派出推销人员或委托推销人员亲自向消费者介绍、推广、宣传产品服务信息，以促进产品的销售。人员推销可以面对面进行，也可以通过电话、信函交流。

营业推广，又称销售推广，是由一系列短期诱导性、强刺激的战术促销方式所组成的推销活动，一般作为人员推销和广告的补充，刺激性强、吸引力大。

公共关系是企业通过有计划的长期努力，影响团体与公众对企业及产品的态度，取得公众的信任，为企业营造良好的营销环境，从而间接地促进产品销售。

3. 促销的作用

促销的目的是实现产品的销售，促销的作用也就围绕促进产品销售来展开。作为重要的信息沟通方式，促销的作用主要体现在以下五个方面：

（1）传播产品信息。通过促销宣传，向目标市场传递产品信息，包括产品属性、特点、利益和价格等，引起消费者注意，激发消费者的购买欲望。

（2）突出优势。突出产品优势，提高品牌知名度和企业的竞争能力。

（3）塑造和维护良好的企业形象。促销具有强化企业形象、巩固市场地位的作用，公共关系在这方面的作用更为明显。

（4）扩大销售。扩大销售是促销的主要目的。企业通过有效的促销活动，能够影响消费者的购买行为、习惯、偏好，刺激消费者的需求，扩大销售。

（5）协调。促销作为营销策略组合的要素之一，是对其他营销策略的弥补和配合，协调各重要组织间的关系，实现营销策略组合的最优化。

应用实例

伊利集团开发市场的促销策略

内蒙古伊利集团在开发东北市场时，派了许多业务员到东北市场。业务员到了市场以后，就挨家挨户向经销商介绍他们的产品，调动经销商的积极性。

伊利集团在开发武汉市场时，首先对武汉的目标消费者进行促销，一方面在报纸上开展公关广告宣传活动。内蒙古和湖北在历史上有渊源，这就是王昭君，伊利集团以“古有昭君千里出塞，今有伊利集团千里大赠送”为主题，通过新闻媒体的大力宣传，迅速提高了企业和产品的知名度。另一方面，免费向中小学生赠送伊利生产的冰淇淋，其覆盖率达到10%。通过广告宣传和免费赠送，消费者了解了伊利产品，并开始尝试购买。同时，经销商在报纸上看到了伊利的广告宣传，并看到了消费者在购买伊利产品，就意识到销售机会来了，销售伊利集团产品的积极性大大提高。

问题：

伊利集团促销成功的关键是什么？

知识基础二　促销组合策略

1．促销组合策略的分类

从促销信息流向的角度看，促销组合策略可以分为推式策略和拉式策略两种。

（1）推式策略。推式策略就是企业把产品推销给批发商，批发商再把产品推销给零售商，最后零售商把产品推销给消费者，促销信息流向和产品流向是同方向的。

人员推销和营业推广是“推”的方式。采用“推”的方式的企业，要针对不同的产品、不同的对象，采用不同的方法。

（2）拉式策略。拉式策略是企业不直接向批发商和零售商促销，而是直接针对消费者促销，以吸引消费者关注，促销信息流向和产品流向是反向的。刺激消费者的购买欲望，促使消费者寻找产品，零售商就会去找批发商购买产品，批发商就会找生产者订货。

拉式策略是营销者通过取得消费者的支持，赢得对中间商的主动权。采用“拉”的方式时应注意中间商是否有足够的库存能力和良好的信誉及经营能力。

2．影响促销组合策略的因素

影响促销组合策略选择的因素有很多，主要考虑以下几个因素：

（1）促销的目标。企业的整体促销目标具有阶段性，促销目标不同，则促销组合策略也不同。以提高知名度和塑造良好形象为主要目标时，应以公共关系和广告为主要手段；以销售商品为主要目标时，公共关系是基础，广告、人员推销和营业推广兼顾，视产品和目标市场情况而定。

（2）产品属性。不同属性产品的消费者对信息的需求和购买方式选择等是不同的。一般而言，广告是消费者市场的主要促销手段，人员推销则在组织市场促销中使用频率更高。

（3）市场性质。不同的市场，其规模、类型、消费者数量不同，促销策略也不同。

从市场规模看，市场规模大、地域广，应以广告和公共关系为主要促销策略；市场规模小、地域狭窄，应以人员推销为主。

从市场类型看，消费者市场购买者众多且零星分散，应以广告宣传、商品陈列、展销、产品介绍等为主要促销策略；组织市场购买者少且相对集中，应以人员推销为主。

（4）促销预算。预算是制约促销策略和活动选择的重要因素。在制定促销策略时，营销者应根据促销目标，对企业的财力状况、促销费用、预计收益以及竞争者的促销预算等因素进行全面分析，确定促销预算，并根据促销预算制定相应的促销策略。

（5）产品市场生命周期。在不同的产品市场生命周期阶段，企业的营销目标及重点不同，促销方式也不同。

在导入期，促销目标是提高消费者对产品的认知和了解，应采用广告广泛介绍产品信息，运用人员推销向目标消费者详细说明和介绍产品，鼓励试用，并通过免费赠送、展销、示范等活动，吸引目标市场关注。

在成长期，促销目标是吸引消费者购买并促使其形成产品偏好。促销策略以广告

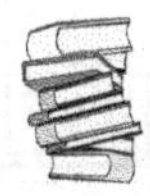

为主，重点介绍产品的竞争性特色，建立消费者偏好；以人员推销为辅，扩大销售，提高市场占有率。

在成熟期，促销目标是巩固市场。促销策略应以提示性广告宣传为主，强调产品的附加利益或者产品的新用途。

在衰退期，促销目标是尽快甩出存货，减少积压。促销策略以提示性广告为主，并配合营业推广，尽快销出存货。

公共关系对塑造企业形象，提高企业的知名度、美誉度，获得消费者的信任，消除消费者的不满感，有重要作用。

（6）促销管理水平。一般来说，公共关系和营业推广对营销者管理水平的要求较高；广告和人员推销对营销者管理水平的要求相对较低。

（7）促销时机选择。许多商品的生产或销售都存在一定的季节性，促销的时机选择也应考虑产品的季节性。一般来讲，在销售旺季，以广告和营业推广作为促销的主要手段；在非旺季，公共关系和人员推销促销效果明显。

（8）渠道的类型。如果营销者选择间接渠道，促销策略应以广告、公共关系为主，努力为中间商创造良好的销售环境；如果营销者选择直接渠道，促销策略应以公共关系、人员推销和营业推广为主。

促销策略作为营销策略组合的重要组成部分，必须与其他的营销策略和手段紧密配合才能真正发挥作用。在制定促销策略组合时，要充分考虑其他营销策略的适应性，以实现营销策略组合效用最大化。

任务二　开展简单的广告活动

知识基础

完成本任务所需的知识基础包括广告的含义和作用、广告目标、广告预算、广告设计、广告媒体选择和广告效果评估。

知识基础一　广告的含义和作用

广告在当今社会中几乎无处不在，充斥着人们的视听，左右着人们的生活。广告引导着消费，也创造着消费，影响了人们的消费习惯，进而改变了人们的消费观念。广告也影响制约着企业的产品和销售，促进了企业的生产与经营，促进了社会经济的增长，广告成了社会经济发展的晴雨表。因此，现代社会也是广告社会。

1．广告的含义

广告是广告主为了推广其产品、服务及观念而借助于媒体，对其目标消费者进行的信息传播活动。广告包含以下六个面的含义：一是广告必须有明确的广告主；二是广告必须是广告主支付费用的；三是广告是一种信息传播活动；四是广告必须有特定的传播对象；五是广告的目的是为广告主销售产品或服务；六是广告信息的传播要通过一定的大众媒体，是非人际的传播。

广告具有有偿性、综合性和劝说性的特点。

广告的构成要素包括广告主、广告公司、广告媒体、广告信息、广告思想和技巧、广告受众、广告费用及广告效果。

2．广告的功能

现代广告的功能很多，主要有经济功能、社会文化功能、心理功能。

（1）广告的经济功能。广告为社会和公众提供产品或服务信息，有助于沟通产销，促进社会生产的发展；广告传播产品信息，加速产品流通，扩大产品销售；广告有利于建立公平的市场竞争秩序，促进企业的发展。

（2）广告的社会文化功能。广告具有一定的新知识与新技术的教育功能，向社会大众传播科技领域的新知识、新发明和新创造，向消费者传达新的消费理念和价值观念；广告作为一种特殊的精神产品，在一定程度上满足消费者的审美需要，促进了社会文化的发展。

（3）广告的心理功能。引起受众注意，诱发受众的兴趣与欲望，促进消费行为的产生。

3．广告的作用

广告的作用主要包括以下几个方面：

一是传播信息。传播产品服务信息是广告的主要作用。

二是更新观念。广告传播是改变消费观念的主要手段。

三是刺激需要。通过传播产品的功能和利益，激发目标顾客的需求和购买欲望。

四是强化购买动机。通过传播购买产品的必要性、紧迫性、优惠措施和售后服务等利益，消除目标市场的怀疑、顾虑，强化购买动机。

五是指导购买和消费。产品的销售时间、地点、选购方法、使用方法、使用技巧、注意事项是广告信息传播的主要内容之一。

六是提高品位。广告通过艺术与文化的传播，提升目标市场的品位和消费水平。

七是开拓市场。发挥广告的诉求认知功能，帮助消费者辨识、识别产品和服务的差异性，不断提高消费者认知商品的能力，开拓新的市场。

八是提高竞争力。通过广告宣传提高消费者的品牌忠诚度。

九是塑造良好的企业形象。广告向目标市场传播企业、品牌和产品的优势和个性，提高企业品牌和产品的美誉度，树立良好的品牌形象。

知识基础二　广告目标

广告目标是指企业广告活动所要达到的目的。广告的目标主要包括提高品牌知名度、建立消费者需求偏好、提示或提醒消费者和增加销售量。

1．提高品牌知名度

提高品牌的知名度是开拓市场的基础，主要用于新产品上市和市场开拓阶段。

2．建立消费者需求偏好

建立消费者需求偏好是指在消费者产生购买需求时，让消费者购买企业的产品而不是竞争对手的产品。

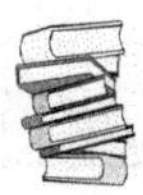

3. 提示或提醒消费者

提示或提醒消费者就是让消费者保持记忆，使消费者确信他们做出的购买决策是正确的。

当产品的知名度达到一定的程度或者产品进入市场成熟期后，提示或提醒消费者成为广告信息传播的主要目标。

4. 增加销售量

增加销售量是广告传播的最终目标。

知识基础三　广告预算

广告预算是企业投入广告活动的费用开支计划。广告预算规定计划期内从事广告活动所需要的经费总额和开支范围。广告预算的内容主要包括广告调研费、广告设计费、广告制作费、广告媒体费、广告机构办公费与人员工资以及广告活动的机动经费等项目。

编制预算时，要考虑各方面因素，包括目标市场的潜力及其大小、潜在市场的规模及其地域分散程度、产品的市场占有率和品牌忠诚度、竞争对手的竞争策略、产品的生命周期阶段、预期的销售额及其利润、选择的媒体及其广告形式等。

1. 广告预算的编制程序

广告预算由一系列预测、规划、计算、协调等工作组成。具体编制程序如图 10－2 所示。

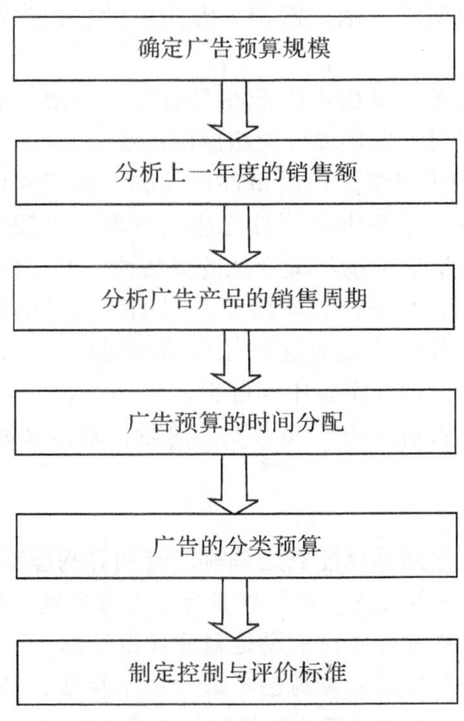

图 10－2　广告预算编制程序图

（1）确定广告预算规模。通过对企业营销计划、企业自身情况、市场竞争状况等方面进行分析，确定企业应该支出的广告预算规模，报企业主管领导研究。

（2）分析上一年度的销售额。在制定本年度广告费用预算时，参考本企业上年度的广告费用和销售情况，分析上年度的广告费用的实际使用情况，广告目标的完成情况，确定本年度广告预算是增加还是减少，增加的幅度或减少的幅度应该是多少。

（3）分析广告产品的销售周期。分析本企业产品一年中的销售变化周期，为广告总预算、广告预算分配和广告预算使用进度提供依据。

（4）广告预算的时间分配。根据前三项工作的结果，确定年度内广告经费总的分配方法和广告费用使用进度安排，并将广告费用的固定开支予以分配。

（5）广告的分类预算。在广告总预算的指导下，根据企业的实际情况，将广告预算安排细化到具体的产品、地区、媒体上。

（6）制定控制与评价标准。在广告预算分配的基础上，确定各项费用支出可能达到的效果，以及对达到效果如何确定的评价标准。

同时，预算安排要留有余地，以备应急时使用。

2. 广告预算的编制方法

编制广告预算的方法有销售额百分比法、销售单位法、目标任务法、竞争对抗法等。

（1）销售额百分比法。销售额百分比法是以企业本预算年度的预计销售额与上一预算年度的总销售额（或过去的平均销售额）之比，乘以上一预算年度的广告费用，计算出本年度广告预算规模的方法。该预算方法以销售额为预算基础，广告预算随销售额的变化而变化。

销售额百分比法在市场环境稳定或产品具有稳定的市场时是有效的方法，但不适应于市场环境剧烈变化或对市场环境变化敏感的产品。

（2）销售单位法。销售单位法是以每件产品的广告费乘以预计销售数量确定广告预算规模的方法。这种方法是销售额百分比法的变形，比较适合大件耐用消费品的广告预算编制。该方法缺乏适应市场环境变化的灵活性，不适合动态的广告活动。

（3）目标任务法。目标任务法要求经营人员明确自己的特定目标，确定达到这一目标必须完成的任务，以及估计完成这些任务所需要的费用，从而确定广告预算。该预算方法理论上比较科学，但在实施中问题很多。

在产品上市初期，广告目标为“知名”的阶段，采用目标任务法比较合适。

知识库

根据目标任务法编制广告预算的程序

美国市场营销专家阿尔伯特·费雷将目标任务法的操作程序归纳为七个步骤：

（1）确定广告主在特定时间内所要达到的营销目标。

（2）确定企业的潜在市场并勾画出市场的基本特征，包括值得企业去争取的消费者对广告产品的知晓程度和对产品所持有的态度；现有消费者购买产品的情况。

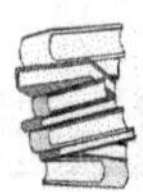

(3) 计算潜在消费者对广告产品的知晓程度和态度变化情况，以及广告产品销售增长状况。

(4) 选择恰当形式的广告媒体，以提高产品的知名度，改变消费者对产品所持有的不利于产品销售的态度。

(5) 确定广告发布频次，制定恰当的广告媒体策略。

(6) 计算为达到既定广告目标所需的广告发布频次。

(7) 计算实现上述发布频次所需的最低的广告费用，这一费用就是广告主的广告预算总额。

(4) 竞争对抗法。竞争对抗法又称“竞争对等法”，是指企业比照竞争者的广告开支来决定本企业的广告预算，以保持竞争上的优势。这种方法是企业把广告作为市场竞争的武器，实行针锋相对的宣传策略，一般适合于实力雄厚的大企业。

阅读资料

网络促使宝洁的广告策略生变

向来重视广告投入的宝洁正面临的现实是每年巨额的广告支出已经严重影响到了公司利润率。

作为全球最大的广告客户，宝洁2011年的广告支出达到93.15亿美元。按照宝洁的广告预算，它每年的广告支出占到总销售额的9%～11%，而一般快速消费品公司的广告支出占到总销售额的5%～6%。但令宝洁尴尬的是，公司销售收入增长迟缓，外界质疑宝洁每年巨额的广告支出已经严重影响到了公司的利润率。

宝洁向来重视广告投入，主流媒体选择偏向于电视，线下的广告与活动主要是店面广告、店面陈列、路演活动和促销等。但是电视广告的费用相对网络新媒体要高很多，而且因为针对性不强，效果并不好。而为了配合电视广告，弥补其互动性不强的特点，就必须要开展大量的线下广告与活动，又需要耗用大量的人力、物力，进一步抬高了营销成本。

宝洁广告投放的媒介选择以目标消费者的收视习惯为指导。在巨额广告支出的重压下，宝洁的广告策略开始向新媒体倾斜。据艾瑞咨询2011年中国互联网广告投放数据显示，2011年宝洁的中国互联网广告投入2.86亿元，已经成为中国互联网广告的最大客户。宝洁的互联网广告投放最多的网站是优酷网、土豆网等视频网站，其次是新浪、搜狐等门户网站以及人人网等社区网站。

相对于传统媒体，网络新媒体有明显的覆盖优势。中国排名前20位的主流网络媒体的用户量都在千万人以上，这是传统媒体无法比拟的。

知识基础四　广告设计

理想的广告信息应能引起受众的注意、激起受众的兴趣，将广告信息的受众转化成现实的消费者。有效的信息是企业实现广告目标、获取广告成功的关键。

1．广告创作

广告创作是在对消费者需求和产品性质等进行分析的基础上，站在消费者的立场来解释产品如何能满足其需求，以达到刺激顾客购买欲望的目的。

广告创作的依据是广告主所选择的目标市场和产品定位策略。目标市场的年龄、收入、购买动机等也是广告创作考虑的主要因素。

2．确立广告主题

广告主题是广告的中心思想，是广告内容和目的的集中体现和概括，是广告诉求的基本点、广告创意的基石。广告主题在广告的整个运作过程中处于统帅和主导地位。广告设计、广告创意、广告策划、广告文案、广告表达均要围绕广告主题进行。

确立广告主题就是要确定企业要向消费者表达什么样的信息，才能引起消费者的认识、情感或行为的反应。理性主题向消费者诉诸某种行为的理性利益，情感主题却向消费者传递某种情感。

3．确立广告表现

广告表现是传递广告创意策略的形式整合，即通过各种传播符号，形象地表述广告信息以达到影响消费者购买行为的目的，广告表现的最终形式是广告作品。广告表现是广告创意的一个部分，它主要解决的是广告“怎么说”的问题。

广告表现不仅为创意找到最佳的表现语言、营造最有魅力的氛围，还应该对丰富的艺术表现形式进行准确选择，使广告创意得到最单纯、最简洁的表达。

构图、色彩和音响是广告表现的三要素。

确立广告表现就是用什么样的结构和次序去恰当地表达信息，让消费者容易接受和理解。

知识库

广告表现的手法

1．写实

直接向消费者诉说广告产品与服务的情况、特性及对消费者的利益点，动员消费者去购买。真实、明显、艺术性。

2．比较

竞争者比较；

与相关事物比较；

与自身产品比较。

3．权威

利用权威时刻及关键时机进行广告宣传；

借用名人形象进行广告宣传。

4．示证

通过实物的实际表演、操作、使用、品尝等方式来证实产品质量和功效。

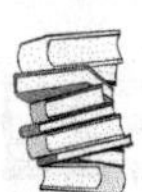

5．抒情

“3B”原则：Beauty，对动物或植物的感情；Baby，对儿童的感情；Best，对俊男美女的欣赏之情。

6．幽默

幽默是指运用理性倒错、寓庄于谐的表现手法，造成风趣幽默的效果，引起受众的兴趣，并在此心态中认知广告意向的广告形式。幽默可以吸引受众注意，激发购买欲望。

7．夸张

艺术夸张：夸大型夸张、缩小型夸张、关系型夸张。

事实夸张：功能特点夸张、产品业绩夸张、使用效果夸张、背离常理夸张、警示劝诫夸张。

8．叙事

叙述故事，突出产品效用。

9．排比

平行排比、递进排比、递减排比。

应用实例

金六福酒的广告

都市，高楼林立的街道，下水道由里向外的主观镜头：井盖被推开；俯视，井盖空着，就像一个黑黑的陷阱。一个风度翩翩的男性白领边打手机，边从一座五星级的宾馆走出来。男子一边走一边继续打手机，前面就是没有井盖的下水口了，男子仍打着手机，对即将到来的危险一无所知。就在男子的一只脚踏向空洞洞的井口时，突然一个带着头盔的脑袋冒了上来，正好顶住了男子踏空的一只脚。男子安然无恙地继续前行。男子和二三好友一起品尝福星酒。品牌标语：金六福，中国人的福酒。(画外音：喝福星酒，运气就是这么好!)

问题：

金六福酒的广告采用了什么样的表现方式？

知识基础五　广告媒体选择

为了正确地选择各种广告媒体，实现广告目标，企业在选择媒体之前，必须对媒体的接触度、频率和效果做出决策。接触度是在一定的时期内接触广告的人数；频率决策是在一定时间内，平均使每人接触多少次广告；效果决策是指企业决定广告显露的效果。

1．广告媒体的类型

广告媒体主要包括报纸、电视、网络、直邮广告、广播、杂志、户外广告等。各种媒体的受众不同，影响力不同，广告效果也不同。为实现广告的接触度、频率和效果等目标，营销策划人员必须掌握媒体的优缺点，选择适当的广告媒体。

表 10－1　主要广告媒体的类型及特征

媒　体	优　点	不　足
报纸	及时、灵活，本地市场覆盖率高，易被接受、信任	传递率低，保存性差，广告版面小，广告表现差
杂志	针对性强，选择性好，可信度高，有一定的权威，反复阅读率高，传阅率高，保存期长	广告购买前置时间长，及时性差
广播	传播信息迅速、及时，传播范围广泛，选择性强，成本低	仅有声音传播，信息展露转瞬即逝
电视	诉诸人的听觉和视觉，富有感染力，能引起高度重视，触及面广	成本高，干扰多，信息转瞬即逝，选择性和针对性较差
户外广告	反复诉求效果好，对地区和消费者选择性强，费用较低，具有一定的强迫诉求性质	传播区域小，创意表现差
直邮广告	针对性、选择性强，注意率、传阅率、反复阅读率高，灵活	单位费用高，传播面小
网络	交互性、实时性、经济性强，形式多样	目标群体及广告位置受限，广告间干扰性强

2．广告媒体的特点

广告媒体是媒体的组成部分，具有媒体的一般特征。同时，作为商业信息的载体，为商业活动服务，又有着自己的特点，概括起来有以下几个方面：

针对性强。企业广告媒体的选择必须以目标市场的选择为依据，实现广告信息传递的有效性。

传播面广。大众媒体是广告媒体的重要组成部分，借助于大众媒体的发行或覆盖面优势，实现广告信息的广泛传播。

差异性大。广告媒体的类型很多，形式也多种多样，不同的媒体有不同的受众和优势，媒体间存在着较大的差异。媒体间较大的差异性，为广告主的媒体选择既带来了较多的选择余地和机会，也带来了一定的困难和挑战。在合适的时间、合适的地点选择合适的媒体，是广告主实现广告效果最大化的基础。

3．广告媒体的选择

广告媒体的选择不仅要充分考虑广告目标和受众的特点，还应考虑各种媒体之间

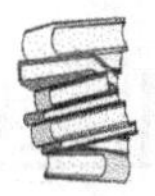

的关系和优势，建立有效的媒体组合，在广告费用一定的情况下，实现广告效果最大化。

（1）媒体选择的原则。在媒体选择时，应遵守以下几个原则：

目标市场原则。广告的目的是将企业形象和有关产品服务信息传播给目标市场，实现与目标市场间的有效沟通，提升企业的经营业绩。因此，广告媒体的选择必须与目标市场喜闻乐见的媒体保持一致，选择目标市场接触频率（次数）最高的广告媒体。

产品/服务原则。不同的产品或服务，有着不同的功能、特点、使用价值和流通范围，产品诉求的利益点和要求也不同。而不同的广告媒体，其表现形式也不同，适合不同的诉求要求。

时空原则，即根据产品或服务在时空方面的变化趋势，选择相应的广告媒体。产品特别是消费品一般都有明显的生命周期，在不同的生命周期阶段，产品的目标市场不同；在不同的地区，同一产品的生命周期表现也不同，一种产品在一个地区处于饱和期，而在另一地区则可能处在成长期。

一致性原则。广告传播是为产品销售服务的，有效的广告传播要求广告媒体传播的范围与企业产品的销售范围相一致，目标市场接触媒体的时间与广告信息在媒体上发布的时间相一致，即有效把握媒体传播的范围和时间。

成本效用最大化原则。广告的基本特征是付费。广告媒体的选择要求广告主充分考虑企业的广告预算，选择有效的广告媒体，实现广告的成本效用最大化。

（2）媒体选择策略。广告媒体选择策略就是广告策划人员根据企业的广告目标、广告预算、产品或服务属性以及目标市场等因素，确定媒体选择的基本方针和方法。广告媒体选择策略主要包括单一媒体策略和媒体组合策略。

单一媒体策略，即广告策划人员根据企业的广告预算和产品销售区域等因素，只选择某一主要媒体开展广告活动。这种策略的主要优点是广告主可以集中有限的广告费用用于某一主要媒体的购买或租用，对特定的受众细分影响大，并通过提高媒体的持续性提高广告效用；缺点是单一媒体的选择难以覆盖企业的目标市场，影响广告的到达率和频次。

媒体组合策略，即对各种广告媒体进行有效组合，是媒体计划的具体化。媒体组合不仅可以最大限度地提高广告的到达率和重复率，扩大认知，增进理解，而且在心理上能给消费者造成声势，留下深刻印象，提高市场竞争力，增加广告效益。

常见的媒体组合策略是积木策略，即广告主首先购买能到达最多受众的广告媒体，最后再考虑能到达较少受众的广告媒体。

4．选择媒体时应考虑的因素

影响媒体选择的因素有很多，包括：目标市场接触媒体的习惯，它直接影响广告信息传播的有效性；产品属性，有效的媒体选择有利于产品属性和诉求的充分表现；广告信息，选择何种媒介还取决于广告信息本身；媒体传播范围，不同的媒体所能传播的范围有大有小，所能接触的人口有多有少；成本费用，如电视广告成本很高，而广播、报纸广告成本相对较低。

应用实例

王宝强捧红“奇异王果”

从国际消费时尚潮流看，超级水果饮料将从传统饮料市场分得越来越多的份额。更高的营养价值和维生素含量，是超级水果饮料的主要特点。作为典型的超级水果饮料，汇源“奇异王果”的维生素C含量超多，是普通果汁的8倍以上。

一个好产品从诞生到被市场认可，考验着每个厂商的营销智慧。为赢得2008年的大市场，“奇异王果”邀请深受全国观众喜爱的平民影星王宝强拍摄电视广告片。

一时间，王宝强担当起开辟“超级水果”饮料新战场的先锋官，为“奇异王果”的新鲜上市积蓄了大量人气。以王宝强作为代言人，汇源大胆喊出“做自己的王”的品牌主张，走出一条另类的定位之路。

“傻根”王宝强是一个新人，更是一颗耀眼的新星，形象阳光、健康，内在淳朴、憨厚。汇源携手王宝强，有效彰显了品牌的全新形象与第一形象，这是汇源的高明之处。同时，汇源这次不用女星用男星，这样也能一改果汁饮料品牌惯用女星的陈旧手法，让消费者耳目一新。

问题：

1. 汇源“奇异王果”为什么请王宝强作为形象代言人？
2. 汇源“奇异王果”明星代言策略对其他企业有何借鉴意义？

知识基础六　广告效果评估

广告效果是广告主通过广告活动为企业带来的各种影响，包括社会效果和经济效果。广告活动既是一种经济活动，又是一种社会性的传播活动。广告效果具有广泛性和多元性。

1. 广告效果的表现

从广告作用于受众的过程，可以将广告效果的表现形式分成三个层次。

第一个层次是广告的到达效果，即广告到达的受众对广告的注目程度，包括广告的收视率、收听率、阅读率及影响范围等。

第二个层次是广告的心理效果，即广告创意的诉求内容和表现形式对受众产生的吸引力和心理反应，包括广告的认知效果、态度效果等。

第三个层次是广告的行为效果，即受众受到广告的刺激或影响而产生的购买行为。行为效果是广告投资效果的最终体现，是广告主最关心的广告效果。

广告的到达效果和广告的心理效果是广告行为效果的基础，三个层次的广告效果是依次递进的关系，评价广告效果也必须按照三个层次去考察。

2. 广告效果的测评

广告效果测评是指运用科学的方法，对广告活动全过程中的每个工作环节进行鉴定，评价其质量和效果。

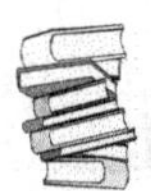

(1) 广告效果的测评指标。广告效果的测评指标主要有以下两个：

一是销售指标。广告的最终目的是促进销售的增加。广告实施后，销售是否增加，增加的程度如何，以此来作为测评广告效果的指标，即销售指标。

二是传播指标。广告传播效果是指某一特定的广告信息作用于受众所产生的心理反应和行为倾向的效果，包括广告到达率；以传播效果作为衡量广告效果的指标即为传播指标。

广告传播效果的显现一般是经过不知晓—知晓—理解—态度—行为倾向等五个阶段。

(2) 广告效果的测评方法。广告效果的测评方法主要有下列三种：

直接评分法，即由目标消费者对广告依次打分，其评分表用于估计广告的注意力、可读性、认知力、影响力和行为等方面的因素。直接评分法不一定能完全反映对广告目标消费者的实际影响，主要适用于帮助淘汰和剔除那些质量差的广告。

组合测试法，即请消费者观看一组试验用的广告，要求他们愿看多久就看多久，等到他们看过广告后，让他们回忆所看到的广告，并且对每一个广告都尽其最大能力予以描述。所得结果可以判别一个广告的突出性及其期望信息被了解的程度。

实验室测试法，即研究人员利用仪器来测量消费者对于广告的心理反应情况，比如心跳、血压、出汗等。然而，这些生理测试只能测量广告的吸引力，无法测量消费者的信任、态度或者意图。

■工作任务 10－1　开展广告活动

工作任务提示：

旨在帮助学生更好地理解广告在促销中的地位和作用。

工作任务情景：

结合团队营销策略组合，为本团队的营销活动拟订广告促销计划，通过实践检验其效果，并对计划进行修订。

工作任务内容：

根据营销环境和渠道选择进行广告调查，设计广告内容和画面，开展广告活动。

工作任务要求：

第一，团队分工协作完成。

第二，团队分工开展环境分析，制定广告策略，设计与制作广告内容。

第三，广告效果评价。

任务三　具备人员推销能力

知识基础

完成本任务所需的知识基础包括人员推销的含义和任务、人员推销的步骤、推销人员的管理。

知识基础一　人员推销的含义和任务

作为促销组合策略之一，人员推销是一种具有很强人性因素的、独特的促销手段。人员推销能够完成许多其他促销手段所无法实现的目标，适于推销性能复杂的产品。当销售活动需要更多地解决问题和说服工作时，人员推销是最佳选择。

1. 人员推销的含义

人员推销是指企业派出推销人员与目标顾客进行面对面的接触，将产品或服务的信息传递给顾客，并运用一定的促销手段和技巧，使顾客认识产品或服务的性能、特征，激发顾客的购买欲望，最终达成交易协议。

人员推销的特点主要有以下几个方面：

（1）信息沟通双向互动。与其他促销方式相比，人员推销具有信息沟通双向互动的特点。良好的推销人员可以及时有效地激发顾客的购买兴趣，并促使其立即采取购买行为，缩短顾客从了解信息到做出购买决策的时间；及时解答顾客疑问，获得信息反馈，调整自己的推销策略和方法，提高顾客信任度，实现产品销售。

（2）推销任务双重互补。推销人员的工作任务具有双重性，即销售与市场调研相结合，推销产品与提供服务相结合。一方面，推销人员应该寻求机会，发现需求，创造需求，开拓新的市场；另一方面，推销人员要及时向顾客传递产品和服务的信息，为顾客提供购买决策的参考资料。

（3）推销手段灵活多样。推销人员针对不同的顾客，采用不同的推销策略，推销手段机动灵活。

（4）关系建立温情长久。这是人员推销的一个突出特点。人员推销通过人与人的沟通交流，从交易关系发展成朋友关系，建立友谊、信任和理解，进而提高顾客忠诚度。

此外，人员推销可提供售后服务和追踪，及时发现并解决产品在售后、使用及消费时出现的问题；人员推销成本高，所需人力、物力、财力和时间量大。

应用实例

推销汽车大王乔·吉拉德的失败经历

被载入吉尼斯纪录的美国推销汽车大王乔·吉拉德，推销出13 000多辆汽车，创造了汽车销售最高纪录。但是，他也曾有失败的经历。一次，乔将一种最好的车型推荐给一位名人，顾客在掏出支票准备成交时突然变卦。事后，顾客告诉他之所以发生变故的原因：“你根本没心思听我说话。就在签单前，我提到儿子吉米即将进入密执安大学念医科，我还提到他的学习成绩、运动能力以及将来的抱负，我以他为荣，但你却毫无反应。这就是原因。”

乔在认为生意已经谈妥、大功告成之时和办公室的另一位同事说起笑话，根本没有注意顾客的谈话，忽视了顾客在有购买汽车需求的同时，还有希望别人以礼相待、予以尊重的需要。他没有一心一意接待顾客，又没有及时赞美顾客引以

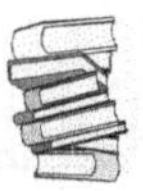

为荣的儿子，行为失礼。尽管顾客喜欢他所推荐的汽车，但从心理上和感情上却无法接受乔。所以，他宁愿放弃买车。

问题：

乔·吉拉德为何推销失败?

动手动脑

课堂讨论：为什么说“推销商品之前先得推销自己”?

2. 人员推销的基本形式

人员推销的基本形式有三种：一是上门推销，即由推销人员携带样品、说明书和订货单等走访顾客，推销商品；二是柜台推销，即由营业员接待进入商店的顾客，推销商品；三是会议推销，即利用各种会议的形式介绍和宣传商品，开展推销活动。

3. 人员推销的任务

人员推销的工作任务概括起来主要有以下六个方面：

一是推销产品，这是推销人员最基本的职责。

二是传递信息，即推销人员要把企业和产品等各方面的信息及时传达给消费者。

三是开拓市场，推销人员不仅要巩固与老顾客的关系，还要善于发现和培养潜在消费者。

四是提供服务，向顾客提供各方面的服务是推销人员的责任。

五是协调分配，即推销人员要协调好供需关系。

六是搜集信息，即推销人员要及时了解市场信息，为企业提供决策依据。

应用实例

称职的推销员

在一个雨天，有位老妇人走进匹兹堡的一家百货公司，漫无目的地在公司内闲逛，很显然是一副不打算买东西的态度。大多数的售货员只对她瞧上一眼，然后忙着整理货架上的商品，以免这位老太太去麻烦他们。其中一位年轻的男店员看到了她，立刻主动地跟她打招呼，很有礼貌地问她是否需要帮助。这位老太太对他说：“我什么也不需要。”即使如此，他仍然主动和她聊天，以显示他确实欢迎她。当她离去时，这个年轻人还陪她到街上，替她把伞撑开。这位老太太向这个年轻人要了一张名片，然后径自走开了。

后来，这个年轻人完全忘了这件事情。但是，有一天，他突然被公司老板召到办公室，老板向他出示了一封信，是一位老太太写来的。这位老太太要求这家百货公司派一名销售员前往苏格兰，代表该公司接下一所豪华住宅的装潢业务。

这位老太太就是美国钢铁大王卡内基的母亲，她也就是这位年轻店员在几个月前很有礼貌地护送到街上的那位老太太。在这封信中，这个年轻人被特别指定代表公司去接受这项工作。

问题：

谈谈你对推销人员工作的理解。

玩具公司信息的搜集

美国有家生产经营玩具的公司，为决定玩具娃娃的式样，请了一些孩子来做决策。他们把10个玩具娃娃放在一间屋子里，每次让一个小孩进去玩，看这个孩子最喜欢哪个玩具娃娃。用同样的方法进行多次试验，其过程全部用摄像机拍摄下来。经过对上百个孩子的调查，公司最终确定了生产娃娃玩具的式样。结果，圣诞节前产品投放市场，一下子就成为孩子们的钟情之物，推销变得轻而易举。

问题：

1. 这家玩具公司是运用什么方法搜集推销信息的？

2. 这家玩具公司的产品推销对我们有什么启示？

知识基础二　人员推销的策略

1. 人员推销策略的类型

（1）试探性策略。试探性策略又称“刺激－反应”策略，是指推销人员利用刺激性较强的方法激发顾客购买行为的一种推销策略。

在不了解顾客需求的情况下，事先设计能引起顾客兴趣、刺激顾客购买欲望的推销语言，采取“渗透性”交谈对顾客进行试探，观察其反应，然后采取相应的推销措施。

（2）针对性策略。针对性策略又称“配方－成交”策略，是指推销人员利用针对性较强的说服方法促使顾客产生购买行为的一种推销策略。

推销人员根据顾客的情况，有针对性地进行推销。

（3）诱导性策略。诱导性策略又称“诱发－满足”策略，是指推销人员运用诱导服务方法，使顾客采取购买行为的一种推销策略。

诱导性策略要求推销人员能够唤起顾客的潜在需求。通过交谈，观察顾客对什么感兴趣，然后诱导他对所感兴趣的商品或劳务产生购买动机。

2. 人员推销的工作步骤

完成人员推销一般需要以下六个工作步骤，如图10－3所示。

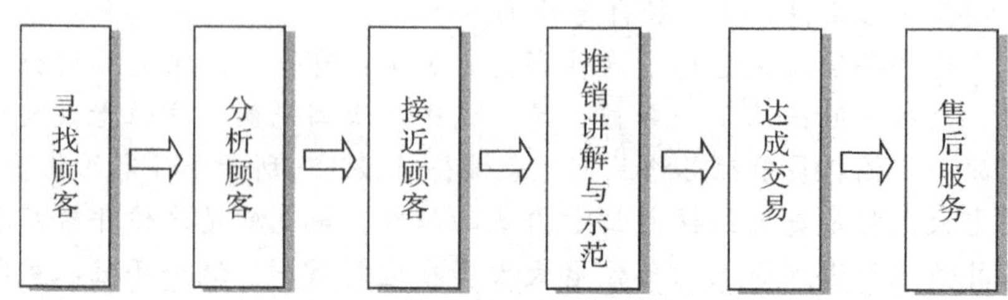

图10－3　人员推销的工作步骤

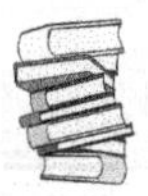

（1）寻找顾客。寻找顾客是推销工作的第一步。推销人员首先要善于寻找目标顾客，包括有支付能力的现实购买者和潜在顾客，以减少推销的盲目性，提高成交率。

推销人员寻找顾客的方法包括逐户访问法、连锁介绍法、中心开花法、个人观察法、委托助手法、广告开拓法、竞争插足法、资料查阅法、参加会议法、市场咨询法等。

（2）分析顾客。发现潜在顾客后，推销人员分析目标市场，进一步确认目标市场的需求要项和购买行为的可能性。

（3）接近顾客。推销人员在确定目标顾客后，就要准备资料，接近顾客。

接近顾客前，推销人员应准备好样品、说明材料，选定接近顾客的方式、访问时间、应变语言等。掌握相关信息，包括：产品信息，主要是关于产品的特点、用途、功能等信息；顾客信息，包括目标市场情况；竞争者信息，包括竞争者的能力、地位和竞争品的特点。

推销人员接近顾客的方式包括约见和直接会面。约见是推销人员事先征得顾客同意接见的行动，可采取当面约见、书信约见、电话约见、托人代约、广泛约见（利用大众传媒，约见大众顾客）等方式；直接会面是直接会见目标顾客。接近的方法有利益接近法、好奇接近法、介绍接近法、产品介绍接近法、问题接近法、调查接近法、直接接近法等。

友好、自信是成功接近顾客的基础。

应用实例

幼儿园的推销员

幼儿园的推销人员到一个顾客家中进行推销："太太，为了您可爱的小宝宝，请在这个月内一定要入园，我不骗您，下个月入园的费用要提高25%，没有像这么好又这么便宜的幼儿园了。"这对结婚10年才喜得贵子的顾客心有所动。"我们想参观一下幼儿园，看看……"好像还有点犹豫。"哎呀，还参观什么呀？您放心好了，我们的幼儿园是聘请专家，从幼儿心理学的角度充分研究考察过的，不必犹豫，加入就是了。"

问题：

从这位推销人员接近顾客的情况看，他的做法存在什么问题？

（4）推销讲解与示范。推销讲解与示范是推销人员与潜在顾客正式接触，引导与指导购物阶段。推销人员在描述产品性质和特点时，必须使自己的表述充分吸引顾客的注意力，通过顾客的视、听、触摸等感官向顾客传递信息；针对产品本身的特点以及能给顾客带来的利益进行说服与解释工作。

在推销过程中，推销人员要特别注意对方的反应，判断其真实意图。

应用实例

洗衣机推销员

赵兴是某家电销售公司的推销人员，他特别擅长向顾客演示他所推销的各类家用电器。滚筒洗衣机是他最乐意向顾客示范推荐的一种家用电器。为了向顾客演示滚筒洗衣机如何不伤衣料、纽扣，他把钢笔放入滚筒里，让它随洗涤物一起滚动。有一次，当他正向顾客作演示时，钢笔裂开了，墨水沾满了正在洗衣机内洗涤的衣物。

问题：

1. 你对赵兴演示商品的方法有何意见？
2. 如果你是赵兴，你将如何向顾客解释？

（5）达成交易。人员推销工作的重要目标是促使目标顾客采取购买行动。推销人员在认为时机成熟时，及时提出购买建议，或者提供价格优惠，或者提供便利的服务，或者归纳销售的重点，以促进顾客做出购买决策。

应用实例

好为人师的推销员

张先生是一家小家用电器公司的推销人员。他在向顾客推荐电饭煲、电熨斗时，强调他们公司的产品质量稳定可靠、构造复杂精密，并且列举了产品的七八条突出的优点。张先生在介绍产品时，条理清晰、分析透彻，顾客听后完全同意他的观点。在成交提议设计上，张先生也动了一番脑筋，以下是张先生和顾客的对话：

张先生：您同意我们的产品质量是一流的？

顾客：完全同意。

张先生：据您所知，还有比我们的产品质量更好的电饭煲、电熨斗吗？

顾客：我不了解。

张先生：那么，您能设想还有哪家公司能提供更好的电饭煲、电熨斗吗？

顾客：我想那是不可能的。

张先生：我们的价格和折扣有问题吗？

顾客：没问题。价格公道，折扣合理。

张先生：那您分别需要多少呢？

顾客：我现在还不想买。

张先生的试探成交结束了，但他没有达到促成顾客购买的目的。

问题：

为什么会出现这种事与愿违的结果？张先生的做法是否有问题？

分析点评：

“好为人师”是人性的一个弱点，其实质是它伤害了别人的自尊心。每个人都希望能得到他人的尊重和敬仰。法国大作家罗曼·罗兰说：“自尊心是人类心灵的伟大杠杆。”只要你能满足对方的自尊心，你也就掌握了对方。

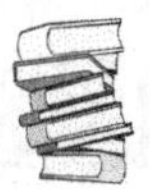

（6）售后服务。达成交易并不意味着整个推销过程的终止。如果推销人员希望顾客重复购买，就必须对顾客进行“跟踪服务”，搜集顾客对产品的意见，以调整营销策略，帮助顾客解决使用中的问题。

做好售后服务，有利于树立企业信誉，密切双方关系，促成重复购买。

知识基础三　推销人员的管理

推销人员的管理主要有两个方面，即推销队伍的规模管理和推销人员的管理。

1．推销队伍的规模管理

推销人员是企业最重要的资产。推销人员的规模是否适当，直接关系到企业的经济效益。

确定销售人员规模，最常用、最简单的方法有两种：一是工作量法，即通过确定总工作量的方法来确定销售人员的规模；二是销售能力法，即先测量每个销售人员的销售能力，再计算在可能的销售人员规模下企业的销售额和投资报酬率，来确定销售人员的规模。

2．推销人员的管理

推销人员的管理包括推销人员的选拔、培训和评价。

（1）推销人员的选拔。招聘是选拔推销人员的主要方法，做好招聘工作是选拔优秀推销人员的第一环节。企业应根据实际情况确定销售人员招聘的条件，以确保选出企业所需要的合格销售人才。

推销人员选拔条件有三个方面，即人品、专业知识和社会法律知识。

（2）推销人员的培训。对推销人员进行培训的内容包括：企业文化培训，主要是企业发展、经营理念和企业文化内涵等；道德培训，主要是职业道德；业务培训，主要是有关企业产品的知识，包括产品的背景资料、外观、成分、制造工艺、使用情况、维护、价格、类型、销售条件以及竞争产品的情况；管理培训，主要是企业的有关管理制度等。

培训内容应根据需求的层次，分阶段进行。

（3）推销人员的激励约束。任何组织对成员都有激励和约束机制。企业可以通过多种方式对推销人员进行激励，以提高销售人员的工作积极性；同时要建立约束机制，使推销人员按企业有关规则行事。

激励就是奖励，包括物质激励、精神鼓励和职务升迁；约束就是惩罚。

（4）推销人员的评价。推销人员的评价是企业对推销人员工作业绩考核与评估的反馈过程。

考核是评价的基础。推销人员的考核指标包括销售量增长情况、每天平均访问次数、每次平均访问时间、每次访问的平均费用、每次访问收到订单的百分比、一定时期内新顾客的增加数及失去的顾客数目、销售费用占总成本的百分比等。

■工作任务 10－2　进行人员推销

工作任务提示：

帮助学生更好地理解推销的作用和技能要求，感悟营销的艰难。

工作任务情景：

开展推销活动是锻炼营销人员的营销技巧和能力的重要方法，营销团队的成员应当通过上门推销，了解基本的沟通技巧，争取获得顾客的认可和购买。

工作任务内容：

第一，结合营销团队的营销策略组合，确定潜在顾客。

第二，在掌握产品卖点的基础上，以在校大学生为目标，上门推销。

工作任务要求：

第一，团队分工协作完成，两人一组（最好男女生搭配）。

第二，总结得失，分析拒绝推销的原因。

第三，推销效果评价，包括感悟。

第四，班级讨论，交流经验，完成推销报告。

任务四　具有营业推广能力

知识基础

完成本任务所需要的知识基础包括营业推广的含义和特点、营业推广的方式和营业推广的控制。

知识基础一　营业推广的含义和特点

营业推广（又称销售促进）就是在事先确定的某一时间内，针对消费者、零售商或批发商，运用媒体或非媒体的营销手段，刺激其购买产品的活动。

营业推广是一种适宜于短期推销的促销方法，是企业为鼓励购买、销售商品和劳务而采取的除广告、公关和人员推销之外的所有企业营销活动的总称。

1．营业推广的特点

概括说来，营业推广的特点主要包括以下几种：

（1）灵活多样，适应性强，效果显著。在营业推广活动中，针对不同的推广对象，可以采用不同的推广方式，提高推广效果。

阅读资料

屈臣氏的“加一元多一件”

屈臣氏的“加一元多一件”活动，是从其销售的所有产品中挑出160多项产品做促销，只要顾客在购买这类产品时多加一元，即可再拿一件。其整体的视觉设计，如DM、POP等体育赛场和店头广告的规划上，更是别具创意。屈臣氏这项SP活动在震撼低价的引导下，创造了骄人的成绩。活动实施头一个月，销售业绩就提升了20%。

（2）营业推广是一种辅助性促销方式。人员推销、广告和公关都是常用的促销方

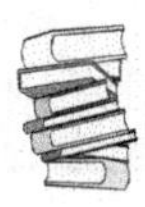

式，营业推广常作为有效的补充使用。

此外，采用营业推广方式促销，似乎迫使顾客产生“机会难得、时不再来”之感，进而能打破顾客需求动机的衰变和购买行为的惰性。若频繁使用或使用不当，往往会引起顾客对产品质量、价格的怀疑。

企业在开展营业推广活动时，要注意选择恰当的方式和时机。

2．营业推广的作用

营业推广作为促销组合的重要组成部分，其作用主要有以下三个方面：

（1）吸引消费者购买。吸引消费者购买是营业推广的首要目的。尤其是在新产品推广或吸引新顾客方面，营业推广的刺激活动能吸引顾客的注意力，使顾客在了解产品的基础上采取购买行为。

（2）奖励品牌忠实者。营业推广的一些手段，如销售奖励、赠券等的直接受惠者多是产品的消费者。营业推广活动能有力地刺激消费者重复购买，提高品牌忠诚度。

（3）实现企业营销目标。实现企业营销目标是营业推广的最终目标。

营业推广的明显不足是影响范围小，需求刺激时效短，使用不当易使顾客产生疑虑，影响企业信誉。

知识基础二　营业推广的方式

营业推广的对象包括消费者、中间商、推销人员。针对不同的推广对象，营业推广的方式也不同。

1．针对消费者的营业推广方式

针对消费者的营业推广方式主要有以下八种：

一是赠送促销，即向消费者赠送样品或试用品。赠送样品是介绍新产品最有效的方法，缺点是费用高。

二是折价券，即消费者在购买时，持券可以获得一定的折扣。

三是包装促销，即以较优惠的价格提供组合包装和搭配包装的产品。

四是抽奖促销，即消费者在购买一定产品之后可获得抽奖券，凭券进行抽奖，获得奖品或奖金。

五是现场演示，即促销人员在销售现场进行产品演示，向消费者介绍产品的特点、用途和使用方法等。

六是联合推广，即生产者与中间商联合促销，将一些能显示企业优势和特征的产品在商场集中陈列。

七是让消费者参与促销，即让消费者参与各种促销活动，如技能竞赛、知识比赛等，实现产品推广。

八是会议促销，即利用各类展销会、博览会、业务洽谈会进行产品推广。

2．针对中间商的营业推广方式

针对中间商的营业推广方式主要有以下四种：

一是批发回扣，即生产者争取中间商大量购买，给予中间商高比例折扣。

二是推广津贴，即为了提高中间商经营的积极性，生产者给予中间商一定的推广津贴。

三是销售竞赛，即根据中间商的销售业绩，给予优秀者一定的奖励。

四是扶持零售商，即生产者对零售商专柜的装潢予以资助，提供 POP 广告，以强化零售网络，促使销售额增加。

3. 针对推销人员的营业推广方式

针对推销人员的营业推广方式包括销售竞赛、免费提供人员培训、技术指导等。

知识基础三　营业推广的控制

营业推广是一种短期促销方式，如果使用不当，就会影响产品的长期销售，损害企业的形象。因此，企业在开展营业推广时，必须加强管理和控制。

1. 选择适当的营业推广方式

营业推广的方式很多，每种方式都有其适应性。选择好营业推广方式是提高促销效果的关键。

2. 确定合理的营业推广期限

控制好营业推广的周期是影响促销效果的重要因素。时间过长，会使顾客感到习以为常，失去刺激作用，甚至导致疑问的产生或不信任；时间过短，一些目标顾客没有得到促销信息，促销效果不明显。

一般应以顾客的平均购买周期或淡旺季间隔为依据来确定合理的推广期限。

3. 禁止弄虚作假

营业推广的主要对象是企业的潜在顾客。企业在营业推广全过程中，一定要坚决禁止弄虚作假，以免损害企业信誉。

4. 注重中后期宣传

营业推广活动的中后期，是营业推广中的宣传或承诺的兑现期，是顾客验证企业推广行为是否具有可信性的重要阶段。令顾客感到可信的兑现行为，一方面有利于唤起顾客的购买欲望；另一方面能获得良好的口碑，塑造良好的企业形象。

此外，还应注意确定合理的推广预算，科学测算营业推广活动的投入产出比。

任务五　培养公关意识

知识基础

完成本任务所需要的知识基础包括公关的含义和特点、公关的方法和实施步骤。

知识基础一　公关的含义和特点

公关，即公共关系，是促销组合的重要组成部分。公关的好坏直接影响着企业在公众心目中的形象和营销目标的实现。如何有效利用公关促进产品的销售，是现代企业必须重视的问题。

1. 公关的含义

公关是指组织为改善与社会公众的关系，促进公众对组织的认识、理解及支持，树立良好的组织形象，促进产品销售的一系列公共活动。

公关是一种状态，任何一个企业或个人都处于某种公关状态之中；公关又是一种活动，是企业或个人有意识地、自觉地采取措施改善和维持自己的公关状态的活动。

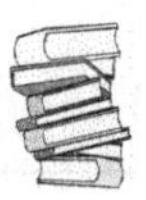

公关通过评估社会公众的态度、确认与公众利益相符合的个人或组织的政策与程序，拟订并执行各种行动方案，提高营销主体的知名度、美誉度和形象，争取相关公众的理解与接受。公关的核心是塑造良好的企业形象；它以真诚合作、平等互利、共同发展为基本原则，通过信息沟通，实现广结良缘、促进产品销售的目标。

阅读资料

"封杀"王老吉

2008 年 5 月 12 日，中国汶川大地震牵动了所有中国人民的心。2008 年 5 月 18 日晚，王老吉用一张 1 亿元的红色支票捐款，成为国内单笔最高捐款企业。在万众瞩目的同时，一个《封杀王老吉》的帖子在网络上迅速流传，帖子内容是："王老吉，你够狠！捐一个亿！为了整治这个嚣张的企业，买光超市的王老吉！上一罐买一罐！不买的就不要顶这个帖子啦！"简短、刺激、煽动、蛊惑，使超市货架上的王老吉迅速销售一空。

2．公关的特征

公关是社会关系的一种表现形态，其特征主要有以下几个方面：

（1）情感性。公关是一种创造美好形象的艺术，通过营造成功的人和环境、和谐的人事气氛、最佳的社会舆论，获得社会公众的理解、信任、好感与合作。

（2）双向性。公关是以真实为基础的双向沟通。组织一方面要吸取人情民意以调整决策，改善自身；另一方面又要对外传播，使公众认识和了解自己，达成有效的双向意见沟通。

（3）广泛性。公关的广泛性包含两层意思：一是公关存在于主体的任何行为和过程中，即公关无处不在，无时不在，贯穿于主体的整个生存和发展过程中；二是公关的对象可以是任何个人、群体和组织。

（4）整体性。公关的宗旨是使公众全面地了解自己，建立良好的声誉和知名度，侧重于企业或个人在社会中的竞争地位和整体形象塑造，提高公众的整体认识。

（5）长期性。公关的管理职能是经常性与计划性的，是一项长期性的工作。

知识基础二　公关的方法

常用的公关方法主要有以下五种：

1．利用新闻媒介

新闻媒介提供的宣传报道是企业的免费广告，具有很高的新闻价值、轰动效应和可信性。

2．参与社会活动

积极参与社会活动是公关的主要手段之一。参与社会活动，一方面体现企业的社会责任，赢得社会公众的理解和信任；另一方面结交社会各界朋友，建立起广泛和良好的人际关系。

3．组织宣传展览

在公关活动中，企业可以印发各种宣传材料，如介绍企业的小册子、业务通信、图片画册、音像资料，举办形式多样的展览会、报告会、纪念会及有奖竞赛等，使社会公众了解企业的历史、业绩、名优产品、优秀人物、发展前景，从而达到树立企业形象的目的。

4. 进行咨询和游说

咨询主要是向管理人员提供有关公众意见、企业定位与形象等方面的劝告和建议，回答和处理顾客的问题、抱怨和投诉。游说的对象主要是立法机构和政府官员。

5. 导入 CIS 战略

CIS 即企业形象识别，是指通过改变企业形象，吸引公众注意，促进销售，提高经营业绩。

知识基础三　公关的实施步骤

公关的实施步骤包括确定目标、选择方法、实施项目和评价效果。

1. 确定目标

在调查研究的基础上，根据社会公众对企业的了解和意见，确定公关的目标。

2. 选择方法

正确的方法是实现目标的保证，企业应根据公关目标选择合适的方法。公关的每种方法都有一定的针对性和适用范围，有的主要是增进公众的支持与理解，有的是提高企业的知名度，有的则是促进产品的销售。

3. 实施项目

对企业来说，开展公关活动存在着许多不确定因素，较难控制。为了保证公关计划的实现，首先要有组织的保证，明确公关的部门职责；其次要提高公关人员的素质；再次要坚持以诚取信的原则；最后要善于抓住机遇。

4. 评价效果

公关是企业的长期工作，评价公关活动的短期效果比较困难。首先，信息传播的效果是一个潜移默化的过程，很难用具体的数据反映出来；其次，公关常配合着其他促销手段，其收效难以单独评估。

■工作任务 10 -3　制订促销策划方案

工作任务提示：

通过对产品进行促销策划，加深对各种促销组合理论与方法的理解，培养各种促销策划的能力。

工作任务情景：

根据小组营销活动，制订促销策划方案。

工作任务内容：

（1）搜集有关产品、竞争等方面的资料。

（2）小组根据所搜集的资料进行分析、归纳、总结，拟订产品促销方案。

（3）各策划小组派代表上台讲述各小组的产品促销策划方案，用 PPT 形式展示。其他小组成员和任课教师对各小组的产品促销策划方案进行提问，并提出相应的修改意见。

（4）各个策划小组根据老师和同学所提意见进行方案的修改，并上交修改后的产

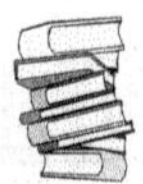

品促销策划方案。

（5）针对促销策略实施中存在的问题，总结经验和教训。

工作任务要求：

（1）各团队分工完成。

（2）撰写书面的促销策划方案，并在课堂上讨论。

课程小结

任务一　理解促销组合策略

- 促销组合策略
  - 促销与促销组合
    - 促销，即促进销售，其实质是沟通。沟通的八要素：信源、信息、信宿、信道、反应、噪声、编码、解码，其中信源、信息和信宿是三个基本要素。
    - 促销组合的四要素：广告、人员销售、营业推广和公共关系。
    - 促销的作用：传播产品信息、突出优势、塑造和维护良好的企业形象、扩大销售、协调。
  - 促销组合策略
    - 促销组合策略：推式策略和拉式策略。
    - 影响促销组合策略选择的因素。

任务二　开展简单的广告活动

- 广告
  - 广告的含义和作用
    - 广告的含义和特点（有偿性、综合性和劝说性）。
    - 广告的作用：主要是传播信息。
  - 广告目标：提高品牌知名度、建立消费者需求偏好、提示或提醒消费者和增加销售量。
  - 广告预算：广告预算的编制程序和编制方法。
  - 广告设计：广告创作；确立广告主题；确立广告表现。
  - 广告媒体选择：广告媒体的类型（报纸、电视、直邮广告、广播、杂志、户外广告、网络等）；广告媒体的特点（针对性强、传播面广、差异性大）；广告媒体的选择；选择媒体时应考虑的因素。
  - 广告效果评估
    - 广告效果具有广泛性和多元性。
    - 广告效果的表现：到达效果、心理效果、行为效果。
    - 广告效果的测评。

任务三　具备人员推销能力

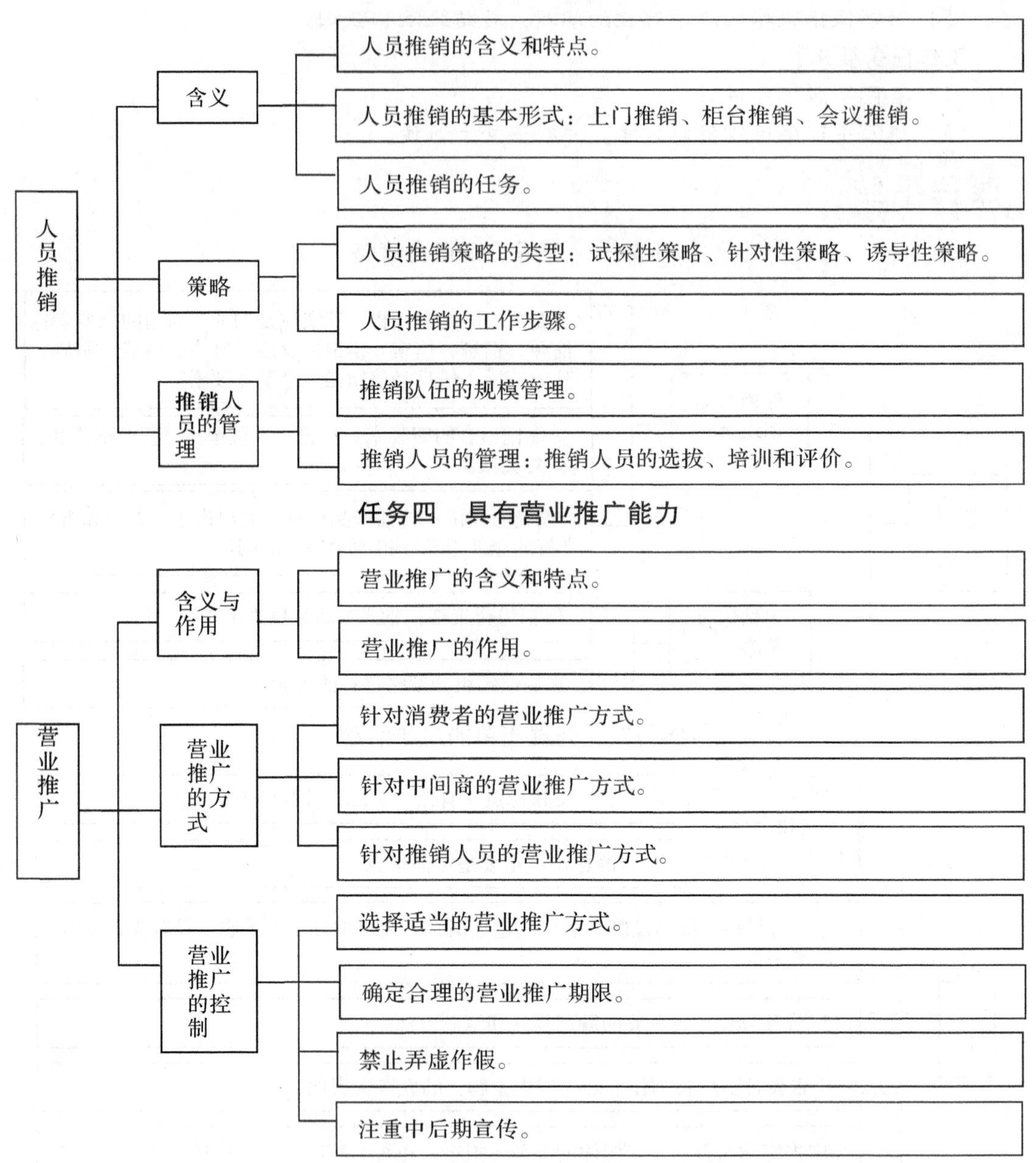

任务四　具有营业推广能力

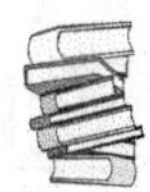

任务五　培养公关意识

公关
- 公关的含义。
- 公关的特征：情感性、双向性、广泛性、整体性、长期性。
- 公关的方法：利用新闻媒介；参与社会活动；组织宣传展览；进行咨询和游说；导入CIS战略。
- 公关的实施步骤：确定目标、选择方法、实施项目和评价效果。

课后练习

一、单项选择题

1. 促销的目的是引起消费者的注意与兴趣，激发其购买欲望，促成其（　　）。

A. 关注　B. 购买　C. 消费　D. 了解

2. 促销的实质是（　　）信息，是企业作为行为主体发出作为刺激物的信息。

A. 沟通　B. 传播　C. 发布

3. 信息沟通包括八个要素，其中信息、信源和（　　）是三个基本要素。

A. 信道　B. 编码　C. 噪声

D. 反应　E. 信宿　F. 解码

4.（　　）是最有效、最常见的促销手段。

A. 广告　B. 人员销售　C. 营业推广　D. 公共关系

5. 广告的主要目标是（　　）。

A. 沟通信息　B. 提高品牌知名度　C. 销售产品

6. 营业推广是一种适宜于（　　）推销的促销方法，是企业为鼓励购买、销售商品和劳务而采取的除广告、公关和人员推销之外的所有企业营销活动的总称。

A. 长期　B. 中期　C. 短期

7. 下面促销方式中，适合针对消费者的营业推广方式的是（　　）。

A. 推广津贴　B. 批发回扣　C. 折价券　D. 技术指导

8. 下面促销方式中，适合针对推销人员的营业推广方式的是（　　）。

A. 推广津贴　B. 批发回扣　C. 折价券　D. 技术指导

9. 公共关系是指组织为改善与（　　）的关系，树立良好的组织形象、促进产品销售的一系列公共活动。

A. 政府　B. 社会公众

C. 消费者　D. 商业伙伴

10. 与其他三种促销方式相比较，人员推销的最大优点是（　　）。

A. 强制传播　B. 传播面广

C. 双向沟通　D. 影响力大

二、多项选择题

1. 信息沟通包括八个要素，其中（　　）是三个基本要素。

A. 信道　B. 编码　C. 信息

D. 信源　E. 信宿　F. 解码

2. 促销组合的基本要素是（　　）。

A. 广告　B. 人员销售　C. 营业推广　D. 公共关系

3. 影响促销组合策略选择的因素有很多，主要因素有（　　）。

A. 促销目标　B. 产品属性　C. 市场性质

D. 促销预算　E. 渠道的类型　F. 促销管理水平

4. 广告的主要特点是（　　）。

A. 有偿性　B. 综合性　C. 劝说性

D. 合法性　E. 及时性

5. 现代广告的主要功能有（　　）。

A. 经济功能　B. 社会功能　C. 心理功能　D. 政策功能

6. 广告的目标主要包括（　　）。

A. 提高品牌知名度　B. 建立消费者偏好

C. 提醒消费者注意　D. 贬低竞争者

7. 编制广告预算的方法有（　　）。

A. 销售额百分比法　B. 销售单位法

C. 目标任务法　D. 竞争对比法

8. 下列广告媒体中属于印刷媒体的是（　　）。

A. 报纸　B. 直接邮寄　C. 电视

D. 网络　E. 杂志

9. 在广告媒体选择时，应遵守的原则包括（　　）。

A. 目标市场原则　B. 产品/服务原则　C. 时空原则

D. 一致性原则　E. 成本效用最大化原则

10. 广告媒体选择策略主要包括（　　）和。

A. 单一媒体策略　B. 媒体组合策略　C. 复合媒体原则

11. 广告效果的表现形式分成三个层次，即（　　）。

A. 传播效果　B. 到达效果　C. 心理效果　D. 行为效果

12. 人员推销的基本形式有三种，即（　　）。

A. 上门推销　B. 路边拦截

C. 柜台推销　D. 会议推销

13. 人员推销的工作任务概括起来主要有以下几个方面，即（　　）。

A. 推销产品　B. 传递信息　C. 开拓市场

D. 提供服务　E. 协调分配　F. 搜集信息

14. 人员推销的策略主要有（　　）。

A. 试探性策略　B. 普遍性策略　C. 针对性策略　D. 诱导性策略

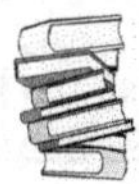

15. 营业推广的对象包括（　　）。

A. 政府　　B. 消费者　　C. 中间商

D. 推销人员　　E. 媒体

16. 针对消费者的营业推广方式包括（　　）等。

A. 赠品　　B. 折价券　　C. 包装促销

D. 抽奖　　E. 现场演示

17. 针对中间商的营业推广方式包括（　　）等。

A. 批发回扣　　B. 推广津贴　　C. 销售竞赛

D. 抽奖　　E. 技术指导

18. 针对推销人员的营业推广方式包括（　　）等。

A. 免费培训　　B. 推广津贴　　C. 销售竞赛

D. 抽奖　　E. 技术指导

19. 公共关系是社会关系的一种表现形态，其特征主要有（　　）。

A. 情感性　　B. 双向性　　C. 广泛性

D. 整体性　　E. 长期性

三、判断题

1. 促销的目的是引起消费者的注意与兴趣，激发其购买欲望，促成其购买行为。（　　）

2. 促销的实质是沟通，是企业作为行为主体发出作为刺激物的信息。（　　）

3. 广告是最有效、最常见的促销手段。（　　）

4. 理想的广告信息应能引起受众的注意、激起受众的兴趣，不要求把广告信息的受众转化成现实的消费者。（　　）

5. 广告的到达效果和广告的心理效果是广告行为效果的基础。（　　）

6. 营业推广就是在事先确定的某一时间内，针对消费者、零售商或批发商，运用媒体或非媒体的营销手段，刺激其了解产品信息的活动。（　　）

7. 公共关系是一种状态，任何一个企业或个人都处于某种公共关系状态之中；公共关系又是一种活动。（　　）

四、简答题

1. 简述信息沟通的八要素。

2. 简述促销组合的四要素及建立促销组合考虑的基本因素。

3. 简述广告的目标、特点和广告媒体特点。

4. 简述广告媒体选择应遵循的基本原则和广告媒体选择策略。

5. 简述广告效果的表现形式及其关系。

6. 简述人员推销的特点、基本形式和工作任务。

7. 简述营业推广的主要特点和对象。

8. 简述公共关系的概念、特点和常见形式。

五、案例分析题

一束玫瑰与一辆雪佛兰

乔·吉拉德被认为是世界上最伟大的推销员，他认为：卖汽车，人品重于商品。一个成功的汽车销售商，肯定有一颗尊重普通人的爱心。他的爱心体现在他的每一个细小的行为中。

有一天，一位中年妇女从对面的福特汽车销售商行走进了吉拉德的汽车展销室。她说自己很想买一辆白色的福特车，就像她表姐开的那辆，但是福特车行的经销商让她过一个小时之后再去，所以先到这儿来瞧一瞧。“夫人，欢迎您来看我的车。”吉拉德微笑着说。她兴奋地告诉他：“今天是我55岁的生日，想买一辆白色的福特车送给自己作为生日礼物。”“夫人，祝您生日快乐！”吉拉德热情地祝贺道。随后，他轻声地向身边的助手交代了几句。

吉拉德领着她从一辆辆新车面前慢慢走过，边看边介绍。在来到一辆雪佛兰车前时，他说：“夫人，您对白色情有独钟，瞧这辆双门式轿车，也是白色的。”

就在这时，助手走了进来，把一束玫瑰花交给吉拉德。他把这束漂亮的花送给她，再次对她的生日表示祝贺。

那位妇女感动得热泪盈眶，非常激动地说：“先生，太感谢您了，已经很久没有人给我送过礼物了。刚才那位福特车的推销商看到我开着一辆旧车，一定以为我买不起新车，所以在我提出要看一看车时，他就推辞说需要出去收一笔钱，我只好上您这儿来等他。现在想一想，也不一定非要买福特车不可。”后来，她就在吉拉德那儿买了一辆白色的雪佛兰轿车。

问题：

1. 吉拉德推销成功的关键在于什么？
2. 推销人员应如何针对不同的用户采取不同的促销策略？

经典人物

乔·吉拉德——世界上最伟大的推销员

乔·吉拉德连续12年荣登世界吉尼斯纪录大全世界销售第一的宝座，他获得了“世界上最伟大推销员”的称号，是迄今唯一荣登汽车名人堂的销售员。

乔·吉拉德创造了5项吉尼斯世界汽车零售纪录：平均每天销售6辆车；最多一天销售18辆车；一个月最多销售174辆车；一年最多销售1425辆车；在12年的销售生涯中总共销售了13 000辆车。

项目十一　建立营销组织

知识目标

◆掌握市场营销计划、组织和控制的含义和内容。

◆理解市场营销计划、组织和控制之间的联系和相互作用。

技能目标

◆能制订市场营销计划。

◆能设计合理的市场营销组织。

◆能够有效执行市场营销计划。

导入案例

TD公司新品图书营销计划

1．营销计划概要

《小学语文漫画读本》丛书系TD公司2009年推出的中国第一套小学语文学习型日式风格卡通读物。营销宣传重点是读者对象为小学生及小学教师的教育性媒体广告和重点书城的终端POP广告。

2．产品优势与劣势、机会与威胁分析

（1）优势。产品内容质量高，产品形式新。由特级语文教师精选中国的经典人文故事，用少年儿童普遍喜好的日本风格漫画表现。漫画由日本漫画专业学校集体创作。

寓教于乐、特色鲜明。该产品兼具学习知识、益智游戏、道德熏陶的功能。

关联性强。该套丛书紧扣《小学语文新课程标准》，覆盖小学阶段语文70%～80%的知识点，从图书内容到形式选择都与语文课本具有紧密关联性。

定位明确。目标市场明确，为在校小学生，是中国第一套小学语文学习型漫画丛书。

该类读物较教材教辅类图书生命周期长。

（2）劣势。中日团队合作创作，其发行适值中日关系不稳定时期。部分家长、教师有抵触情绪，可能影响销售。

丛书属创新之作，公司发行经验不足，渠道不畅，推广速度相对于其他产品较慢，宣传推广成本高。

同一细分市场价格竞争激烈，而该套丛书相对一般同类图书单位投入成本较高，商业批发折扣缺乏优势。

(3) 机会。该套丛书是中国第一套小学语文学习型漫画丛书，由中日团队精心打造，宣传推广较为有利。

图书投放市场后，即为六一国际儿童节，适逢儿童购书高潮，有利于大力开展促销活动。

(4) 威胁。中日政治关系不稳定，国人反日情绪时常高涨，在销售期间，如果遇到敏感时期，会有来自消费者和中间商的压力；少年儿童读物品种、形式繁多，推广不力，就会被其他同类读物淹没，如石沉大海，难有理想的市场反应。

3. 营销组合策略

(1) 产品策略。《小学语文漫画读本》系“中日卡通文化交流项目”之结果产品，是国内第一套专门针对小学生语文学习的产品。该读本选取中国传统文化内容，由日本名古屋造型艺术学校采用中小学生最喜欢的卡通形式加工而成，具有独创性。

产品名称：《小学语文漫画读本》，共六册，每个年级一册。

编绘依据：国家教育部《小学语文新课标标准》；小学阶段语文知识技能掌握的基本要求；小学生的语文学习能力程度；小学生视觉审美特点。

创编、绘画、翻译者：文字部分由中国具有丰富（小学）语文教学经验的教师、艺术教育工作者编写；绘画部分由日本名古屋造型艺术学校集体创作；文字翻译由大学专业外语教师执笔。

产品形式：成品尺寸、封面形式、印刷材质（内文）。

产品内容：每册设置多个单元知识点。

产品的阅读对象：小学生、小学语文教师、小学生家长。

产品特色：国内首套学习型语文漫画丛书，中日双方合力精心创作；经典教育内容与流行表现形式相结合；产品形式与内容充分考虑小学生、小学语文教师和小学生家长的心理需求。

(2) 定价与折扣策略。针对具有不同消费能力的群体，采取不同的定价策略：平装每册估价为9.80元（约4.5印张），精装（套装）每套估价72元，定价均属低位定价。发行折扣策略：采用随行就市原则，与同类图书平均折扣持平，以促进销售。

(3) 分销策略。分销通过下面三种渠道。

主渠道：新华书店系统，由出版社发行部门正常发行，铺货面广，使消费者在全国中等以上城市都能买到该丛书。

第二渠道：民营或混合制发行商，建立各省市代理制度，保证代理商的利润和利益。

第三渠道：教育系统。

(4) 营销传播组合策略。主要采取下面三种方式的组合。

广告宣传：分三阶段投放广告。第一阶段为正式出版前夕，进行市场预热；出版

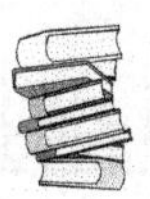

初期分阶段再投放两期；后期视市场反馈效果决定广告投放量。广告形式：漫画＋文字内容；广告投放宣传媒体。

促销活动：六一国际儿童节专题重点城市折扣促销活动。重点终端店内海报、宣传页、易拉宝宣传；店内摆放明显位置。与终端代理商联合组织单项促销活动。

人员推销：在京津等城市地区，针对小学进行人员推销或寻求专业直销公司合作推销。

问题：

1. TD公司的新品图书营销计划制订的依据是什么？

2. 制订市场营销计划对TD公司的产品上市推广有何重要意义？

分析点评：

本案例诠释了市场营销计划的主要内容。市场营销计划就是在研究目前市场营销状况，分析企业所面临的主要机会与威胁、优势与劣势以及存在问题的基础上，对财务目标与市场营销目标、市场营销战略、市场营销行动方案以及预计利润表的确定和控制。它是企业开展营销活动的纲领性文件。

任务一　制订市场营销计划

知识基础

完成本任务所需的知识基础包括市场营销计划及特点、类型，编制市场营销计划的原则和内容，市场营销计划后实施过程及主要影响因素。

知识基础一　市场营销计划

市场营销计划指在研究目前市场营销状况（包括市场状况、产品状况、竞争状况、分销状况和宏观环境状况等），分析企业所面临的主要机会与威胁、优势与劣势以及存在问题的基础上，对财务目标与市场营销目标、市场营销战略、市场营销活动方案以及预计利润表的确定和控制。市场营销计划工作过程从财务目标开始，进入营销审计阶段，然后制定3～5年的营销目标和战略规划。

1．市场营销计划的特点

市场营销计划作为企业商业计划的重要组成部分，主要有以下三个特点：

（1）营销计划是企业计划的中心。市场营销计划是企业诸多职能计划中最重要的一个，是企业各种职能计划制订的起点，甚至被认定为企业战略体系中的一部分。

（2）营销计划涉及企业各主要环节。企业市场营销的内部支持环境中包括企业的主要职能部门，市场营销部门在拟订市场营销计划时必须考虑到其他部门的业务活动情况，并且需要得到企业内部各主要部门的密切协作。

（3）营销计划的内容日趋丰富。随着市场营销职能范围的不断扩大，营销计划的内容日趋丰富，包括销售计划、传播计划、渠道计划、公关计划、品牌计划等。

2．市场营销计划的类型

按照不同的标准，市场营销计划的划分也不同。市场营销计划一般有两种类型。

（1）按计划期长短分类。按计划期长短划分，市场营销计划可分为短期计划、长期计划和专项计划。

短期计划以年度计划为主。

长期计划是一年以上的计划，通常指五年计划。

专项计划是针对特殊问题或营销产品制订的单项计划。在特定时间内，计划内容是企业市场营销的主要任务，计划完成后不再延续，具有战术性、灵活性及针对性的特点。

专项计划作为综合计划的补充形式，越来越受到企业的重视。

（2）按企业的机构职能分类。按企业的机构职能划分，市场营销计划可分为企业计划、职能部门计划和利润中心计划。

企业计划是整个企业的营销计划。

职能部门计划是企业内各个职能部门，根据企业总的营销目标编制的部门计划。每一个职能部门的下属职能单位也要编制本单位的计划。

利润中心计划。许多经营产品多样化的企业，在管理体制上按产品、产品类别或细分市场设置事业单位，每一个事业单位都是一个独立核算的利润中心。这种事业单位编制的计划，就是利润中心计划。主要有以下几种形式：

一是事业部计划。与企业计划类似，包括事业部的销售、生产、财务、人事等计划，主要规定事业部的增长目标和战略。

二是产品线计划。说明一条特定产品线的销售目标、战略和战术，由产品线经理编制。

三是产品计划。说明某一产品的销售目标、战略和战术，由产品经理编制。

四是品牌计划。规定某种品牌产品的销售目标、战略和战术，由品牌经理编制。

五是市场计划。向某一细分市场发展和经营的计划，说明在某一市场需要达到的目标和运用的战略、策略，一般由市场经理编制。

六是“产品－市场”计划。向某一地区市场销售某一种或某一类产品时，规定这种或这类产品在特定市场的销售目标以及实现这一目标的战略和策略。

知识基础二　编制市场营销计划的原则和内容

计划是在未来一定时期内要达到的组织目标以及实现目标的方案途径。编制营销计划必须围绕计划目标，合理确定计划的内容和可行的实施方案。

1．市场营销计划的编制原则

市场营销计划的编制原则是编制营销计划时应遵循的基本准则，主要有以下几个方面：

（1）针对性原则。市场营销计划围绕营销目标和企业发展战略编制，有什么样的营销目标和营销战略，就有什么样的营销计划。

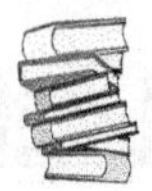

(2) 预见性和可行性原则。市场营销计划是在营销活动开展以前制定的行动方案和实施手段，具有一定的预见性和可行性。

(3) 以市场为导向原则。市场营销就是以市场需求为导向，以满足市场需求为目标。市场营销计划作为企业营销活动的指导性文件，其编制也必须以市场为导向，围绕满足市场需求来编制。

(4) 自上而下和自下而上原则。就是营销计划编制任务和目标要自上而下，如图11－1所示。

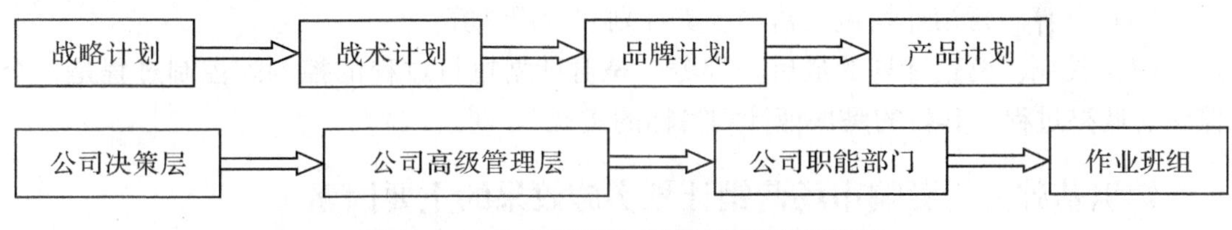

图11－1　自上而下的营销计划编制示意图

在计划的编制过程中，要自下而上汇总，形成完整的营销计划，如图11－2所示。

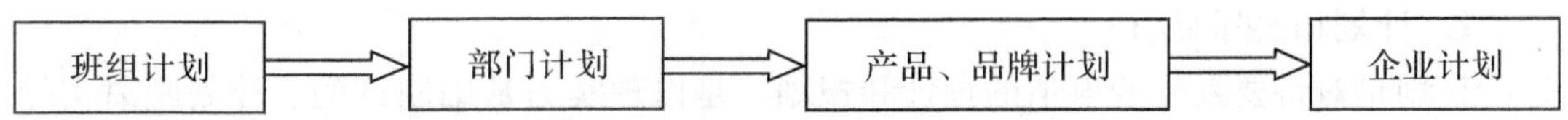

图11－2　自下而上的营销计划汇总示意图

2. 营销计划编制应注意的问题

营销计划作为未来营销活动的执行方案，在编制时应注意以下几个方面的问题：

一是营销计划不宜过长。

二是营销计划要简明扼要，突出重点。

三是市场营销计划以年度为单位，由企划部门、财务部门、营销部门联合制订，充分整合企业资源。

四是营销部门计划应按年度计划，制订月度营销计划。

五是营销计划必须以书面形式制订。

3. 市场营销计划的内容

市场营销计划的内容主要包括七个方面，即计划概要、营销现状及分析、营销目标、营销策略、营销方案、预算和控制。

(1) 计划概要。计划概要就是营销计划的内容提要，主要是对营销目标及执行方法和措施的概括说明。计划概要部分的主要目的是让高层主管很快了解、掌握计划的核心内容，并据以检查、研究和初步制订考核计划。

为了便于审核者进一步阅读考核所需的资料，通常在计划概要部分之后，紧接着便列出计划内容目录。

(2) 营销现状及分析。营销现状是企业当前面临的营销状况及营销环境，包括市场情况、产品情况、竞争情况和渠道情况等。

通过分析现状，围绕产品找出主要的机会和威胁、优势与劣势以及面临的问题。

（3）营销目标。营销目标是营销计划的核心部分，是在分析营销现状并预测未来威胁和机会的基础上制定的。营销目标也就是在本计划期内要达到的目标，主要是市场占有率、销售额、利润率、投资收益率等。

（4）营销策略。营销策略是企业为实现市场营销目标所采用的途径和手段。

（5）营销方案。营销方案的内容：要做什么？何时开始？何时完成？由谁负责？需要多少成本？

（6）预算。营销计划包括营销收支计划和费用预算。

（7）控制。营销计划的最后一部分，是对计划执行过程的控制。控制过程是一个监督、调整过程，其目的是保证计划目标的实现。

知识基础三　影响市场营销计划实施效果的主要因素

市场营销计划是企业对营销活动的设计和规划。影响市场营销计划实施效果的因素主要有以下几个方面：

1．计划和实际脱节

计划是对将要发生的事情的预计和规划，是以现实为基础制订的。计划脱离实际，与企业资源、能力和市场环境不符，就会影响计划效果的达成。

2．长期目标和短期目标相互矛盾

长期目标关系到企业未来的竞争能力与市场地位，但耗资巨大，技术复杂，市场反应不能确定，具有相当大的风险性；短期目标关系到企业的现实。长期目标与短期目标之间的矛盾往往集中在企业发展重心、资源分配、企业利害关系人的利益分配等方面。

3．市场环境的变化

市场环境突然发生改变，往往导致计划编制时的假设条件不再成立，影响营销计划的实施效果。

4．资源不足

资源不足必然影响营销计划目标的实现。

知识基础四　市场营销计划的实施过程

执行市场营销计划需要做好以下六个方面的工作：

1．制订行动方案

制订行动方案就是将计划目标分解成行动方案，将任务落实到人，并明确计划执行进度时间表。

2．调整组织结构

企业的组织结构在营销目标的实施过程中发挥着重要作用。组织将计划任务分配到具体职能部门和人员，部门间的有效沟通和协调是保证计划顺利实施的关键。

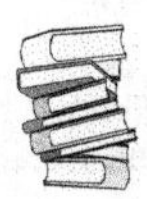

3．健全绩效考评制度

绩效考评制度是根据工作目标或绩效标准，采用一定的考评方法，评定部门或员工的工作任务完成情况、工作职责履行情况和员工的发展情况，并将评定结果反馈给员工的一种制度。健全绩效考评制度就是要完善制度，使制度更科学合理，促进营销计划的实现。

4．开发人力资源

开发人力资源涉及人员的考核、选拔、培训和激励等问题。在考核、选拔管理人员时，要注意将适当的工作分配给适当的人，做到人尽其才，同时建立有效的激励约束机制。

5．建设企业文化

企业文化是指一个企业内部全体人员共同持有和遵守的价值标准、基本信念和行为准则。企业文化决定着企业的经营思想和领导风格、职工的工作态度和作风。

6．提高营销计划执行能力

营销计划执行能力包括发现问题的能力和解决问题的能力。在营销计划执行过程中，各种因素的变化都会影响计划的执行和目标的实现，及时发现问题是解决问题、实现营销目标的基础；营销计划执行人员要根据问题的成因和产生条件，及时提出解决问题的有效方案，并付诸实施。

任务二　建立营销组织

知识基础

完成本任务所需的知识基础包括市场营销组织的演变过程、市场营销组织的设置、市场营销部门的组织形式。

知识基础一　市场营销组织及其演变过程

市场营销组织是制订和实施市场营销计划的职能部门。市场营销组织的任务就是在明确营销目标的基础上，根据人员、环境和任务的具体要求，进行工作任务的分类和相应部门、职务结构的设置，并通过组织内的信息沟通、协调和配合提高组织工作的效率，使整个市场营销组织成为有机整体，以保证企业营销计划的顺利实现。

企业经营观念发展演变的历史，大致经历了生产观念、产品观念、推销观念、市场营销观念和社会市场营销观念五个阶段。市场营销组织的发展也从简单的销售功能演变为一个复杂的功能群体。

1．简单的销售部门

20 世纪 30 年代以前，在生产观念的指导下，企业建立职责简单的销售部门，负责产品销售。

2．兼具营销职能的销售部门

20世纪30年代以来，随着产品的日益丰富，企业由生产扩张转向产品改进，即增加产品功能，提高产品质量；营销观念由生产观念转向产品观念，企业赋予销售部门一定的营销职能。

3．独立的营销部门

工业化大生产使得产品极大丰富，开始出现积压，市场状态由原来的卖方市场转向买方市场。生产者开始使用各种推销手段刺激消费者的购买欲望。企业内部开始设立独立的营销部门，推销企业积压的产品。

4．现代营销部门

随着经济的发展，市场竞争日益激烈，消费者的选择越来越多。营销者开始研究消费者的需求及其变化，以市场需求为起点和中心设计产品和服务，建立独立的营销部门，营销成为整个企业的工作重心。

知识基础二　市场营销组织的设置

1．市场营销组织的设置原则

（1）整体协调和主导性原则。全员营销已成为许多企业的选择。营销机构不仅要在企业机构设置中起主导作用，也要有利于企业适应环境的变化，协调企业与市场、顾客之间的关系，协调营销机构与企业其他机构间的关系，协调市场营销组织内部的人员结构、职位层次间的关系。

（2）精简以及适当的管理跨度和层级原则。管理跨度又称管理宽度和管理幅度，指领导者能够有效地直接指挥部门或员工的数量。管理层次又称管理梯度，指一个组织属下等级的数目。

适当的管理跨度和管理层次，既能满足工作的要求，又能“精兵简政”。

（3）有效性原则。为保证营销部门高效运转，提升企业的市场竞争力，市场营销部门应有一定的人权、物权、财权、发言权和处理事务权。

2．市场营销组织的设置环节

企业对其营销组织进行设计时一般要经过以下几个环节：

（1）分析组织环境。任何一个市场营销组织都是在不断变化着的社会经济环境中运行的，受环境因素的影响和制约。市场营销组织的设置也要充分考虑环境因素，包括市场特点、企业规模、产品类型、企业所处的行业和产品生命周期阶段。

（2）明确营销部门的职责。营销部门的职责决定了组织部门、职位的设立与相互关系。企业依据发展战略和营销战略，确定相应的市场营销部门和组织的专业化类型。

（3）建立组织职位。根据营销部门的职责确定组织职位。企业在建立组织职位时应考虑职位类型、职位层次和职位数量三个要素，明确各个职位的权力、责任及其在组织中的相互关系。

（4）设置组织结构。根据营销部门的职责和职位的设置，设置组织结构。在设置组

织结构时必须注意两个问题：一是把握好分权与集权的关系；二是确定合理的管理幅度。

（5）配备组织人员。根据各职位所从事营销活动的要求，以及组织所拥有营销专业技术人员的素质、知识和技能状况，力求做到人当其事，事当其人，人尽其才，才尽其用。

（6）运行组织。根据市场营销计划向配备在各职位上的营销工作人员发布工作指令，提供必要的物资、技术手段、工作场所和信息，使组织按设置的方案运行起来。

（7）组织变革与调整。市场营销组织建立后，企业就要经常检查、监督组织的运行状况，并根据市场变化和市场竞争的需要及时调整，以满足市场营销活动的需要。

知识基础三　市场营销部门的组织形式

市场营销组织有很多类型，为实现企业的营销目标，企业必须选择合适的市场营销组织。常见的营销组织有六种类型。

1．职能型组织形式

职能型组织是最常见的市场营销组织形式。该组织把销售职能作为市场营销的重点，广告、产品管理和研究职能处于次要地位。

当企业只有一种或很少几种产品，或企业产品的市场营销方式大体相同，规模较小，市场地域范围集中时，按照市场营销职能设置组织结构比较有效。

职能型组织形式的优点：机构简单、分工明确、管理集权，能避免部门重叠。

职能型组织形式的缺点：各个职能部门之间相互竞争。

2．地区型组织形式

地区型组织是按照目标市场地域的分散程度划分企业的营销活动，设置相应的地区性综合营销管理部门。

当企业市场涉及全国甚至更大范围时，可以按照地理区域组织、管理销售人员。

3．产品型组织形式

产品型组织是指在企业内部建立产品经理制，以协调职能型组织中的部门冲突。产品型组织由一名产品市场营销经理负责，下设几个产品线经理，产品线经理下再设具体的产品经理负责各具体的产品。

在企业产品间差异大、品种多，按职能设置的市场营销组织无法正常运转的情况下，产品型的组织更有效。

产品型组织形式的优点：对市场变化反应快；各种产品都会有专人负责。

产品型组织形式的缺点：缺乏整体观念；易引发部门冲突；各部门面对多头领导。

4．市场型组织形式

市场型组织是企业按照市场系统安排其市场营销机构，使市场成为企业各部门为之服务的中心。

市场型组织一般适用于产品线单一、细分市场差异大且渠道类型多的企业。

市场型组织形式的优点是有利于销售和市场开拓；缺点是存在权责不清和多头领导问题。

5. 矩阵式组织形式

矩阵式组织形式是产品型组织和市场型组织相结合的矩阵式组织形式，常见于生产多种产品并向多个市场销售的企业。

矩阵式组织的管理费用高，容易产生内部冲突。

6. 网络型虚拟营销组织形式

网络型虚拟营销组织是一种以市场需求为导向，以营销组织为龙头，以契约为连接纽带，借助现代信息技术，跨越空间约束，把相互独立的生产组织、广告公司、产品研发组织、物流配送组织、销售组织等连接在一起，把分布在不同企业内的各种资源组织起来，去完成特定的营销任务的组织形式。

网络型虚拟营销组织形式的主要特点：功能虚拟化、地域虚拟化、组织虚拟化。

采用网络型结构的组织，就是创设一个“关系”的网络，与独立的制造商、销售代理商及其他机构达成长期协作协议，使其按照契约要求执行相应的生产经营功能。

网络型组织的大部分活动都是外包、外协的，企业的管理机构就只是一个精干的经理班子，负责监管企业内部开展的活动，同时协调和控制与外部协作机构之间的关系。

任务三　市场营销控制

知识基础

完成本任务所需要的知识基础包括市场营销控制的含义与步骤、市场营销控制的内容与方法。

知识基础一　市场营销控制的含义与步骤

市场营销控制是市场营销管理的重要步骤，是确保营销目标实现的重要手段。

1. 市场营销控制的含义

市场营销控制就是衡量和评估营销策略与计划的成果，采取纠正措施以确保营销目标的完成。市场营销控制有四种主要类型，即年度计划控制、赢利能力控制、效率控制和战略控制。

2. 市场营销控制的步骤

市场营销控制是营销管理的主要职能之一，是营销管理过程中不可缺少的一个环节，具有动态性和系统性。

（1）确定营销业务评价范围。市场营销评价范围包括人员、计划、职能等方面。

（2）确定衡量标准。衡量的标准是营销计划目标的实现情况，包括利润、销售量、市场占有率、顾客满意度等指标的完成情况。

（3）明确控制方法。基本的控制方法是建立并积累与营销活动相关的原始资料，及时、准确、全面、系统地记载并反映企业营销的绩效。

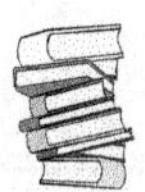

阅读资料

宝洁对促销的严密监控

宝洁的促销之所以历来井然有序，一个重要原因是它有严格的项目监控系统。宝洁曾在全国开展了一次“品客乐脆大奉送”活动，采用“品客请你看电影”的方式，并配以丰富的奖品抽奖活动。这次活动的监控工作主要有以下几种方式：

1．区管及督导日常巡店

区管及督导日常巡店的主要内容包括监督促销人员有无迟到、早退现象，促销服装是否整洁，服务态度和POP张贴是否到位，有无广播支持和产品是否充足等。

在巡店过程中对促销人员进行打分，对一些问题如销售技巧等进行当面培训。

2．对电影院活动的监控

电影院的布置是否到位，奖品是否准备充足，礼仪小姐的服务态度与仪表检查，活动现场的控制等。

3．巡查员对整个活动进行巡查

巡查员负责对整个地区的促销情况进行不定时的检查，对各区管及促销员的工作进行监督。

4．报表体系

促销员每日（促销活动结束后）递交日报表、每周递交周报表，并对销售数量和赠品发放数量进行统计；报表提交给各区管，并就当日发生的问题及时与区管沟通、解决。

采用有区别的目标销量制，避免了不同的店采用同一目标销量或不设置目标销量而降低促销人员积极性的弊端。

5．项目奖励计划

实施项目奖励计划，使销售成绩与促销员的收益挂钩，调动促销员的积极性。在项目的执行过程中，对完成并超过目标销量的城市及促销员按其完成目标销量的比例给予不同的奖励，并设立销量排行榜，大大提高促销员的积极性。

（4）按标准检查工作进度。对工作完成好的部门要给予表扬和经验总结，在以后的工作中推广；任务完成较差的要及时找出问题，针对问题提出解决方案。

（5）及时纠正偏差，提出改进建议。对工作绩效进行差异分析、对比分析，针对问题提出解决方案，及时纠正任务执行中的偏差。

知识基础二　市场营销控制的内容

1．年度计划控制

年度计划控制是指营销人员随时检查营业绩效与年度计划的差异，必要时采取修正行动。年度控制是为了确保计划中所确定的销售、利润和其他目标的实现。年度计划控制的核心是目标管理。

（1）年度计划控制的步骤：①分解年度计划目标。②监督营销计划的实施情况。

③找出偏差的成因，及时纠正。

（2）年度计划控制的内容。年度计划控制包括以下三个方面：

一是销售分析。销售分析是衡量和评估销售目标的完成情况。分析方法包括销售差距分析和地区销售量分析。

二是市场份额分析。市场份额有四种不同的度量方法：全部市场份额，以企业的销售额占全行业销售额的百分比来表示；服务市场份额，以其销售额占企业所服务市场的百分比来表示；相对市场份额（相对于三个最大竞争者），以企业销售额占最大的三个竞争者的销售额总和的百分比来表示；相对于最大竞争者市场份额，以企业销售额占市场最大竞争者销售额的百分比来表示。

三是市场营销费用率分析。主要用市场营销费用占销售额的比重来衡量，包括销售人员费用占销售额的比重、广告费用占销售额的比重、促销费用占销售额的比重、销售管理费占销售额的比重等。

2．赢利能力控制

通过赢利能力控制所获取的信息，有助于管理人员决定各种产品或市场营销活动是扩展、减少还是取消。赢利能力控制包括营销费用控制和分解、营业收入的核算和损益表的编制。

3．效率控制

效率控制包括人员推广效率、广告效率、促销效率和分销管理效率。

（1）人员推广效率。企业各地区的销售经理要记录本地区内销售人员推广效率的几项主要指标。这些指标包括：①每个销售人员每天平均的销售访问次数。②每次会晤的平均访问时间。③每次销售访问的平均收益。④每次销售访问的平均成本。⑤每次访问的招待成本。⑥每百次销售访问而订购的百分比。⑦每期间的新顾客数。⑧每期间丧失的顾客数。⑨销售成本与总销售额的百分比。

（2）广告效率。广告效率控制指标包括：①每一媒体类型、每一媒体工具接触每千名购买者所花费的广告成本。②顾客对每一媒体工具注意、联想和阅读的百分比。③顾客对广告内容和效果的意见。④广告前后对产品态度的衡量。⑤受广告刺激而引起的询问次数。

（3）促销效率。为了改善销售促进的效率，企业管理者应该对每一促销的成本和销售影响进行记录，做好如下统计：①由于优惠而销售的百分比。②每一销售额的陈列成本。③赠券收回的百分比。④因示范而引起询问的次数。

同时，企业应观察不同促销手段的效果，并使用最有效果的促销手段。

（4）分销管理效率。分销管理效率主要是对企业存货水平、仓库位置及运输方式进行分析和改进，以达到最佳配置，并寻找最佳运输方式和途径。

4．战略控制

战略控制是指市场营销经理采取一系列行动，使实际市场营销工作与原规划尽可能一致，在控制中通过不断评审和信息反馈，对战略不断修正。营销审计是营销战略控制的主要工具。

营销审计是对一个企业或一个业务单位的营销环境、目标、战略和活动所做的全面的、系统的、独立的和定期的检查，其目的在于决定问题的范围和机会，提出行动计划，以提高企业的营销业绩。营销审计活动的内容包括六个方面：

营销环境审计。包括宏观环境（如人口统计、经济、生态、技术、政治、文化等）

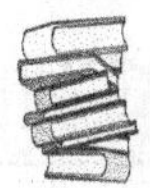

审计和微观环境（如市场、顾客、竞争者、经销商、公众等）审计。

营销战略审计。包括企业使命、营销目标和目的等。

营销组织审计。包括组织结构、功能效率、部门间联系效率等。

营销制度审计。包括营销信息系统、营销计划系统、营销控制系统、新产品开发系统。

营销效率审计。包括赢利效率分析、成本效率分析等。

营销职能审计。对营销的各个因素如产品、定价、渠道和促销策略的检查评价。

■工作任务 11 -1　营销组织评估

工作任务提示：

帮助学生更好地理解营销组织与营销计划在市场营销中的地位和作用。

工作任务情景：

结合团队营销实战，评估你们小组的营销组织问题，重新制订营销计划，以在将来营销实战中实施。

工作任务内容：

结合一个学期的营销实战结果，总结营销组织建设的得失，重新制订营销计划。

工作任务要求：

第一，团队分工，共同完成。

第二，结合营销组织这类型和营销计划内容，分工完成。

第三，评价团队营销实战得失。

第四，分组讲解营销实战情况，全班讨论。

课程小结

任务一　制订市场营销计划

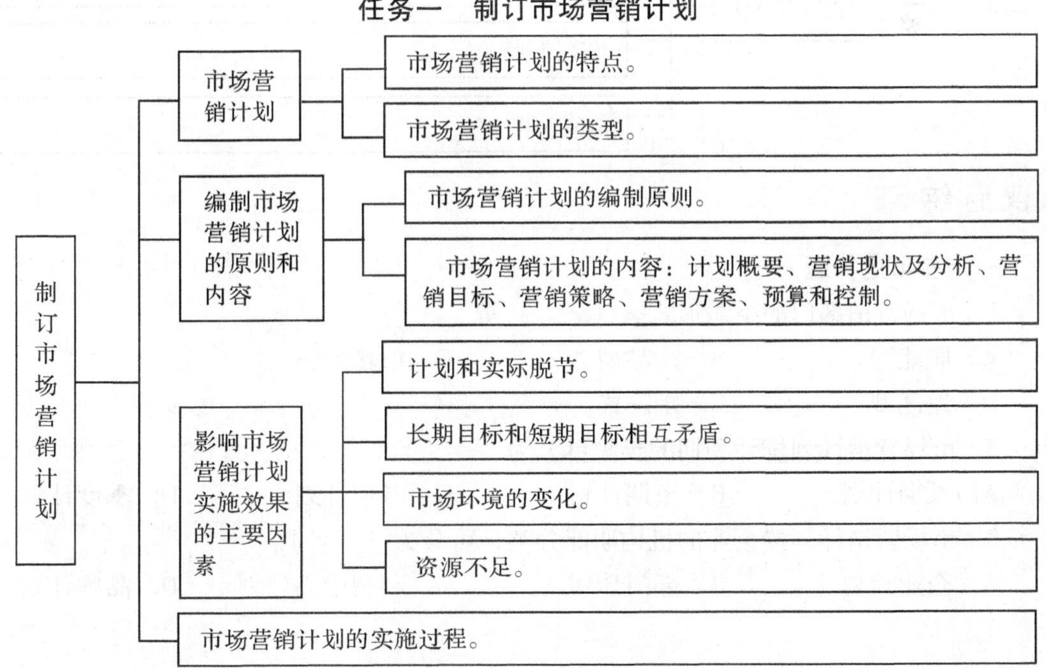

任务二　建立营销组织

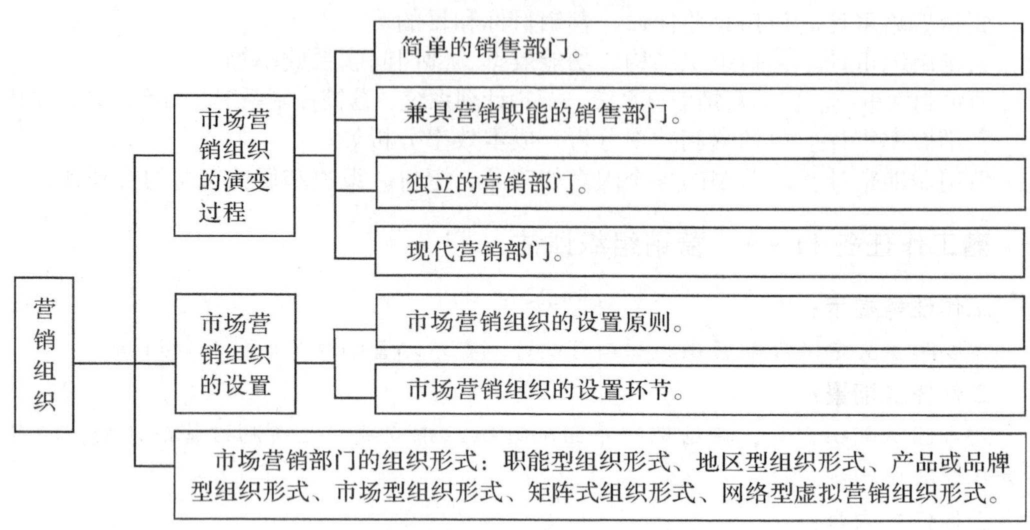

任务三　市场营销控制

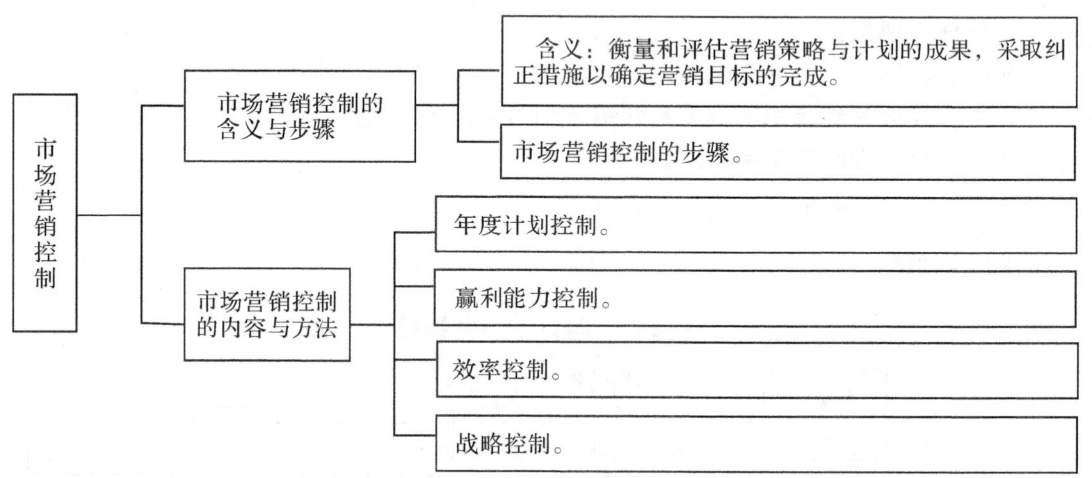

课后练习

一、多项选择题

1．市场营销部门的组织形式有（　　）等。

A．职能型　　B．产品型　　C．市场型

D．地区型　　E．矩阵式

2．市场营销计划按计划期的长短可分为（　　）。

A．长期计划　　B．短期计划　　C．专项计划　　D．季度计划

3．市场营销计划按企业的机构职能分类，可分为（　　）。

A．企业计划　　B．部门计划　　C．利润中心计划　　D．品牌计划

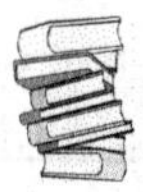

4. 市场营销年度计划控制的内容包括（　　）。

A. 销售分析　　B. 赢利分析

C. 市场份额分析　　D. 营销费用分析

5. 市场营销计划控制的效率控制内容包括（　　）。

A. 人员效率　　B. 广告效率

C. 促销效率　　D. 分销管理效率

二、判断题

1. 营销计划是企业计划的中心。（　　）

2. 营销计划的编制要自下而上与自上而下相结合。（　　）

3. 市场营销组织不应该都按一种模式设置市场营销机构。（　　）

4. 市场营销组织是制订和实施市场营销计划的职能部门。（　　）

5. 市场营销控制就是控制营销活动。（　　）

三、简答题

1. 市场营销计划的特点和主要内容。

2. 简述营销组织设置的原则和营销部门的组织形式。

3. 简述营销控制的方法和内容。

四、案例分析题

奥佰里糖果公司的营销审计

奥佰里糖果公司是一家位于美国中西部的中等规模的企业。最近两年，它的销售额和利润额仅够维持公司生存。总经理认为问题出在推销部门身上，该部门不努力工作，或“不够机灵”，为此，准备采取增加报酬、雇用新人及用现代技术、设备训练推销人员的措施。不过，在采取行动之前，他们决定先请专家做一次全面的营销审计，以判断问题到底出在哪里。

审计人员通过对管理人员、顾客、推销员和经销商的大量调查，并查阅各种资料，发现以下情况：

公司的产品线包括18种产品，其中，占领先地位（占公司总销量的76%）的两种品牌的产品均处于产品生命周期的成熟阶段。公司已经留意到了快速成长的巧克力市场，但是还没有采取行动。

该公司的产品特别受低收入层和老年人欢迎，消费者评价该公司的产品与竞争对手相比“质量一般，有点老式”。该公司主要通过糖果批发商和大型连锁店出售产品。另外，公司还特别重视小零售商的市场渗透能力。因此，它的推销人员经常访问各种中小零售商。而该公司的竞争对手主要依靠大众传播媒体做广告，而且在百货商店、大型连锁商店方面取得分销的成功。

该公司的市场营销费用占总销售额的13%，而竞争对手的同类预算比例大多为20%。该公司的营销预算大部分用于推销人员的开支上，余下的用于广告，其他促销方式投入极少。广告预算又主要用在了两项领先产品上，新产品得不到经常的宣传，只能靠推销员向零售商介绍。市场营销工作受市场营销副总裁领导，而他的精力又主要用在推销部门，很少注意其他营销部门。

审查结论是：该公司的问题不能仅靠改善其推销部门的工作来解决，销售的问题只是企业更深层次问题的表现。为此，审计人员准备了如下一篇报告，提交最高主管。

审计人员对于奥佰里糖果公司的检查结果和建议摘要：

一、检查结果

1. 公司产品组合处于危险的不平衡状态，两项领先产品占了总销售额的76%，却不存在增长潜力，18种产品中的3种无利可图，且无发展的可能；

2. 公司营销目标既不明确，也不现实；

3. 公司战略没有提到改变分销渠道构成，以迎合变化了的市场；

4. 公司是由推销组织而不是由市场营销组织从事营销活动，在推销方面支出太多，而在广告方面支出太少；

5. 公司缺少开发新产品的计划。

二、短期建议

1. 调整现有产品组合，淘汰无利可图且无增长潜力的产品；

2. 将部分营销费用从维持成熟产品转到开发新产品；

3. 将促销重点从直接向零售商推销转到全国性的宣传推广，特别是对新产品的广告宣传；

4. 对糖果市场中增长最快的细分市场进行一次调查，以制订一项进入这些市场的规划；

5. 指令销售部门放弃一些订单过少的分销渠道，拒绝接受过小的订单，终止推销员和批发商对同一零售商的重复访问；

6. 改进推销训练和报酬方式。

三、中长期建议

1. 从外面雇用一名富有经验的新的营销副总裁；

2. 制定明确可行的营销目标；

3. 采用产品经理的组织形式；

4. 确定开发新产品的工作程序；

5. 开发更具吸引力的商标；

6. 更有效地开发连锁商店这一分销途径；

7. 将市场营销预算增加到占整个销售额的20%。

问题：

1. 奥佰里糖果公司的判断与审计部门的结论存在哪些差异？

2. 你对审计部门的结论如何评价？该结论能否帮助公司解决问题？

经典人物

布鲁斯·亨德森

布鲁斯·亨德森（1915—1992），波士顿咨询公司创始人，波士顿矩阵、经验学习曲线、三四规则理论的提出者。

《金融时报》曾这样评价他："在20世纪下半叶，很少有人能像这位波士顿咨询公司的创始人那样，对国际企业界产生如此深远的影响。"

布鲁斯改变了人们对战略的看法。波士顿既是第一家纯粹的战略咨询机构，也是第一家靠出点子获得巨大成功的企业。它从当初的一人公司发展成为今天拥有3000名员工的全球性机构。布鲁斯的观点源自生物学、经济学、思想体系和军事战略等方面，并首次勾勒出今天所看到的战略的基本轮廓。布鲁斯80%的策略都可以概括为如下文字：竞争性合作是战略的核心；如果你不能成为行业第一或第二，那就请转行或者关门大吉吧。

附 录 Ⅰ

市场营销实战报告

第一部分 前言

一、营销实战目的

1. 理解现代市场营销理论，培养营销技能
2. 做到“在学习中实践，在实践中学习，在学习实践中提高”

二、营销实战内容

时间

地点

实战内容

三、组建营销全队

If you want to go fast，walk alone；If you want to go far，walk together。

1. 组建团队

要求：团队人数为4~6人，男、女生合理搭配；团队成员能力要协调互补，特别是沟通能力、协调能力、文字处理能力和组织能力；队长应具有很强的责任心和团队意识。

2. 确定团队的营销目标，设计团队标识
3. 制定团队内部的激励约束机制和工作绩效考评办法
4. 确定团队营销责任

第二部分 营销分析

一、调查大学生消费情况

以小组为单位，调查大学生消费情况。

1. 以“大学生消费情况”为主题，设计调查问卷
2. 分组实施调查
3. 调查统计分析，撰写调查报告

二、分析营销环境

分析学校周边环境，为在学校附近开展营销实战作准备。

1. 搜集学校周边的环境信息资料，分析环境对周边店铺摊点经营的影响
2. 分析学校附近的宏观营销环境
3. 以练摊和上门推销为营销形式，分析开展营销实战的微观环境

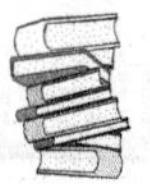

4．针对大学生需求，分析营销团队开展营销的优势和劣势

5．讨论营销环境，为营销团队的营销决策提供依据

6．撰写营销环境分析报告

三、大学生市场分析

1．大学生消费品分析

2．大学生消费行为分析

3．分析影响大学生购买行为的主要因素

4．营销小组作为营销组织，分析组织市场购买行为

四、进行竞争者分析，制定竞争策略

针对学校附近的市场环境，作为营销实战小组，分析竞争环境和主要竞争者，为制定营销策略提供依据。

1．团队成员分工，每人负责一类商户，开展市场调查

2．团队讨论，确定主要竞争者，分析企业竞争战略和策略

3．结合团队实践，拟定本团队的战略选择和营销策略，形成书面报告

第三部分　目标市场营销

一、对营销产品进行市场定位

结合市场调查和市场分析，细分大学生市场，对营销产品进行市场定位。

1．营销团队讨论，确定营销产品的市场细分变量

2．二人一组，进行细分市场

3．评估细分市场

4．选择目标市场

5．分析营销产品与竞争产品的差异

6．对营销产品进行市场定位，说明定位的策略和理由。

7．在营销实战中，实施定位策略，评估定位策略的有效性

二、制定产品策略

明确营销产品的核心利益，制定相应的营销策略。

1．分析本团队销售产品的核心利益，讨论提升产品价值的途径

2．根据销售情况，对营销产品进行产品组合分析，确定产品所属类型及淘汰或保留的产品项目

3．分析营销产品所处的生命周期阶段

4．查阅营销产品的品牌故事、品牌内涵和品牌价值等，向顾客传播品牌内涵，分析顾客对品牌的理解和喜好

5．对营销产品进行简单包装改进，根据销售情况分析改进效果，说明包装的价值

6．制定产品营销策略

三、制定价格策略

结合营销实战的目标和定价目标，为营销产品选择定价策略。

1．小组讨论，确定营销产品的定价目标

2．选择定价策略，并说明理由

3．对营销产品进行定价，说明采用的定价方法

4．根据市场销售情况，进行价格调整

5．评估定价策略

四、渠道策略

营销团队作为零售商，其渠道决策包括哪些？零售商如何选择合适的批发商？

1．结合营销实战，分析零售商的决策

2．分析批发商的营销决策

3．总结营销团队在渠道选择中的得与失

五．促销策略

根据营销环境和渠道选择，制定促销策略

1．进行广告调查，为营销实战设计简单广告，开展广告活动

2．评价广告效果

3．制定上门推销策略及应对预案

4．针对目标市场进行上门推销，评估推销效果

5．结合学生活动，开展营业推广

第四部分　营销效果评估

结合团队营销实战，评估小组的营销组织问题，重新制订营销计划，以在将来营销实战中实施。

附 录 Ⅱ

课后练习参考答案

项目一 培养营销观念

一、单项选择题

1. A；2. C D；3. A；4. C；5. B；6. B；7. C；8. A；9. B；10. A；11. C

二、多项选择题

1. AB；2. ABCD；3. ABC；4. ABCDE；5. AC；6. ABC；7. AC；8. ABCD；9. AC；10. ABCD；11. CDE

三、判断题

1. √；2. ×；3. √；4. ×；5. ×；6. ×；7. √；8. √；9. √；10. ×

项目二 市场调查

一、多项选择题

1. ABCD；2. ABCDEF；3. ABC；4. AB；5. ABC；6. AB；7. AD

二、判断题

1. ×；2. √；3. √；4. ×；5. √

项目三 营销环境分析

一、单项选择题

1. C；2. A；3. D；4. A；5. B；6. E；7. B；8. C

二、多项选择题

1. ACDE；2. ABCE；3. ABC；4. ABCDE；5. ABCD；6. ABCDE；7. ABD；8. ABCD；9. ABCD；10. ABCD

三、判断题

1. √；2. √；3. √；4. ×；5. ×；6. √；7. √；8. √

项目四 市场分析

一、单项选择题

1. B；2. A；3. A；4. A；5. C；6. C；7. A；8. D；9. A；10. B

二、多项选择题

1. AB；2. ABC；3. ABCD；4. ABCD；5. ACD；6. ABCDE；7. ABD；

8. ABCD；9. ACDE；10. AC；11. ABCD；12. ABCD；13. ABCD；14. ACD；15. ABD；16. ABCD；17. ABC；18. ABD；19. ACD；20. ABCE

三、判断题

1. √；2. √；3. √；4. √；5. ×

项目五　市场竞争分析

一、单项选择题

1. A；2. B；3. A；4. A；5. B；6. D；7. B；8. A；9. A；10. D

二、多项选择题

1. AB；2. CD；3. BD；4. ABCDE；5. ABCDE；6. ABCD；7. ABC；8. ABCD；9. ABCD；10. ABC；11. ABC；12. ABCDE；13. ABC；14. ABC；15. ABC

三、判断题

1. √；2. ×；3. √；4. √；5. √；6. √；7. √

项目六　目标市场营销

一、单项选择题

1. B；2. A；3. C；4. C；5. D；6. B；7. D；8. A；9. C；10. B；11. A；12. A；13. C；14. A；15. B

二、多项选择题

1. BCD；2. ABCD；3. ABCDE；4. ABCDE；5. ABCDE；6. ABCDE；7. ABCDE；8. ABCDE；9. ABCD；10. ABC；11. ABCD；12. ABCDE；13. ABC；14. ABC；15. ABCD；16. ABCDE；17. BCD；18. ABCDEF

三、判断题

1. √；2. √；3. ×；4. √；5. √；6. √；7. √；8. √；9. √；10. √；11. √；12. √；13. √

项目七　产品策略

一、单项选择题

1. B；2. A；3. B；4. D；5. A；6. B；7. B；8. C；9. A；10. A；11. B；12. A

二、多项选择题

1. ABCD；2. AB；3. ABCDE；4. ABCDE；5. AB；6. AB；7. ABCD；8. AB；9. CD；10. DEF；11. ABCD；12. AC；13. ACD；14. ABC；15. AB；16. ABCDE；17. AB；18. AB；19. ABCD；20. ABCD；21. AB

三、判断题

1. ×；2. √；3. ×；4. √；5. √；6. ×；7. ×；8. √；9. √；10. √

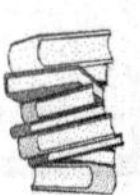

项目八　价格策略

一、单项选择题

1. A；2. B；3. B；4. A；5. B；6. B；7. A；8. C；9. A；10. D；11. C；12. B

二、多项选择题

1. ABCDE；2. ABCD；3. ABCDE；4. ABC；5. ABC；6. ABCD；7. EF；8. ABCD；9. ABCD；10. ABC；11. ABC；12. ACD

三、判断题

1. √；2. ×；3. ×；4. √；5. ×

项目九　渠道策略

一、单项选择题

1. A；2. B；3. B；4. A；5. A；6. A；7. B；8. A；9. A；10. B

二、多项选择题

1. ABC；2. ABCDE；3. ABCDE；4. ABCD；5. ABCD；6. AB；7. ABCDE；8. ABC；9. ABCDF；10. ABCDEF；11. ABCDEF；12. ABC；13. AB

三、判断题

1. √；2. √；3. ×；4. √；5. ×；6. ×；7. √；8. √；9. √；10. √

项目十　促销策略

一、单项选择题

1. B；2. A；3. E；4. A；5. B；6. C；7. C；8. D；9. B；10. C

二、多项选择题

1. CDE；2. ABCD；3. ABCDEF；4. ABC；5. ABC；6. ABC；7. ABCD；8. ABE；9. ABCDE；10. AB；11. BCD；12. ACD；13. ABCDEF；14. ACD；15. BCD；16. ABCDE；17. ABC；18. ACE；19. ABCDE

三、判断题

1. √；2. √；3. √；4. ×；5. √；6. ×；7. √

项目十一　建立营销组织

一、多项选择题

1. ABCDE；2. ABC；3. ABC；4. ABCD；5. ABCD

三、判断题

1. √；2. ×；3. √；4. √；5. ×

主要参考文献

[1] 菲利普·科特勒. 营销管理［M］. 13版. 上海：上海人民出版社，2009.
[2] 李湘滇. 市场营销实训——核心能力拓展项目教程［M］. 北京：电子工业出版社，2011.
[3] 魏玉芝. 市场营销实训项目教程［M］. 北京：清华大学出版社，2010.
[4] 冯银虎，符亚男. 市场营销教程［M］. 北京：机械工业出版社，2011.
[5] 郝黎明. 市场营销实训教程［M］. 北京：机械工业出版社，2010.
[6] 梁惠琼，余远坤. 市场营销［M］. 北京：清华大学出版社，2010.
[7] 吴宪和，任毅沁. 市场营销学［M］. 大连：东北财经大学出版社，2011.
[8] 张建华. 市场营销策划［M］. 北京：中国人民大学出版社，2010.
[9] 张晋光，黄国辉. 市场营销［M］. 北京：机械工业出版社，2010.
[10] 黄海力，朱翠红. 市场营销［M］. 北京：经济科学出版社，2010.
[11] 范明明. 市场营销与策划［M］. 北京：化学工业出版社，2010.
[12] 卢海涛. 市场营销学［M］. 武汉：武汉理工大学出版社，2011.
[13] 蔡益. 市场营销理论与实务［M］. 北京：电子工业出版社，2011.
[14] 卓永斌，雷剑，刘振华. 市场营销实务与操作［M］. 北京：中国人民大学出版社，2010.
[15] 陈扬明，陈剑光，王保瑞. 市场营销［M］. 北京：化学工业出版社，2010.
[16] 钟立群，张秀芳. 市场营销［M］. 北京：北京大学出版社，2010.